U0835503

普通高等学校管理类精品教材

现代财政税收

（第三版）

Modern Public Finance and Taxation

刘芳 主编

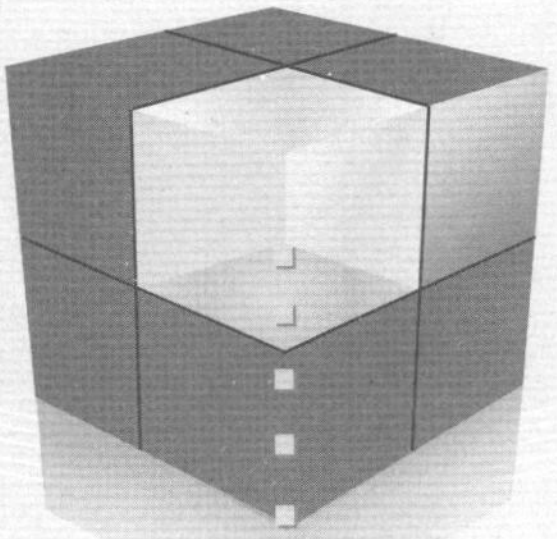

華中科技大學出版社
http://www.hustp.com
中国·武汉

普通高等学校管理类精品教材

编委会

顾　问：李京文　李金华

主　任：张金隆

副主任：马士华　夏新平　廖建桥

编　委：（以姓式笔画为序）

王宗军　王　韬　龙立荣　田志龙

刘　芳　朱雪忠　张兆国　杨　超

胡　蓓　聂　鸣　龚　朴　崔南方

景奉杰　鲁耀斌　蔡淑琴

总序

新中国成立后，特别是改革开放以来，中国的现代管理教育获得了广阔的发展空间，在管理实践、理论创新及人才培养等方面，都有了长足的发展。随着我国改革开放的不断深入和社会经济的迅速发展，亟需大批拥有广博的知识基础，懂得市场经济一般规律，熟悉其运行规则，掌握必要的管理技能，了解中国实情，具有决策能力、创新意识和开拓精神的管理人才，培养足够数量的这类人才，是我国管理教育界面临的紧迫任务。

“普通高等学校管理类精品教材”正是出于此类培养优秀管理人才的目的而编写的。华中科技大学管理学院在总结三十多年教学科研、培养优秀管理人才的经验的基础上，借鉴国外管理院校的成功做法，学习国内兄弟院校的长处，对管理学科人才培养模式、课程体系、教学内容和教学方法进行了系统研究并不断加以改进和完善，编写了这套教材。

这套教材具有以下特点。

(1)理论与实践相结合。本套教材兼收并蓄中外管理科学的优秀理论和方法，作者都是从事一线教学和科研工作的教师，了解学生的特点和需求，大多数作者又有从事企业管理和企业管理咨询的经验，了解管理实际对管理专业人才的需求。因此，在编写过程中作者们能注意理论与实践的联系，通过引入适当的案例和实验，加深学生对理论知识的理解和掌握，具有可操作性。

(2)管理基本原理与最新研究成果相结合。本套教材着重于讲解管理科学的相关基本原理，不是简单地分门别类讲解管理学科知识，而是结合当前经济全球化，以及信息技术的快速发展的背景，对新环境下的管理问题进行系统阐述。

(3)注重基础知识与创新能力的结合。本套教材在选题、体系组织上充分考虑了对管理类本科生和研究生的知识结构、知识背景及其后续发展的要求，从管理学科的基本原理出发，着重于培养学生分析问题、解决问题的能力。

(4)注意系统性与每门课程的独立性。本套教材覆盖了管理类专业培养方案中的主干课程，并考虑了这些课程的独立性及课程之间的相互衔接和整体上的协调。为保证本套教材体系完整性和内容系统性，编委会在广泛征求国内外管理领域专家和企业高层管理者的意见的基础上，注意发挥各门教材编写者的独立性和创造性。

本套教材主要由华中科技大学管理学院的部分优秀教师编写，他们大都著作等身，有丰厚的科研成果和丰富的教学经验。在华中科技大学出版社的鼎力支持下，此套教材无疑将是管理学院多年来学术成就及教学成果的经典之作，同时期望为中国管理类人才培养特别是教学工作的开展作出我们应有的贡献。

2010 年 6 月 28 日

第三版前言

光阴荏苒，一转眼本书第二版出版的时间已经过去了9年。9年来，我国经济形势发生了巨大变化，税收制度也发生了很大的变革。自2006年以来，我国进入了新一轮税收制度改革，企业所得税和流转税等主体税种的制度发生了很大改变，规模小的非主体税种制度也进行了调整：2007年启动的企业所得税“两税并轨”改革实现了内外资企业适用的企业所得税法、税率、税前扣除办法以及税收优惠政策的“四个统一”，创造了一个有利于各类企业公平竞争的舞台和一个规范、透明的税收环境；2009年1月1日起实施的增值税转型改革缩减了增值税税基，属于给纳税人减负的改革，带有普惠性；消费税制度自2006年开始扩大了征税范围，并陆续提高了部分产品的消费税率；另外，在财产税改革方面也对内外资企业统一执行新的房产税征收制度，对资源税和行为税类也进行了相应的改革和调整，取消了筵席税和屠宰税，对固定资产投资方向调节税实行暂停征收……。就是说，近年来我国税收制度和税收环境发生了很大的改变，因此，我们的教材也必须进行再一次修改。

修改后的第三版内容更聚焦于税收理论及其实务，并且根据调整后的税收制度和政策对相关税种介绍进行了修改。为了深入浅出地对严谨、晦涩的税收制度进行解读，本书力图用通俗的语言对税收制度进行解释和说明，尽量避免条文列举。此外，还选取了大量专题对税收制度和各税种的背景知识进行介绍，以扩大读者的知识面并增加阅读内容的趣味性。同时，本书还选取了一系列案例，以加深读者对教材内容的理解，便于做到融会贯通。

在本次修订中，新增了许多例题，在每章后都附有各种类型的习题，这些习题紧密围绕各章需要掌握的知识点，以便于教师布置课后作业，帮助学生及时练习并掌握各章知识。

本书作者编写了配套的教学 Powerpoint 课件、课后习题解答、补充案例和习题、补充阅读材料，以方便教师们进行教学。使用本教材的教师可以向出版社索取，其电子邮箱 yingxiaoke2007@163. com；也可以直接向作者索取，作者的电子邮箱 liufang_tt@mail. hust. edu. cn。为便于教学，这些教学辅助资料仅提供给教师，请其他读者谅解。

作为教材，本版与上一版相比，无论是内容还是写作风格方面都进行了很大的调整，因此本版教材应该更加实用。然而，由于作者知识与实践经验的局限性，本书不足之处在所难免。因此，作者诚恳地希望使用本书的广大师生和读者不吝赐教，将你们发现的各种错误、疏漏，以及对本书的意见和要求及时告诉作者，以便作者不断改进。

刘　芳

于华中科技大学管理学院

2010 年 4 月

第二版前言

这本教材的第一版是在1996年出版的，编写的目的主要是为了满足本校税务专业和选修税务的学生们上课的需要。所以第一次虽然仅仅只印刷了4 500册，但对我们已经是一个天文数字了，不知道何年何月才能用完。没有料到，出版之后它却不胫而走，不仅被部分兄弟院校选作教材，税务机关和工商界人士中也有购买它作为参考书籍的，这4 500册书竟然很快就卖完了。接下来，出版社就一再加印，在准备第五次印刷而征求作者意见时，我们表示了反对。因为税制是不断变化的，一本财政税收教材不能长期使用而不修改，于是出版社就敦促我们编写第二版。

与一些畅销的教材相比，这本教材的销量原本不值一提。然而对于一本没有任何宣传，近乎于内部资料的专业教材而言，这个结果也还是令作者吃惊的。这本书为什么会受到欢迎呢？根据我们的了解，有三个主要原因：其一，理论体系比较新；其二，文字叙述简明流畅；其三，每章后面配有习题。在这一版中，我们尤其注重保持这三个特点，并尽力在原来的基础上有所提高。

本书第一版反映的是1994年的财税制度。那时，我国基本上还处于短缺经济时期，投资主体是国营企业，经济中的“投资饥渴症”严重而且普遍，因而税制是倾向于抑制投资和消费的。然而经济改革使这种状况发生了迅猛的变化。在短短几年内，我国经济就呈现出过剩经济特征，投资主体向民营企业和股份公司转化，经济政策的主流是要刺激投资和需求。这种巨大的宏观经济变化必然要反映到财政和税收上，表现为财政税收政策频繁地变动。所以，这次再版时除了第一章改动甚少之外，其余各章基本上都重写了，并新增加了“企业所得税”和“税收经济分析”这两章，系统地介绍了财税新政策和新规定，税收活动的经济理论以及作者的一些观点和研究成果。另外，对每一章的习题都进行了修改和增补，还在正文中增加了不少例题。

本书第二版共分11章，刘芳编写了第八、第九章，参与编写了第四、第七章，并负责各章习题的修改与增补工作；刘华编写了第二、第六章；陈平路和罗光编写了第五章；张睿编写了第十一章；其余各章主要由王韬编写；研究生陈取华帮助完成了作图和部分文字工作。全书最后由王韬总纂、修定。

借此机会，作者由衷地向多年来使用本书的老师、学生和其他读者表示感谢。他们在使用本书的过程中不断提出创造性的意见和建议，使得作者能够在本书再版时加以改进。

王　韬

2001 年 3 月

第一版前言

现代财政既是国家凭借政治权力行使政府职能的财务收支活动，更是国家参与经济活动的主要形式和途径，同时，它无疑还是国家宏观调控经济的最有力的工具。总而言之，财政是国家各级政府的经济活动。因此，如同企业的财务一样，国家财政也涉及收入、支出和计划管理等三方面的活动。

简单地说，财政收入主要包括税收和国家债务；财政支出包括经常性支出和建设性支出；财政的计划管理则通过国家预算来体现。财政支出是财政活动的直接目的，没有财政支出的需求，国家财政也就不会存在。财政收入为政府的财政支出提供资金来源，没有财政收入，国家的财政活动就不可能进行。国家的收支必须有目的、有计划地进行，并为人民所认可，这就需要国家预算来保证。于是可知，就国家财政而言，这三者是缺一不可的，因而财政学必须同时研究这三个方面的问题，以及指导财政收支和预算的财政政策。

《现代财政税收》一书从实质上说是财政学教材。然而，与一般财政学教材不同，它以较大的篇幅讨论税收，对主要税种介绍得相当详细。因为税收是最重要的财政收入；同时，税收又是财政中专业技术性最强的部分；此外，税收还是国民最敏感的经济问题。它与一般的国家税收教材也不同，它把财政学的三个部分作为一个有机的整体来介绍，对于税收尤其强调了它在国家财政总体中的地位，以及它作为最直接的财政手段的重要的财政政策作用。

财政与税收属于经济学的范畴，各国的财政税收在原理和方法上都有一些共性；财政和税收又是应用型的经济科学，它必须顺应时代和国家的不同要求，因而不同时期不同国家的财政税收在理论和方法上又必然有所不同。本教材基于财政税收是一门经济科学这种认识，考虑到教材不同于论文，应当以阐明学科知识为主，故在内容的取舍上是以我国的财政税收为背景，力图客观、现实地介绍这门学科的基本理论和现行政策、制度和方法，尽可能不作评论和历史回顾。基于这一考虑，加上篇幅限制，本书对财政政策没有单独分章讨论。

作为一本教材，作者充分考虑到了读者的方便，因而针对每一章内容都编写了相当多的练习题，这在同类教材中是少有的。

本书共分为10章，其中第一、二、八章由王韬撰写，第四、六章由陈平路撰写，第三章由刘华撰写，第九章由肖厚雄撰写，第十章由叶青撰写，第五章由肖厚雄和王韬合写，第七章由陈平路和刘华合写；练习题除了第三、十章和第七章一部分由刘华编写之外，其余全部由陈平路编写。全书由王韬总纂、主编。

尽管这本教材在内容选择和编写方法上都做了很大的努力，但由于作者水平有限，书中还有可能存在不足甚至错误之处，敬请读者指正。

王　韬

1996年2月

目录

第一章

市场失效与财政职能

改革开放以来,我国私人经济的比重在不断加大,国有经济的比重则在不断减小,而且,越来越多的国有企业只是全部或部分的所有权属于政府,经营方式则已完全纳入市场经济范围。我国传统的计划经济正在稳步地向社会主义市场经济过渡。显然,社会主义市场经济是一种市场经济与计划经济共存的混合经济。

事实上,几乎所有国家的经济都是混合经济:市场提供一部分产品和劳务,政府部门提供另一部分产品和劳务。即使在市场经济最为发达的国家,例如美国、英国、加拿大等,政府也作为一个最大的经济实体直接或间接地参与经济活动,并通过财政手段广泛深刻地影响着国家经济的稳定和发展,以至于经济学家们明确地认为这些国家的经济可以划分为两大部门:私人经济部门和公共经济部门。

迄今为止,市场经济仍被认为是最有效的经济机制,世界上许多国家都实行市场经济,我国和许多其他原计划经济国家也正在通过改革而建立市场经济。既然如此,为什么公共经济仍然存在,并且其规模足以与市场经济相提并论呢?

财政的古典含义是政府或团体为维持其自身正常运行和发展,维护国家安全和社会治安而采取的收入、支出等经济行为。对于现代国家来说,政府的主要职能是在经济方面,在这个意义上,可以认为财政是政府作为公共经济主体的全部经济行为,或者简单地说,财政就是公共经济。因此,上述问题换个形式表述,就是在实行市场经济的条件下为什么还需要财政?本章将讨论这一问题。

第一节 市场失效

市场机制远不是十全十美的,一再发生的经济危机暴露了自由市场经济的缺陷。从根本上说,市场经济的局限性在于它的高效率运行需要一定的条件,而其中有些条件在实际中很难,甚至不可能得到满足。所以,完全自由放任的市场经济存在固有的不足,在其自身运行中必然会产生弊病,从而不能很好地解决资源配置、收入分配和经济稳定问题,这就是市场失效。市场失效是公共经济得以存在和发展的根本原因之一,从而也决定了财政的职能范围。本节将介绍市场失效的主要表现。

一、不充分竞争

要使看不见的手在市场经济中发挥作用,就必须有充分竞争的经济环境。但在某些行业中或者某些情况下,充分竞争却难以形成。

1. 自然垄断

垄断是引起不充分竞争的主要原因和重要表现,许多国家都有反垄断法,但某些行业却容易自然形成垄断。

首先，规模收益递增，单位产品成本随着生产规模的扩大而不断降低的行业会自然形成垄断企业。例如电话公司，其主要的成本在于架设电话线，一旦某一家电话公司在一个地区架设好了电话线，则用户越多，成本就越低。显然，在一个地区只建立一家电话公司要比建立两家以上的电话公司有效得多。而且，面对已经形成规模的老公司，在同一地区建立新的电话公司将由于成本高，用户少而处于极为不利的竞争地位。因此，电话公司容易自然形成垄断，像美国的AT&T公司，加拿大的BELL公司就是如此。类似的情况还有供电公司、自来水公司、煤气公司和铁路运输等等。

其次，有些行业，如汽车工业、冶金工业、造船工业等，规模效益明显，只有产量达到充分大的规模，企业才有利可图。在这样的行业中，往往也只存在较少的企业，甚至一两个企业就占有了大部分市场，因而缺少比较充分的竞争，也容易形成自然垄断。不过，某一个行业仅有少数几个企业本身并不一定意味着缺乏有效的竞争，如果有大量其他资本可随时转移到该行业，或者进入退出该行业市场的成本较低，则现存企业就存在潜在的竞争对手，只要他们企图攫取垄断利润，潜在的竞争对手就会进入市场而使价格回跌，因而这些企业并不具有自然垄断地位。

在垄断市场结构中，垄断厂商的产品价格高于产品的边际成本，垄断产品平均成本没有达到最低水平，资源没有被充分利用，消费者以较高的价格购买了所需的商品。这意味着垄断导致了消费者受到了剥削，资源配置缺乏效率。

另外，在垄断市场中，为了获得和维持垄断地位，以长期追求高额垄断利润，垄断企业常常要付出一定的代价，比如采取寻租行为向政府官员行贿等，这一部分资源并不是用于生产，没有创造出任何有益的产出，完全是一种非生产性的寻利活动，它也导致了资源配置缺乏效率。

2. 不完全市场

完全市场通常是指能够充分提供边际成本等于价格的产品和服务的市场，换言之，对于完全市场来说，只要是有利可图的产品或服务，市场上就会以合适的价格充分提供。但是，在市场经济下总存在一些产品和服务，从技术和能力上说私人市场是可以提供的，并且提供这些产品也有利可图，但私人市场却会出现非正常价格或者供求关系扭曲，从而导致市场低效率。这些产品的市场就称为不完全市场。典型的不完全市场有信息不对称的产品市场、保险和资本市场、互补市场。

尽管当今的保险市场已日趋完善，私人市场仍然还是不能为个人所面临的许多重要风险提供保险，例如为私人银行提供保险。到目前为止，各国政府都制定了大量的社会保险计划，其目的至少部分是为了克服市场上保险项目的不足。

在当代市场经济下，资本市场是相当活跃的。然而即便如此，私人资本市场还是不完全的，总有些重要方面的信贷私人市场不愿提供，例如学生信贷、小企业信贷，以及农户信贷等等。

显然，保险市场和资本市场不完全的主要原因是风险，实际上风险特别大的市场都容易出现这种情况，如航天航空工业、核电工业、高科技开发和研究等等。

所谓互补市场，是指相互关联，须要配套提供的多种产品的市场。例如，假定所有爱喝咖啡的人都喜欢在咖啡里加糖，则糖和咖啡的销量是相互依赖的。在没有人生产糖的情况下，任何企业家都不会考虑生产咖啡；反之亦然。然而，如果有两位企业家相互配合，分别生产糖和咖啡，则糖和咖啡都会有良好的市场。糖和咖啡的市场就是互补市场，缺乏哪一个都会引起不完全市场的问题。这当然是一个有意简化了的例子，市场将自动使得糖和咖啡的潜在生产者合作，而无须政府的干预。不过，在许多需要大规模合作的复杂情况下，特别是对发展中国家而言，市场机制往往不能充分发挥作用，互补市场的问题就会很突出。如我国的三峡工程，它涉及了跨省的地区合作、各行各业的合作、库区移民和安置的合作等极为复杂的协调组织，而绝不仅仅是一个资金和工程技术的问题，因而不能只依靠市场来完成这一工程。

3. 信息不对称

市场经济的正常运行有赖于迅速准确的信息传递，没有充分的信息，就不可能有充分的市场竞争，从而市场运转也必然是不完善的。然而市场经济中却经常出现信息不对称的现象。信息不对称指不同经济行为者对同一问题掌握的信息程度不同，其直接后果是导致市场经济运行中的低效率。

在产品市场上的信息不对称经常表现为：生产者对其产品质量的信息要比消费者了解得多。按照市场的一般规律，高质量的产品应卖高价格，而低质量的产品卖低价格。但是当消费者并不知道产品质量的差别时，消费者对高质量的产品就不愿意支付高价格了；而生产者也不会愿意以低价格出售高质量的产品。结果，低质量的产品交易将充斥市场。这种低质量产品的交易是市场低效率的表现。

保险公司所经营的保险业务实际上也是一种特殊的商品。保险公司在提供这种商品时，是根据投保人（即商品的需求者）对保险的需求和所愿意支付的价格即保费来确定其保险的规模和实际保费的。但在保险市场上，通常保险公司对投保人情况的了解比投保人对自己的了解要少，即表现为信息的不对称。例如，对于汽车保险来说，保险公司很难了解到具体哪些人易出事故，因此很难对这些人提高保费。而且，通常易出事故的人是购买保险最积极的人。结果，若保险公司提高保费，会减少那些出事故较少的投保人对保险的需求，而不会减少出事故较多的投保人对保险的需求。这样，保险公司可能会承担更高的损失赔偿，这就是保险公司在信息不对称时所要承担的道德风险。

信息不对称是市场经济不可避免的现象，这种情况下政府必须采取措施给消费者提供有用的市场信息，以避免由于信息不灵而导致的市场失效。此外，在克服信息不灵方面，政府的作用还表现为要提供具有公共产品性质的信息。从许多方面来看，有些信息实际上具有公共产品的特点，多一个人获取这种信息不会影响别人获得该信息，也不会增加传递该信息的成本。因此，私人市场不会充分提供这类信息。这方面最为典型的例子就是各地气象局每天发布的天气预报，以及中央电视台每天播出的卫星云图和海洋气象。

自然垄断、不完全市场，以及信息不对称是市场机制运行过程中必然出现的弊病，它的根本问题是引起不充分竞争市场。虽然市场竞争的不充分可能有着更为深层的原因，这三点却是非常明确的证明。

二、公共产品

从消费者的角度来看，社会的全部产品可以划分为两大类：一类是满足个人消费需要的产品和劳务，如食品、服装、住宅、理发等；另一类是不可能由个人独占，用于满足公众和集体需要的产品和劳务，如国防、水利、公路、环境卫生等。显然，前者可以称为个人消费或个人消费品，后者可以称为公共消费或公共消费品。不过，按照习惯，我们还是将前者称为个人产品，后者称为公共产品，读者应该注意这两个术语在这里的准确含义。

在一般情况下，无论经济制度如何，个人产品是由竞争的市场所提供的，而公共产品则是由政府提供的。值得指出的是，在这里，提供并不等于生产，而只是指供给。对于社会主义市场经济而言，必须考虑大量国有企业生产个人消费品这一事实。提供个人消费品的国有企业是产权属于政府，而它的经营必须遵守市场规律，在这个意义上，它和私营企业并无区别。因此，个人消费的产品和服务不一定是由私人部门生产的；反过来，由政府提供的物品和服务也不一定要由政府部门直接生产经营，政府可以花钱从市场上购买。这方面非常典型的例子是国防，国防是由政府提供的，但用于国防的武器，则完全可能由私人企业生产。

市场既然是一种有效的经济机制，公共产品却为什么不能由市场提供，而要由政府提供呢？为了回答这一问题，须要阐明公共产品和个人产品的不同之处。

1. 纯个人产品的性质

纯个人产品是由市场提供的，它同时具有如下两个性质。

1）排他性

由市场提供的产品在消费上必须具有排他性。一种产品或劳务在消费上具有排他性，是指只有占有它的人才能消费它，不占有它的人则被排除在它的消费者之外。换句话说，对于任何一种产品，如果只有购买它的人才享有消费它的权利，而没有购买它的人则无权消费它，我们就说它具有排他性。例如，若甲想要某一件衬衣，就必须购买它；而一旦甲购买了这件衬衣，乙就不可能消费它。

市场建立在等价交换的原则上，但交换必须以产权为基础，没有产权，就不能交换，而产权显然要求排他性。某种产品一旦具有排他性，市场对它就可以像投标体系一样运行。消费者为了获得享受消费该产品的效用，就必须以一定的价格购买该产品，这个产品价格同时也表明了消费者对该产品的偏好程度。在竞争的压力下，生产者将自动接受这一信号的引导，去生产消费者所需要的产品。

容易想到，一种产品如果没有消费上的排他性，那就意味着，任何消费者可以无偿地消费它，自然就没有人为了消费它而出钱购买它，从而没有等价交换的必要，市场也失去了价格信号的引导。

2）对抗性

所谓对抗性是指甲对某一产品的消费将损害或影响乙对同一产品的消费。例如，甲多吃一块蛋糕，乙就要少吃一块蛋糕。在公共牧场里，甲多放牧一群牛羊，必然要影响其他牧民所能放牧的数量和质量。对于高峰时期拥挤的街道上的汽车来说，可用空间也明显地具有对抗性。

对于消费具有对抗性的产品，要多满足一个人的消费，其成本必然要上升，也就是说多满足一个人消费的边际成本必不为零。这表明，具有对抗性的产品也就是边际成本不为零的产品。市场有效使用资源的一个条件是价格等于边际成本，因而任何人要获得该产品的消费权就必须按边际成本付费，从而使得价格再次成为引导市场的信号。

2. 纯公共产品的性质

纯公共产品同时具有非排他性和非对抗性。

1）非排他性

公共产品的非排他性有两种不同的表现。

其一，有些纯公共产品完全不具有排除他人也受惠的可能。国防就是这方面的例子。只要国家成功地建立了防务体系，就不可能排除任何居住于国境内的人获得国家安全所导致的好处，除非将其驱逐出境。环境保护也是如此，当某地空气得到净化时，不可能排除在当地生活的任何人呼吸新鲜的空气。显然，这类纯公共产品不仅具有非排他性，反过来它还具有不可拒绝性。

其二，有些产品在技术上做到排他虽然可行，但成本过于昂贵，从而实际上还是具有非排他性。例如，在一个航道上建立了灯塔后，就不可排除它引导任何过往的船只在该航道上安全航行。从技术上说要使灯塔服务具有排他性是可能的，譬如说派一艘巡逻艇对过往船只收费，但在大多数情况下这样做将是得不偿失的，并且也是不应该的。公路两旁的街灯也是类似的例子。

当然，还存在另外一些产品，本来并不具有排他性，但在技术上可以采取某种措施使它具有排他性，并且成本也比较低。例如大桥，一般情况下是不具有排他性的，谁都可以过桥，但是，只要在桥头设置了收费处，则大桥在消费上立刻就有了排他性，因为这时不交费就不能过桥。不过，当车流量很大时，这样做的社会成本可能也是难以忍受的。

由此可见，产品消费的排他性程度，是依赖于产品提供者阻止非购买者消费其产品的技术可行性而定的。当在技术上排他不可行时，产品的排他性程度就为零，也就是上述第一种情况。当排他在技术上可行时，排他性原则就打破了，产品的提供者可以通过收费标准决定所须要排除的数量。然而，当实施这种排他所需费用过于昂贵，即排他成本大大超过他人无偿消费这一产品所获的利益时，也应视此种产品为公共产品。

2）非对抗性

对于某种产品来说，如果每增加一个人消费它的边际成本为零，则该产品就具有消费上的非对抗性。公共产品具有非对抗性，也就是说，当甲分享消费它的利益时并不减少乙消费它的利益，所有的消费者都可获得同样的消费利益而互不干扰，排除一个或一部分消费者将是无效的。有效使用资源要求价格等于边际成本，在这种情况下，既然边际成本为零，价格当然也应该为零。这就意味着，此时即使排他在技术上简单易行，实施排他也将是无效的。

例如，国防对于一个国家的国防体系来说，它所保卫的居民多一个或少一个并不影响它的成本，并且多一个人受保护也不会减少任何其他人受保护的程度。非对抗性产品的另一个例子是不拥挤的桥梁，甲通过某一座桥梁不会影响乙的通过。收取费用是相当可行的，但只要该大桥没有被充分利用，收费在资源利用上就是无效的，因为它会进一步减少边际成本为零的大桥的利用率。类似的例子还有利用系数不大的电子计算机、不满员的火车、不拥挤的公路等等。

非对抗性是从产品的不可分割中产生的，这使得在该产品的容量内，新增消费者的边际成本为零。但是，提供这种产品的成本却不是零。如果由市场来提供这种产品，企业必然要通过收费来补偿这一个成本，在产品利用率本来不高的情况下，收费将进一步降低它的利用率。而政府主要是通过税收来获得补偿的，这显然有利于提高这种产品的利用率。

3. 混合产品

纯公共产品同时具备非排他性和非对抗性，但纯公共产品的例子并不太多。在很多情况下，非对抗性产品并不一定同时也具有非排他性。例如火车、飞机、桥梁等，这些产品的消费在其容量内是非对抗性的；但只要采取一个简单的措施，如出售火车票、飞机票，征收桥梁通行费，就可使该产品具有排他性了。反过来，具有非排他性的产品也并不一定具有非对抗性。例如前面曾经提到过的拥挤的公路，汽车使用拥挤的公路显然具有对抗性，但却很难找到有效的方法排他。

公有财产是这方面的特殊例子。对于某一团体的公有财产，该团体成员对它的消费显然具有非排他性，但却是对抗性的。例如某一乡村的公共湖泊，任一村民在湖内多捕一尾鱼都意味着该村内其他村民可捕的鱼要少一条。类似的例子还有部落的公共牧场、有多口油井的油田等。在这些例子中，公有财产的非排他性是由公有权产生的，而不是由于财产本身的自然性质产生的。

可见，各种产品在排他性和对抗性方面的可能情况共有四种，如表 1-1 所示。

表 1-1　产品的消费性质

消　费	排　他	
	可行	不可行
对抗	1	2
非对抗	3	4

在表 1-1 中，情况 1 和情况 4 分别为纯个人产品和纯公共产品，而情况 2 和情况 3 表示的产品既不是纯公共产品，又不是纯个人产品，这样的产品称为混合产品。除此之外，还有一种由于外溢性而引起的混合产品，将在下面介绍。在现实中，市场经济所表现出来的，既不是纯个人产品也不是纯公共产品占垄断地位，而是“混合产品”占优势。

公共产品的非排他性和非对抗性使得价格信号失灵，它的提供者无法通过等价交换的途径获得报酬和利润，因而市场不可能充分提供公共产品。它不但使市场失效，也不仅使政府干预经济成为必要，更为重要的是，它决定了公共经济部门的必然出现和存在。

三、外溢性

在许多情况下，个人或企业的行为将从不利或有利的方面影响其他个人或企业，但又无须负担应有的责任或不能获得应有的报酬，这种行为就是具有外溢性的行为。外溢性有负外溢性和正外溢性之别，相应地，这两种不同的外溢性将分别产生外在成本和外在效益。下面将具体地介绍这两种外溢性以及由此而引起的问题。

1. 负外溢性和外在成本

当一个企业的生产经营活动引起其他企业支付了额外的成本费用，但又不必因此而补偿其他企业，这种行为就具有负外溢性。当存在负外溢性时，被损害的个人或企业将得不到补偿，如果他们希望减轻负外溢性的不利影响，他们必须为此而投入一部分资源。这种投入对他们来说是一种被迫支付的额外成本，因而称为负外溢性的外在成本或社会成本。

譬如说，钢铁公司的烟囱所排放的浓烟，将迫使周围的企业和居民采取措施防尘和净化空气，他们为此而支付的成本就是钢铁公司排烟所造成的外在成本。再譬如，当一家化工厂将废水排入邻近的江河而又不为此付费时，它实际上也会对下游用水者造成外在成本。这方面的例子不胜枚举。

2. 正外溢性和外在效益

另一方面，当一个企业的活动使别的企业获益，却又没有从别的企业获得应有的回报时，这种活动就产生了正外溢性。正外溢性在客观上给其他人带来的利益就称为外在效益或社会利益。

例如，假定有人在自己房前开辟一个花园，则除了他自己一家外，他的邻居也可以享受赏心悦目的乐趣，但他的邻居并不会为此而付费，这就是该花园所产生的外在效益。一户农民种植一片果园，可以为周围的养蜂人提供蜜蜂采蜜所需要的花朵，而养蜂人是不必为蜜蜂采蜜而向园主付费的，养蜂人所得到的利益就是种植果园所产生的外在效益。

另外一个典型例子是灭蚊问题。假定某一地区蚊虫猖獗，引起当地疾病流行。为了防治蚊虫危害，各家各户可以采取多种不同的方法。如果某人出钱使用飞机喷洒灭蚊剂，其效果可能最好。这样一来，其他人都可不花分文而获得灭蚊的好处。当地居民所节约的灭蚊费用以及所得到的一系列相关利益就是飞机灭蚊的外在效益。

容易想到，修建水库、建设水电站、兴办林场等则是更为明显，也更为重要的正外溢性经济行为。

3. 外溢性引起的问题

一旦存在外溢性，将产生许多问题，主要的有如下三种。

1）外溢性混合产品问题

如同公共产品一样，外溢性也具有非排他性和非对抗性。负外溢性是如此，污染河流的生产行为将危害下游所有的人，并且尽管有人可能受害重一些，却不会因此而削弱其他人受害的程度；正外溢性也是如此，植树造林会使当地居民无偿地享受更为美好的环境。可见，公共产品与外溢性这两个概念虽有区别，但两者之间却又存在着强有力的联系。许多个人产品因为其生产活动具有外溢性而兼有公共产品性质，从而使得这些产品也成为一种混合产品，即外溢性混合产品。

这种混合产品既有个人产品的成分，又产生着外溢性的效果。由于外溢性的存在，使得个人产品也影响着他人，而不成其为纯个人产品。例如，造纸厂生产的纸、林场种植的树木等都是个人产品，但只要它们的生产具有外溢性，则它们就变成外溢性混合产品。这种现象将从消极的方面影响生产者和消费者的决定，从而产生资源配置的低效。这也是第二节将要介绍的政府配置资源职能的理论依据之一。

2）免费搭乘问题

所谓“免费搭乘”，是借用日常生活中免费搭便车的行为来比喻人们不支付费用而享受某种消费的现象。正外溢性会产生免费搭乘问题。再来考虑一下上述有关灭蚊的例子，如果该地区有一户采用了飞机灭蚊的方法，则该地区所有其他居民就都可分文不花而享受到灭蚊的好处。在这个例子中，其他居民就是免费搭乘者。作为免费搭乘者的可能性所引起的问题是明显的，它可能使得该地区每一户都指望别人选择飞机灭蚊，自己坐享其成，结果没有一户愿意采用这一最有效的灭蚊方法。类似的例子很多，如修筑公路、架设桥梁等，在没有解决好免费搭乘问题时，是不会有个人愿意承担的。

此外，像电影院、体育馆、公共汽车，以及火车飞机等服务设施，当顾客量不足时，其消费具有非对抗性，边际成本为零。从充分利用资源的角度考虑，在不满员时他们应当允许人们免费消费这种产品。但是，只要他们这样做了，他们的产品就具有正外溢性，许多潜在的顾客也会等待免费消费的机会，享受免费搭乘者的好处，结果这些部门就有可能失去正常的盈利。这正是他们一般决不让人免费消费的原因。

3）价格扭曲问题

很明显，外溢性产品的价格是在不包括其外在成本或外在效益的条件下，由市场运行规律所决定的，因而这个价格没有真实地反映价格与成本的关系，价格信号被扭曲了。以这种价格为基础来做出生产和消费的选择决定，无法充分有效地配置资源，因而会扭曲有关产品的市场供求关系。

一方面，从一个有负外溢性生产行为的企业来看，除了它的市场产品外，还会产生负外溢性，如硫酸雨等。该企业的产品成本实际上应包括生产成本和防治硫酸雨的成本，但由于该厂并不支付外在成本，因而其产品市场价格可以较低，从而使得该产品的需求量增大。该企业由于硫酸雨而产生的外在成本是由社会承担的，这就提高了其他产品的边际成本，使得其他产品的需求量降低。

另一方面，对于有正外溢性生产的企业来说，除了它的市场产品外，还会产生正外溢性，如净化空气等。该企业的产品成本中已经包含了生产成本和净化空气的成本，但其净化空气的成本在其产品价格中却得不到反映，这就可能使得其产品供给量下降。净化了的空气将使社会受益，其他产品的供给量可能因此而提高。

由上述讨论可知，当存在负外溢性时，由于个人无须负担由他们造成的全部外在成本，他们将从事过量的负外溢性活动，如任意排放废水、废气等，使得有关产品被过分生产；相反地，当存在正外溢性时，由于个人无法获得提供外在效益的报偿，加上免费搭乘的倾向性，人们将不从事或少从事正外溢性活动，使得有关产品的市场需求得不到满足。外溢性是非排他的，个人无法通过个人之间的等价交换将外溢性的影响内在化。这表明，在有外溢性存在的情况下，通过市场而产生的资源配置将不同于充分竞争的市场下的资源配置，因而很可能是低效或无效的，这就证明了外溢性也是市场失效的表现之一。

第二节　财政的经济职能

财政的职能与政府的职能密切相关。关于政府的职能，美国经济学家萨缪尔森认为主要有：提供补助，维护人们最低福利的职能；提供公共服务，征集税收的职能；颁布法律法令，保证市场机制正常运行的职能；以及控制失业和通货膨胀，维持经济增长的职能。由此可见，在现代国家中，政府的重要职责是积极干预经济。在社会主义市场经济条件下，政府更要特别重视制定和执行宏观调控政策，调节社会分配和组织社会保障，培育健康的市场体系。

财政是支持政府实现其全部职能的经济支柱，也是政府部门参与国民经济活动的杠杆。虽然财政政策和措施可以在许多方面影响经济，可以为许多目的服务，但它的经济职能主要表现在如下三个方面。

一、资源配置的职能

资源配置就是生产要素在不同的用途、不同的行业、不同的地区、不同的部门之间的分配和安排，从而形成一定的资产结构、产业结构和技术结构。一方面，一个国家的人力、物力、财力和自然资源都是有限的；另一方面，有限资源可以有各种各样的配置方案，而不同的方案导致的效益是不同的。充分利用有限的资源，使之产生最大的社会总体经济效益是任何一种经济的首要目标。因此，如何有效地配置资源是任何一个社会都要面对的基本问题。

1. 财政配置资源的意义

从根本上说，市场经济是一种不同于计划经济的资源配置方式。关于市场经济可能达到的最佳资源配置，意大利经济学家帕累托是这样描述的：对于某种给定的资源配置而言，如果不可能存在另外一种配置，可以使得一些人过得更好，同时又不会引起任何其他人过得更差，则这种配置就是有效的。在完全竞争的市场经济下，这个表述具有一定的合理性，因而一般称市场经济可能达到的最佳资源配置为帕累托有效配置。当市场的竞争机制使得资源配置达到帕累托有效配置时，市场经济也被认为是达到了应有的效率，这种效率相应的称为帕累托效率。

根据帕累托效率的概念，进一步提高效率就是要使某些人过得更好，而同时又不使任何其他人过得更糟，这样一种变化称为帕累托改善。在达到帕累托有效配置之后，要改变社会不平等状态，提高某些人的生活水平，就必须以牺牲另外一些人的利益为代价。也就是说，在帕累托配置下，实现帕累托改善是不可能的。

但是，完全竞争的市场经济事实上是不存在的，由于公共产品、外溢性、不完全市场等问题，市场的有效配置作用失效了，因而市场经济并不能自动地达到帕累托配置。要实现资源的最佳配置，需要公共经济部门进行干预，也就是需要财政参与资源配置。这就是财政的资源配置职能。

2. 财政配置资源的范围

财政只能配置一部分社会资源，它的作用范围一般应该是市场失效的范围。

1）提供公共产品

财政配置资源的首要途径是提供公共产品。同提供私人产品一样，提供公共产品也需要成本。如前所述，公共产品是难以通过市场出售的，人们也不会自愿对公共产品的提供做出贡献，因而公共产品的成本必须以税收的形式取得。如同消费私人产品一样，消费公共产品也应该拿出钱来，问题是很难确定具体的消费者，以及各个消费者的受益程度，从而也很难确定各个消费者所应缴纳的税额。人们不会向公共经济部门申报自己享受了多少公共服务，也不会确认这些服务对他有多大价值，因为他只是公共产品的众多的受益人中的一分子，他从公共产品所能获得的效用与他的贡献之间并无多大联系，做一个“免费搭乘者”对他显然有利。所以，公共产品的供应和费用的分摊既不能依赖于市场结构，也不能建立在自愿的基础上，而必须通过政治程序来确定，即以投票决定的方法代替市场决定。国家预算和税收制度归根结底是公众投票的结果。因为每一个投票者都知道，他必须服从投票的决定，他必须根据自己的利益投票，以求最后结果对他有利，因而投票的结果将符合大多数人的意愿；虽然投票的结果不会人人满意，但可以协调整个社会的利益。

2）扶持或限制外溢性产品

外溢性问题的存在也要求财政参与资源的配置活动。对于正外溢性产品，如教育、保健、大型水电站等，政府可以直接提供，也可以资助私人企业提供。对于负外溢性产品的生产则应加以限制。政府可以制定严格的规章制度，强制具有负外溢性的企业执行，使其外在成本内在化，减轻负外溢性的危害，同时也迫使企业因成本提高而降低负外溢性产品的产量。另外，政府也可提高负外溢性产品的税收，这样，一方面使有关企业的成本增加，同时也使得政府有足够的经费采取措施帮助减轻或消除负外溢性的影响，以补偿社会承担的外在成本。

值得注意的是，负外溢性产品的有效产量水平一般并不等于零。因为没有生产就没有利润，也没有负外溢性问题，只有社会需要并且有利可图，企业才会生产，负外溢性是伴随着生产而产生的。因而对负外溢性生产通常只能限制，而不能取消，也就是只能抽取有关企业的部分资源用于减轻其负外溢性，但不能将他们的全部资源都用于减轻负外溢性。

3）补充不完全市场

政府应该通过财政措施削弱市场竞争不充分的程度，补充私人市场的不足。

对于自然垄断行业，政府可以允许私人企业经营，但要实行一定的调节和控制，如限制电话公司、供电公司的利润水平。政府也可以直接经营自然垄断业务，例如，大部分自来水公司和发电厂是由政府经营的，所有国家的邮电业是由政府经营的。

对于保险市场和资本市场，政府可以提供私人市场不愿或不能提供的保险项目和信贷项目。以美国为例，美国政府鉴于大萧条中的银行大量倒闭对经济造成的巨大冲击和破坏，于1933年成立了联邦储蓄保险公司，银行每年支付给该公司保险费，而公司则对银行破产造成的储蓄损失提供保险；在1967年夏天发生的城市骚乱之后，许多私人保险公司都拒绝承办火灾保险，美国政府又进入这一领域；此外，美国政府还为洪水灾害提供保险。在信贷方面，美国政府除提供大学生贷款外，还为农场主、国际贸易企业、小企业等提供贷款。

为了解决互补市场的问题，政府可以直接投资建设复杂的大型工程，也可以负责组织协调工作，例如，城市市区的改建涉及众多的工厂、商店、土地所有者和其他部门，需要政府协调才能较好地完成改建工作。

4）自然资源使用权的配置

大量的自然资源，如江河湖海的水资源、海洋水产资源、原始森林、石油矿产等等，其产权难以界定，在很大程度上属于公有，这些资源的使用权必须由政府加以配置，否则公共利益将受到巨大的损害。一般，对于非再生资源和关系国计民生的重要资源，政府应当收归国有，严格保护和限制使用；对其他自然资源也要有偿分配使用权。

除了上述内容之外，在我国经济发展过程中出现的产业结构和地区结构失衡，也必须利用财政的资源配置职能调节资源在产业部门之间和地区之间的配置，以使国民经济结构趋于合理。为此，首先要调整财政支出的投资结构，增加能源、交通和原材料等基础产业和基础设施方面的投资；其次，要利用财政税收政策，如实行不同的税率、不同的折旧率和不同的贷款利率等，引导企业的投资方向，鼓励企业向国家鼓励的产业和地区投资。

二、收入分配的职能

财政的收入分配职能是指国家通过财政收支调节地方之间、企业之间、个人之间的收入分配关系，以便实现收入公平合理的分配。收入分配的公平与收入分配的平等或平均有着密切的联系，因而收入分配的公平只能是相对的，它实际上所要解决的问题是：从伦理上说，什么程度的收入不平等是社会能够容忍的？从政治上说，什么程度的收入不平等不会危及社会的稳定和秩序？从经济上说，什么程度的收入分配平等可以激励人们追求收入的动机，从而有利于资源的最佳配置？

1. 财政参与分配的必要性

在市场经济条件下，收入分配取决于生产要素的分配，以及生产要素的回报率。也就是说，收入主要来源于投入生产的劳动和资本，因而主要在劳动和资本之间进行分配。这种根据生产要素分配的意义主要在于资源的有效利用，但它不是公平分配的方法。劳动所得是个人付出劳力赚来的，资本所得则是资本的生息，是不劳而获。但在市场条件下，资本收入远比劳动收入高，事实上资本收入产生高收入家庭，工资收入造成低收入家庭。资本来源于财富，而财富是由继承、投资、家庭构成和积蓄而来的，并且财富越多，财富的增加就越快、越容易。财富创造财富必然形成贫富悬殊，收入不均。此外，劳动是有高低差异的生产要素，工资率有很大的浮动幅度，劳动收入与工作能力有关，而工作能力在很大程度上决定于教育投资，教育投资又和家庭财富相关，可见劳动收入也间接地决定于家庭财富。这样，收入的分配事实上是由财富的分配来决定的，它显然是不公平的。此外，培训和就业机会上的不平等，对种族、宗教、性别的歧视等等，也是形成贫富不均的原因。

市场本身不能解决收入分配不公平的问题。如前所述，市场经济不可能自动地达到帕累托有效配置。进一步说，即使它达到了帕累托配置，也不能达到收入分配的公平。帕累托有效配置作为一个经济概念所描述的只是总体效益最大的资源配置状态或结果，并不考虑这种配置所导致的收入和分配状况的好坏，即使在这种状态下一部分人过得极富，另一部分人却生活于极度贫困之中也是一样，也就是说它根本不考虑分配不公等问题。因此，对市场经济如果干预不力，必然会形成两极分化，从而带来一系列的社会问题。我国改革开放以来国民经济得到快速发展，居民收入得到显著提高，而同时贫富差距悬殊也是不争的事实。

可见，分配不公平的问题需要政府通过再分配政策来解决。

2. 收入分配的财政措施

1）税转移

税转移是指利用税收将高收入家庭的部分收入转移到低收入家庭的收入再分配方法。用于税转移的收入主要来源于个人累进所得税和对高档消费品的税收，因而足以保证税转移收入来自高收入家庭。将这类收入转移到低收入家庭的途径可以是直接的，也可以是间接的。

直接转移是指政府直接对低收入家庭给予各种形式的补贴。直接转移的支付形式有两种：一种是现金支付，如实行补助金或救济金制度，给穷人发放失业补助金、养老金、退休金、助学金等等；另一种是实物支付，由政府直接配给低收入家庭一些生活必需品，如食品、住房、燃料等等。现金支付和实物支付这两种形式各有利弊。采用现金支付操作简便，行政费用小，并且低收入家庭也宁愿接受现金，因为这使他们可根据自己的需要采购物品。但是，不能排斥有些接受补贴者不能有效地使用现金补贴。例如，若以现金支付养老金，则老年人可能为了孩子而将养老金积蓄起来，不用于购置生活必需品。这说明在有些情况下采用实物支付效果可能更好。事实上，采用实物支付常常可以产生一些综合财政效应。例如，给予补贴接受者以住房、教育、食品、医药服务等实物帮助，有可能减少低收入家庭给社会造成的外在成本，这对高收入家庭也是有利的；政府利用支持农业专项经费购买农产品发给低收入家庭，同时也能有效地支持农业，1982 年美国联邦政府采购奶酪、黄油等发给穷人就是如此，而且还节省了仓储费用。

间接转移则是通过采取一些特殊的财政政策，使得低收入家庭间接获利。政府可以通过财政支出提供那些对低收入家庭特别有利的公共产品，尤其是公共住宅。政府也可以执行教育和训练规划，提高穷人的教育水平和工作技能，使他们在竞争中具有平等的起步条件，以增加他们获得高工资的机会。政府还可以在对主要为高收入家庭所消费的一系列高档商品实行高税率的同时，对主要为低收入家庭所消费的商品实行减税、免税，或者价格补贴，帮助低收入家庭利用他们有限的收入买到较多的商品和服务。

税转移可以有效地改变相对收入分配，弥补贫富之间的缺口，但同时也存在两个主要问题。第一，税转移将增加行政费用，政府为了实施税转移，必须增加工作人员，购置一定的设施，从而花费更多的行政费用。第二，税转移可能影响资源的有效配置，从而影响社会总体的经济效率。因为税转移本质上是劫富济贫，它将减少储蓄与投资的收入，因而有害于储蓄与投资，甚至可能导致通货膨胀和失业增加；同时，它还会打击高收入者的工作积极性，而对穷人来说，来自税转移的补贴又有可能使他们增加依赖性，降低进取性和冒险精神，结果也会减少工作积极性。

2）税收调节企业利润水平

企业利润一般取决于各自的经营和管理，但也不能排斥客观因素的影响，例如国家的价格政策、地理环境、自然资源，以及国家投资所形成的技术装备等对企业利润就有很大的影响。如我国改革开放以来，由于对各地的经济政策不一、价格上的双轨制、国家扶持的自然垄断和国家的重点投资等多种因素，从而形成了一些超高收入行业和企业，与一般企业，特别是因客观因素而利润下降的企业形成强烈对照。这种由外在因素造成的企业利润悬殊也是收入分配不平等的原因之一，它严重地挫伤了一般企业职工的积极性，因而还会影响到社会的稳定。同时，这种现象的存在也不利于有关企业加强经济核算和改善经营管理，真正提高竞争能力。

为了克服这类收入分配不平等，可以采用税收调节企业利润水平的方法。例如，通过征收货物税或者价格调节税可以剔出或减少价格不合理对企业利润水平的影响；通过征收资源税可以减少因资源占有情况不同对企业利润水平的影响；实行累进企业所得税可以直接调节企业的利润水平；此外，在无偿占用国有资产的现象还存在的情况下，可以考虑征收固定资产税或者固定资产占用费和流动资金占用费，以减少国家投资差异对企业利润水平的影响。

3）社会保障制度

政府制定法律，保障低收入者的合理收入。世界上采用的最为广泛的方法是制定最低工资法，强制厂商对工人支付较高的工资，以保证他们的基本生活水平。政府也可以建立社会保险制度、征收工薪税，保证失业和退休工人的基本收入。此外，政府还可以增加对穷人的智力开发投资，提高他们竞争高收入工作的能力。

利用社会保障制度再分配的优点在于不需要政府很大的财政支出，没有税转移的缺点，只要求政府制定一些法律和规章制度。它的不利之处是会增加企业成本，降低企业利润，削弱产品的竞争性，这反过来又可能迫使企业压缩生产，裁减职工，增加工人失业的风险。

需要指出的是，在市场经济下收入分配的不平等是难以避免的，帕累托改善实际上很难实现，通过财政手段改变收入的分配状况或多或少地总会降低效率，而且绝对的平均必然会给经济发展带来灾难性的后果。因此，不管采取什么财政政策，不仅要考虑它对收入分配不平等的改善，还要考虑它对经济效率的影响程度，合理地处理平等与效率的矛盾。

三、稳定经济的职能

经济稳定是指国民经济持续和平稳地增长，很明显，经济稳定是宏观经济最重要的目标之一，而财政体制具有自动稳定器的作用，斟酌使用的财政政策可以用于熨平经济周期，所以，财政具有稳定经济的职能。

1. 经济稳定的意义

一般而言，经济稳定的概念包含充分就业、物价稳定、国际收支平衡和适当的经济增长等几个方面的内容。

1）充分就业

所谓充分就业并不是指所有就业适龄人口都百分之百地有工作，而是指可就业人口中那些有能力工作、愿意工作，并且积极寻找工作的人口基本上能够就业。社会上总有部分适龄人口因不满足上述条件而不能就业；除此之外，由于社会经济结构的不断调整，随时都还有部分就业人口因为调整就业结构而不可避免地要暂时失去工作，转而去接受培训和寻找新的工作。这类失业人口的存在是正常的。所以，只要已就业人口占全部可就业人口的比率，即就业率，达到了某一社会认可的标准，例如95%、97%等，就可以认为社会已达到了充分就业。另外，经济学中的就业是指找到了任何一种可获得正当收入来维持自己及家庭生活的劳动岗位。因此，我国传统上那种只有到国营或集体企事业单位工作才算就业的观念是非常片面的，实际上从事个体经营、参加乡镇企业工作，以及从事农林牧副渔业生产等等都属于正常就业。

2）物价稳定

物价稳定的含义是货币购买力不发生激烈变动，人们持有的货币及其固定票面金额所代表的财产价值不为通货膨胀所侵蚀。在纸币流通的条件下，虽然个别工业产品可能因为技术进步、成本下降而降价之外，由于永无止境地增加工资和提高利润的倾向性驱动，除非发生严重的过剩型经济危机，一般不存在物价水平下跌的机制。商品的相对价格结构虽然时时都在调整和变化，但通常只是表现为各种商品价格的上涨幅度不同，有的上涨率高些，有的上涨率低些，其结果是总的物价水平始终呈上升趋势。所以，稳定物价并不意味着要保持物价水平的上涨率为零，而是指将总的物价水平上涨率控制在社会可以接受的范围之内。一般来说，若物价年上涨率在3%～5%或以下，则可认为物价水平是稳定的。

3）国际收支平衡

国际收支是指一个国家在一定时期所有对外经济往来和对外债权债务结算引

起的外汇收付。当一个国家的外汇收入大于外汇支出而有盈余时，该国的国际收支为顺差；反之，若出现外汇亏损，则该国的国际收支为逆差。国际收支的项目很多，一般可分为经常项目和资本项目。经常项目是一国与其他国家经济交往中经常发生的往来项目，包括贸易收支、劳务收支和转移收支；资本项目反映一国的资本输出和输入，也就是对外资产与对外负债的增减变化，包括长期资本移动和短期资本融通。如果一个国家的经常项目与资本项目的收支差额相抵后大体平衡，就可认为该国的国际收支平衡。国际收支平衡，特别是经常项目的收支平衡，对国家的经济增长和国内收支平衡有着极大的影响。当一国的国际收支失衡时，该国政府若不及时采取措施予以调节，就会对该国经济产生不利影响，如黄金外流、外汇储备减少、经济实力削弱等。

4）经济增长

经济增长是指一个国家产品和劳务数量的增加，或人均实际产出的增加，一般用国民生产总值、国内生产总值、国民收入及其人均水平来表示。经济增长与上述因素是相辅相成的，没有一定的经济增长就不能保证经济稳定的其他条件，反之亦然。因此，经济增长既是经济稳定的基本要求，又是经济稳定的重要内容和标志。但是，经济的增长必须持续和适度，也就是说，经济增长的速度不宜大起大落，否则就会引起经济危机，严重地损害国民经济实力。经济增长速度的起落是某种经济周期的表现。所以，保持经济增长的持续和适度，实质上就是要尽可能“熨平”经济周期，避免经济危机的出现，使得国民经济可以持续稳定地发展。

2. 稳定经济的政策措施

经济稳定不会来自市场经济的自动调节，必须通过政府干预获得。当然，如果财政政策错误，或者执行得不好，也会有产生经济波动的可能性。所以，问题的关键在于制定并执行什么样的财政政策才能起到稳定经济的职能，使其有利于经济发展。例如，自由放任的市场经济导致了 20 世纪 30 年代的大萧条，这使美国在 1933 年的失业率高达 25%。第二次世界大战以后，西方国家政府普遍地对经济进行了政策干预，从而使衰退和萧条的程度得到极大的缓和。但经济危机还是周期性地出现，财政政策也总在不断地改变。总的来说，利用财政政策稳定经济可以从三个方面着手。

1）国家预算

国家预算是政府的财政收支年度计划，既规定预算收支的规模，又确定预算收支的结构。财政收入主要有税收、国债、国有企业利润和行政规费等；财政支出主要包括政府投资、财政补贴和经常性采购等三个方面。财政支出使总需求增加，财政收入使总需求减少。这表明财政政策影响总需求水平，财政赤字是扩张性的，财政盈余是紧缩性的。因此,国家预算是调节国民经济的有力杠杆。

从国家预算控制财政收支规模及其平衡状态的作用来看,国家预算可用于调节社会总需求,以及社会总需求与社会总供给的平衡关系。例如,在经济萧条时期,政府可以扩大财政支出的规模,同时适当减少财政收入占国民收入的比重,使财政收入的增长速度稍低于经济增长速度,以便增加社会总需求,扩大投资,增加就业,刺激经济发展;在经济繁荣时期,政府可以采取相反的政策,以便财政收支留有盈余,减少社会总需求,稳定物价,抑制通货膨胀,并改善国际收支状况。

从国家预算确定财政收支结构的作用来看,国家预算可用于调节国民经济结构。其主要途径是增加或减少有关项目的财政支出,从而直接或间接地改变国民经济各部门之间的存量关系和增量关系,进而影响社会总供给和社会总需求的结构,使国民经济结构趋于合理,防止或消除结构性经济危机。

2) 税收

从总体上看,税收作为国家调节和稳定经济的重要杠杆,其作用主要表现在两个方面,一是它的内在稳定器作用,二是它的相机抉择作用。

一般说来,税收和国民经济之间存在某种函数关系,经济活动的变化必然引起税收自动地发生增减变化。在经济衰退时期,国民收入下降,税收也随之减少,而税收的减少自然有利于刺激消费和投资,促进经济早日摆脱衰退;在经济繁荣时期,国民收入增长,税收也随之增长,税收增长自然有利于抑制总需求,防止通货膨胀。这说明税收具有自动调节经济、减轻经济波动的内在功能,这就是税收的内在稳定器作用。

财政补贴也有类似的作用。在经济衰退时,政府用于困难补助、失业救济等方面的财政补贴将自动增加,这自然也会刺激消费;反之,财政补贴将自动减少,从而减少财政支出,进一步抑制社会总需求。可见,适当的财政补贴政策可以加强税收的内在稳定器作用。相反地,政府的税收优惠政策则会侵蚀税基,客观上往往会削弱税收的内在稳定器作用,因而税制改革应该有利于堵塞漏洞,拓宽税基。

相机抉择的含义是,政府为了对付变化了的经济形势,根据不同时期的经济状况,有意识地把税收作为国家进行需求管理的工具,通过调节税负来"熨平"经济波动,促进经济稳定。一般说来,在经济衰退阶段可利用减税来刺激总需求,利用税收优惠鼓励私营部门的投资;在经济繁荣阶段,则应利用增税来抑制总需求,防止通货膨胀。

税收的相机抉择作用使得税收还可用于调节国际收支。在国际收支出现逆差时,政府可以提高税率增加税收,或削减财政开支,使社会经济处于紧缩状态,迫使国内物价下降,增强出口商品的竞争能力,扩大出口,减少进口,逐步消除国际收支的失衡。当国际收支发生顺差时，则降低税率减少税收，增加政府支出，刺激投资与消费的增长，这种扩张性的财政政策会使物价上升，抑制出口，有利于进口，使顺差减少，国际收支趋于平衡。

3）财政政策与货币政策的配合

为了稳定经济，除了可采用财政政策以外，货币工具也是不可忽视的。财政政策和货币政策相互配合、互相补充，可以取得多重的政策效果。

货币政策的主要内容是通过中央银行控制货币发行量，并及时根据需要对货币量进行调整，以适应经济的短期稳定和长期增长的需要。此外，货币政策还包括法定储备率、贴现率、公开市场政策和有选择的信用控制。

货币政策与财政政策可相互协调，用于调节经济的增长速度。当经济萧条，需要采取扩张政策时，在财政方面可减少税收，增加支出；在货币方面可放松银根，刺激投资。当经济过热，需要采取收缩政策时，在财政方面可增加税收，减少支出；在货币方面则应紧缩银根，抑制投资。财政和货币政策的效果是不同的，改变信贷条件将直接影响私人投资水平，而改变税率则会广泛地影响消费水平。所以，把影响投资的货币政策和影响政府支出与消费的财政政策协调使用，将有利于经济增长。

此外，在汇率固定的前提下，货币政策对国际资本流动的影响较大，用于调整国际收支平衡更为有效；而财政政策对国内需求水平的影响较大。故一国的货币政策应主要着眼于国际收支平衡的调整，财政政策则应主要着眼于国内经济的宏观调控。例如，若国内出现失业问题，国际收支为逆差，则国内应采取扩张政策以解决失业问题，国际上应采取紧缩政策以解决国际收支逆差问题；若国内出现通货膨胀问题，国际收支为逆差，则国内应采取紧缩政策以降低通货膨胀，国际上也应采取紧缩政策；假如国内是失业问题，而国际收支为顺差，则国内应采取扩张政策，国际上也应采取扩张政策；假如国内是通货膨胀问题，而国际收支为顺差，则国内应采取紧缩政策，而国际上应采取扩张政策。

需要指出的是，财政的三个经济职能常常是相互冲突的，尤其是公平与效率，财政研究的重要内容之一就是如何处理好这三大职能之间的关系。另外，就像没有永远适用的经济理论一样，也不可能有永远适用的财政政策，而且，财政政策的适用周期要远比经济理论为短。因此，上面所介绍的有关财政经济职能的财政政策的运用是非常原则的。各国所面临的经济现实都异常复杂，财政政策必须根据不断变化着的经济状况来制定、来改变。财政政策的制定极具灵活性，从某种意义上说，它需要科学与艺术的结合。

练习题

一、填空题

1. 几乎所有国家的经济都是________，可以划分为两大部门：________和________。

2. 导致不充分竞争的原因通常是________、________和________。

3. 典型的不完全市场有________、________和________。

4. 纯个人产品同时具有两个性质：________和________。

5. 纯公共产品也同时具有两个性质：________和________。

6. 财政是支持政府实现其全部职能的________，也是政府部门参与国民经济活动的________。

7. 财政的经济职能主要表现在________、________和________三个方面。

8. 税转移的途径可以是直接的，也可以是间接的，直接转移的形式有两种：________和________。

9. 经济稳定包括________、________、________和________等几个方面的内容。

10. 在稳定经济的措施中，税收的作用表现在两个方面：________和________。

11. 财政配置资源的范围是________。

12. 个人产品由________提供，而公共产品则需由________提供。

13. 用于税转移的收入主要来源于________和对________的税收。

14. 国际收支的项目很多，一般可分为________和________。

15. 经济增长既是经济稳定的________，又是经济稳定的________和________。

二、判断题

1. 市场失效是暂时性的，市场机制可以依靠自身的力量来克服这个缺陷。(　　)

2. 私人企业可以生产大量国防武器，因此可以说公共产品也可以由市场提供。(　　)

3. 混合产品就是同时具备排他性和非对抗性的产品。(　　)

4. 对于一个有负外溢性生产行为的企业，它的产品的供给量往往过多。(　　)

5. 帕累托有效配置可以同时达到资源的有效配置和收入分配的公

平。(　　)

6. 公共产品的供应既可以建立在政治程序的基础上,也可以建立在自愿的基础上。(　　)

7. 物价稳定是指物价上涨率为0%。(　　)

8. 公共产品仅指物质产品。(　　)

9. 我国的企业所得税制度具有“内在稳定器”作用。(　　)

10. 公共产品既可以由市场提供,也可以由政府提供。(　　)

11. 一种产品如果没有消费上的排他性,那就意味着市场也失去了价格信号的引导。(　　)

12. 在帕累托配置下,实现帕累托改善是可能的。(　　)

三、选择题

1. 典型的社会公共需要是(　　)。

A. 高等教育支出　　B. 基础工业投资

C. 行政国防支出　　D. 更新改造支出

2. 能够有效发挥财政“内在稳定器”作用的税种是(　　)。

A. 比例所得税　　B. 累进所得税

C. 比例增值税　　D. 累进增值税

3. 公共产品包括(　　)。

A. 医疗事业　　B. 生态环境保护

C. 邮政电信　　D. 公安司法

4. 能够较好地实现财政的收入分配职能的税种是(　　)。

A. 企业所得税　　B. 高档消费品的消费税

C. 增值税　　D. 个人累进所得税

5. (　　)产品应该依靠财政来配置资源。

A. 国防建设　　B. 治理污染

C. 能源　　D. 原始森林

6. 市场失灵决定着公共财政存在的必要性,市场失灵表现在(　　)。

A. 公共产品　　B. 外溢性

C. 不充分竞争　　D. 免费搭乘

四、简释题

市场失效　自然垄断　不完全市场　互补市场　公共产品

纯公共产品　混合产品　外溢性　资源配置　帕累托有效配置

财政的收入分配职能　充分就业　税转移　相机抉择

外溢性混合产品　免费搭乘

五、思考题

1. 市场经济的缺陷是什么?
2. 不完全竞争的原因是什么?
3. 讨论市场经济下为什么还需要财政?
4. 公共产品为什么不能由市场提供,而要由政府提供?
5. 外溢性是如何导致价格扭曲的?
6. 财政为完成收入分配职能的措施有哪些?
7. 政府是如何通过财政措施来补充不完全市场的?
8. 稳定经济的政策措施有哪些?

第二章

税收基本原理

税收是一个历史的范畴，它的产生经历了一个漫长的历史过程。目前，在大多数国家，税收是取得财政收入最重要的手段，也是国家用以调节和控制宏观经济的重要工具。那么什么是税收？国家向纳税人征税的依据是什么？税收有什么职能？它对经济发展会产生什么样的影响和效应？围绕这些问题，本章将阐述税收的基本原理，即税收的最一般知识和最基本的理论，为进一步学习税收实务打下坚实的基础。

第一节　税收的概念和性质

一、税收的概念

税收是国家为了实现其职能，凭借政治权力，依据法律规定的标准，强制、无偿地取得财政收入的一种手段。税收的本质是社会收入的再分配，国家征税的过程就是将一部分社会产品或国民收入从其他社会成员手中转变为国家所有的过程。这个定义指出了税收的主体、税收的目的、税收的征收依据等重要内容，这一概念包括以下要点。

1）税收的征税主体是国家

国家是政治权力的象征，其他任何组织和个人都不具备这种政治强权，因此，国家是征税的唯一主体。而纳税主体是纳税人。在征税主体和纳税人的关系中，征税主体凭借政治权力向纳税主体征税。征税主体处于主动地位，纳税主体处于被动地位，必须无条件地服从征税主体。征税主体和纳税主体是一对矛盾，征税主体是矛盾的主要方面，纳税主体是矛盾的次要方面，解决矛盾的办法，关键是解决国家税收政策的制定及税收法制的健全与完善，使纳税主体无可选择，必须依法足额缴纳税款。

2）税收的目的是为实现国家职能服务的

税收是国家运用的一种重要经济手段。它一方面通过无偿地强制征收，取得资财，形成国家的财政收入，使国家机器持续顺利地运转；另一方面，它通过参与社会产品的分配，调节各方面的经济利益，维持社会经济秩序，使经济资源得到更合理的配置。无论是用来取得财政收入还是用来调节经济，税收都是为实现国家的职能服务的，这是一切国家税收的共性，既是税收的始发目的，也是税收的最终目的。

比如说，1799 年英国开征的所得税是为了筹集英法战争经费；18 世纪西方各国征收的反倾销关税是为了抵制他国商品倾销，保护本国工农业生产和国内市场；我国在 20 世纪 90 年代初期为了治理固定资产投资膨胀，实施并强化了固定资产投资方向调节税，而到了20世纪90年代末期，有效需求不足成为制约经济发展的重要因素，为刺激经济发展，国家减免并最终暂停征收了固定资产投资方向调节税。古往今来，可以说，所有的税收都是为实现国家职能服务的。

3）税收的征收依据是国家的政治权力

国家取得每一种财政收入都要凭借某种权力。如国家的土地收入、国有企业利润收入，凭借的是国家对土地和其他生产资料的所有权；封建制国家的特权收入，凭借的是国家对山林、水流、矿藏等自然资源的所有权；封建制国家向其统治的国民收取贡物，凭借的是统治者的权力等。诸如这些国家权力，可归纳为财产权力和政治权力。政治权力是高于财产权力的，这种权力由国家作为公共权力的代表来行使的。国家征税是通过一定的法律程序，按事先确定的标准，强制执行征收的。因此，国家征税唯一凭借的是政治权力，而不是财产权力。

二、税收存在的必要性

税收存在的必要性在于它是提供公共产品的最有效、最重要的手段，它能够在一定程度上缓解在公共产品领域存在的市场失效问题，对社会收入进行分配和再分配，进而可以成为宏观经济调控和保障经济与社会稳定的政策工具。

国家享有的课税权同国家的公共职能是直接相关的。众所周知，国家或政府要提供公共产品，满足公共需求，以实现公共职能，就必须有足够的财力。而国家或政府作为非营利性的组织，其本身是不创造利润的。因此，为了维持国家或政府的存续及其有效运作，实现其提供公共产品的职能，国家或政府就必须依据政治权力和财产权力来获取财政收入。而在当代各国的财政收入中，税收始终是最主要的部分，比如在我国税收占财政收入的比例已达90%以上。世界各国征税的直接目的都是用于提供公共产品。

三、税收的形式特征

税收有其固有的形式特征，它是税收区别于其他财政收入的基本标志，是税收本身所固有的特征，它包括强制性、无偿性和固定性三方面的内容。其中，无偿性是其核心，强制性是其基本保障。

1. 税收的强制性

税收的强制性是指国家凭借政治权力，而不是所有权取得税收收入，即通过法律的形式规定征纳双方的权利和义务关系，不可违反。对国家而言，其权力就是通过税务机关征税，以补偿社会费用，其义务则为履行政府职能，提供公共产品；对纳税人而言，其权力是享受政府提供的公共服务，而其义务就是必须依法纳税。税收是一种非自愿的，或称为强制的缴纳形式，负有纳税义务的任何单位和个人必须依法定的标准和期限履行纳税义务，否则要受到法律制裁。

税收的强制性是由税收的征收依据决定的。税收的征收依据是国家的政治权力，以政治权力为依据的分配不同于以财产所有权或劳动为依据的分配，必然具有强制性。因此，税收的强制性专指政治强制性。

2. 税收的无偿性

税收的无偿性是指国家征税后，不直接向纳税人返还税款，也不直接向纳税人支付任何报酬或劳务。这种无偿性也称为不对等性，即纳税人缴纳的税收与国家为其提供的劳务或服务之间不存在对等关系。

国家向纳税人征收的税款一律纳入国家财政预算，由财政统一支配使用。税收是以社会总产品为基础，是国民收入的一部分，有物质保证。税收的无偿性，有利于把分散的社会资财集中起来归国家统一安排使用。正因为如此，税收才有可能普遍征收，并成为集中国家财力的最有效方式。

理解税收的无偿性应注意，税收就具体纳税人而言是无偿的，但就纳税人整体而言是有偿的，因为税收是取之于民，用之于民。

3. 税收的固定性

税收的固定性是指国家征税预先规定了统一的征税标准，包括征收范围、纳税人、征收比例、缴纳期限等，国家税务机关和纳税人共同遵守这一征税标准，不得随意变动。

税收的固定性是由税收的法律特征决定的。税收的固定性对征纳双方都有约束力。一方面，纳税人只要有应税行为，或取得了应税收入和财产，就必须按预先规定的标准缴纳税额；另一方面，国家对纳税人征税也必须依据这个标准，不能无限度地随意征收。

税收的三个形式特征是统一的整体，是现代世界各国税收所共同具有的特征。只有同时具备这三个特征才是税收，否则就不是税收。

专栏 2-1

不要钱粮　岂能安邦[①]

清末道光年间，封建制度已经发展到了十分没落的阶段，当时的吏治可用流传的一句话来概括："官以贿得，刑以钱免。"就是说，官员的所得，主要来源于贿赂；王者犯法，只要有钱，可以不与庶民同罪。朝廷的腐朽堕落，致使民不聊生；连年严重的自然灾害，老百姓不仅得不到朝廷的扶持与宽容，相反，还要以各种名义摊丁加税，老百姓不堪重负。

---

① 资料来源：不要钱粮　岂能安邦，中华会计网校，http://www.chinaacc.com ，2006-11-21。

为了推翻没落的封建制度，1851 年 1 月，洪秀全在广西桂平县金田村揭竿而起，发动了历时 14 年的中国近代史上规模最大、历时最长的农民武装起义。1853 年，起义军攻克南京，号称太平天国，定都南京并改称天京，先后颁布了太平天国的施政大纲——《天朝田亩制》和《百姓条例》。在这些施政纲领中，一个倍让人们关注并且心跳的口号便是“不要钱粮”。在太平军起义初期，真的做到了“不要钱粮”，老百姓一片欢腾，纷纷投入到太平天国起义的队伍之中。

随着太平天国农民政权的建立和巩固，国家机构从无到有，数量从少到多；农民起义军队伍日益壮大，官兵将士日众，维持政权运转的财政问题日益显现出来：武器无钱铸造，训练无法保障，就连太平军吃饭、穿衣就难以补给。严峻的财政危机，已在一定程度上动摇着军心，危及着太平天国的政权。

面对日益严峻的形势，1854 年，太平军三大将领杨秀清、韦昌辉、石达开在深入调查研究的基础上，联名向洪秀全写了一个《奏请准良民照旧交粮纳税本章》，里面说：“建都天京，兵士日众，宜广积米粮，以充军储而裕国课。策军细思，安徽、江西米粮广有，宜令镇守佐将在彼晚谕良民照旧交粮纳税。”对此，洪秀全非常重视，先后深入实际考证，自感交粮纳税问题非解决不可，并当即写下批示：“御昭：胞等建议是也，即遣左将施行。”

洪秀全批准在统治区恢复纳税问题时，思想上进行过激烈的斗争。太平军起义之初，洪秀全曾许下愿，并以“不要钱粮”作为金田起义的口号之一。太平军所到之处，老百姓无不欢欣鼓舞，高呼万岁。现在话音刚落，又要老百姓“照旧交粮纳税”，岂不违背天朝施政士纲，自食其言吗？

随着太平天国的建立，洪秀全对交粮纳税问题有了新的认识：要巩固太平天国的政权，必须不断扩充军队；要为百姓办事，使之安居乐业，必须建立必要的地方政权。而这些，必须要有充足的资金来源作保障，而靠打天下缴下的钱粮，没多长时间就消耗掉了，长期靠太平军开荒种地供给钱粮，也只是权宜之计。至此，洪秀全认识到，打天下要钱粮，巩固天下更要钱粮，没有足够的钱粮，政权难以巩固，军队、中央及地方政权难以行使职能，必须要向老百姓征税纳粮。

那么，怎样才能让老百姓心悦诚服地交粮纳税呢？洪秀全用一条妙计赢得了老百姓的许可。

1855 年春节刚过，洪秀全急召杨秀清、韦昌辉、石达开，要他们三人分赴安徽、湖广、江西等地，赶在“三月三”办庙会之前，每个地方先择两三个有影响的庙宇，买通算卦先生，教算卦先生给人看相算命时，一定要把交粮纳税的事加进去，如在说某某要“添财加寿”时，要加上一个前提条件：如果不如实交粮纳税，不仅不能如愿以偿，反而还要“短寿失财”！再如，在说某某可能会遇上灾乱时，要给人们“出谋导向”：“你是不是没有交粮纳税？要是没有就赶快交纳一下，这个不能拖欠，不然的话，很可能有灭顶之灾！”从庙会这天起凡在这些地方庙宇的算命看相的人都被告之要交粮纳税，在当时情况下，老百姓十分迷信，对这些影响大的庙宇算卦先生讲的话深信不疑，结果一传十、十传百，几天时间，这三个地方的老百姓都知道要交粮纳税了。加上太平军纷纷派人下到各地组织征粮纳税，老百姓也就没有追究洪秀全的食言，向天朝交税一事也就默认了。

从太平天国初期的“不要钱粮”作为号召人民起义的口号，到巩固政权时的“照旧交粮纳税”，这实际上反映了任何一个国家政权在建立以后都离不开税收，税收是国家机器运转的保障。洪秀全从反对捐税始，到重建税收终，实际上是反映了税收与政府之间不可分割的内在联系，一个政权是需要也离不开税收这个“奶娘”的。同时，洪秀全借用老百姓迷信，运用传奇方式扫清交粮纳税人思想障碍，说明老百姓其实还是懂得有国必有税这一基本道理的，这也说明早在太平天国时期，老百姓就懂得了税收与国家的本质联系。

四、税收与其他财政收入的区别

除了税收之外，财政收入还包括国家信用、财政发行、国有企业利润、规费收入等。税收之所以在各国的财政收入中占有较大比重，并成为提供公共产品的主要资金来源，是因为税收具有上述形式特征和其自身的优点，可以弥补其他财政收入取得形式的缺陷。以下将税收与其他几种财政收入取得形式做个简单比较。

1. 税收与国家信用的区别

国家信用即国债，是指国家依照有借有还的原则，运用信用方式向国内外发行公债筹集财政资金的一种财政收入形式。税收与国家信用都是国家取得财政收入的形式，但两者有显著的区别。首先，国家信用不具有强制性。国家信用作为一种信用关系，建立在自愿认购的基础上。从理论上讲，发行方与认购方在法律上处于完全平等的地位，政府不能强制推销。其次，国家信用到期要还本付息，是有偿的，因而也不具备无偿性。最后，公债的发行量受各种经济因素的影响，如社会闲置资金规模、银行利率、物价水平等，而且公债在发行规模和发行时间上也难以确定，故国家信用不具有固定性。可见，国家信用作为取得财政收入的一种手段虽然是可行的，但其规模必须适度，不可能在财政收入中占有较大比重，故而不能成为提供公共产品的主要资金来源。

2. 税收与财政发行的区别

财政发行是国家为了弥补财政赤字而印发货币的行为。政府享有货币发行权，因而在理论上可以通过印发货币来取得财政收入。财政发行手段简便，收效也快，但它使流通领域中的货币量凭空增加，而这部分增加的货币并没有相应的物质财富与之对应，所以一般会导致物价上涨，货币贬值。而税收在各个环节参与国民收入的分配,是有物质保证的。财政发行与税收具有共性,两者都具有强制性和无偿性。首先,财政发行一般要遭到大多数人的反对,因此,政府需要借助政治权力强行执行财政发行政策,所以财政发行具有强制性。另外,财政发行的目的是为了扭转财政形势,取得宏观上的效果,对于具体的居民,政府并不补偿他们在财政发行过程中的损失,这是财政发行的无偿性。

财政发行与税收的最大区别有两点。一是税收有物资保证,而货币的财政发行没有物资保证。税收是国家凭借政治权利在各个环节参与国民收入的分配,税收取得的货币,都有一部分物资与其相对应。而弥补财政赤字的货币财政发行是国民收入以外虚空的部分,没有物资与其相对应。二是税收具有固定性,而货币财政发行不具有固定性。财政发行常常会造成通货膨胀、经济秩序混乱等后果,甚至会酿成金融恐慌和社会混乱,因此,是否使用财政发行政策及财政发行的数量是要经过慎重考虑的。一般情况下,财政发行量是根据财政收支差额来确定的,在时间上也是随机的,因此,财政发行也不能成为一个稳定的财政收入来源。

3. 税收与国有企业利润的区别

国有企业利润一般是指国有企业上缴利润所形成的财政收入,与税收相比具有显著的区别。首先,在国有企业中,国家以生产资料所有者的身份,依据财产权利对国有企业利润进行分配,凭借的是财产权力而并非政治权力。前面提到过,强制性是专指政治强制性的,因此,国有企业的利润上缴不具有强制性。其次,上缴利润是国家与企业通过双方商定的契约进行分配的,它是同一所有制的内部分配形式,不涉及无偿性的问题。最后,从固定性来看,税收对征税对象、征税范围、税率、纳税期限以及征管办法都从税法上作了严格的界定。但利润不像税收,其上缴比例、上缴期限、扣除项目等并没有严格约束,上缴利润是以企业实现的利润为依据,利润多的多缴,利润少的少缴,无利润的不缴。而且不同时期、不同地区企业利润上缴办法也都不一致,因此,企业利润不具有固定性。在我国,企业利润在 20 世纪 80 年代前曾经是财政收入最重要的来源,随着经济的发展,尤其是利改税的实施,企业利润在整个财政收入中的比例不断下降,目前其地位已经远不如税收收入了。

4. 税收与政府规费的区别

规费是国家机关依据“谁受益,谁付费”的原则,为居民、团体或其他组织提供某些特定服务时,向公共产品的使用者和受益者按规定收取的费用,以满足财政之需。目前,国家机关对企业和居民的收取的规费主要有三类:一是事业收费,主要包括养路费、房屋租金、排污费等;二是向特定收益收取的费用,主要包括牌照工本费、手续费、诉讼费、化验费、商标注册费等;三是资源管理费,主要包括石油部门收取的矿区使用费、集体企业开采国家资源而缴纳的矿山管理费等。规费一般是由各级公安、司法、民政、工商行政管理等部门收取,税收则是由税务机关、财政部门和海关征收。另外，规费收入通常是为了满足本单位的业务支出需要，具有专款专用的特点。而税收作为各种财政支出的主要来源，大多数税种并不与特定的财政支出项目相对应。规费与税收最根本的区别表现在其有偿性方面。规费不是白白收取的，它是对国家机关提供服务的一种补偿，而税收则是无偿的。

由于规费在具体操作上存在许多困难，而且收取的金额也不可能很大，因此，它只能成为财政收入的一种辅助形式，而不能成为主要形式。

五、税收法律关系

税收制度是以法律的形式存在的。税收法律关系是指国家与纳税人之间在税收分配及其管理活动中，以国家强制力保证实施的，具有经济内容的权利与义务的关系。国家征收任一种税，都是以一定的法律形式表现出来，并借助于法律的约束力保证实现的。只有运用法律手段，才能使税收制度条理化、规范化、具体化，从而有效地组织税收收入，以保证国家职能顺利实现。实践证明，只有通过法律程序，才能建立完整的税收制度体系。

从税收法律的性质上看，税收法律关系是一种国家意志关系，对什么征税、由谁缴税、征多少税，都是国家以法律形式规定的，反映国家的意志而不是纳税人的意志；从税收法律的经济内容看，税收法律关系是一种财产所有权或支配权单向转移的关系，表示为社会财富从社会各阶级、阶层、单位或个人手中无偿地转移到国家手中。

1. 税收法律关系的构成

税收法律关系是由享有这种关系的主体、客体以及法律关系的内容三个方面构成的。

1）税收法律关系的主体

税收法律关系的主体又称法律关系的当事人，是指参与税收法律关系享有权利和承担义务的单位和个人，包括征税主体和纳税主体。征税主体是指享有国家税收征管权利及履行税收征管职能，代表国家依法行使税收征管职能的国家机关，包括全国人民代表大会及其常委会、国务院、财政部、国家税务总局、海关总署及地方立法机关、政府，以及各级财政税务机关和海关等职能机关，其中税务机关是最主要的职能机关。纳税主体是指税收法律规范中规定的负有纳税义务的单位和个人。从广义上看，税收法律、法规中规定的负有代扣代缴或代收代缴税款义务的单位和个人也可列为纳税主体一方。对纳税主体，我国同时实行地域管辖权和居民管辖权原则。

2）税收法律关系的客体

税收法律关系的客体，是指税收法律关系主体的权利和义务共同指向的对象，同时也是其权利和义务得以存在的客观基础，具体讲就是税制要素中的课税对象。

3）税收法律关系的内容

税收法律关系的内容，是指税收法律关系的主体依法享有的权利和承担的义务。这是税收法律关系中最实质的规定，也是税收法律的灵魂。从税收法律关系主体双方看，无疑都享有一定的权利并承担一定的义务，但从实质上看，征税主体基本上是权利主体，纳税主体基本上是义务主体。

征税主体的权利主要有在授权范围内的税收立法权、税务管理权、税款征收权、税务检查权以及违章处理权；征税主体的义务主要是维护税收法律规范，向纳税人宣传税法、咨询税法，按法定程序征税并解缴国库，按规定支付代扣代收税款的手续费，依法受理纳税人对税收争议的申诉等。纳税主体的权利主要有税法了解权、发票购买权、多缴税款申请退还权、依法申请延期纳税权、依法申请减免税权、请求国家赔偿权、对税务决定申辩权、申请复议和提起诉讼权等；其义务是按税法规定办理税务登记、进行纳税申报、接受税务检查、依法缴纳税款等。

2. 我国税收法律关系的层次

我国现行税收法律制度按照税法效力的不同，分为税收法律、税收法规、税收规章。

税收法律是指享有国家立法权的国家最高权力机关，依照法律程序制定的有关税收分配活动的基本制度。按照立法的规定，只能由全国人大及其常委会制定法律。我国税收法律就是指全国人民代表大会及其常务委员会制定的，其法律地位和法律效力仅次于宪法而高于税收法规、规章。目前，我国现行税法体系中，属于全国人民代表大会通过的税收法律是《中华人民共和国外商投资企业和外国企业所得税法》、《中华人民共和国个人所得税法》；属于全国人民代表大会常务委员会通过的税收法律是《中华人民共和国税收征收管理法》、《中华人民共和国农业税条例》、《关于外商投资企业和外国企业适用增值税、消费税、营业税等税收条例的决定》、《关于惩治偷税、抗税犯罪的补充规定》、《关于惩治虚开、伪造和非法出售增值税专用发票的决定》。

税收法规是指国家最高行政机关根据其职权或国家最高权力机关的授权，依据宪法和税收法律，通过一定的法律程序制定的有关税收活动的实施规定或办法。国务院是国家最高行政机关，依宪法和法律制定行政法规。税收法规的效力低于宪法、税收法律，而高于税收规章。目前在我国税法体系中，税收法律的实施细则和绝大多数税种，都是以税收行政法规的形式出现的，如《中华人民共和国个人所得税法实施细则》、《中华人民共和国增值税暂行条例》等都属于税收行政法规。税收行政法规是目前我国税收立法的主要形式。

税收规章是指国家税收管理职能部门、地方政府根据其职权和国家最高行政机关的授权，依据有关法律、法规制定的规范性税收文件。在我国，具体指财政部、国家税务总局、海关总署以及地方政府在其权限内制定的有关税收的“办法”、“规则”、“规定”。税收规章应报国务院备案。

六、税收的职能

税收的职能就是税收固有的职责与功能。税收具有三种职能，即财政职能、调节经济职能和监督职能。

1. 税收的财政职能

税收的财政职能是指税收为国家筹集资金，形成国家财政收入的职能。税收的财政职能是税收最基本的职能。

国家是社会公共事务的执行者，它在执行公共事务过程中必然要耗用一部分物质财富，从而需要取得财政收入。运用税收取得财政收入有很多优点：与发行货币相比，不必担心物价的普遍上涨与经济的较大波动；与国家信用相比，不会引起财政收入的波动，具有相对的稳定性；与兴办企业相比，不受所有制形式的限制，具有收入来源的广泛性。因此，国家取得财政收入时把税收作为一种主要形式，而税收也因此成为国家取得财政收入的重要手段。目前，我国税收占整个财政收入的比例已达 90%以上。

2. 税收的调节经济职能

税收调节经济的职能是指在税收征收过程中，必然对各层次纳税人的收入分配和经济决策产生影响，国家正是通过这种影响来贯彻它的一定政策，以引导经济生活与社会生活，促进经济在速度、比例和效益上的均衡，使国民经济得到持续、稳定和协调的发展。

国家运用变动税制的方式来达到税收调节经济的功能，包括变动纳税对象、纳税人及税率等税制要素，开征或停征某些税种等。随着税收分配方法的变动，纳税人的利益就要发生一定的变化。受这种利益变化的影响，纳税人会主动调整自己的行为，税收因而可达到调节社会经济的目的。

3. 税收的监督职能

税收的监督职能是指国家通过征税活动，对纳税人生产经营活动进行监督并同时反映国民经济发展状况及税收分配情况的作用。

微观上，税收监督职能表现在征税机关通过对企业依法纳税情况的检查，发现企业在纳税过程中存在的生产经营和财务管理等方面存在的问题，及时地通过税源和收入的变化把这些信息反映出来，并督促企业和单位及时纠正。宏观上，税收的监督职能表现在通过对税收收入状况和税源的分析，可以了解各经济部门、各地区经济活动的状况和整个国民经济的运行状况；从全国和各地区的各种税收收入总量、增长水平及速度结构和税源等多方面的变化，及时地反映全国和各地区财政经济活动状况和存在的问题，为政府决策机关提供信息。

第二节　税收制度及其构成要素

税收制度简称为税制，它是国家针对税种结构、税收征收管理和税收管理体制而制定的各种税收法规和征收管理办法的总称，它包括各种税收基本法规、实施细则、税务管理体制和征收办法等。税制要素是构成税收制度的基本要素，税收制度是通过对税收要素的具体规定来体现的，而税制的设计又必须遵循一定的原则。

一、税收制度的含义

税收具有法律特征，税收制度作为税收的具体表现形式，是由各个税种的税法、条例、细则、规定等组成的，因此税收制度也称税收法律制度，其核心是税法，它规定了国家与纳税人之间的征纳关系，是国家向纳税人征税的法律依据和工作规程。税收制度包括税制结构、税收征收管理制度和税收管理体制三方面的内容。

1. 税制结构

税制结构决定国家税收由哪些税种组成和各税种要素的具体内容。税制结构是税收制度的核心内容，决定着税收调节社会经济的广度和深度。合理的税制结构应根据经济发展情况对构成税收制度的各个具体税种进行科学的分类，应根据税源状况选择合适的主体税种。狭义上的税收制度专指税制结构。

我国 1994 年开始实施的新的税收体制，在规范税收体系方面迈出了重要的一步，逐步形成了一个多层次、多税种、多环节调节的税收新体系。2006 年以后，我国再次步入税收制度改革的高发期，企业所得税制度、增值税制度、消费税制度、营业税制度都进行了比较大的调整，个人所得税制度也进行了部分修改，部分财产类税、行为类税、特定目的税或者取消，或者合并。经过几轮改革后的税收体系逐步趋于成熟，现有税收制度下各税种分为流转税体系、所得税体系、资源类税、财产类税、特定目的与行为税类五大类，其具体内容见表 2-1。

表 2-1　我国现行税种

按课税对象划分	税　种	备　注
流转税体系	增值税	
	营业税	
	消费税	
	关税	

续表

按课税对象划分	税 种	备 注
所得税体系	企业所得税	
	个人所得税	
资源类税	资源税	
	土地增值税	
	城镇土地使用税	
	耕地占用税	
财产类税	房产税	
	车船税	
	船舶吨税	
	车辆购置税	
特定目的与行为类税	城市维护建设税	
	教育费附加	
	印花税	
	契税	
	证券交易税	暂缓开征
	固定资产投资方向调节税	暂停征收

专栏 2-2

筵席税回顾与反思①

一个税种，抑或是一项重大税收政策的存废，一般会引起广泛关注乃至震动。由于筵席税实际上早已处于名存实亡的境地，纳税者寡，正式消亡后并没有引起大的反响。

2008 年 1 月国务院宣布失效的《筵席税暂行条例》颁布于 1988 年，距今将近 20 载，算得上是个年轻的税种。但实际上，筵席税的历史远远不止 20 年。民国时期及解放初期，我国均开征过类似税种。1942 年 4 月，国民政府公布、实施了《筵席及娱乐税法》。全国解放后，政务院于 1950 年规定，对娱乐、筵席、冷食、旅馆等 4 个行业征收“特种消费行为税”。1953 年 1 月 1 日起，取消了特种消费行为税。解放前后实施的筵席税，其税款均由经营者代征。

筵席税的功与过

1988 年颁布的筵席税，将征税目的明确为“合理引导消费，提倡勤俭节约社会风尚”。

① 资料来源：钟田丽、徐涛，是是非非筵席税，中国财经报，2008-04-22。

客观地讲，税收在组织财政收入的同时，通过加、减、免、缓税等方式，的确可以对经济、社会产生一定的奖限和引导作用，但这一调节功能会因税种性质、财力大小、社会环境等的不同而不同。筵席税将“铺张浪费”这一较为复杂的社会问题作为唯一的调节对象，突破了税收的功能底线，这应该是筵席税存在的根本问题。

为了照顾普通消费者，筵席税规定有起征点。如筵席税规定起征点为一次消费超过200～500元以上的征收筵席税。这一起征点在开征该税前后是比较适当的，如与1989年全国城镇居民人均可支配收入相比，起征点是月收入的1.74～4.37倍，举办一般性的筵席无须纳税。但随着经济的发展、物价水平的提升，起征点一直未作调整，从而逐步扩大了调节对象，加大了实施的阻力。此外，对内外资企业、内外籍个人实行不同的征免税政策，也在一定程度上有违公平原则。

筵席税出台前后，正是我国由计划经济向市场经济过渡时期，饭店、宾馆等代征单位大多通过承包、改制等方式改变了经营主体，经济效益意识明显增强，竞争日益激烈，而现金一直为主要的支付方式，为了吸引顾客，代征者往往会配合纳税人采取不开发票或开发票化整为零等手段逃避纳税。加上税源分散等原因，征收效果很不理想。到2002年，筵席税在全国范围内已基本停止征收。

反思税制建设

从筵席税的兴衰，可以看出税制建设中确有一些问题需要深思。

关于税收功能问题：对税收功能要有合理的定位，既要解决缺位问题，也要重视越位问题。大吃大喝、铺张浪费是我国长期存在的一种不良社会风气，需要采取行之有效的治本之策。

关于税制设计问题：在我国当前的环境下，有些税制要素，如优惠对象要尽可能内外统一，以体现公平；起征点、固定税额要根据实际情况定期调整，以增强弹性；在设计税制时应充分考虑现实社会环境和征管手段，以减少漏洞。

关于营造征税环境问题：在不断改革、完善税制的同时，要加大宣传、征收和处罚力度，普及税收知识，切实依法治税，严惩违法行为，逐步营造一个良好的征税环境。同时，要加快相关配套制度建设，如建立健全信用制度、减少现金交易、实现部门间信息共享等。

专栏 2-3

延续数千年“皇粮国税”成历史①

2005年12月29日，十届全国人大常委会第十九次会议经表决决定，我国农业

① 资料来源：延续数千年“皇粮国税”成历史，新京报，2005-12-29。本专栏在原文基础上进行了适当改编。

税条例自2006年1月1日起废止。这意味着9亿中国农民将依法彻底告别延续了2600年的“皇粮国税”——农业税。

新中国成立后，我国政府依照有关规定，在广大农村地区征收农业税。从1983年开始，除农业税外，国务院还根据农业税条例的规定开征农林特产农业税，1994年改为农业特产农业税；牧区省份则根据授权开征牧业税。至此，我国现行农业税制实际上包括了农业税、农业特产税和牧业税三种形式。

作为农业国家，中国过去的财政收入主要依靠农业。历史上的农业税包含内容十分丰富，不论是“摊丁入亩”，还是实行“一条鞭”，都是为了简化税负，提高农业税的征税效率。但是，无论是休养生息，还是轻税薄赋，农民在经过短暂休整之后，不得不再次背上沉重的赋税包袱。这种周期性的历史税赋制度变迁，与中国旧时代出现的周期性的改朝换代不无关系。在王朝建立的初期，总是实行轻税政策，鼓励农耕，发展农业生产。但是，当王朝政权稳定，机构逐渐膨胀，腐败现象丛生的时候，老百姓不得不再次背上沉重的税务负担。

如今废除农业税条例，从表面上看，是为了减轻农民的负担，但是从深层次来说，它标志着中国的政治文明发展到了一个新的阶段，立法机关真正意识到法律的终极价值所在；废止农业税条例，充分体现了公民的意愿，保护了农民的利益。在现代工业社会，农民属于弱势群体，保护农民的利益，首要的一点就是要减轻农民的税赋。

事实上，改革开放以来，我国一直通过各种方式减轻农民的负担。从新中国成立初期的1950年，农业税占全国财政收入的41%，到2004年，农业税已经下降到占全国财政收入不到1%。2004年，全国农业税收入232亿元，而到2005年，全国农业税收入减少到15亿元，全面取消农业税，对中国财政收入不再构成重大影响。

总之，废除农业税，是中国政治文明的表现。在现代工业化时代，废除农业税的积极意义就在于，国家充分意识到了农民的弱势地位，通过减轻农民的负担，提高农民的竞争力。

专栏 2-4

杀猪宰牛从此不再缴税[①]

2006年2月17日，国务院总理温家宝签署中华人民共和国国务院令第459号，即日起废止1950年12月19日政务院发布的《屠宰税暂行条例》。至此，这一曾与广大农民发生过密切关系的税种，紧随农业税走进了历史博物馆。

---

① 资料来源：姚长辉，杀猪宰牛从此不再缴税，中国财经报，2006-03-02。本专栏在原文基础上进行了删减改编。

国家税务总局税收科学研究所所长刘佐认为,“在现实条件下取消屠宰税,不仅有利于减轻纳税人的负担,而且有利于革除征税过程中产生的种种弊端,改善纳税人与政府的关系,还有利于简化和优化税制,实属善举,深得人心,值得称道。这是我国经济发展,民主、法制建设加强的结果,也是完善我国税制的一项积极的措施。”

屠宰税是对税法规定的若干种牲畜,在发生屠宰行为时,向屠宰牲畜的单位和个人征收的一种税。从性质上来说,屠宰税是一种行为税,属于直接税。纳税人只要有屠宰应税牲畜的行为,就有缴纳屠宰税的义务。不论纳税人将屠宰的牲畜用于自己食用还是出售,也不论其是否取得销售收入和利润,都应当依法缴纳屠宰税。

虽然屠宰税在我国税制中一直是一个很小的税种,但是,它的历史比较久,涉及面比较广,政策性比较强,其收入在地方财政收入(特别是农区、牧区的县、乡级财政收入)中也占有一定的地位。

据介绍,1994 年税制改革以后,各地屠宰税的征收管理情况总的来看较好,税务机关积极征收,地方政府和有关部门大力配合,越来越多的纳税人依法纳税,屠宰税收入连年大幅度增长。但是,在一些地方也发生了违反税法和税收政策,按照人头、田亩平均摊派屠宰税的现象,加重了农民的负担,损害了共产党和人民政府的形象,破坏了党和政府与人民群众的关系,在社会上造成了很坏的影响。

虽然屠宰税完成了其历史使命,退出了我国税制的舞台,但我们不能忘记屠宰税在我国税制发展史上所发挥过的作用和纳税人(主要是农民)为国家作出的贡献。同时也应当看到,这种税收毕竟是一个十分原始、落后的税种,不属于良税之列,及时废止标志着社会的一种进步。

2. 税收征收管理制度

税收征收管理制度是国家及税务机关组织税收征收工作,对纳税人履行纳税义务进行管理、监督、检查的制度。税收征收管理制度是解决国家对日常征税活动如何实施组织、管理的问题。税收征管制度主要包括管理、征收和检查三个方面。管理包括税务登记、账簿和凭证管理、纳税申报、法律责任等一系列基本制度以及对日常税收工作的指导和管理;征收是组织应纳税款及时足额缴入国库;检查是对征纳双方履行税法规定的权利义务情况进行稽查和检验。这三方面各有其不同的范围,共同构成征管制度的有机整体。2001 年 4 月 28 日,第九届全国人民代表大会常务委员会通过修订后的《中华人民共和国税收征收管理法》,是我国税收征管制度的主要法律依据。我国传统的税收征管体制是实行税收专管员制度,专管员对企业税收的征收、管理和检查全权负责。现行税收征收管理制度正朝着自行申报,重点稽查,以计算机网络为依托的方向发展。

3. 税收管理体制

税收管理体制是在中央与地方政府之间划分税收管理权限的制度。它不仅是税收制度的重要组成部分，也是国家财政管理体制的重要内容。税收管理权限，是指国家各级权力机关在制定税收制度以及执行税收制度方面的权力界限，主要包括税收立法权、税收法律法规的解释权、税种的开征停征权、税目和税率的调整权、税收的加征和减免权等。我国自新中国成立以来，税收管理权限基本属于中央，地方政府和税务机关的权力很小。随着1994年分税制财政体制的施行，税收管理体制也相应地得到改革，中央开始逐步地将部分权限下放给地方。

二、税务机构设置

根据经济和社会发展及实行分税制财政管理体制的需要，我国分设两套税务机构系统：一套是国家税务系统；另一套是地方税务系统。

国家税务总局是中国的最高税务机关，为国务院正部级直属机构，是直属国务院的行政职能机关。在税收立法方面，它参与拟定有关的税收法律、法规及其实施细则，制定贯彻国家统一税收政策的某些具体政策和税收业务的规章制度并负责组织实施。在征收管理方面，它参与研究中央与地方税收管理权限的划分，制定征收管理制度并组织实施，根据国家国民经济及社会发展计划和财政预算的要求，编制税收计划；在行政管理方面，它统一管理国家税务局系统的机构、编制、人员和经费，审计工作，协同省级人民政府对省级地方税务局实行双重领导，负责全国税务机关的监察、教育培训、税收宣传、税收电子化、税收理论和政策研究等项工作，并和外国税务机构、国际组织广泛开展国际交流与合作。

由于中国实行分税制的财政管理体制，根据分税制的需要，省和省以下税务机关分为国家税务局和地方税务局两套机构。

1. 国家税务局系统机构设置

国家税务局系统实行国家税务总局垂直管理的领导体制。国家税务局系统包括省、自治区、直辖市国家税务局，地区、地级市、自治州、盟国家税务局，县、县级市、旗国家税务局及其征收分局、税务所。征收分局、税务所是县级国家税务局的派出机构，前者一般按照行政区划、经济区划或者行业设置，后者一般按照经济区划或者行政区划设置。

省级国家税务局是国家税务总局直属的正厅(局)级行政机构，是本地区主管国家税务工作的职能部门，负责贯彻执行国家的有关税收法律、法规和规章，并结合本地实际情况制定具体实施办法。局长、副局长均由国家税务总局任命。

2. 地方税务局系统机构设置

地方税务局系统包括省、自治区、直辖市地方税务局，地区、地级市、自治州、盟地方税务局，县、县级市、旗地方税务局及其征收分局、税务所。省以下地方税务局实行上级税务机关和同级政府双重领导、以上级税务机关垂直领导为主的管理体制，即地区（市）、县（市）地方税务局的机构设置、干部管理、人员编制和经费开支均由所在省（自治区、直辖市）地方税务局垂直管理。

省级地方税务局是省级人民政府所属的主管本地区地方税收工作的职能部门，一般为正厅（局）级行政机构，实行地方政府和国家税务总局双重领导，以地方政府领导为主的管理体制。

国家税务总局对省级地方税务局的领导，主要体现在税收政策、业务的指导和协调，对国家统一的税收制度、政策的监督，组织经验交流等方面。省级地方税务局的局长人选由地方政府征求国家税务总局意见之后任免。

三、税制的基本要素

在不同的社会经济制度下，税收制度所反映的关系、所发挥的作用有着很大差别，因此，各国税收制度的具体内容包括税制结构、主体税种等都不尽相同。但任何一个国家的税收制度又都具有共同的基本框架结构，并由固定的税制要素构成，这些要素就是税制要素。它是规范征纳双方权利与义务的法律规范的具体表现。由于税收制度具备法律特征，因而税制要素实际也就是税法构成要素。税制要素包括征税对象、纳税人、税率、税目、计税依据、纳税环节、纳税期限、减免和加征、违章处理等，其中征税对象、纳税人和税率是设计任何一个税种都必不可少的最基本的税制要素，它们解决的是税收制度最基本的问题：对什么征税？向谁征？征多少税？

1. 征税对象

征税对象是指每个税种对什么征税，也就是征税的标的物，因而是课税的客体。不同的税种有不同的征税对象，如增值税的征税对象是销售货物或提供加工、修理修配劳务以及进口货物的增值额，营业税的征税对象是应税劳务的流转额，所得税的征税对象是纳税义务人在一定时期的所得或利润，等等。

征税对象是税收制度的首要要素，是一种税区别于另一种税的主要标志，常用以规定税名。不同的征税对象体现不同税种课税的基本范围和界限，因此也是税收分类的主要依据。课税对象随着社会生产力的发展变化而变化。在自然经济中，土地和人丁是主要的课税对象。在市场经济中，商品的流转额、企业利润和个人所得成为主要的课税对象。在可以作为课税对象的客体比较广泛的情况下，选择课税对象一般应遵循有利于保证财政收入，有利于调节经济和适当简化的原则。例如，要保证财政收入，就必须选择经常而普遍存在的经济活动及其成果作为课税对象。

2. 纳税人

纳税人又称纳税义务人，是税法规定直接负有纳税义务的单位和个人，因而是课税的主体。这个概念解决对谁征税的问题。纳税人包括自然人和法人。自然人指个人，法人指依法成立并能独立行使法定权利和承担法律义务的社会组织，如企业、社团等。不同税种的纳税人是由其征税对象的性质决定的，如个人所得税的纳税人是个人，企业所得税的纳税人是企业单位。

我们应注意与纳税人既有区别，又有联系的几个概念。

首先，负税人与纳税人是不同的。负税人是税款的实际负担者，它是一个经济学意义上的概念。而纳税人是一个法律概念。在纳税人的税款负担不能转嫁给其他人的情况下，如对于个人所得税，纳税人同时也是负税人；如果纳税人可以将税款负担转嫁给其他人，纳税人就不是负税人，如对香烟征收消费税，生产香烟的企业为纳税人，但通过税负逐级转嫁，绝大部分税负都由消费者承担，故消费者是香烟消费税的负税人。

其次，代收(扣)代缴义务人也与纳税人有区别。对于零星分散、不易控管的税源，为提高征收效率，防止税款流失，税法规定了代收(扣)代缴义务人。代收(扣)代缴义务人指税法规定的在向纳税人支付税款，或向纳税人取得收入时代收(扣)纳税人的应纳税款，并代为缴纳的人。如工薪所得税，以所得人为纳税义务人，以发放单位代收代缴；零售商的营业税由批发商在批发时代收代缴。

再次，代征人又是一个与纳税人、代收(扣)代缴义务人不同的概念。代征人，是由税务机关委托，代行税务机关部分行政职权(包括代为收缴税款)的人，如海关代征进口产品的增值税、消费税。代征所代行的税收行政职权大于代收(扣)代缴，代征除了可以行使征收权，还可以行使部分检查权和处罚权。

3. 税率

税率是对征税对象的征收比例或征收额度。税率是计算应纳税额的尺度，体现着征税的深度，是税收制度的核心要素之一。在征税对象已经确定的前提下，国家征税的数量和纳税人的负担水平取决于税率。税率可以分为比例税率、累进税率和定额税率三种。

1）比例税率

比例税率就是对同一征税对象，不论其数额大小，都使用相同征收比例的税率。比例税率又分为单一比例税率和差别比例税率。

单一比例税率是指一种税只设一个比例税率，所有纳税人都按同一税率纳税。如我国现行的企业所得税的税率统一规定为33%，属于单一比例税率。

差别比例税率是指一种税设两个或两个以上的比例税率。差别比例税率根据具体征税项目而设计，可分为如下几种情况：产品差别比例税率是根据征税产品不同，确定高低不同的比例税率，比如消费税规定有 11 种应税消费品分别适用从 3%～45%的比例税率；行业差别比例税率根据生产经营的不同行业，确定高低不同的比例税率，如营业税对 8 个行业规定了由 3%～5%的不同的比例税率；地区差别比例税率，即对同一课税对象，按照地区的不同采用不同的税率，如城市维护建设税按纳税人所在地的不同，设置了 7%、5%和 1%三档差别比例税率；幅度差别比例税率是在税法规定的统一比例幅度内，由各地区具体规定本地适用的比例税率，如我国契税实行 3%～5%的幅度税率，具体执行税率由各省自治区、直辖市人民政府根据本地实际情况决定。

2）累进税率

累进税率就是随着征税对象数额增加而提高征收比例的税率。即按征税对象数额大小分为若干等级，不同等级适用由低到高的不同税率。累进税率多在所得税中使用，一般可分为如下四种，其中最重要的是超额累进税率。

第一种，超额累进税率。超额累进税率就是将征税对象数量分为不同等级，每个等级采用不同的税率。在计算税款时，应税所得额每超过一个规定的等级，对超过的那部分所得额就按高一级的税率征收。这样分别计算税额，各等级税额之和就是应纳税额。这种税率有利于区别纳税人的具体情况，灵活机动，税负趋向合理，累进程度也比较缓和，但税款计算却比较复杂。超额累进税率在所得税中使用最为广泛，如我国现行个人所得税中对工资薪金所得，采用了 9 级超额累进税率；对个体工商户的生产、经营所得和对企事业单位的承包经营、承租经营所得，采用了 5 级超额累进税率。

第二种，全额累进税率。全额累进税率就是以征税对象的全部数额为基础按与之相应的等级的税率计征税款。全额累进税率的税款计算相对简单，但税负随税基加大而急剧增加，目前基本不再被采用。

可以用一个简单的例子来说明全额累进税率和超额累进税率的区别。假设累进税率的第一个等级为 0～100 元，相应税率为 0%；第二个等级为 100～200 元，相应税率为 10%；第三个等级为 200～300 元，相应税率为 20%；第四个等级为 300～400 元，相应税率为 30%；第五个等级为 400～500 元，相应税率为 40%。

对收入为 100 元、200 元、300 元、400 元、500 元的情况，分别按照全额累进税率和超额累进税率计算应纳税款。

以 200 元的收入额为例，在全额累进税率的情况下：

$$应纳税额=200\times10\%=20(元)$$

在超额累进税率的情况下：

$$应纳税额=100\times0+100\times10\%=10(元)$$

其他金额收入的应纳税额情况比照以上方法计算，计算结果如表 2-2 所示。

表 2-2　全额累进税率和超额累进税率税款计算对比

税基/元	税率	全额累进税率的税额/元	超额累进税率的税额/元
100 以下	0	0(税基 100)	0
100～200	10%	20(税基 200)	10
200～300	20%	60(税基 300)	30
300～400	30%	120(税基 400)	60
400～500	40%	200(税基 500)	100

从表 2-2 可以看出,全额累进税率计算简单,但税收负担随税基加大而累进过急,跳跃性大,不合理。

特别地,假定收入为 205 元,则应纳税额＝(205×20%)元＝41 元,收入净额为 164 元,而收入为 200 元时应纳税额为 20 元，收入净额 180 元,比收入为 205 元时反而高 16 元。

从表中也可以看出,超额累进税率计算比较复杂,但更为合理。

第三种,超率累进税率。超率累进税率就是以征税对象数额的相对率为累进依据,规定几个等级和等级税率,各就其超过部分分别采用相应等级税率征税。这种税率尽管具有灵活性,适合税率作为调节经济杠杆的基本要求,但由于计算过程复杂,因而一般很少运用。

我国现行税收制度中仅土地增值税以增值额超过扣除项目金额比率为等级,实行 4 级超率累进税率。增值额未超过扣除项目金额 50%的部分,税率为 30%;增值额超过扣除项目金额 50%,未超过 100%的部分,税率为 40%;增值额超过扣除项目金额 100%,未超过 200%的部分,税率为 50%;增值额超过扣除项目金额 200%的部分,税率为 60%。例如,出售某处房地产收入为 190 万元,经审定扣除项目金额为 100 万元,则增值额＝(190－100)万元＝90 万元,增值额未超过扣除项目金额 50%的部分为 50 万元,税额＝(50×30%)万元＝15 万元;增值额超过扣除项目金额 50%,未超过 100%的部分为 40 万元,税额＝(40×40%)万元＝16 万元。因此,应纳土地增值税额＝(15＋16)万元＝31 万元。

第四种,超倍累进税率。超倍累进税率是以征税对象数额相当于计税基数的倍数确定适用累进税率,在税率设计中一般较少采用。原个人收入调节税中曾经采用超倍累进税率,目前这种税率已基本不使用。

3) 定额税率

定额税率是按照征税对象的一定计量单位,直接确定征收的金额。适用定额税率的征税对象通常为那些价格稳定、质量和规格标准比较统一的商品。

定额税率一般适用于从量税,如古老的人头税就是一种定额税;现行消费税中的黄酒每吨税额 240 元也是一种定额税。定额税与从量税类似，但并不完全一致，如一座山林、一片湖区的固定税额是定额税，但却很难从量计征。

定额税率计税简单，税额不受价格影响，在优质优价、劣质劣价的情况下，有利于促进企业提高产品质量，改善经营管理。但这种税率弹性较差，税收收入不能随征税对象价格的增长而增长，而且它不能反映征税对象的不同性质。当同一种商品质量不同，价格又相差很大时，从量征税，税负就极不合理，因而使用较少。

四、税制的其他要素

除了上述三个必需的基本要素之外，税制中还包含一些其他要素，这些要素不一定在每一个税种中都有明确规定。

1. 税目

税目是税法中对征税对象分类规定的具体征税品种或项目，也就是课税客体的具体化。税目体现了税收的宽度。设置税目的目的是明确征税的范围，并便于针对不同对象确定差别税率和税收减免的界限。税目并不是每个税种都具备的。有些税种的征税对象十分明确，没有必要进一步确定征税范围，税法中就可以不设立税目，如耕地占用税等。但大多数税种的征税对象广泛而复杂，必须根据不同的情况，把征税对象划分为若干具体项目，以便确定征税界限和设计税率。如个人所得税的征税对象是个人所得，但个人所得是一个集合概念，是一个大范围。为便于具体操作，还必须详尽规定有具体的所得项目，如工资薪金所得、劳务报酬所得、稿酬所得、特许权使用费所得等。设计税目时应当遵循繁简得当、界限清楚的原则。税目通常分为列举性税目和概括性税目。

列举性税目就是按每一种商品、经营项目或收入项目分别设置税目，并可在税目之下设若干子目。列举性税目适用于税源大、界限清楚的征税对象。如消费税按应税消费品设置了烟、酒及酒精、化妆品等税目，在烟、酒及酒精等税目下，还分别设有若干细目。列举法可分正列举和反列举两种方法。所谓正列举是指凡属于本税目征收范围的都予以列举，大部分列举性税目都采用正列举法；反列举是指不属于本税目征收范围的予以列举，除列举以外的项目都属于该税目的征税范围，在现行税制中，反列举法使用较少。采用列举性税目，应税品目界限清楚，便于征收管理，但由于税目数量较多，会导致税制复杂。

概括性税目就是按商品大类或行业设置的税目，适用于品种类别繁杂、界限不易划清的商品或行业。如现行营业税就把种类繁多的各种服务业务概括设计为一个服务业税目。采用概括性税目，税制比较简化，但由于每个税目包含的范围较大，容易混淆应税品目，不便于征收管理。

2. 计税依据

计税依据也叫计税基数，是计算应纳税额的根据，是征税对象的量的表现。

计税依据是在确定了征税对象之后，解决如何计量的问题。如作为企业所得税征税对象的生产、经营所得和其他所得，只是说明对纳税人的上述所得需要征税，而作为计税依据的所得额，则是从纳税人全部所得额中依法扣除有关项目后的余额。

计税依据分为从价计征与从量计征两类。从价计征的税收，以征税对象的自然数量与单位价格的乘积作为计税依据。从量计征的税收，以征税对象的自然实物数量作为计税依据，该项实物量以税法规定的计量标准(重量、体积、面积等)计算。我国消费税的税目设计采用了从价计征与从量计征两种计税依据。大部分应税消费税目的计税依据为销售额，即从价计征，如小汽车、化妆品等；消费税的有些项目，如黄酒、啤酒的计量标准为“吨”，汽油、柴油的计量标准为“升”，这些是以实际销售数量作为计税依据的。

3. 纳税环节

纳税环节一般是针对流转税而言的。流转环节包括工业生产、农业生产、货物进出口、商业批发和零售等各个环节。所谓纳税环节是指税法对处于商品流转过程中的征税对象规定应予征税的环节，对征税对象规定在哪个环节纳税，哪个环节就是纳税环节。

纳税环节一般是根据有利于生产及商品流通、便于征管和保证收入的及时和可靠、方便纳税人等原则确定的。如增值税在工业品生产制造过程的各环节、商业批发和商业零售环节，以及工业性加工、修理修配环节就法定增值额普遍征收，道道征收；消费税则在应税消费品的出厂销售环节、委托加工环节或报关进口环节征收。

4. 纳税期限

纳税期限就是根据税法的规定，纳税人在发生纳税义务以后应缴纳税款的期限。纳税期限包括纳税计算期和税款缴库期，它是根据纳税人从事生产经营活动的具体情况、生产经营规模及各税种的特点分别确定的。纳税人不按纳税期限缴纳应纳税款的，属于税务违章行为，应依照规定处罚，加收滞纳金。我国征管法规定，税务机关有根据认为从事生产、经营的纳税人有逃避纳税义务行为的，可以在规定的纳税期限之前，责令限期缴纳应纳税款。各税种法规中都有对纳税期限的明确规定，这是税收收入具有稳定性和及时性的重要保证，也是税收固定性特点在时间上的体现。

纳税计算期是指税法规定的纳税人计算应纳税额的间隔期。纳税计算期分为按次计算和按期计算。按次计算是以纳税人从事生产经营活动的次数作为纳税计算期，如对进口商品征收的增值税或消费税，都是发生纳税义务后按次计算应纳税款。按期计算是以纳税人发生纳税义务的一定时间期限作为纳税计算期，如增值税和消费税按应纳税款数额的大小，分别核定为1日、3日、5日、10日、15日和1个月；企业所得税是按年计征，按月或按季预缴。

税款缴库期是指纳税计算期期满后，纳税人报缴税款的法定期限。如增值税暂行条例规定：以1个月为纳税计算期的纳税人，于期满后10日内申报纳税；以1日、3日、5日、10日或15日为纳税计算期的纳税人，期满后5日内预缴税款，次月10日内申报纳税并结算上月应纳税款；进口货物应纳的增值税，在报关进口后7日内申报纳税。

一般来说，税法中除规定有纳税期限外，还规定有纳税义务发生时间，两者是不同的概念。纳税义务发生时间是指纳税人发生应税行为，应当承担纳税义务的起始时间。明确规定纳税义务发生时间，不但可以在法律上正式确认纳税人已经发生的行为属于应税行为，应承担纳税义务，而且利于税务机关进行税务管理，合理规定纳税期限，监督纳税人按期履行纳税义务，保证国家财政收入。

5. 税收特别处理

税制除了要规定一般情况下的税收征纳活动之外，对特殊情况的处理也要有明确的规定。作为税收要素的特殊处理包括税收的减免和加征规定，以及税收的违章处理规定。

1）税收的减免

减免和加征是国家根据一定时期的社会经济政策对生产经营活动中的某些特殊情况所采取的加重、减轻或免除税收负担的措施。税法的一般规定适用于具有普遍性和一般性的情况，对于特殊情况的处理，一般规定就显得不够灵活。因此，在统一的征税规定基础上，需要规定减免和加征政策，以充分发挥税收对经济的调节作用。

减免包括减税免税，减税是对应征税款减少征收一部分，免税是对应征税款全部予以免征。国家对纳税人生产经营中的一些特殊情况给予减税或免税，将本应征收的税款有条件地让渡给纳税人，从局部和短期来看，国家少收了一部分税款，但根据国家经济社会发展政策和产业政策的要求，在税收上对纳税人的某些或一定时期的特殊情况给予一定的必要鼓励、扶持或照顾，则有利于兼顾到纳税人的负担水平和产品产业结构的调整，提高经济效益，涵养或培养税源，为今后国家取得更多的税收收入创造条件。因此，从全局和长远看，合理的减免税还是十分必要的。

减税免税按照时期长短、涉及范围划分，主要有三种，即法定减免、特案减免和临时减免。

法定减免是在税收基本法规中列举的减免税。在每一税种的基本法规中，一般都列有减免税条款，这些减免税条款所规定的原则和范围，具有普遍性和稳定性。如增值税暂行条例就规定了8项免税项目。

特案减免有两种情况:一是在各税基本法规确定以后,由于政治经济情况发生变化所做的新的减免税规定;二是某些在基本税法中不能或不宜一一列举而须以专案规定形式采取的减免税。特案减免又可分为无限期减免和有限期减免两种。对有限期的减免,期满后即应照章恢复征税。

临时减免是为照顾纳税人特殊困难而临时批准给予的减免税,例如纳税人遇到自然灾害而纳税有困难的,经过税务机关核实批准后,可以给予定期的或一次性的减免税照顾等。1994年税制改革以后,除法定减免和特定减免外,各级政府和部门都不得自行规定临时减税和免税。

减税免税按照计算方法又可以分为税基式减免、税率式减免和税额式减免三种方式。税基式减免是指通过缩小计税依据来实现减免税;税率式减免指通过适用低税率等来实现减免税;税额式减免指直接减免应纳税额,如全部免征、减半征收、核定减征额等。

广义的减免税除减税、免税外还包括起征点和免征额。起征点是税法规定征税对象开始征税的数额界限,征税对象未达到起征点的不征税,达到或超过起征点的就其全部数额计算征税。规定起征点是为了照顾低收入的纳税人,缩小征税面。例如现行增值税、营业税都规定了起征点,营业税规定按次纳税的起征点为每次(日)营业额100元,按期纳税的起征点为月营业额1 000～5 000元。免征额是税法规定的征税对象中免予征税的数额,征税对象中小于或等于免征额的部分不征税,只对超过免征额的部分征税。例如,我国现行个人所得税法规定,对工薪收入征税的免征额为每月2 000元。规定免征额,使每个纳税人都能够享受到一定的免税待遇,这样可以照顾所有纳税人最低生活费用的需要,从而保证征税不影响纳税人的基本生活或生产经营活动。

2) 税收的加征

加征是在应纳税额基础上额外征收一定比例税额。加征税额的目的是为了调节纳税人取得畸高的所得,限制某些具有负外溢性的生产经营活动。加征实际上是税率的一种延伸,增强了税制的灵活性和适应性。如我国现行的个人所得税法中规定,对于劳务报酬所得,应纳税所得额超过20 000～50 000元的部分,按应纳税额加征五成,应纳税所得额超过50 000元的部分按应纳税额加征十成。

应当指出的是,税收的减免和加征是税法必要的灵活性的体现,但却是一项十分严肃的工作。如果处理不当,不仅会影响国家财政收入,而且会给经济发展带来不利的影响。由于税收的减免和加征并不在国家预算中明确列出,因此其规模和影响常被人们忽视,导致这类规定在实际执行中往往偏离税法。例如,在1994年税制改革前,我国的国有企业所得税的减免项目过多,管理混乱,越权减免时有发生,使得所得税收入减少。国家为了解决财政困难,制定了过高的国有企业所得税名义税率,而且后来又加征"两金",在高税率的情况下,就更加刺激了企业寻求减免税的行为,以至于形成一个恶性循环,导致微观效率的损失和宏观经济秩序的混乱。因此,税收的减免和加征只能是一种补充性的措施,不能超出税法规定的范围。在实际工作中对减免税必须从严掌握,严格按照税法规定的减免范围和权限办事,禁止任何随意扩大减免税范围的做法。

3) 违章处理

违章处理是对纳税人不按照税法办事、逃避纳税义务,以及违反税务管理规定的行为和事项采取的处罚措施。纳税人发生偷税、漏税、抗税、欠税,以及违反税务管理规定的行为均属税务违章行为,应依法进行处理。这是税收强制性的一种具体表现,也是税收监督职能的一个重要方面,其主要目的在于严肃税收法纪,保证税收政策、法令、制度的贯彻执行。

对于纳税人的税务违章行为,征税机关按其情节的轻重,分别进行批评教育和处罚。情节严重触犯刑律的,应送交司法机关依法追究刑事责任。我国《中华人民共和国刑法》、《中华人民共和国税收征收管理法》和《中华人民共和国全国人民代表大会常务委员会关于惩治偷税、抗税犯罪的补充规定》都对违反税法、直接逃避纳税义务和违反税务管理规定行为的处罚做出了明确规定。其处理方式包括:责成纳税人提供纳税担保、税收保全措施(扣押查封相当数量的货物财产);拍卖被扣押或查封的货物和财产;加收滞纳金,补税,罚款;吊销税务登记证,会同工商行政管理部门吊销营业执照;依法追究刑事责任。

案例研究 2-1

"恩威集团"税案及启示①

四川省成都恩威集团公司(以下简称"恩威集团")是四川省成都市双流县一个以中医药开发为龙头的融科研、生产、房地产为一体的企业。1990 年恩威集团与香港世亨洋行合资成立了中外合资成都恩威世亨制药有限公司(以下简称"世亨公司")。由于该公司成立后不久即发生了合资双方为抽走资本金 140 万港币的违约行为责任认定的争议,中国国际经济贸易仲裁委员会于 1994 年 8 月 1 日做出了"终止恩威世亨公司合同,合资企业应依法进行清算"的裁决。1994 年"世亨公司"终止经营,实际经营期只有四年。1993 年 10 月,"恩威集团"又与香港居民许强合资成立了中外合资成都恩威制药有限公司(以下简称"恩威有限公司")。"恩威有限公司"在其成立之初,公司外方在验证基准日止,未将应缴资本汇入国内合资公

① 资料来源:韩亭,"恩威集团"税案及启示,中国税务,1999.01。

司账上(即资金未到位),而是在一年半后才使资本实际到位,这期间"恩威有限公司"已享受了国家对合资企业的税收优惠待遇。

1996年5月,国家税务总局收到署名举报信。信中反映恩威有限公司在经营过程中存在严重不法行为,其中包括利用假合资骗取国家税款优惠,偷逃巨额税款等问题。

1996年6月,国家税务总局会同四川省及成都市国税局、地税局进行了多轮联合核查,于1998年8月6日向该公司下达了《税务处理决定书》和《税务行政处罚决定书》,依法对其追缴税款、加收滞纳金和罚款共计1.08亿元。

恩威集团的税收违法事实及处理如下。

(1) 因合资企业实际经营期不满十年,追缴已享受的税收优惠。

《中华人民共和国外商投资企业和外国企业所得税法》①第八条规定:外商投资企业实际经营期不满十年的,应当补缴已免征、减征的企业所得税税款。"世亨公司"成立后,由于中外双方发生经济纠纷,该公司自1994年被终止经营,实际经营期只有四年,按照上述税法规定,对企业已享受减免的企业所得税税款共计4 469.30万元应予补征收回。

(2) 因外商投资不到位,应收回税收优惠,追缴税款。

1993年10月,"恩威集团"与香港居民许强合资成立了恩威有限公司,合资双方在合同中明确规定了出资期限。外方在法律规定的验证基准日止并未将应缴资本汇入国内合资公司账上,而是在一年半后才资本实际到位。但"恩威集团"却通过注册会计师事务所制造虚假的验资报告,取得合资企业身份,享受了国家对合资企业的税收优惠政策。根据1987年12月30日国务院批准的,1988年1月1日对外经济贸易部、国家工商行政管理局联合发布的"中外合资经营企业合营各方出资的若干规定"第四条规定:"合营各方应当在合营合同中订明出资期限,并应当按照合营合同规定的期限缴清各自的出资。""合营合同中规定一次缴清出资的,合营各方应从营业执照签发之日起六个月内缴清。"第五条规定:"合营各方未能在第四条规定的期限内缴付出资的,视合同企业自动解散,合营企业批准证书失效。合营企业应当向工商行政管理机关办理注销登记手续,缴销其营业执照;不办理注销登记手续,缴销其营业执照;不办理注销登记手续和缴销营业执照的,由工商行政管理机关吊销其营业执照并予以公告。"恩威有限公司与香港居民许强订立的合同中明确规定了在营业合同签发之日起一个月内,甲乙双方按照各自认缴的出资比例一次性缴清。而合资外方未能在规定的期限内缴付出资,已经违反了上述规

① 本案例所引用税收制度均为当时的制度,这些制度现在都已经过修订,故所引条文为原制度的条文。

定，该企业应视为自动解散，合资企业批准证书自动失效。根据《中华人民共和国税收征收管理法实施细则》第五十九条规定："税务机关发现纳税人税务登记的内容与实际情况不符的，可以责令其纠正，并按照实际情况征收税款。"《国家税务总局关于外商投资企业和外国企业统一核发"税务登记证"问题的通知》(国税发[1993]021号)第三条也明确规定："凡不符合外商投资企业有关法律规定的，停止享受外商投资企业税收优惠待遇，并提请有关部门取消外商投资企业资格。"根据以上规定，税务机关应收回"恩威有限公司"在外方资金没有到位期间已享受的税收优惠。此项税款为3 712.23万元，其中增值税2 399.61万元，所得税1 312.62万元。

(3) 偷税395.07万元应予追缴，加收滞纳金并处罚款。"恩威有限公司"在1993年度用白条虚列预提费用，减少税款223.81万元；1994年和1995年该公司有部分"外销产品"未入账作销售处理，也未申报纳税，少缴税款171.26万元。根据《中华人民共和国税收征收管理法》第四十条的规定，该公司的行为属于偷税，偷税总额为395.07万元。税务机关对企业偷税的部分除追缴所偷税款，加收滞纳金492.69万元外，并处以所偷税款一倍的罚款，但对该公司1998年提出要求税务机关重新核实其偷税数额的情况下，再次做假账，欺骗税务机关，隐匿收入，偷税126.72万元的部分，处以三倍的罚款，合计罚款648.50万元。

(4) 追缴欠税1 163.06万元。

(5) 追缴应代扣代缴的个人所得税23.12万元，追缴应补印花税8.82万元，并处以三倍的罚款计26.46万元。

随着我国社会主义市场经济的发展，市场主体的多元化和社会经济活动形式日益复杂，税务机关与税收违法犯罪活动的斗争日渐尖锐。由于我国现代税收制度确立时间不长，公众的纳税意识不强，更增加了税收工作的难度，对此，我们一方面要加紧完善税收法律制度，加强税收宣传，提高公众纳税意识；另一方面要坚决打击税收违法犯罪，维护国家税收秩序，以保障国家宏观经济的正常运行。从恩威集团涉税案我们可得到以下启示：

一是税务机关应加强征收环节的监控，对企业享受税收优惠资格从严审查；

二是应进一步加强税务登记证的管理，恩威集团涉税案说明工商、税务部门进一步密切配合，理顺工作程序，防止出现漏管漏征现象的重要性；

三是实行内、外资企业税制的合并，对外资企业实行"国民待遇"；

四是对纳税人的偷税行为要依法严厉打击，涉嫌构成犯罪的要依法追究刑事责任；

五是加强清理欠税工作。

第三节　税收原则

税收是财政收入最主要的来源，也是国家运用最广泛的经济手段。它涉及各方面的经济活动，各种经济决策都不得不考虑税收因素的影响，因此税收对经济具有很强的影响力。任何国家要建立起一个科学合理的税收制度，必须依照科学的税收理论和税收原则。所谓税收原则，就是设计税收制度、制定税收政策的基本指导思想，也是评价税制优劣的基本标准，有时也称为税制建立原则。在不同的时期和不同的国家，适用的税收原则是不同的。

一、税收原则的发展

1776 年，亚当・斯密(A. Smith)第一次系统明确地阐述了税收原则，他提出的税收四原则对税收原则理论的发展一直都有相当大的影响。斯密的四原则如下：

(1) 平等原则，即人民只能根据自身的纳税能力，也就是自身收入的多少来缴纳税收，承担政府的经费开支；

(2) 确定原则，即人民据以纳税的税收条例应当是确定的，纳税的内容、时间、地点、手续等都应当清楚明确；

(3) 便利原则，即征税手续应当尽量从简，以减少纳税人的损失；

(4) 节省原则，即在征税过程中要尽量减少不必要的开支，以减少征税费用。

1883 年，德国经济学家阿尔多・瓦格纳(A. Wagner)进一步提出了税收四大原则和九个小原则。同斯密相比，瓦格纳的主要贡献在于提出了国民经济原则，包括：以所得为税源的原则，即应当尽量避免对财产与资本征税，以免阻碍经济的发展；效率原则，即课税目标的选择应当尽量避免使市场经济机制的效率遭到破坏。这可以看做是现代税收原则中效率原则的最早表述。不过，瓦格纳关于效率和税收影响的概念还比较含糊。

1890 年，阿・马歇尔(A. Marshall)运用近代效用理论、消费者盈余和供需弹性等基本概念，详细地研究了税收可能导致的效率损失，并提出了税收额外负担这一重要概念，用以准确描述这种效率损失。由于马歇尔的研究，效率原则的内涵更为明确，从而成为一条重要的税收原则。因此，至 19 世纪末，西方主要工业国家已经普遍认为，合理的税制应当符合三个基本原则：效率原则、公平原则和行政原则。

20 世纪 30 年代的大萧条之后，凯恩斯提出的运用财税政策来对付经济危机的方法得到了广泛的重视和应用，并且在相当长的一段时期内呈现出明显的成效。于是，税收调节经济的作用自然也成了税收原则的重要内容。当代美国财政学家瑞·穆斯格雷夫(R. Musgrave)于50年代提出了财政三大职能,即配置职能、分配职能和稳定职能,并指出配置职能要实行效率原则,分配职能要实行公平原则,稳定职能要实行经济稳定原则。

进入20世纪70年代以后,西方经济陷入高通货膨胀和高失业率交替出现,或者滞胀并存的困境。各主要发达国家经济增长速度放慢,甚至出现负增长。不少经济学家因此而强调促进经济增长也应成为税收原则的内容之一。1988年,美国另一位财政学家斯蒂格里兹(J. Stiglitz)又提出税制设计应遵循效率原则,强调税制应能比较自如地适应变化的宏观经济环境,能够维持经济稳定与促进经济增长。此外,加拿大和日本等国的学者也就此提出了一些不尽相同的观点。

二、我国现行税收原则

目前,我国的税收原则有财政原则、效率原则、公平原则和征纳便利原则。

1. 财政原则

税收的首要职能是筹集财政收入,税收是为此而产生的,因此,税制设计的根本原则是能够保证财政收入。这一原则的内涵可以概括为以下四点。

(1) 税源充裕。在选择税种时,应当优先选择那些税源充裕的税种作为主体税种,以保证国家可获得一定规模的稳定的税收收入。

(2) 富有弹性。选择的税种应当有较大的国民收入弹性,这样,可以保证税收收入随着经济的发展、国民收入的增长而提高,从而可以适应随着经济发展而不断扩大的政府需求。

(3) 保护税本。各种税的课征客体必须是税源,而不能是税本。通俗地说,就是只能对产生的收益征税,而不能对产生收益的本源征税,而且还应该尽可能培植税源。只有这样,才能保证税源生生不息,不断扩大,国家财政也才有可能不断增长。

(4) 适度合理。税率设计要适度,过低不能保证收入,过高则会伤害纳税人的生产积极性,对经济活动过程以及社会资源的优化配置产生不利影响。

2. 效率原则

效率原则是指税收制度应在经济运行、资源配置和税务行政等方面讲求效率。税收的效率原则包括经济效率和行政效率两层含义。

税收的效率原则首先是指税收的经济效率。我们知道,大部分资源通过市场机制可以实现有效配置。在这种情况下,税收的介入,一方面迫使纳税人损失了税法规定的税额;另一方面,税收将影响经济决策,实际等于破坏了市场机制的有效运行和资源的合理配置,经济效率降低,使整个社会遭到福利损失。也就是说,整个社会付出的部分大于政府所得的部分。这部分经济福利的减少从税收经济活动分析的角度可称之为税收的超额负担。税收的超额负担将在第十章作具体分析。

由于税收的影响几乎遍及所有经济领域，一个不妥当的税收制度，会造成巨额的税收超额负担。因此在设计税制时，对纳税人、征税对象及税率等每一个税制要素的选择上应当尽可能减少对市场机制运行的影响，把税收超额负担降到最低程度。在这种情况下，税收经济效率原则通常也被称为税收中性原则。

如第一章所述，市场机制并不能自动达到资源的有效配置，即存在市场运行低效率或市场失效问题。例如，市场机制难以提供公共产品；对于具有正外溢性的产品如教育等，在市场机制下将导致供应不足，而具有负外溢性的产品如污染性生产等，只靠市场机制调节将导致过多的供给。在市场失效的情况下，采用中性原则的税收制度是明显不合适的。此时税收的经济效率应该表现为积极发挥其调节作用，修正市场机制的失效，从而增加社会总福利。例如，许多国家都对烟酒征以高额的消费税，这样就可以有效抑制对这两种具有负外溢性的产品的需求；对于具有正外溢性的产品如教育，则给予税收上的优惠和减免。

税收的效率原则也指税收的行政效率。政府的征税行为除了影响资源配置的效率损失外，还直接占有和消耗经济资源。税收行政效率是指合理设计税制，能够使国家以尽量少的税务支出费用，取得尽可能多的税收收入。税务费用包括征税部门费用和纳税人税务费用。征税部门费用是比较容易计算的，它包括基建费用、税务人员工资费用、办公设备费用和业务费用等。而计算纳税人税务费用要困难得多，这部分费用指纳税人办理纳税事务所支出的费用，包括纳税人按税法调整账务和完成纳税申报表的费用、聘用会计师和律师指导纳税的费用，以及避税的费用等。另外，税收制度和征管制度改革的费用也是巨大的，这也应该计入税务费用。

3. 公平原则

公平原则是另一个核心税收原则。这里的公平包括横向公平和纵向公平两层含义。横向公平指具有相同纳税能力的人应该承担相同的税收负担。纵向公平指具有不同纳税能力的人应该承担不同的税收负担。公平原则有不同的标准，常见的有以下三种。

1）利益标准

利益标准是指税收负担应根据各人从政府支出中享受的利益而确定。对于税收收入与特定政府支出相对应的情况，利益标准具有相当的合理性。譬如我国新税制下的城乡维护建设税，由于企事业单位享受了城乡道路和其他公用设施的服务，就应负担这部分利益的费用支出。而每个单位的受益程度可近似看做与其销售规模相当，因此，按销售额的一定比例计算税额是符合利益标准的。

税收作为公共支出的主要来源，多数税种并不与特定的财政目的相对应，而且很多政府支出赋予每个纳税人的收益也难以测量。譬如，要计算每个纳税人从国防、司法支出中得到的好处是非常棘手的事情。另外，政府支出的某些必需项目，如社会救济支出、给予穷人的利益要比给予富人的多得多。在这些情况下，如果按照利益标准征税，穷人将负担大部分税收，显然这是不合理的，而且也将导致社会问题。由于利益标准的上述缺点，只有少量税种是按它来设计的。

2）支付能力标准

支付能力标准是指税收负担应按照纳税能力进行分配。支付能力大者多纳税，支付能力小者少纳税。支付能力可以用收入、消费支出和财产来衡量。这三种办法各有优缺点，在实际税制的设计中都发挥作用。其中以收入来衡量纳税能力是适用面最为广泛的办法，如个人所得税、公司所得税。

3）均等牺牲标准

古典经济学家穆勒用均等牺牲的概念来说明纵向公平的合理性。根据这一概念，只要纳税人因纳税而遭受的效用牺牲或福利损失是均等的，则纳税人就得到了公平的对待。根据这一标准，富人显然应多缴税。

4. 征纳便利原则

税收的征收管理制度，要既便于税务机关征收，又便于纳税人缴纳，即应该具有明确、便利等特点。税法应该明确地规定税制的各个要素和征收办法，使得征纳双方对相关征税事宜没有模糊之处。税务机关必须依法征税，企业和个人依法纳税，这就可以避免不必要的纷争。另外，税收的缴纳时间、地点和方法应该使纳税人感到方便，这除了可以避免给纳税人在纳税过程中增加额外负担之外，更重要的是保证税制的顺利执行。不难想象，一个不便于执行的税制是很难贯彻的。

税收原则很难协调，尤其是效率与公平，这使得税收原则始终属于重要的研究课题。

第四节　税收分类

各国税制一般都是由许多不同的具体税种所构成的，各个税种既相互区别也密切相关。税收分类，是指按照一定标准对税收制度中性质相同或相近的税种进行的归并和综合。它是研究和评价税收制度的一个重要方法。

一、税收分类的基础

税收分类的前提是实行复税制。就一个国家征收的税种多少及其构成，税收制度可分为单一税制和复税制。一个国家只征收一个税种的税收制度称为单一税制，单一税制下不存在税收分类的问题。由于单一税制的税源弹性小，对经济的调节能力差，不利于税负公平和政府经济政策的执行，因此，它只是一种理论上的主张，在各国都从未实现过。复税制就是一个国家同时实行多个税种的税收制度。复税制可以从各个方面选择征税对象、设置税种、确定征收办法，从而使具有不同特点、作用的各个税种能够相互配合运用，以发挥税收组织财政收入和调节社会经济的作用。各国都普遍采用复税制，我国也一直采用的是复税制。

税收分类标准有多种，常用的税收分类标准有：以征税对象为标准的分类，以税赋是否转嫁为标准的分类，以税收与价格的关系为标准的分类，以税收的计税依据为标准的分类，以税收的归属为标准的分类，以税收的形态为标准的分类和以税收的征收机构为标准的分类等。

二、税收的常用分类

在税制设计以及税收统计与经济分析中经常用到的有如下几种税收分类。

1. 以征税对象为标准分类

由于征税对象是税制要素中最为核心的组成部分，因此以征税对象为标准进行分类始终是各国最常用的分类方法，也是世界各国税制分类中最基本、最重要的形式。尽管税收分类的标准很多，但征税对象始终是最重要的税收分类标准。以征税对象为标准进行分类，可将我国各税种分为流转课税、所得课税、财产课税、行为课税及特定目的课税五大类。

流转课税以商品和服务业的营业额为征税对象，包括我国现行的增值税、营业税、消费税和关税，其特点是税源稳定、征收及时便利、容易税负转嫁。

所得课税以自然人所得和法人所得为征税对象，包括我国现行的企业所得税、个人所得税等。其特点是纳税人承担税收负担，不容易转嫁。

财产课税以纳税人占有的财产为征税对象。一般来说，各国的财产税并不是对所有的财产、资源都征税，而是选择部分特征的财产进行征税。其特点是税源稳定，税负难以转嫁。包括房产税（城市房地产税）、契税、车船使用税（车船使用牌照税）、船舶吨税。

行为课税以特定行为为征税对象，其目的是通过征税，规范或引导纳税人的行为，以贯彻或实现国家某些经济政策。其特点是征税对象单一，税源分散，税种灵活。此类税包括印花税、车辆购置税和证券交易税。

特定目的课税是为了某种财政、经济目的而设置的税，如资源税、土地增值税、城镇土地使用税、耕地占用税、城市维护建设税、固定资产投资方向调节税等。

2. 以税负能否转嫁为标准分类

以税负能否转嫁为标准进行分类，可将各税种分为直接税和间接税。税负不能转嫁的税种称为直接税，税负能够转嫁的税种称为间接税。直接税和间接税最早是西方财政学对税收的一种分类，其主要目的是便于研究税收对经济活动的影响。一般认为,各国普遍开征的公司所得税、个人所得税、社会保险税及财产税等都属于直接税。直接税的特点是,在分配领域征税,因而税收负担不易转嫁,纳税人与负税人是同一主体。营业税、消费税、增值税及关税等都属于间接税。间接税一般都在生产流通环节征收,其特点是纳税人与负税人发生分离,税收负担比较容易在商品的销售过程中通过价格的变化发生转嫁。从税收经济分析的角度来看,直接税与间接税的分类是极为重要的分类。

应该指出,税负转嫁是个非常复杂的过程,对于特定的税种,判定税负能否转嫁是很困难的。譬如对于一般被认定为直接税的公司所得税,也有可能通过降低工资、提高劳动强度等办法将税负转嫁给雇员。另外,税负转嫁还与企业所处的市场结构密切关系,而且税负能否转嫁这一概念本身在理论上就有很多标准,有以税法规定为标准,有以税源为标准,有以立法者的预期为标准,等等。

3. 以税收与价格的关系为标准分类

以税收与价格的关系为标准,可将各税种分为价内税与价外税。税金作为商品价格的组成部分的税种属于价内税,税金表现为商品价格以外附加部分的税种属于价外税。

价内税的计税依据为含税价格,如我国现行的消费税、营业税等。其特点是税金包括在商品价格内,容易为纳税人接受;税金随商品价格而实现,有利于及时组织税收收入;计税简便,征收费用低。

价外税的计税依据为不含税价格,如我国现行税收制度中的增值税、车辆购置税。其特点是价税分离,税负透明;但其表现直观,实施时容易引起社会震动。

无论是价内税还是价外税,最终都可以通过税负转嫁由消费者承担税负。

三、税收的其他分类

税收除了上述基本分类之外,还有许多其他分类方法,以便满足一些特殊的分析要求。就我国的具体情况而言,主要有如下几种。

1. 以税收的计税依据为标准分类

以税收的计税依据为标准进行分类,可将各税种分为从价税和从量税。以征税对象的价格为标准,按一定比例计算征收的各税种属于从价税;以征税对象的重量、容积、面积、数量等为计征标准,按确定的单位税额计征的各税种属于从量税。

从价税符合商品经济的要求,有利于贯彻国家税收政策,因而大部分税种都采用这种计税方法,如我国现行的增值税、营业税等。从量税与从价税相比,计算简便,便于掌握,而且税额不受价格影响,收入比较稳定。它的缺点是只限于对计量单位明确的征税对象进行征税,税源受到很大限制。而且当商品价格提高时税额不能相应增加,收入不能随国民收入同步增长,因而收入弹性差。目前,只有少数税种或税目采用从量计税方法，如我国的消费税中成品油税目的汽油、柴油子税目，还有资源税、车船使用税和耕地占用税等。此外，为了弥补税制设计的缺陷，我国对部分特定商品既采用从价计税，又采用从量计税。采用这种复合计税方法的主要是消费税中的卷烟、粮食白酒、薯类白酒等税目。

2. 以税收的形态为标准分类

以税收的形态为标准进行分类，可将各税种分为实物税和货币税。实物税是指以实物形式缴纳的税，主要存在于商品经济不发达的时代和国家；货币税是指以货币形式缴纳的税，它是相对于实物税而言的。

我国自新中国成立以来，只有农业税在一段时期实行过缴纳实物税，即征收粮、棉等实物。这是因为在当时的历史条件下，我国的农业经济比较落后，国家又需要掌握一定数量的农产品，以满足对城市经济的供给，这对于保证国家对各种农产品的需要，起到了积极的作用。1985 年后，随着农业经济的快速发展和农产品商品化的提高，农业税改征货币的条件已经成熟。2005 年 12 月 29 日第十届全国人民代表大会常务委员会第 19 次会议通过决议，自 2006 年 1 月 1 日起，废除《中华人民共和国农业税条例》，农业税彻底退出了我国历史舞台，自此，实物税就失去了存在的基础。

3. 以管理和使用权限为标准分类

以税收的归属为标准进行分类，可将各税种分为中央税、地方税和中央地方共享税。中央税是指由中央政府征收和管理使用的税种，也称“国税”，如我国现行税制中的关税、消费税，这类税一般税源集中，征收范围广泛。地方税是指由地方政府征收和管理使用的税种，也称“地税”，如我国现行税制中的营业税、个人所得税、房产税、车船使用税等，这类税一般收入稳定，并与地方经济利益密切相关。中央地方共享税是指税收的管理权和使用权属于中央政府和地方政府共同享有的税种，如我国现行税制中的增值税、资源税等，这类税直接涉及中央与地方的共同利益。

4. 以税收的征收机构为标准分类

我国现行的所有税种，按征收机构可划分为工商税、关税。工商税是以工商企业为主要纳税人，由税务机关征收的各个税种的总称。关税是对进出口关境的货物和物品所征收的一种税，我国关税的征收机构是海关。

在这两大类税收之中，工商税收是最主要的。不仅从事工业、商业和服务业的单位和个人缴纳的各种税属于工商税，其他纳税人缴纳的各种税，如个人所得税、房产税等，凡由税务机关征收的，也都包括在工商税收内。因此，工商税收的征收范围涉及从生产、流通到消费的各个环节和国民经济的各个部门，在国民经济管理中有着重要地位。目前，我国工商税收在税收总额中所占比重在 90%以上，在组织国家财政收入、积累资金方面发挥着决定性的作用。由于工商税制是整个税收制度中最重要的组成部分，一般情况下“税制”一词所指的就是工商税制。例如，我国近年来一直推进的“税制改革”实际上就是工商税制改革。

专栏 2-5

纳税人权利义务知多少？[①]

“纳税人权利”是公众向政府伸张某种权利时信手拈来、常挂在嘴上的概念，可到底纳税人有哪些具体的权利，一直缺乏明晰、法定的界定。近日，国家税务总局首次发布《关于纳税人权利与义务的公告》，把散落在我国税收征管法及其实施细则和相关税收法律、行政法规中的相关规定“归拢”，明确列举了我国纳税人拥有的十四项权利与十项义务。

公告中明确的纳税人权利包括：知情权、保密权、税收监督权、纳税申报方式选择权、申请延期申报权、申请延期缴纳税款权、申请退还多缴税款权、依法享受税收优惠权、委托税务代理权、陈述与申辩权、对未出示税务检查证和税务检查通知书的拒绝检查权、税收法律救济权、依法要求听证的权利、索取有关税收凭证的权利。

公告还称，纳税人在纳税过程中负有十项义务：依法进行税务登记的义务，依法设置账簿、保管账簿和有关资料以及依法开具、使用、取得和保管发票的义务，财务会计制度和会计核算软件备案的义务，按照规定安装、使用税控装置的义务，按时如实申报的义务，按时缴纳税款的义务，代扣代收税款的义务，接受依法检查的义务，及时提供信息的义务，报告其他涉税信息的义务。

富兰克林有句名言，人的一生有两件事是不可避免的，一是死亡，一是纳税。你也许什么都不是，但你肯定是一个纳税人，纳税涉及每个人的切身利益，对纳税人权利的明确自然引起极大关注，尤其是在一个缺乏纳税人权利传统、纳税人权利仍显孱弱的社会中。

回归和尊重宪政常识，明确纳税人权利，公众当然欢迎。但不少网民担心，只说有知情权和监督权，但知什么情、如何监督，都缺乏实质界定和操作安排。此外，税务局只是一个负责收税的事务性部门，而纳税人权利涉及整体的权力架构、政府与民众的政治关系和对宪政制度的理解，这不是税务部门一家就可以决定的。公众担心纳税人权利徒具观赏价值，只是一种“纳税光荣”的宣传。

这些忧虑有一定道理，但我认为，即使这些权利有虚置的可能，相对于过去纳税人权利的模糊、抽象和不确定，也是一种进步。

首先，明确纳税人权利，有利于强化“纳税人供养政府”这个基本宪政常识，通过纳税对官员进行“谁供养着你”、“权力来自何处”、“你应该尊重谁”的政治启蒙。纳税是让官员明白“权力来源”这个政治本原问题的最直观最直接最能说清问题的方式。正因为此，为了让官员明白谁养着自己，上海上世纪就选择每个月由纳税人

① 资料来源：曹林，明确纳税人权利　即使虚置也是进步，中国青年报，2009-12-03。

直接将工资交到官员手中,不过这个有意味的象征形式并没有坚持下来。

如今列出纳税人的权利清单,明确了公众对自己纳税的一束权利,我认为这超越了那种“让纳税人给官员发工资”的形式上的简单象征,更能对官员进行启蒙和约束。虽然纳税人权利的观念似乎妇孺皆知并不新鲜,但很多时候只是纳税人自以为是、一厢情愿的认知,并没有在法律层面成为共识。一些官员骨子里对纳税人毫无尊重,比如年初两会上叫嚣“我凭什么要公开财产”、“老百姓为什么不先公开”的那位。如果有纳税人权利的观念,根本不会问这么无知的问题。

明确了纳税人权利,纳税人以后就可以此为依据,向政府要权利。从形式上看,税务总局派发的权利清单,有空壳之嫌——但权利从来都不是恩赐的,不是等着别人送给你的,而要纳税人积极去争取。税务总局发布的虽然只是一个框架,但纳税人可以通过不断的维权和争取往里面填内容,通过具体的案例把抽象的知情权变成具体的“知什么情”,把模糊的监督权变成实质的监督,把纸面上的空洞规定激活为现实中可以触摸的权利。

当初的《政务公开条例》也是一个很空洞的框架,正是公民积极、活跃的争权意识,让“政务公开”下的知情有了越来越多的具体内容,公民对“政府不公开吃喝财政”的起诉,舆论对财政预算保密的声讨,法律专家就政府收入不透明上书人大,这些积极举动往权利空壳中填充了越来越多的具体权利。纳税人权利也是如此,有了依据和框架,就等着纳税人积极去激活和填充了。

谈到权利,许多人都喜欢用与生俱来、天赋不可让渡、神圣不可侵犯、不证自明这些修饰语,其实权利从来都超越不了一个社会的现实和历史。权利的实现需要物质基础,有些权利只有一个社会的物质发展到一定程度才能实现,比如义务教育;权利的实现少不了社会文明的进步和认知水平的提高,比如隐私和休息;权利更是公民在现实中通过协商、博弈、界定清楚并相互承认才能确证的一种东西,权利对应着义务,如果没有相应的义务承担者,权利形同虚设。纳税人权利在中国的真正确立,也不是一厢情愿的抽象自负可以完成的,它需要在点滴进步和不断博弈中积累。

税务总局明文列举了纳税人权利,这是权利实现里程中一个不小的进步,框架已经有了,往里面填充内容,需要立法者和纳税人的进一步努力。

练习题

一、填空题

1. 税收最基本的三要素是指________、________、________。
2. 税收的________是税收区别于其他财政收入形式的重要标志。
3. 税收制度是国家________制度的组成部分,它规定了________和________

之间的征纳关系。

4. 税收制度要素包括________、________、________、________、________、________、________、________、________。

5. ________是计算应纳税额的依据。

6. 计税单位一般有两种形式:一种是按财产或商品的________来计量,另一种是按财产或商品的________来计量。

7. 纳税人是指________上规定直接负有________的人,作为纳税主体的纳税人可以是自然人,也可以是________。

8. 税目是________在内容上的具体化,设置税目的方法有________法和________法。

9. 税率是________与________之间的比例或数量关系,是计算________的尺度。

10. 税率的主要类型有________、________和________。

11. ________税率一般适用于对商品的征税,累进税率一般适用于对________的征税。

12. 累进税率中使用最多的是________税率。

13. 纳税环节一般是讲________税的纳税环节。

14. 税基式减免税主要是通过缩小________来实现税款减免,税率式减免税主要是通过降低________来实现税款减免。

15. 税务违章行为主要包括________、________、________以及________。

16. 将税收划分为价内税和价外税是根据税金与________的关系来划分的。

17. 最基本的税收分类方法是按________分类。

18. 第一次明确、系统地阐述税收原则理论的资产阶级经济学家是________国的________。

19. 我国现行税种,按征收机构可划分为________、________以及________。

20. 税收公平原则的标准有________、________以及________。

21. 按税收管理和使用权限对税收分类,可分为__________、__________、__________。

22. 税收的形式特征包括________、________和________三方面内容,其中________是核心,________是基本保障。

二、判断题

1. 征税的主体是税务机关。(　　)

2. 税法是调整征收机关与纳税人之间征纳税方面权利及义务的总称。(　　)

3. 社会主义税收取之于民用之于民,所以具有有偿性。(　　)

4. 国家征税凭借的是财产权力。(　　)

5. 我国所有的税种都是由税务机关征收。(　　)

6. 可以说,税负不能转嫁的税就是直接税。(　　)

7. 按全额累进税率计算的税额一般要比按超额累进税率计算的税额多。(　　)

8. 一种税与另一种税的区别主要体现在征税对象不同。(　　)

9. 把税收划分为从价税和从量税,是以税收的计税依据为标准划分的。(　　)

10. 在各项税收中,采用累进税率较多的要算所得税。(　　)

11. 反映一个税种征收广度的概念是税率。(　　)

12. 依照税法规定直接负有纳税义务的人是负税人。(　　)

13. 一般讲,所得税较多采用全额累进税率。(　　)

14. 调节社会经济是税收的基本职能。(　　)

15. 纳税人与负税人有时是重合的,有时是分离的。(　　)

16. 调节社会经济是税收的基本职能。(　　)

17. 只有流转税才有纳税环节的划分。(　　)

18. 超额累进税率具有累进幅度比较缓和、负担合理的优点。(　　)

19. 征税对象未达到起征点的不征税;达到起征点的,对超过的部分征税。(　　)

三、思考题

1. 税收具有哪些形式特征?

2. 简要分析税收存在的必要性。

3. 税收具有哪几项职能?

4. 试说明税收最基本的分类方法。

5. 简述税收与政府规费的区别。

6. 我国现行税收原则具有哪几项内容?

7. 比较比例税率、累进税率和定额税率三种形式的优缺点。

8. 请简述对税收本质的理解。

四、选择题

1. 以下税收收入中属于中央地方共享收入的是(　　)。

A. 营业税　B. 增值税　C. 个人所得税　D. 消费税

2. 下列(　　)属于间接税。

A. 营业税　B. 财产税　C. 个人所得税　D. 消费税

3. (　　)是对分配过程征税。

A. 所得税　B. 增值税　C. 资源税　D. 营业税

4. 属于减轻纳税人负担的措施有(　　)。

A. 减税　B. 免税　C. 规定起征点　D. 规定免征额

5. 一种税区别于另一种税的主要标志是(　　)。

A. 税率　B. 计税依据　C. 纳税人　D. 征税对象

6. 在征税对象数量一定的条件下，税额的大小取决于(　　)。

A. 税率　B. 计税依据　C. 税目　D. 减免税

7. 按税收管理和使用权限划分，我国税种分为(　　)。

A. 中央税　B. 地方税　C. 共享税　D. 实物税

8. 纳税人是指(　　)。

A. 最终负担国家税款的单位和个人

B. 缴纳税款的单位和个人

C. 直接负担纳税义务的单位和个人

D. 代扣税款的单位和个人

9. 假设某人取得一项收入，其应纳税所得额为 38 000 元。若规定计税依据不超过 20 000 的部分，税率为 20%；超过 20 000～30 000 元的部分，税率为 24%；超过 30 000～40 000 元的部分，税率为 30%；超过40 000元以上的部分，税率为 40%。则此人应纳税额为(　　)元。

A. 8 800　B. 12 280　C. 19 200　D. 18 880

10. 全国范围内开征的地方税的开征停征权属于(　　)。

A. 全国人大及其常委会　B. 国务院

C. 财政部和国家税务总局　D. 地方人大及其常委会

11. 税收法律关系中的权利主体是指(　　)。

A. 征税方　B. 纳税方　C. 征纳双方　D. 国家税务总局

12. 下列关于税收实体法构成要素的说法中，正确的有(　　)。

A. 纳税人是税法规定的直接负有纳税义务的单位和个人，是实际负担税款的单位和个人

B. 征税对象是税法中规定的征税的标的物，是国家征税的依据

C. 税率是对征税对象的征收比例或征收额度，是计算税额的尺度

D. 税目是课税对象的具体化，反映具体征税项目

13. 下列税种中，由全国人民代表大会立法确定的有(　　)。

A. 增值税　B. 企业所得税　C. 个人所得税　D. 契税

14. 下列税种中，税收收入和税收管辖权限均属于中央的是(　　)。

A. 车辆购置税　B. 土地增值税

C. 消费税　D. 矿产品的资源税

15. 税收管理体制的核心内容是(　　)。

A. 税权的划分　B. 事权的划分　C. 财权的划分　D. 收入的划分

16. 税收与财政发行的共性包括(　　)。

A. 强制性　B. 固定性　C. 无偿性　D. 物资保证

第三章

增值税

增值税是对从事销售货物或者提供加工、修理修配劳务以及从事进口货物的单位和个人取得的增值额为课税对象征收的一种税。它最早产生于英国，1954 年法国成功地推行增值税后，对欧洲和世界各国都产生了重大影响，亚洲国家自 20 世纪 70 年代后期也开始推行增值税。目前世界上已有 100 多个国家和地区实行了增值税。从增值税在国际上的广泛应用可以看出，增值税作为一个国际性税种是为适应商品经济的高度发展应运而生的。

增值税具有逐环节征税的特点，但每个流转环节只对增值额征税，避免了重复征税。这样增值税既能够保证财政收入的均衡稳定，又能促进专业化生产与分工协作，提高生产效率。同时，增值税税基广阔，具有征收的普遍性和连续性。此外，增值税的制度设计还方便了出口退税，并且具有防止偷漏税的连锁机制。因此，增值税被公认为是比较中性、科学的税种。

我国于 1979 年引入增值税，1984 年起在全国范围内施行。1994 年税制改革后，增值税就成为我国现行税制中最为重要的税种，它占我国税收总收入的比例一直在 49%左右，因而对我国财政收入及经济发展的影响极大。但是，我国迄今仍然没有颁布增值税法，现行增值税制度的基本法律依据源于 1993 年 12 月国务院颁布的《中华人民共和国增值税暂行条例》和当年由财政部颁布的《中华人民共和国增值税暂行条例实施细则》。

为了推进增值税制度完善，我国自 2009 年 1 月 1 日起，在全国实施增值税转型改革。配合这次增值税转型改革，2008 年 11 月 5 日国务院重新修订通过了《中华人民共和国增值税暂行条例》，本书将重新修订后的条例简称为“新增值税条例”；《中华人民共和国增值税暂行条例实施细则》也同期进行了重新修订，并于 2008 年 12 月由财政部、国家税务总局共同颁布，本书将其简称为“新增值税实施细则”。

在我国，增值税与营业税是在流转环节并行征收的两个税种，增值税主要对商品的生产经营及少数生产性劳务就其增值额征税，而营业税是对其余的劳务、销售不动产、转让无形资产的行为就其流转额征税，这两种流转税各自有明确的征收范围，理论上看其征税范围不交叉。

从税收管理的权限看，我国的增值税属于中央地方共享税，其中中央分享比例 75%，地方分享比例 25%，由各级国家税务局负责此税的征收管理，属于地方的部分直接划入地方金库。

本章将就增值税的基本原理、增值税要素、增值税的减免状况、基本计算、征纳管理进行了较为深入的说明，同时，也收集了一些实用案例。

第一节　增值税的基本原理

增值税的原理与征收管理相对于其他税种都要复杂一些，它涉及三个十分重要的基本概念，即增值额、增值税计算原理、购进扣税法。只有清楚地掌握了这三个概念，才能理解增值税的原理以及一些相关的结论。

本节从世界各国的增值税所具有的共性出发，介绍增值额、增值税计算原理、购进扣税法等基本概念及原理，同时还介绍增值税的不同类型及范围，在此基础上对增值税的优点进行评析。

一、增值额

从理论上讲，增值税是一种流转税，是对商品流转过程中产生的增值额征收的税。一件商品在实现最终消费前，一般要经过若干个流转环节，每经过一个流转环节都会增加新的附加值，即产生增值额。增值税则是对商品生产和流通等过程中各环节产生的增值额征税。增值额是增值税的核心内容，是纳税人在一定时期内从事生产经营活动所新创造的那部分价值，即货物或劳务价值 $C+V+M$ 中的 $V+M$ 部分（其中 C 指消耗掉的生产资料，V 表示人工成本，M 指利润，$C+V+M$ 就是新产品的价值）。那么，如何确定商品生产经营活动中产生的增值额呢？

从分析的角度看，一个流转环节的增值额有两种简单的描述形式。

其一为减法表达式，即用该环节当期总产出价值扣除当期总投入价值，也就是

增值额＝产出－投入

其二为加法表达式，即该环节当期工资薪水与利润之和，即 $V+M$，也就是

增值额＝利润＋工资＋其他增值项目

根据减法表达式可知，对于商品生产经营的流转环节而言，增值额就是当期商品销售收入扣除商品购入额的余额，也就是

增值额＝商品销售收入－投入品购进额

现实经济生活中，从一个生产经营单位来看，增值额是指该单位销售货物或提供劳务的收入额扣除为生产经营这种货物（包括劳务，下同）而外购的那部分货物价款后的余额。从一项货物来看，增值额是该货物经历的诸生产和流通环节的增值额之和，等于该商品实现最终消费时的销售额。例如，设某商品经过三个生产经营环节，其增值额情况如表 3-1 所示（任一产品的生产链都找不到起点，为便于计算，假定第一环节没有物质消耗，都是该环节自己新创造的价值）。

表 3-1　货物在各环节的增值额与价格关系表　　单位：元

经营环节	购进额	销售额	增值额
原材料生产	0	300	300
零部件生产	300	700	400
产成品生产	700	1 200	500
合　　计			1 200

该货物在上述三个环节创造的增值额之和为 1 200，该货物最终销售价格也是 1 200 元。

设某一商品共经历 n 个流转环节，在任意第 i 个环节的购进额为 I_i，销售额为 O_i，增值额为 V_i，则由减法表达式可知：

$$V_i = O_i - I_i$$

$$I_i = O_{i-1}$$

$$\sum_{i=1}^{n} V_i = O_n - I_1$$

上式说明一种商品的所有流转环节的增值额之和等于其最终的产出价值减去第一个环节的投入价值。一般情况下，为了讨论方便，我们可以假设初始环节的投入价值 I_1 为零。表 3-1 所给出的例子就是做了这样的假定，所以各生产环节的增值额之和正好等于该产品最后的售价。这种情况说明，实行增值税时，在税率一致的情况下，对每一生产流通环节征收的增值税之和，实际上就是按货物最终销售额征收的增值税。

二、增值税计算原理

对应于增值额的加法表达式和减法表达式，如果税率已知，增值税的计算方法从原理上说可以有以下四种：

(1) 直接相加法，即

增值税＝(利润＋工资)×税率

(2) 间接相加法，即

增值税＝利润×税率＋工资×税率

(3) 直接相减法，即

增值税＝(产出－投入)×税率

(4) 间接相减法，即

增值税＝产出×税率－投入×税率

直接法和间接法在数学上是等价的，但在经济解释上则不同。直接法是直接利用增值额概念计算税额，经济含义十分清楚。然而，采用直接法必须满足一个条件，即增值税必须实行单一税率，如果产出环节和投入环节执行的税率不一样，则难以使用直接法。而事实上，世界各国的增值税基本上都是实行的差别税率，这就决定了直接法虽然概念准确，但却不适用。相反，间接法虽然在概念上不是直接对增值额征税，但由于它在数学上与直接法等价，而在计算中又不受差别税率的影响，实际运用起来简单可行。

另外，加法表达式只是象征性地列举了利润和工资，实际上企业增加值包含的项目种类非常广泛，核实各增值项目金额的方法非常复杂，很难简单地用利润和工资囊括其内容，所以加法表达式实际上不便于使用。而减法表达式基本上无此困难，虽然涉及的项目也可能很多，但通常容易在投入和产出之间进行划分。

由于上述原因，世界上实行增值税的国家一般都是采用间接相减法来计算增值税额。

三、购进扣税法

间接相减法是计算增值税的原理，实际征收中如何实现这个原理呢？各国税务机关在增值税征收中采取的是扣税方法，即首先计算当期全部应纳税额，然后从中扣除外购项目当期实际购入额的已纳税额，计算后的余额即为纳税人当期对增值额部分应当缴纳的增值税额。这种方法叫做“购进扣税法”。

假定增值税的税率为 t，对于一种商品的任意第 i 个流转环节，我们将投入价值乘以税率的积($t\times I_i$)称为该环节的进项税，产出价值乘以税率的积($t\times O_i$)称为该环节的销项税。

如果规定在每一个流转环节均由卖方向买方收取销项税，那么，在任意第 i 个环节，经营者在购进投入品时要向他的卖方支付进项税，而在销售时又要向他的买方收取销项税。因此，只要规定经营者必须将其收取的销项税减去其已支付的进项税之后的余额缴税，就等价于采用间接相减法对该环节征收了增值税，这种方法称为“购进扣税法”。“购进扣税法”简便易行，计算准确，既适用于单一税率，又适用于多档税率，因此是实行增值税的国家唯一采用的计税方法。

不难理解，假定在任意一个环节，进项税能完全扣除，并且能够向买方收取足额的销项税，则对于任何一种产品，采取购进扣税法有如下结果：

(1) 每一个中间环节的税负均为零；

(2) 增值税本质上是对最终消费者征税；

(3) 税务机关征收的增值税税额随着产品的流转而增加；

(4) 增值税税率表示的是总体税负，而不是环节税负。

由于各国都采用“购进扣税法”计算增值税，不直接以增值额作为计税依据，增值额这一概念只有从理论角度上看才具有现实意义，在实际计税中并不直接发挥作用。不直接通过增值额计算增值税的原因是:确定增值额在实际工作中是一件很困难的事,甚至难以做到。

专栏 3-1

增值税起源①

在欧洲近代税制的发展早期,间接税往往是作为辅助的税种发展起来的,税率也较低。法国于 1917 年产生了近代意义的营业税,但此税种因具重叠征税的性质(重叠征税即每经过一道销售环节即课征一次税),其弊端逐渐被人们所认识,法国在 1917 年至 1954 年的 30 多年里曾进行过多次重大的营业税税制改革。传统营业税的弊端可以说是世界范围内实行营业税国家的共性问题,故在 20 世纪 20 年代已有学者在研究营业税的改进并提出增值税的概念。

目前学者们较为一致的观点认为,美国耶鲁大学经济学教授亚当斯(T. S. Adams)是提出增值税概念的第一人,他于 1917 年在国家税务学会《营业税》(The Taxation of Business)报告中首先提出了对增值额征税的概念,指出对营业毛利(销售额一进货额)课税比对利润课税的公司所得额好得多,这一营业毛利相当于工资薪金、租金、利息和利润之和,即相当于增值额。1921 年,亚当斯在美国经济季刊发表《联邦所得税的基本问题》(Fundamental Problems of Federal Income Taxation)进一步提出,将企业负担的租税改为销售额的形态,准许销售税与购入税相互抵扣。1919 年,德国的西门子(W Von Siemens)发表《精巧的销售税》(Veredolt Umsatzsteuer)一文,建议以税基相减法的增值税替代多阶段的交易税。1939 年,美国学者保罗史图登斯基(Paul Studenski)指出,多阶段交易税会随交易次数而成金字塔的累积作用(Pyramiding Effect),建议改为增值税。

在 1954 年增值税诞生于法国之前的 30 多年里,有不少学者或多或少地研究过增值税的专题,其理论与观点都已沉淀在浩如烟海的旧文献之中。推动增值税走上历史舞台的有两名重要人物,一名是美国哥伦比亚大学的卡尔·肖普(Pr C. S. Shoup)教授,另一名是法国的莫里斯·洛雷(Maurice Laure)。经过漫长的思想发展过程,在二战结束之后,肖普教授领导了一个专家小组在日本推广增值税,1950 年日本基于肖普建议,增值税曾作为代之于事业税的税种被采用,但未及实施即于 1954 年被废止。1954 年,时任法国税务总局局长助理的莫里斯·洛雷积极推动法国增值税制的制定与实施,并取得了成功,被誉为增值税之父。肖普教授对推动增值税的实施直接做出了巨大贡献,他在 20 世纪 90 年代仍在进行有关增值

① 资料来源:http://www.zqds.gov.cn/shouye.asp,地税文化,2008-10-28,本文在原文的基础上进行了整理。

税的写作，而以税抵税的发票模式却是洛雷的创造。

目前，增值税的应用与推广在全世界已成为现实。1954 年法国采用这个税种的时候，它只不过是被看作一种特殊类型的消费税，并没有引起外国的多大兴趣。增值税今天能为世界各国所接受和采用，是实践的结果，而不是出于某个思想家的宏伟构思。由于增值税制需通过议会立法通过，而当时法国议会如同战国时代，政治利益集团相互间的倾轧极为频繁、剧烈，使增值税在法国的实施并非一帆风顺。

我国于 1979 年开始选择了部分城市对农业机具、机械等行业进行增值税的试点，到 1983 年，在全国的国营和集体工业企业中试行。1984 年把增值税从原来的工商税分离出来，独立设置税种，并逐步扩大征收范围。经过近 10 年的完善，到 1993 年底，出台了《中华人民共和国增值税暂行条例》，构建起生产型增值税体系。2008 年 11 月我国对增值税暂行条例及其实施细则进行重新修订，并于 2009 年起实施消费型增值税制度。增值税对我国财政的贡献，可谓功不可没。根据国家税务总局统计，自 1994 年正式建立增值税制度以来，在我国增值税每年占整体税收收入的比例都在 40%左右，是我国第一大税种。

四、增值税的分类及转型

世界各国的增值税基本上都采用购进扣税法。根据购进扣税法的定义，纳税人当期购买的投入品所缴纳的进项税额是可以在增值税应纳税额中扣除的，比如购入的流动资产所缴纳的进项税额就可以扣除。但是，固定资产是一类比较特殊的投入品，通常固定资产购入价值比较高，使用年限比较长，其价值在其使用的多个年度内以折旧的方式逐年转移到最终产品上去。故对于固定资产所缴纳的进项税额是否应当扣除及应该如何扣除，各国有不同的理解，由此形成了不同的增值税类型。尽管世界各国的增值税基本上都采取购进扣税法，但采取的增值税类型却有所不同，而且各国所采取的增值税类型也会应经济形势的变化而变化。

对购买固定资产已缴纳的增值税是否准予扣除及如何扣除的问题，实质上就是在应纳增值税额的计算中是否应当包含固定资产价值的问题。据此，增值税可以分为以下三种类型。

1. 生产型增值税

其特点是对企业购进固定资产的价值完全不允许扣除，而只允许扣除原材料等中间性产品的价值，即

增值额＝销售收入－中间性产品购进额

此时，税基最大。这种情况下，从整个社会来看，负担增值税的是包括固定资产和消费资料的所有不会构成其他产品实体的最终产品。由于一个社会在一定时期内生产的全部最终产品和劳务价值之和就是国民生产总值，所以这种增值税称

为生产型增值税。生产型增值税对固定资产存在重复征税的问题，不利于鼓励投资，不利于扩大内需，但从短期来看可以保证充足的增值税收入。

2. 收入型增值税

其特点是对企业购进的固定资产，只允许从当期及以后各期的销售额中扣除其折旧部分，也就是说，每一个时期的增值额为

增值额＝销售收入－中间性产品购进额－固定资产折旧

此时，税基稍低于生产型增值税的税基。从整个社会来看，产品销售收入扣除劳动对象价值和固定资产折旧大体上相当于国民收入，这就意味着此时负担增值税的是国民收入部分，因而称之为收入型增值税。实行收入型增值税，从整个使用周期来看，固定资产购进时已纳的税金还是得到了扣除，不过扣除过程缓慢平稳。由于外购固定资产价款是以计提折旧的方式分期转入产品价值的，且转入部分没有合法的外购凭证，故给凭发票扣税的计算方法带来困难，从而影响了这种方法的广泛采用。

3. 消费型增值税

其特点是对企业购进固定资产的已纳税金，允许从当期按销售额计算的增值税总额中一次全部扣除。这样，增值额中就不包含固定资产的购进额，即

增值额＝销售收入－中间性产品购进额－当期固定资产购进额

此时，税基最小。在这种情况下，从整个社会来看，负担增值税的就只有消费资料，因而称为消费型增值税。

实行消费型增值税，在短期内会减少财政收入。由于企业用于固定资产投资的部分不用负担增值税，因而可以起到刺激投资、加速设备更新和提高资本有机构成的作用。这种方法最宜规范凭发票扣税的计算方法，既便于操作，也便于管理，所以是三种类型中最先进、最能体现增值税优越性的一种。

下面我们以一个例题来看一下不同类型的增值税。

【例】 假定某企业当期商品销售额为100万元，外购原材料等中间性产品40万元，购入机器设备等固定资产50万元，机器设备可以使用5年，当期计入成本的折旧费为10万元。这样，在不同类型的增值税制度下该企业当期的增值额如表3-2所示。

表3-2 不同类型增值税制度下的增值额

单位：元

类　型	当期销售额	允许扣除的原材料	允许扣除的固定资产	当期增值额
消费型	100	40	50	10
收入型	100	40	10	50
生产型	100	40	0	60

从表 3-2 可以看出，不同类型的增值税制度下，由于对外购固定资产价款的扣除额不同，计算出的增值额也不同。其中生产型增值税制度下的增值额最大，收入型增值税的增值额次之，消费型增值税的增值额最小。

增值税类型的选择与各国的实际情况密切相关。一般来说，经济发达国家大都采用消费型或收入型增值税，发展中国家则较多采用生产型增值税。1994 年我国全面推进增值税制度时，由于当时许多企业资金相对欠缺，历史上固定资产投资长期膨胀，为了充分利用劳动力资源并抑制固定资产投资，我国在 1994 年全国性税制改革时采用的是生产型增值税。随着我国社会主义市场经济体制的逐步完善和经济全球化的纵深发展，生产型增值税的诸多缺陷日益显形出来，已经越来越不能适应经济发展的需要，我国税收理论界和企业界要求改革生产型增值税的呼声日益高涨。

专栏 3-2

我国增值税的转型

增值税制度转型在我国悄然启动是在 2004 年。2004 年 9 月 14 日，经国务院批准，财政部、国家税务总局联合发文，决定在东北老工业基地部分行业实行增值税改革试点。该政策规定，自 2004 年 7 月 1 日起，黑龙江省、吉林省、辽宁省和大连市从事装备制造业、石油化工业、冶金业、船舶制造业、汽车制造业、农产品加工业产品生产为主的增值税一般纳税人购进固定资产、用于自制固定资产的购进货物或应税劳务、通过融资租赁方式取得的固定资产及为固定资产所支付的运输费用，其增值税的进项税额准予按规定扣除。但是，固定资产为应征消费税的汽车、摩托车的，以及将固定资产专用于集体福利或者个人消费等情况的不予扣除。选择东北地区的部分行业试行扩大增值税抵扣范围，既是中央为振兴东北老工业基地采取的重大措施，也是为日后全国实施增值税转型改革积累经验。

接下来，在 2007 年和 2008 年，我国又在中部 26 个城市、内蒙古部分城市陆续推行了比照东北老工业基地的增值税改革试点。几年的增值税转型试点工作运行顺利，达到了预期目标。在这种情况下，国务院决定于 2009 年 1 月 1 日起全面实施增值税转型改革。

2009 年实施的增值税转型改革方案的主要内容是：自 2009 年 1 月 1 日起，在维持现行增值税税率不变的前提下，允许全国范围内（不分地区和行业）的所有增值税一般纳税人抵扣其新购进设备所含的进项税额，未抵扣完的进项税额结转下期继续抵扣。为预防出现税收漏洞，将与企业技术更新无关，且容易混为个人消费的应征消费税的小汽车、摩托车和游艇排除在上述设备范围之外。同时，作为转型改革的配套措施，将相应取消进口设备增值税免税政策和外商投资企业采购国产设备的增值税退税政策，将小规模纳税人征收率统一调低至3%，将矿产品增值税的税率恢复到17%。

全国范围内的增值税转型改革，将消除我国以前生产型增值税制产生的重复征税因素，降低企业设备投资的税收负担，在维持现行税率不变的前提下，是一项重大的减税政策。它可避免企业设备购置的重复征税，有利于鼓励投资和扩大内需，促进企业技术进步、产业结构调整和经济增长方式的转变。2008年适逢由美国次贷危机引发的全球金融危机，我国实体经济也受到了严重的不利影响。在这种形势下，适时推出增值税转型改革，对于增强企业发展后劲，提高我国企业竞争力和抗风险能力，克服国际金融危机对我国经济带来的不利影响具有十分重要的作用。据测算，增值税转型改革后的第一年将减少增值税收入超过1 200亿元，是我国历史上单项税制改革减税力度最大的一次，相信这一政策的出台对于我国经济的持续平稳较快发展会产生积极的促进作用。

五、增值税的范围

从原理上说，只要有生产经营活动就会有增值，这意味着在社会全部的生产经营领域都可以征收增值税，但增值税的实施范围实际上需要根据本国的经济发展状况和财政政策的需要予以选择，目前世界各国的增值税实施范围大体上有三种。

1. 小范围增值税

其实施范围仅限于工业制造业。工业制造业内生产流程复杂，配套环节多，普遍需要协作生产，在这一范围内实施增值税克服了在工业生产过程中传统流转税因重复征税所引起的税负不平的问题，有利于生产向专业化、协作化方向发展；此外，将增值税控制在这一领域实施，也比较容易操作。但由于在商品批发、零售环节所提供的服务和劳务领域不征增值税，因而这些环节仍然存在重复纳税的问题，税制对经济的不良影响依然存在。目前在这个范围内实施增值税的主要是一些发展中国家和初实行增值税的国家，如菲律宾、巴西、塞内加尔、摩洛哥、阿尔及利亚、突尼斯等国。我国在1994年以前也实行这种增值税。

2. 中范围增值税

其实施范围除了工业制造业之外，还包括商业批发和零售业及部分生产性劳务服务。就商品的流转过程而言，商业领域类似于工业制造业，也存在随着商品的流通环节增多而出现重复征税、税负不均的问题，在这一领域实施增值税可以促进商品的流通，形成健全的流通体系。另外，像修理、修配这样的劳务，和工业制造颇为类似，对此实施增值税可体现税收公平。韩国、巴拉圭，以及目前的我国等大多数发展中国家都是按此范围计征增值税。

3. 大范围增值税

其实施范围不仅包括上述领域，而且还向前延伸到所有服务行业，向后延伸到农业。这实际上就是在全社会范围内实行增值税，它使得增值税在所有的生产经营环节有了连贯性和统一性，不仅可使增值税在全社会达到税负公平，而且在诸如税款抵扣、出口退税等问题上可以采用更为彻底的措施。不过，由于大范围增值税涉及全部服务业和农业，所以征收管理困难较大。目前实行大范围增值税的主要是西方发达国家，如欧共体各国。

增值税的征税范围小，征收就比较方便，但由于抵扣链不完整，对均衡税负十分不利。对规范的增值税制度而言，征税范围越宽，覆盖面越广，就越能确保增值税运行机制的畅通无阻，最大限度地发挥增值税的职能作用；越能彻底解决经济领域的重复征税问题，实现公平税负；越有利于提高增值税管理的效率。所以，实施增值税的国家一般会由小范围向大范围演进。

例如，法国最初只对工业生产和商品批发环节征收增值税，1966 年将其征收范围扩大到商品零售环节和农业，1978 年又进一步扩大到自由职业者。发展至今，法国增值税的征收范围包括农业、商业、工业、服务业和自由职业者，即法国境内所有有偿提供产品和服务的经营活动都应缴纳增值税，因而是一种全面的大范围增值税。

专栏 3-3

增值税征收范围可进一步扩大吗①

国务院已决定自 2009 年 1 月 1 日起在全国范围内实施增值税转型改革，允许全国所有行业的增值税一般纳税人抵扣新购入设备所含进项税额。近日记者走访了解到，许多专家对此项改革政策均持积极支持态度，但同时他们也认为，增值税改革不仅是加快增值税转型步伐问题，从完善税制的角度看，还应涉及扩大征收范围、完善营业税税制等问题。

一、增值税还需扩大征收范围

中国社会科学院财贸所研究员、博士生导师杨志勇表示，增值税转型改革预计所带来的减收每年将超过 1 200 亿元，是我国历史上单项税制改革减税力度最大的一次，彰显了我国政府通过完善税制促进经济平稳较快发展的决心。需要注意的是，从完善税制的角度来说，增值税转型仅仅是增值税改革的一个重要内容，未来增值税改革还应考虑将更多行业纳入增值税的征收范围。

---

① 资料来源：卢慧菲，专家认为可进一步扩大增值税征收范围，中国税务报，2008-12-3 。本文在原文的基础上进行了整理和节选。

他分析，国际上理想的增值税模式通常覆盖大部分商品和服务，如新西兰的增值税，又称商品和服务税，对绝大部分商品和服务征收，显示了增值税对经济的中性意义。而我国增值税仅对销售、进口货物或提供加工、修理修配劳务征收，导致增值税链条断裂。因此，我国增值税税制应借鉴国际经验，将增值税征收范围覆盖到所有创造和实现增值额的领域。从横向上看，应覆盖农林牧业、采矿业、制造业、建筑业、能源交通运输业、商业和劳务等各行业；从纵向上看，应涵盖原材料、制造、批发、零售等全部生产和流通环节。只有这样，才能避免增值税链条断裂，避免重复征税，保证增值税税负公平、易于核查等优点的发挥。

考虑到财政承受压力，目前可以考虑先将与销售货物较为紧密的建筑安装业、交通运输业、邮政通信业、销售不动产等纳入增值税的征收范围，减少重复征税。这些行业目前被作为服务业征收营业税，但这些行业大部分企业符合增值税纳税人条件，均是购进服务，产生增值，理应缴纳增值税。由于不少行业存在混合销售和兼营业务，现实中给税收征管也带来了难题，确有改革的必要。

二、推动营业税同时“转身”

杨志勇强调，在扩大增值税征税范围时，还需要推动营业税相应“转身”，逐渐用增值税取代营业税。目前我国对大部分服务业征收的营业税不能抵扣，存在重复征税现象。

欧盟一些国家已经开始对金融业等服务业征收增值税。但由于我国营业税属地方税、增值税属共享税，若用增值税替代营业税，地方收入将受到影响，因此这项改革还需要财税体制配套改革。

具体来说，营业税在课征范围等方面还存在很多问题。

1994 年的税制改革分别确定了增值税与营业税的征收范围，两税平行征收，互不交叉。增值税主要在工业生产和商业流通领域发挥作用；营业税主要在劳务流通领域发挥作用，涵盖大部分第三产业。但在实践中，这样的征收范围划分导致了一系列矛盾和问题，在交通运输业、建筑业表现得尤为突出。

按照现行税制，交通运输业属营业税的课征范围，增值税纳税人购入运输劳务无法取得增值税专用发票，在凭票抵扣进项税额的制度下，必然造成增值税抵扣链条中断。为不增加纳税人税负，又规定购进和销售货物所付运费准予抵扣进项税额，按运费金额和 7% 的扣除率计算。在以增值税专用发票作抵扣凭证的制度外又规定扣除率，也使增值税进项税额的确定不规范。由于交通运输业中的货运部分主要为工商企业服务，与增值税的课征对象有直接联系，若将其划入增值税征税范围，上述矛盾将迎刃而解。

建筑业问题类似。比如，建筑业基本上都是从增值税纳税人处购入原材料，但由于对建筑业征营业税，使原材料中所含增值税无法抵扣，而要全额缴纳营业税。再如，建筑业中的安装、装饰、修缮劳务与增值税中的加工、修理修配劳务经营性质相似，但因适用税种不同税负相差悬殊。以安装业和加工业为例对比，若建安企业收安装费1 000元，按适用税率3%算，应纳营业税仅30元；而提供加工劳务的增值税一般纳税人若收取加工费1 000元，以耗辅料200元算，应征增值税为136元。

流转税环节增值税与营业税两税并存，还导致“兼营”与“混合销售”行为大量存在，在增值税与营业税分别由国税部门、地税部门征管的体制下，增加了征收成本。

因此，未来应逐步扩大增值税征收范围，缩小营业税征收范围，将大多数第三产业逐步纳入增值税征收范围。但由于营业税已成为地方收入的重要来源，营业税的征收范围调整要循序渐进，可先把交通运输业、建筑业划入增值税征收范围，时机成熟时再考虑将其他行业划入增值税征收范围。可采用提高增值税地方分成比例，加大转移支付力度等措施弥补地方收入损失。

六、增值税的特点

增值税是一种革新了的流转税，相比于其他流转税，具有以下几个方面的优点。

(1) 在流转过程中无重复征税。一件商品从原材料加工开始直至最终进入消费，要经过许多流转环节，在流转过程中的任何一个环节，增值税都只对尚未征过税的增值部分征税，因而有效地克服了传统流转税重复征税的弊端。这是增值税最显著、最重要的特征和优点。

(2) 有利于专业化协作生产的发展和流通体系的形成。就实行增值税的货物而言，是联合生产，还是专业化生产，税负始终不变，不会随生产结构变化而异。同时，实行增值税的货物无论经过多少流转环节，其税负也是一致的。增值税的征税结果，不会对纳税人的生产经营活动和消费者的消费选择产生影响，体现了中性原则，因而有利于发展先进的生产结构和健全的流通体系。

(3) 便于出口退税。在国际贸易中，各国都是以不含税的价格出口货物，而将出口货物从最初制造环节到出口环节所累计缴纳的税款如数退给出口货物的纳税人。由于增值税具有税率与整体税负相一致的特征，出口时容易计算应退税额，做到彻底退税。

(4) 有内在的自我控制机制。增值税实行进项税额抵扣制，通过增值税专用发票注明税款将本环节的应纳税额与上、下环节的应纳税额联系起来，使得纳税人之间相互制约，自动地保证增值税收入不易流失。

(5) 有较好的收入弹性。就全社会而言，纳税人创造的增值之和，相当于全社会的国民收入。增值税是以增值额为征税对象的，这样增值税的收入规模就与同期国民收入相联系，具有收入弹性，在国民收入增长时，能为政府取得更多的财政收入；在国民收入下降时，国家税收也下降，有利于经济的恢复和发展。

增值税具有许多优点，但也有它的局限性。主要是计算审核比较复杂，征收管理难度大，征税成本比较高，特别是对发票的控制、管理难度更大，需要严格完整的会计和核算制度。这些问题在一定程度上阻碍了增值税制度的推广。

第二节　增值税的要素

本节将依据2008年修订的新增值税条例和新增值税实施细则具体介绍中国现行增值税的征税范围、纳税义务人和税率等几个基本要素。

一、增值税征税对象的一般规定

如前所述，中国现行的增值税属于一种中范围的不完全增值税，按照增值税暂行条例的规定，增值税的征税对象是指在中华人民共和国境内销售货物或者提供加工、修理修配劳务以及进口货物。由此而产生的增值额是增值税的计税依据。也就是说，我国现行增值税只对销售和进口有形动产这类货物，以及提供加工、修理修配劳务这类具有生产性质的劳务征收。至于销售无形资产和不动产等货物，以及提供其他性质的劳务，则属于营业税的征税范围(将在第五章中介绍)。这就是说，在中国的现行税制中，增值税与营业税在征税范围上是互补的，从而难免产生交叉和混淆。为了便于叙述，在本章分别简称应纳增值税的货物和劳务为“应税货物”和“应税劳务”；类似地，在第五章也分别简称应纳营业税的货物和劳务为“应税货物”和“应税劳务”。上述征税对象的具体内容如下。

1) 销售货物

这里的货物是指有形动产，包括电力、热力、气体在内，但不包括土地、房屋和其他建筑物等不动产，也不包括无形资产。不动产和无形资产的销售属于营业税的征税范围。所谓销售货物是指有偿转让货物的所有权，即销售方从购买方取得货币、货物或其他经济利益。

2) 提供加工、修理修配劳务

所谓加工，是指受托加工货物，即委托方提供原料及主要材料，受托方按照委托方的要求制造货物并收取加工费，加工后的货物所有权仍属于委托者，即通常所说的委托加工业务；所谓修理修配，是指受托对损伤和丧失功能的货物进行修复，使其恢复原状和功能的业务。有偿提供的这类劳务就是增值税的应税劳务，而单位或个体工商户聘用的员工为本单位或雇主提供加工、修理、修配劳务则不属于应税劳务。

3）进口货物

这里所说的货物与上述货物的含义相同。按照国际惯例，进口货物的增值税在其出口国已经全额退税，对进口货物全额征收增值税，并且在此环节不进行任何抵扣，以便保证进口货物与国产货物税负的一致，进而保护国内工业的发展。

进口的货物，在报关进口时缴纳进口环节增值税。对保税区、保税仓库、保税行中的货物，转出投入国内市场时征收进口环节增值税。进口的货物如果在国内继续用于增值税应税项目，则在进口环节缴纳的增值税可以作为进项税额进行抵扣。

二、关于增值税征税对象的特殊规定

增值税征税对象的一般规定明确界定了征税对象的范围。然而在有些情况下，纳税人的行为究竟算不算“销售”并不清楚；或者销售的某些物品究竟算不算应税“货物”也不十分清楚。税法要针对这些情况作出明确规定。

1. 视同销售货物

单位或个体工商户的下列行为虽然不是直接销售货物，但客观上相当于变相销售货物，因而要视同为销售货物征收增值税：

(1) 将货物交付其他单位或者个人代销；

(2) 销售代销货物；

(3) 设有两个以上机构并实行统一核算的纳税人，将货物从一个机构移送其他机构用于销售，但相关机构设在同一县(市)的除外；

(4) 将自产或委托加工的货物用于非增值税应税项目；

(5) 将自产、委托加工的货物用于集体福利或个人消费；

(6) 将自产、委托加工或购买的货物作为投资，提供给其他单位或个体工商户；

(7) 将自产、委托加工或购买的货物分配给股东或投资者；

(8) 将自产、委托加工或购买的货物无偿赠送其他单位或者个人。

将上述行为确定为视同销售货物行为，均要征收增值税。其目的有两个：第一，保证增值税税款抵扣制度的实施，不致因发生上述行为而造成税款抵扣环节的中断；第二，避免因发生上述行为而造成货物销售税收负担不平衡的矛盾，防止以上述行为逃避纳税的现象。

2. 混合销售行为

混合销售行为与兼营行为是在1994年流转税制改革时出现的两个税收概念。由于对货物销售全面实行了增值税，而对服务业除加工、修理修配外仍实行营业税,以及企业为适应市场经济需要开展多种经营的情况下,难免在许多经济业务中出现增值税和营业税交叉的情况。

在我国中范围的增值税制度下,增值税的应税劳务是指加工、修理修配劳务,而其他劳务包括交通运输业、建筑业、金融保险业、邮电通讯业、文化体育业、娱乐业、服务业则属于应缴营业税的劳务,就增值税而言,它们是非应税劳务。

一项销售行为既涉及货物又涉及非应税劳务,而且涉及货物的项目与涉及增值税非应税劳务的项目在这项销售行为中不能分开,否则不能算作一项销售行为,这种情况就是混合销售行为。混合销售行为的特点是:销售货物与提供非应税劳务是由同一纳税人实现,价款同时从一个购买方取得。例如,当商场采取送货上门的销售方式时,就同时涉及了所销售的货物和属于非应税劳务的运输服务,因而是混合销售行为。再如装饰公司向客户提供包工包料的装饰工程服务,因其发生的装饰工程业务为增值税非应税劳务,材料销售属于货物销售,两者密不可分,故属于混合销售行为。

混合销售行为涉及增值税和营业税两个税种,按照有关规定,纳税人的混合销售行为应该缴纳哪种税,大多数情况下取决于该纳税人的主要经营范围。混合销售行为如何缴纳流转税分以下两种情况。

1) 建筑业混合销售行为分别计算缴纳增值税和营业税

建筑业混合销售行为较为常见,与其他行业的混合销售行为相比,具有一定特殊性,需要特殊处理。为解决建筑业重复征收增值税或者营业税的问题,新《增值税实施细则》将建筑业混合销售行为划分界限,分别征收增值税或者营业税。

具体规定为:第一,销售自产货物并同时提供建筑业劳务的行为;第二,财政部、国家税务总局规定的其他情形。这两种混合销售行为应分别核算自产货物的销售额和非增值税应税劳务的营业额,其自产货物的销售额计算缴纳增值税,非增值税应税劳务的营业额缴纳营业税。上述混合销售行为未分别核算的,由主管税务机关核定其自产货物的销售额。如自制门窗又负责安装的混合销售行为,其门窗的生产销售计算缴纳增值税,而安装劳务则计算缴纳营业税。

2) 按主业确定应计算缴纳的税种

除上述情况外,对于从事货物的生产、批发或零售的企业、企业性单位和个体工商户,包括以从事货物的生产、批发或零售为主,并兼营非应税劳务的企业、企业性单位及个体经营者在内,其混合销售行为视为销售货物,应当缴纳增值税;其他单位和个人的混合销售行为,视为销售非应税劳务,不缴纳增值税。

这里所称"以从事货物的生产、批发或零售为主,并兼营非应税劳务",是指纳税人的货物及应税劳务年销售额与非应税劳务年营业额的合计数中,货物及应税劳务年销售额超过50%,非应税劳务年营业额在50%以下。

例如，电器公司销售大件电器并上门安装，这属于以货物销售为主的混合销售行为，其取得的货款和安装工程费应当一并作为货物销售额，征收增值税；而酒店企业向客户提供餐饮服务的同时也提供酒水饮料，且酒水饮料的销售和餐饮服务一并结算，这属于以营业税应税劳务为主的混合销售行为，应当征收营业税，即将餐饮服务收入和酒水饮料款项合并，按营业税税率征收营业税。

对属于应当征收增值税的混合销售行为，其所涉及的非应税劳务所用购进货物的进项税额，凡符合增值税进项税额抵扣规定的，准予从销项税额中抵扣。

值得注意的是，由于目前增值税与营业税的征收机构不一致，上述规定在实际执行中可能有变通处理。

另外，对电信部门混合销售行为制定有特殊规定：电信单位自己销售无线寻呼机、移动电话，并为客户提供有关的电信服务的，属于混合销售行为，征收营业税。对流通行业单位销售无线寻呼机、移动电话，不提供有关电信劳务服务的，征收增值税。

3. 兼营行为

兼营行为有两种情况。

一种情况是兼营不同税率的货物或应税劳务。所谓兼营不同税率的货物或应税劳务，是指纳税人销售不同税率的货物，或者既销售货物又提供应税劳务。比如，农村供销社既销售税率为 17% 的家用电器，又销售税率为 13% 的化肥、农药等；农业机械厂既生产销售税率为 13% 的农机，又利用本厂设备从事税率为 17% 的加工、修理修配业务。对这种兼营行为，增值税制度规定应当分别核算不同税率货物或应税劳务的销售额；未分别核算销售额的，从高适用税率。

所谓分别核算，主要是指对兼营的不同税率货物或应税劳务在取得收入后，应分别如实记账，各记各的销售额，并按照不同的税率各自计算应纳税额，以避免适用税率混乱，出现少缴税款或多缴税款的现象。对于未分别核算销售额的，从高适用税率，这有利于促进纳税人健全账簿，正确核算应纳税额。

另一种情况是兼营非增值税应税项目。兼营非增值税应税项目是指增值税纳税人在从事应纳增值税的货物销售或提供应税劳务的同时，还从事非应税劳务（即应纳营业税的各项劳务），且从事的非应税劳务与某一项销售货物或提供应税劳务并无直接联系和从属关系。例如，百货商场的主业为从事百货零售业务，同时其内设的饮食服务部也提供餐饮服务，由于销售商品和饮食服务部提供服务取得收入是百货商场的两类业务，即销售业务和应税劳务，分别向不同的购买者收取价款，这样该百货商场就发生了兼营非增值税应税项目的行为。

增值税制度规定纳税人兼营非增值税应税项目的，应分别核算货物或者应税劳务的销售额和非增值税应税项目的营业额，对货物或应税劳务的销售额按各自适用的税率征收增值税，对非增值税应税劳务的营业额按适用税率征收营业税。未分别核算的，由主管税务机关核定货物或者应税劳务的销售额。旧细则规定纳税人兼营非应税劳务应分别核算销售额，不分别核算或不能准确核算的，应一并征收增值税，并由国家税务局确定。但在执行中，对于此种情形，国家税务局很难单方面处理，往往出现增值税和营业税重复征收的情况，有损税法权威。为此，新增值税制度取消了上述规定，改为不分别核算时，由主管国家税务局、地方税务局分别核定销售额。

4. 其他按规定属于增值税征税范围的内容

有些物品是否属于应税"货物"并不明显。比如说金银，在商店里卖肯定是货物，但在银行里则是货币储备，银行出售金银是否算作销售"货物"确实难以界定；再比如邮票，如果作为邮资那是邮局收取的服务费，如果作为收藏品，出售邮票是否算作销售"货物"也难以界定。而这些方面的税务处理只有靠税收制度的硬性规定。

(1) 货物期货(包括商品期货和贵金属期货)，在期货的实物交割环节征收增值税。

(2) 银行销售金银的业务，应当征收增值税。

(3) 典当业的死当销售业务和寄售业代委托人销售物品的业务，均应征收增值税。

(4) 寄售业销售委托人寄售物品的业务，征收增值税。

(5) 集邮商品(如邮票、首日封等)的生产、调拨，以及邮政部门以外的其他单位和个人销售的，均应征收增值税；而邮政部门、集邮公司销售集邮商品，征收营业税。

(6) 邮政部门发行报刊，征收营业税；其他单位和个人发行报刊，征收增值税。

(7) 对经中国人民银行批准经营融资租赁业务的单位所从事的融资租赁业务，无论租赁的货物的所有权是否转让给承租方，均征收营业税，不征收增值税；其他单位从事融资租赁业务，租赁的货物的所有权转让给承租方，征收增值税，不征营业税；租赁的货物的所有权未转让给承租方，征收营业税，不征收增值税。

(8) 执法部门和单位查处的属于应税货物范围内的商品和财物，具备拍卖条件并公开拍卖的，如果拍卖收入作为罚没收入由执法部门和单位如数上缴财政，不予征税。对经营单位购入后再出售的，应照章征收增值税。

(9) 电力公司向发电企业收取的过网费，应当征收增值税，不征收营业税。

(10) 因转让著作所有权而发生的销售电影母片、录像带母带、录音磁带母带的业务，以及因转让专利技术和非专利技术的所有权而发生的销售计算机软件的业务，征收营业税，不征收增值税。

案例研究 3-1

混合销售和兼营的区别

一、案例基本情况

蓝天建筑安装公司属于增值税一般纳税人，该公司有两块业务，一块是批发、零售建筑安装材料，并提供安装、装饰业务；一块是提供建材设备租赁业务。某年5月份，该公司的经营业务如下。

销售建筑装饰材料82万元，取得有增值税专用发票的进项税额10.8万元；提供安装、装饰服务收入60万元(按照所销售的产品)，设备租赁服务收入16万元，共获得劳务收入76万元。两项劳务收入没有分开核算(但分开记账)。

该公司财务人员根据上述业务和会计资料，向税务机关进行纳税申报：

$$应纳增值税额=820\,000\times17\%-108\,000=31\,400(元)$$

$$应纳营业税额=760\,000\times3\%=22\,800(元)$$

以上业务的税务处理是否正确？应如何调整？企业在这些业务核算中应注意哪些问题？

二、案例解析

在本实例中，蓝天建筑安装公司的业务既涉及混合销售行为，又涉及兼营行为。

混合销售行为是指一项销售行为既涉及增值税应税货物，又涉及非应税劳务。这里特别指出的是，出现混合销售行为，涉及的货物和非应税劳务只是针对一项销售行为而言的，也就是说，非应税劳务是为了直接销售一批货物而提供的，二者之间是紧密相连的从属关系，它与一般既从事一个税的应税项目又从事另一个应税项目，二者之间没有直接从属关系的兼营行为完全不同。在本例中，蓝天建筑安装公司既销售建材又提供安装、装饰服务，两者之间有直接的从属关系，是一项混合销售业务，应与销售货物一起缴纳增值税。

而兼营是指增值税纳税人在从事应税货物销售或提供应税劳务的同时，还从事非应税劳务(即各项营业税业务)，且从事的非应税劳务与某一项销售货物或提供应税劳务之间并无直接的联系和从属关系。该公司的租赁业务，与其另两项业务之间没有联系和从属关系，属于兼营业务行为，不属于增值税征收范围。理论上说不应缴纳增值税，但该公司的最大失误是没有把这两项劳务分开核算。根据增值税制度规定：纳税人兼营非应税劳务的，应分别核算货物或应税劳务和非应税劳务的销售额，不分别核算或者不能准确核算的，由主管税务机关核定各自的销售额。在本实例中，租赁属于兼营行为，该公司虽然没有分别核算，但主管税务机关可以依据记账情况核定销售额并计算缴纳营业税。

因此，蓝天建筑安装公司当月申报的税额计算不正确，应调整为：

应纳增值税=(820 000+600 000)×17%-108 000=160 600(元)

应纳营业税=160 000×5%=8 000(元)

调整后的结果比公司财务人员的计算结果多出了(133 400+8 000)-(31 400+22 800)=87 200(元)。在此案例中，由于安装装饰服务收入可抵扣的进项税额很少，显然，调整后其增值税负担是较重的。那么该公司有没有办法减轻其税收负担呢？

现实经济生活是复杂的，而且混合销售行为和兼营行为包括的内容及其应用范围很广泛。企业在日常生产经营管理中，应准确地把握混合销售行为的处理方法。除特殊规定外，从事货物的生产、批发或零售的企业、企业性单位及个体经营者以及以从事货物的生产、批发或零售为主，并兼营非应税劳务的企业、企业性单位及个体经营者的混合销售行为，视为销售货物，应当征收增值税。其他单位和个体经营者的混合销售行为，视为销售非应税劳务，不征收增值税，而征收营业税。这一点应牢牢掌握。上述所说的"以从事货物的生产、批发或零售为主，并兼营非应税劳务"，是指纳税人年货物销售额与非应税劳务营业额的合计数中，年货物销售额所占比例超过50%。

三、正确的筹划方法

本案例中，可以考虑主动通过机构调整和重设，将直接为销售服务的安装、装饰劳务转化为兼营行为，并将安装、装饰劳务和租赁活动都分开核算。这种情况下，应纳税额计算如下：

应缴纳的增值税额=820 000×17%-108 000=31 400(元)

应纳建筑业营业税=600 000×3%=18 000(元)

应纳租赁业营业税=160 000×5%=8 000(元)

应缴纳流转税额=31 400+18 000+8 000=57 400(元)

经过筹划，该公司有效节约了税款。

三、增值税的纳税人

增值税的纳税人是在中华人民共和国境内销售货物或者提供加工、修理修配劳务以及进口货物的单位和个人。单位是指企业、行政单位、事业单位、军事单位、社会团体及其他单位。个人是指个体工商户和其他个人。另外，单位租赁或者承包给其他单位或个人经营的，以承租人或者承包人为纳税人。境外的单位或个人在境内销售应税劳务而在境内未设有经营机构的，其应纳税款以代理人为扣缴义务人；没有代理人的，以购买者为扣缴义务人。

所称在中华人民共和国境内(以下简称境内)销售货物或者提供加工、修理修配劳务,是指销售货物的起运地或者所在地在境内,提供的应税劳务发生在境内。

由于增值税实行凭增值税专用发票抵扣税款的制度,对于纳税人会计核算是否健全,是否能够准确核算销项税额、进项税额和应纳税额有较高的要求。但是,对于众多的纳税人来说,其会计核算水平却有高低不同;另外,某些经营规模很小的纳税人,其销售货物或提供应税劳务的对象多是最终消费者,也无须开具增值税专用发票。因此,为严格增值税的征收管理,并对某些经营规模小的纳税人简化计税办法,我国现行增值税将纳税人分为一般纳税人和小规模纳税人,采取不同的征收方法和管理方法。划分两种纳税人的原则标准是会计核算制度是否健全,能否规范准确地提供税务资料并计算增值税。但为了便于操作,这一标准被量化为年销售额。以年销售额为标准划分两类纳税人的方法隐含着一个假设条件:规模大的企业会计核算制度也比较健全,这种假设在大部分情况下是成立的。

1. 小规模纳税人

小规模纳税人是指年应征增值税销售额(以下简称应税销售额)少于规定标准,并且会计核算不健全,不能按规定报送有关税务资料的增值税纳税人。所谓会计核算不健全是指不能按会计制度和税务机关的要求准确核算增值税的销项税额、进项税额和应纳税额。

小规模纳税人的认定标准为:

(1) 从事货物生产或者提供应税劳务的纳税人,以及以从事货物生产或者提供应税劳务为主,并兼营货物批发或者零售的纳税人,年应税销售额在 50 万元以下(含本数,下同)的;

(2) 其他的纳税人,年应税销售额在 80 万元以下的。

这里所称以从事货物生产或者提供应税劳务为主,是指纳税人的年货物生产或者提供应税劳务的销售额占年应税销售额的比重在 50%以上。

对于个人以及非企业性单位、会计核算健全的小规模纳税人,其增值税身份认定的问题,也有特别规定。

(1) 对于年应税销售额超过小规模纳税人标准的其他个人按小规模纳税人纳税。就是说,增值税制度下,个人纳税人可以成为增值税纳税人,但无论是否超过小规模纳税人标准,都要按小规模纳税人纳税。

(2) 非企业性单位、不经常发生应税行为的企业可选择按小规模纳税人纳税。就是说,非企业性单位(如公益性社团组织)和不经常发生应税行为的企业(如免税单位)，其年应税销售额不超过小规模纳税人标准的，按小规模纳税人纳税；如果超过，可以自行选择按小规模纳税人纳税，也可以选择成为增值税一般纳税人。

(3) 小规模纳税人若能做到会计核算健全，能够提供准确税务资料的，可以向主管税务机关申请成为一般纳税人。

对小规模纳税人的确认，由主管税务机关依税法规定的标准认定。

2. 一般纳税人

一般纳税人，是指年应税销售额超过财政部规定的标准的企业和企业性单位。非企业性单位如果经常发生增值税应税行为，并且符合一般纳税人条件的，可以认定为一般纳税人。一般纳税人应该做到会计核算健全。所谓会计核算健全，是指能够按照国家统一的会计制度规定设置账簿，根据合法、有效凭证核算。

除国家税务总局另有规定外，纳税人一经认定为一般纳税人后，不得转为小规模纳税人。

纳税人总、分支机构实行统一核算，其总机构年应税销售额超过小规模企业标准，但分支机构年应税销售额未超过小规模企业标准的，其分支机构可申请办理一般纳税人认定手续，但需提供总机构所在地主管税务机关批准其总机构为一般纳税人的证明。

另外，为了加强对加油站成品油销售的增值税征收管理，对从事成品油的加油站，无论其年应税销售额是否超过小规模纳税人标准，一律按增值税一般纳税人征税。

按照增值税制度规定，达到一般纳税人条件的应当申请认定为一般纳税人，达不到但符合"会计核算健全，能够提供准确税务资料的"条件的也可以认定。符合上述条件但纳税人不进行申请认定该如何处理？增值税制度规定有相应的处罚条款，即有下列情形之一者，应按销售额依照增值税税率计算应纳税额，且不得抵扣进项税额，也不得使用增值税专用发票。

(1) 一般纳税人会计核算不健全，或者不能够提供准确税务资料的。

(2) 纳税人销售额超过小规模纳税人标准，未申请办理一般纳税人认定手续的。但个人纳税人、非企业性单位、不经常发生应税行为的企业除外。

如果纳税人经税务机关核准恢复抵扣进项税额资格后，其在停止抵扣进项税额期间发生的全部进项税额不得抵扣。

3. 两类纳税人的增值税征收管理办法

一般纳税人的主要权利包括：可以到指定的地点购买专用发票；在对外销售货物或提供应税劳务时，可以开具专用发票；在购进货物或接受应税劳务时，有权向销售方索取专用发票；有权凭专用发票注明税款抵扣进项税额。

一般纳税人的主要义务包括:及时申请办理认定手续;健全财务核算制度,准确地核算销项税额、进项税额和应纳税额;按规定保管、使用专用发票,并在每月《增值税纳税申报表》附列资料中如实申报专用发票的购、用(包括报废)、存情况。否则,将失去专用发票的使用权和进项税额的抵扣权。

一般纳税人应纳增值税的计算实行购进扣税法,即以应税销售额为计税依据,并用销项税额减去进项税额的方法。

小规模纳税人和一般纳税人税额计算中,销售额的确定是一致的,进口货物应纳税额的计算也是一致的,均不含应纳增值税额。小规模纳税人与一般纳税人的主要区别有两点:一是小规模纳税人销售货物或提供应税劳务不得使用专用发票,购买货物也不能获取增值税专用发票,即使确需开具专用发票,也只能申请由主管国家税务机关代开;二是小规模纳税人不能享有税款抵扣权,须按简易办法依征收率计算应纳税额,不能抵扣进项税额。

由于存在上述区别,使小规模纳税人在生产经营活动中处于不利的地位。由于不能使用专用发票,不能抵扣进项税额,既影响小规模纳税人的销售,又增加其税收负担;另一方面,有相当多的一般纳税人都是由小规模纳税人提供原材料和零配件,在这种政策下,其从小规模纳税人那里采购的原材料和零配件不能取得专用发票,也不能抵扣进项税额,这势必增加其税收负担,也给其经营活动带来不方便。

由此可见,关于小规模纳税人的规定有利于促进小规模纳税人建立规范的财务制度,也有利于提高增值税的征收管理效率。但从税收公平的角度讲,这是一种税收歧视,不能不引起重视。

四、增值税的税率和征收率

由于增值税采用的是购进扣税计税方法,税率档次要尽可能少。税率档次过多引起三个麻烦:第一,就是在计算税款时需要区分所销售货物的税率档次;第二,就是多税率容易出现低征高扣或高征低扣的情形,造成计税错误、税负不均等不良后果;第三,多税率会使增值税失去中性税收的特征。因此,确定增值税税率的基本原则是尽可能减少税率档次。

我国对于增值税的一般纳税人与小规模纳税人,在计算增值税额时分别采用增值税税率和增值税征收率。

1. 税率

增值税税率是增值税额与应税销售额的比率,它反映的是货物或应税劳务的总体税负,而不是某一环节的实际税负。我国现行增值税设置了一档基本税率和一档低税率,此外还对出口货物实施零税率。各种税率的适用范围见表 3-3。

表 3-3 增值税税率表

税 率	类 别	货物及应税劳务
13%	货物	1. 粮食、食用植物油 2. 自来水(桶装饮用水不属于自来水)、暖气、冷气、热水、煤气、石油液化气、天然气、沼气、居民用煤炭制品 3. 图书、报纸、杂志 4. 饲料、化肥、农药、农机、农膜 5. 农业产品 6. 音像制品 7. 电子出版物 8. 二甲醚 9. 符合国家标准的食用盐(其他的盐为 17%) 10. 国务院规定的其他货物
17%	货物	除上述列举以外的其他货物
	应税劳务	加工、修理修配
0	货物	出口货物(国务院另有规定的除外)

2. 征收率及简易办法征税

新增值税条例将小规模纳税人增值税征收率统一调整为 3%。

2009 年增值税转型改革的对象是增值税一般纳税人,由于购置的固定资产可以抵扣进项税额,改革后这些纳税人的增值税负担会普遍下降,而规模小、财务核算不健全的小规模纳税人(包括个体工商户)由于是按照销售额和征收率计算缴纳增值税且不抵扣进项税额,其增值税负担不会因转型改革而降低。

增值税转型改革之前小规模纳税人按工业和商业两类分别适用 6% 和 4% 的征收率。因此,为了平衡小规模纳税人与一般纳税人之间的税负水平,促进中小企业的发展和扩大就业,需要相应降低小规模纳税人的征收率。由于现实经济活动中小规模纳税人混业经营十分普遍,实际征管中难以明确划分工业和商业小规模纳税人,2009 年的增值税转型改革中对小规模纳税人不再区分工业和商业设置两档征收率,将小规模纳税人的征收率统一降低至 3%。

征收率也是应纳税额与应税销售额的比率,但由于不能抵扣进项税额,它反映的是本环节的实际税负。必须注意,征收率不是税率,它只是对小规模纳税人或按简易办法征税的纳税人采取的一种临时计税措施。

3. 关于增值税税率和征收率的说明

增值税税率(征收率)是不含税价税率(征收率),相应的计税依据中必须不含增值税税额。如果纳税人销售货物或者应税劳务，采用销售额和销项税额（应纳税额）合并定价方法的，则要按规定的换算公式将含税销售额换算为不含税销售额。

一般纳税人按下列公式换算：

销售额＝含税销售额÷(1＋税率)

小规模纳税人按下列公式换算：

销售额＝含税销售额÷(1＋征收率)

五、按简易办法征税的特定销售行为

另外，现行增值税法规规定，对一些特定货物的销售行为，可以按简易办法征税，不得抵扣进项税额。

1. 销售自己使用过的物品

2009 年增值税制度转型后，销售自己使用过的物品缴纳增值税的制度发生了很大变化。首先是一般纳税人和小规模纳税人纳税制度有所区别，其次一般纳税人又按照其销售的物品是否能够和已经抵扣进项税额而适用不同的政策。具体规定如下。

(1) 小规模纳税人（除其他个人外，下同）销售自己使用过的固定资产，减按 2%征收率征收增值税；小规模纳税人销售自己使用过的除固定资产以外的物品，按 3%的征收率征收增值税。

(2) 一般纳税人销售自己使用过的按税收制度规定不得抵扣且未抵扣进项税额的固定资产（如用于非增值税应税项目、集体福利等），按简易办法依 4%征收率减半征收增值税。

(3) 一般纳税人销售自己使用过的 2009 年 1 月 1 日以后购进或者自制的固定资产，由于这类固定资产按规定是可以抵扣并已经抵扣进项税额的，故按照适用税率征收增值税。

(4) 2008 年 12 月 31 日以前未纳入扩大增值税抵扣范围试点的一般纳税人，销售自己使用过的 2008 年 12 月 31 日以前购进或者自制的固定资产，由于这类固定资产未抵扣进项税额，故按照 4%征收率减半征收增值税。

(5) 2008 年 12 月 31 日以前已纳入扩大增值税抵扣范围试点的纳税人，销售自己使用过的在本地区扩大增值税抵扣范围试点以前购进或者自制的固定资产，按照 4%征收率减半征收增值税；销售自己使用过的在本地区扩大增值税抵扣范围试点以后购进或者自制的固定资产，按照适用税率征收增值税。

(6) 一般纳税人销售自己使用过的除固定资产以外的物品，按照适用税率征收增值税。

以上所称已使用过的固定资产，是指纳税人根据财务会计制度已经计提折旧的固定资产。

纳税人发生固定资产视同销售行为，对已使用过的固定资产无法确定销售额的，以固定资产净值为销售额。固定资产净值，是指纳税人按照财务会计制度计提折旧后计算的固定资产净值。

2. 销售旧货

纳税人销售旧货，按照简易办法依照4%征收率减半征收增值税。

所称旧货，是指进入二次流通的具有部分使用价值的货物（含旧汽车、旧摩托车和旧游艇），但不包括自己使用过的物品。

3. 依照4%征收率的情况

一般纳税人销售货物属于下列情形之一的，暂按简易办法依照4%征收率计算缴纳增值税：

(1) 寄售商店代销寄售物品（包括居民个人寄售的物品在内）；

(2) 典当业销售死当物品；

(3) 经国务院或国务院授权机关批准的免税商店零售的免税品。

4. 依照6%征收率的情况

一般纳税人销售自产的下列货物，可选择按照简易办法依照6%征收率计算缴纳增值税。

(1) 县级及县级以下小型水力发电单位生产的电力。小型水力发电单位，是指各类投资主体建设的装机容量为5万千瓦以下（含5万千瓦）的小型水力发电单位。

(2) 建筑用和生产建筑材料所用的砂、土、石料。

(3) 以自己采掘的砂、土、石料或其他矿物连续生产的砖、瓦、石灰（不含黏土实心砖、瓦）。

(4) 用微生物、微生物代谢产物、动物毒素、人或动物的血液或组织制成的生物制品。

(5) 自来水。对属于一般纳税人的自来水公司销售自来水按简易办法依照6%征收率征收增值税的情况，不得抵扣其购进自来水取得增值税扣税凭证上注明的增值税税款。

(6) 商品混凝土（仅限于以水泥为原料生产的水泥混凝土）。

生产上列货物的一般纳税人，也可不按简易办法而按购进扣税法计算缴纳增值税，但选择简易办法计算缴纳增值税后，36个月内不得变更。对这些货物允许按照6%的征收率计算增值税，主要是考虑到生产这些货物所用的外购项目少，因而进项税额也少，按17%的税率征税会使企业的税负很重。

专栏 3-4

增值税一般纳税人和小规模纳税人的税收负担，孰重孰轻？

现行增值税制度对一般纳税人采取的是凭专用发票注明税款进行抵扣的“购进扣税法”，对小规模纳税人采取的是按销售收入乘以适用征收率的简易计税方法。但现行税收政策又规定，对自来水、电力、建筑用沙土、石料等产品，一般纳税人企业可以自行选择计税方法。到底哪种计税方法较优呢？这要考虑多方面的因素。

一、税收负担状况

计税方法的选择应主要考虑税收负担。如果企业可以抵扣的进项税额占销售额的比重较大或者增值率较低时，按购进扣税法计算的增值税应纳税额就较小，企业可选择购进扣税法计算增值税款；反之，如果企业可以抵扣的进项税额占销售额的比重较小或者增值率较高时，企业可选择按小规模纳税人的身份或者按简易方法计算增值税款。比如自来水、电力、建筑用沙土、石料等这些产品的原材料大多数不能抵扣进项税额，其生产中固定资产投入大，可抵扣的进项税额一般都较少，按一般纳税人的购进扣税法计算出来的增值税负担就较重。所以当可抵扣的进项税额较少时，企业宜选择简易计税方法。那么，可以抵扣的进项税额到底多少才算“少”呢？我们可以依据毛利率判别法进行判断。

这里毛利率是指不含税的毛利率，即不含税的毛利占不含税销售额的比率。其计算方法：

毛利率＝(销售额－购进额)÷销售额

毛利率判别法的原理：在适用税率一定的情况下，税负的高低主要取决于企业取得的进项税额多少或毛利率的高低。对一般纳税人而言，毛利率与应纳税额成正比，超过了一定的毛利率，按一般纳税人缴纳增值税的税负就比较重。

假定在完全的增值税抵扣链条内，即购进货物和销售货物均按照同样的增值税率和一定的购进价(销售价)计算进项税额和销项税额。设企业生产的产品适用增值税税率为17%，征收率为3%，其销售额为B，可取得增值税专用发票且能抵扣进项税额的购进额为A，则有

$$作为一般纳税人应纳增值税=(B-A)\times 17\%$$

$$作为小规模纳税人应纳增值税=B\times 3\%$$

令
$$(B-A)\times 17\%>B\times 3\%$$

解得：
$$(B-A)\div B>17.65\%$$

$(B-A)\div B$ 为毛利润率。

由此我们得出以下结论：如果企业经营产品适用增值税税率为17%，小规模纳税人征收率为3%，当销售毛利润率高于17.65%时，企业选择小规模纳税人身

份税负轻一些;反之,则选择一般纳税人身份税负轻一些。

同理,我们还可以得出:如果企业经营产品适用增值税税率为13%,小规模纳税人征收率为3%,当销售毛利润率高于23.08%时,企业选择小规模纳税人身份税负轻一些;反之,则选择一般纳税人身份税负轻一些。

二、主要销售对象

增值税环环紧扣,上一环节的销项税额就是下一环节的进项税额。一般纳税人购进货物,都要索取增值税专用发票,据以抵扣进项税额。但是个人消费者和小规模纳税人购买的货物不能取得增值税专用发票,而且也不会考虑其税额的大小,他们只关心含税价格即总支出额。

纳税人采用简易计税方法后,按3%的征收率计税,也只能按实际税额开具增值税专用发票,带来购货方相对抵扣税款不足,就要视其销售对象而定。如果销售对象主要是个人消费者,或者非增值税一般纳税人,选择简易计税方法不会影响销售;如果销售对象主要是增值税一般纳税人,则要慎重选择计税方法。

第三节 增值税的减税免税

我国增值税的减免税政策制定权高度集中于国务院,各级地方政府和任何部门均无权规定减免税项目。增值税的优惠形式有免税、减征税款、起征点和退税。本节将按照不同货物及其涉及的不同行业,将增值税的主要优惠政策进行汇总并予以解释说明。

一、增值税的免税规定

新的增值税条例和增值税实施细则规定下列项目免征增值税。

(1) 农业生产者销售的自产农产品。所称农业,是指种植业、养殖业、林业、牧业、水产业;农业生产者,包括从事农业生产的单位和个人;农产品,是指初级农产品。

本条款是指直接从事植物的种植、收割和动物的饲养、捕捞的单位和个人销售的自产初级农业产品;对上述单位和个人销售的外购的农业产品,以及单位和个人外购农业产品生产、加工后销售的仍然属于有关制度所列的农业产品,不属于免税的范围,应当按照规定税率征收增值税。

(2) 避孕药品和用具。

(3) 古旧图书。指向社会收购的古书和旧书。

(4) 直接用于科学研究、科学试验和教学的进口仪器、设备。

(5) 外国政府、国际组织无偿援助的进口物资和设备。

(6) 由残疾人的组织直接进口供残疾人专用的物品。

(7) 销售的自己使用过的物品。指其他个人自己使用过的物品。

二、增值税的减税规定

为体现税收的宏观经济调控职能,在增值税条例和增值税实施细则之外,财政部和国家税务总局根据经济发展的具体情况又制定了若干具体的增值税优惠文件,对国家鼓励和需要扶持的行业做出了相当具体的增值税优惠规定。

1. 部分农业产品和生产资料

(1) 粮食和食用植物油。对承担粮食收储任务的国有粮食购销企业销售的粮食免征增值税。对其他粮食企业经营军队用粮、救灾救济粮、水库移民口粮的,也免征增值税,但除这些项目以外的其他业务,一律征收增值税。对销售食用植物油业务,除政府储备食用植物油的销售免征增值税外,一律照章征收增值税。对于任何粮食企业的粮油加工业务都不属于免税范围,一律照章征收增值税。

(2) 农业生产资料。饲料产品免征增值税;农膜、化肥、农药也免征增值税。免征增值税的化肥指除尿素以外的氮肥、除磷酸二铵以外的磷肥、钾肥以及以免税化肥为主要原料的复混肥。另外,批发和零售的种子、种苗、化肥、农药、农机也免征增值税。

2. 资源综合利用产品

(1) 墙体材料。对部分新型墙体材料产品实行按增值税应纳税额减半征收的政策。

一般纳税人生产下列货物,可按简易办法按照6%征收率计算缴纳增值税,并可由其自己开具专用发票:原料中掺有煤矸石、石煤、粉煤灰、烧煤锅炉的炉底渣以及其他废渣(不包括高炉水渣)生产的墙体材料。所称墙体材料是指废渣砖石煤和粉煤灰砌块、煤矸石砌块、炉底渣及其他废渣(不包括高炉水渣)砌块。

(2) 建材产品。对企业生产的原料中掺有不少于30%的煤矸石、石煤、粉煤灰、烧煤锅炉的炉底渣及其他废渣(不包括高炉水渣)的建材产品,免征增值税。

对下列货物实行增值税即征即退:在生产原料中掺有不少于30%的废旧沥青混凝土生产的再生沥青混凝土。在生产原料中掺有不少于30%的煤矸石、石煤、粉煤灰、烧煤锅炉的炉底渣(不包括高炉水渣)及其他废渣生产的水泥。

(3) 综合利用发电。对利用城市生活垃圾生产的电力,实行增值税即征即退的政策;对燃煤电厂烟气脱硫副产品实行增值税即征即退政策;对利用煤矸石、煤泥、油母页岩和风力生产的电力,按增值税应纳税额减半征收。对利用石煤生产的电力按增值税应纳税额减半征收。

(4) 废旧物资。对废旧物资回收经营单位销售其收购的废旧物资免征增值税。废旧物资,是指在社会生产和消费过程中产生的各类废弃物品,包括经过挑选、整理等简单加工后的各类废弃物品。利用废旧物资加工生产的产品不享受废旧物资免征增值税的政策。

生产企业增值税一般纳税人购入废旧物资回收经营单位销售的废旧物资,可按废旧物资回收经营单位开具的由税务机关监制的普通发票上注明的金额,按10%计算抵扣进项税额。

废旧物资回收经营单位应将废旧物资和其他货物的经营分别核算,不能准确分别核算的,不得享受废旧物资免征增值税政策。

(5) 污水处理。对各级政府及主管部门委托自来水厂(公司)随水费收取的污水处理费,免征增值税

3. 医疗卫生产品

(1) 对非营利性医疗机构按照国家规定的价格取得的医疗服务收入,免征各项税收。不按照国家规定价格取得的医疗服务收入不得享受免税政策。对非营利性医疗机构自产自用的制剂,免征增值税。对非营利性医疗机构的药房分离为独立的药品零售企业,应按规定征收各项税收。

(2) 对营利性医疗机构取得的收入,按规定征收各项税收。但为了支持营利性医疗机构的发展,对营利性医疗机构取得的收入,直接用于改善医疗卫生条件的,自其取得执业登记之日起,3 年内对其自产自用的制剂免征增值税。3 年免税期满后恢复征税。对营利性医疗机构的药房分离为独立的药品零售企业,应按规定征收各项税收。

(3) 对疾病控制机构和妇幼保健机构等卫生机构按照国家规定的价格取得的卫生服务收入(含疫苗接种和调拨、销售收入),免征各项税收。不按照国家规定的价格取得的卫生服务收入不得享受免税政策。

(4) 对血站供应给医疗机构的临床用血免征增值税。

4. 宣传文化

(1) 出版物。公安部下属的《人民公安部》实行增值税先征后退政策。对增值税一般纳税人印刷的少数民族文字出版物(图书、报纸、期刊)实行增值税先征后退。享受政策的纳税人对少数民族文字出版物在财务上应实行单独核算,不进行单独核算的,不得享受此政策。

(2) 部分进口图书。对部分指定图书进出口公司销售给特定的单位用于教学科研的进口图书和报刊资料给予免征增值税的照顾。

(3) 国家大剧院。对国家大剧院工程施工单位附设的工厂或车间,生产销售的直接用于国家大剧院工程的水泥预制构件、其他构件或建筑材料,免征增值税。

5. 民政福利产品

由残疾人组织直接进口供残疾人专用的物品免征增值税。供残疾人专用的假肢、轮椅、矫形器(包括上肢矫形器、下肢矫形器、脊椎侧弯矫形器),免征增值税。残疾人员个人提供加工修理修配劳务,免征增值税。

6. 高新技术产品

(1) 对软件产品的优惠。自2000年6月24日至2010年底以前,对增值税一般纳税人销售其自行开发生产的软件产品,按法定税率17%征税后,对其增值税实际税负超过3%的部分实行即征即退。所退税款由企业用于研究开发软件产品和扩大再生产,不作为企业所得税应税收入,不予征收企业所得税。增值税一般纳税人对进口的软件进行转换等本地化改造(即对进口软件重新设计、改造、转换等工作)后对外销售,可按照自行开发生产的软件产品,享受即征即退的税收优惠政策。企业自营出口或委托、销售给出口企业出口的软件产品,不适用增值税即征即退办法。

(2) 对集成电路产品的优惠。至2010年底以前,对增值税一般纳税人销售其自行生产的集成电路产品(含单晶硅片),按17%的法定税率征收增值税后,对其增值税实际税负超过3%的部分实行即征即退政策。所退税款由企业用于研究开发集成电路产品和扩大再生产不作为企业所得税应税收入,不予征收企业所得税。企业自营出口或委托、销售给出口企业出口的集成电路产品,不适用此政策。

纳税人销售货物或者应税劳务适用免税规定的,可以放弃免税,依照条例的规定缴纳增值税。但放弃免税后,36个月内不得再申请免税。

纳税人兼营免税、减税项目的,应当分别核算免税、减税项目的销售额;未分别核算销售额的,不得免税、减税。

三、增值税的起征点

起征点是税法上规定的对征税对象开始征税的一种起点数额。我国以不含税销售额来规定增值税的起征点,以便照顾销售额较小的纳税人。若纳税人的销售额未达到起征点,就不征增值税;若销售额达到了起征点,则要就其销售额全额征收增值税。增值税起征点的适用范围只限于个人。有关起征点的幅度规定如下:

销售货物的起征点为月销售额2 000～5 000元,销售应税劳务的起征点为月销售额1 500～3 000元,按次纳税的起征点为每次(日)销售额150～200元。

各省、自治区、直辖市财政厅(局)和国家税务局应在规定的幅度内,根据实际情况确定本地区适用的起征点,并报财政部、国家税务总局备案。

四、增值税的出口退税

出口退税是指为鼓励货物出口,对出口货物实行零税率的优惠政策。对出口货物予以退税是国际上的通行做法，其目的是加强本国产品在国际市场上的竞争力。我国增值税对纳税人出口货物，除国务院另有规定的外（即原油，糖，援外出口货物，国家禁止出口的货物，包括天然牛黄、麝香、铜及铜基合金、白金等），一律适用零税率。零税率是指某项货物的总体税率为零，即该项货物完全不负担增值税。零税率与免税是不同的，免税只是对该项货物在本环节不征收增值税，而零税率则不但本环节不征收增值税，并且该项货物在以前各环节已经缴纳的增值税还要在本环节退还。对出口货物适用零税率，意味着在出口环节要将出口货物在以前所负担的税款全部退回给出口企业。

1994年实行新税制时，按照规范化的增值税制度，对出口货物实行了零税率，货物出口时按13%或17%的税率全额退税。但是，新税制实施后，为使新旧税制平稳过渡，保留了一些减免税规定，该征的税款没有征到，出口却是全额退税，导致少征多退的现象严重。并且由于税收征管手段落后，防范出口骗税手段薄弱，骗取出口退税的问题十分严重，致使出口退税规模连年大幅度增长，超过了财政承受能力。为此，国家多次调整出口货物退税率。现行出口货物的增值税退税率有17%、13%、11%、9%、8%、6%、5%七档。

纳税人办理出口退税的货物，无论是有出口经营权的企业出口，还是代理出口，可在货物报关出口并在财务上做销售后，凭出口报关单等有关凭证，按月向税务机关申报办理该项出口货物的退税。退税额依进项税额和规定的退税率计算。

出口货物在办理退税后发生退货或者退关的，纳税人应当依法补缴已退的税款。

对纳税人出口避孕药品和用具，古旧图书，军品以及军队系统企业出口军需工厂生产或军需部门调拨的货物，来料加工复出口的货物，只免征增值税，不办理退税。

对于卷烟，有出口卷烟权的企业出口国家出口卷烟计划内的卷烟，在生产环节免征增值税，出口环节不办理退税；其他非计划内出口的卷烟照章征收增值税，出口一律不退税。

第四节　增值税的计算

增值额作为增值税的计税依据，只是对增值税本质特征的一种理论抽象，在具体的税务实践中，并不是直接按增值额征税的。我国现行增值税对一般纳税人采用的是凭专用发票注明税款进行抵扣的“购进扣税法”，应纳税额为当期销项税额抵扣当期进项税额后的余额，即

应纳税额＝当期销项税额－当期进项税额

决定增值税应纳税额大小的有销项税额和进项税额两方面，本节将首先分别介绍销项税额和进项税额的计算方法，在此基础上介绍增值税一般纳税人应纳税额的计算。同时，本节也介绍小规模纳税人适用的简易办法和对进口货物所采用的计税方法。

一、一般纳税人销项税额的计算

销项税额是指纳税人当期销售货物或应税劳务，按不含税销售额和适用税率计算出来，并向购买方收取的增值税税额。当期销项税额的基本公式如下：

当期销项税额＝当期销售额×税率

在增值税税率确定的情况下，计算销项税额的关键在于正确、合理地确定销售额。

1. 销售额的一般规定

计算增值税款的销售额是指纳税人销售货物或提供应税劳务向购买方收取的全部价款和价外费用，但是不包括收取的销项税额。销售货物除销售常规货物外，还包括销售残次品、半成品、副产品、废品和下脚料等。

所谓价外费用，是指随着销售货物或提供应税劳务时，在价格以外向购买方收取的费用。包括向购买方收取的手续费、补贴、基金、集资费、返还利润、奖励费、违约金、延期付款利息、赔偿金、代收款项、代垫款项、包装费、包装物租金、储备费、优质费、运输装卸费以及其他各种性质的价外收费。凡收取的价外费用，无论其会计制度如何核算，均应并入销售额计算应纳税额。但所称价外费用不包括下列项目。

(1) 受托加工应征消费税的消费品，由受托方向委托方代收代缴的消费税。

(2) 承运部门的运费发票是开具给购货方，并由纳税人将该项发票转交给购货方时，纳税人所代垫的运输费用。

(3) 同时符合以下条件代为收取的政府性基金或者行政事业性收费：第一，由国务院或者财政部批准设立的政府性基金，由国务院或者省级人民政府及其财政、价格主管部门批准设立的行政事业性收费；第二，收取时开具省级以上财政部门印制的财政票据；第三，所收款项全额上缴财政。

(4) 销售货物的同时代办保险等而向购买方收取的保险费，以及向购买方收取的代购买方缴纳的车辆购置税、车辆牌照费。

增值税制度规定各种性质的价外费用都要并入销售额计算征税，目的是防止以各种名目的收费减少销售额逃避纳税的现象。由于价外费用按会计制度规定，一般都不在“产品(商品)销售收入”科目中核算，而在“其他应付款”、“其他业务收入”、“营业外收入”等科目中核算，这样企业在核算实务中时常对价外费用不按规定核算销项税额，而是将发生的价外费用直接冲减有关费用科目。这种做法是逃避纳税的错误行为，是要受到税法处罚的，纳税人对此必须予以高度重视。

2. 特殊销售方式的销售额确定

在销售活动中，为了达到促进销售的目的，企业可以采取多种特殊、灵活的销售方式。不同的销售方式下，企业取得的销售额会有所不同。对不同销售方式如何确定其计征增值税的销售额，既是纳税人关心的问题，也是税法必须分别予以明确的事情。

1）关于包装物押金

纳税人销售货物时，向购货方出租出借包装物并收取包装物押金，目的是促使购货方及早退回包装物以便周转使用。纳税人为销售货物而出租出借包装物所收取的押金，单独记账核算的，不并入销售额征税。但对因逾期（以一年为期限）未收回包装物不再退还的押金，应按所包装货物的适用税率征收增值税。对于个别包装物周转使用期限较长的，报经税务机关确定后，可适当放宽逾期期限。

将逾期包装物押金并入销售额征税时，需要先将押金换算为不含税价，再并入销售额征税。

特别地，对销售除啤酒、黄酒外的其他酒类产品而收取的包装物押金，税法规定，无论是否返还以及会计上如何核算，均应并入当期销售额征税。

【例】 某啤酒生产企业为增值税一般纳税人，生产销售啤酒，同时收取包装物押金。某年10月啤酒销售额100万元，“其他应付款——押金”余额为10万元，经查为上年5月份收取的啤酒周转箱押金。该企业10万元的押金已逾期，应并入销售额计算增值税。请计算该企业当月增值税销项税额。

解 当期销项税额$=1\ 000\ 000\times17\%+100\ 000\times17\%\div(1+17\%)$

$=184\ 529.91$（元）

2）关于折扣销售

折扣销售是指销货方在销售货物或提供应税劳务时，因购货方购货数量较大等原因，而给予购货方的价格优惠。由于折扣是在实现销售时同时发生的，因此税法规定，若将折扣额另开发票的，不论其在财务上如何处理，均不得从销售额中减除折扣额。凡是将折扣额在同一发票注明的，可按折扣后的销售额征收增值税。之所以这样规定，是从保证增值税征税、扣税相一致的角度考虑的。如果允许对销售额开一张销货发票，对折扣额再开一张退款红字发票，就可能造成销货方按减除折扣额后的销售额计算销项税额，而购货方却按未减除折扣额的金额计算进项税额进行抵扣的现象，从而引起国家税款流失。

上述“折扣销售”是指货物价格的折扣，如果纳税人将自产、委托加工和购买的货物用于实物折扣的，则该实物款项不能从货物销售额中减除，且该实物应按增值税“视同销售”中的“赠送他人”有关规定计算缴纳增值税。

3）关于销货退回或折让

一般纳税人因销售货物退回或者折让而退还给购买方的增值税额，应从发生销售货物退回或者折让当期的销项税额中扣减；一般纳税人销售货物或者应税劳务，开具增值税专用发票后，发生销售货物退回或者折让、开票有误等情形，应按国家税务总局的规定开具红字增值税专用发票。未按规定开具红字增值税专用发票的，增值税额不得从销项税额中扣减。

4）混合销售行为的销售额

混合销售行为依照规定应当缴纳增值税的，其销售额为货物的销售额与非增值税应税劳务营业额的合计。

5）关于以旧换新

以旧换新是指纳税人在销售自己的货物时，有偿收回旧货物的行为。采取以旧换新方式销售货物，应按新货物的同期销售价格确定销售额，不得扣减旧货物的收购价格。这样规定，是为了严格增值税的计算征收，防止出现销售额不实，减少纳税的现象。另外，对于金银首饰，由于业务特殊，以旧换新的销售业务可以按销售方实际收取的不含增值税的全部价款征收增值税。

6）关于以物易物方式销售

以物易物是一种较为特殊的购销活动，是指购销双方不是以货币结算，而是以同等价款的货物相互结算，实现货物购销的一种方式。在实际中，有的纳税人以为以物易物不是购销行为，不相应地计算增值税销项税额和进项税额，这是错误的。其税务处理应为：以物易物双方都应做购销处理，以各自发出的货物核算销售额并计算销项税额，以各自收到的货物核算购进额并计算进项税额。

【例】 宏伟工贸有限责任公司是一家从事面粉生产、加工业务的工业企业，是增值税一般纳税人。为缓解公司面临的困难并开拓新的销售市场，宏伟公司决定到农村送货上门进行以货易货的贸易：用面粉从农民手中兑换小麦。当月宏伟公司以 800 000 公斤面粉（入账价值 2 000 000 元）、200 000 公斤麸皮（入账价值 300 000元）兑换小麦 1 150 000 公斤（入账价值 2 300 000 元）。请计算宏伟公司当月应纳增值税。

解 ① 换出面粉相当于销售，要开具发票，计销售收入和增值税销项税额。

$$面粉销售收入=2\ 000\ 000\div(1+17\%)=1\ 769\ 911.5(元)$$

$$面粉销售的销项税额=2\ 000\ 000\div(1+17\%)\times17\%=230\ 088.5(元)$$

② 麸皮属于免税货物应单独记账，分别核算销售收入。

③ 换入小麦相当于购进农产品，可以凭收购凭证上所列收购金额以规定的扣除率计算增值税进项税额。

$$进项税额=2\ 300\ 000\times13\%=299\ 000(元)$$

另外，根据免税货物（麸皮）销售收入占全部销售收入的比例转出进项税额：

$$299\ 000\div(200+30)\times30=39\ 000(元)$$

则此项业务应纳增值税额：

$$230\ 088.5-(299\ 000-39\ 000)=-29\ 911.5(元)$$

3. 应税销售额的计算

一般情况下，应税销售额就等于价款与上述价外费用之和。但对于下述情况，则要按规定另行确定应税销售额。

1）价格偏低或无销售额时的销售额确定

增值税是从价计征的，纳税人有可能相互压低价格以达到少纳税的目的，从而出现价格无正当理由明显偏低的现象。此外，纳税人之间也可能不以资金的形式反映销售行为，从而没有销售额，如视同销售行为。对上述情况，主管税务机关有权按下列顺序核定其销售额：

（1）按纳税人最近时期同类货物的平均销售价格确定；

（2）按其他纳税人最近时期同类货物的平均销售价格确定；

（3）按组成计税价格确定。

若所销售的货物是不征收消费税的货物，组成计税价格的计算公式为：

$$组成计税价格=成本\times(1+成本利润率)$$

属于应征收消费税的货物，其组成计税价格应加计消费税税额。计算公式为

$$组成计税价格=\frac{成本\times(1+成本利润率)}{1-消费税税率}$$

公式中的成本，对于销售自产货物的，为实际生产成本；对于销售外购货物的为实际采购成本。公式中的成本利润率由国家税务总局确定。

2）外汇结算时的销售额确定

按照增值税制度规定，计算增值税的销售额以人民币计算。纳税人以人民币以外的货币结算销售额的，应当折合成人民币计算。其销售额的人民币折合率为中国人民银行公布的市场汇价，人民币折合率可以选择销售额发生的当天或当月1日的国家外汇牌价（原则上为中间价）。纳税人应事先确定采用何种折合率，确定后一年内不得变更。

3）价税合并定价时的销售额确定

一般纳税人销售货物或应税劳务采用销售额和销项税额合并定价方法的，应按下列公式将其含税销售额换算为不含税销售额：

$$销售额=\frac{含税销售额}{1+税率}$$

二、一般纳税人进项税额的计算

当期进项税额是指纳税人当期购进货物或者接受应税劳务，所支付或者负担的增值税额。这一概念中有三点值得注意：第一，进项税额是由购货方支付给销货方的，一般不需要购货方另行计算；第二，进项税额是抵扣销项税额的依据，只有一般纳税人才发生进项税额；第三，购进的必须是货物或应税劳务，且必须支付货款。

进项税额是一个与销项税额相对应的概念。它们之间的关系是，销售方收取的销项税额，就是购买方支付的进项税额。对于任何一个一般纳税人而言，由于其在经营活动中既会发生销售货物或提供应税劳务，又会发生购进货物或接受应税劳务，因此，每一个一般纳税人都会有收取的销项税额和支付的进项税额。增值税的核心就是用纳税人收取的销项税额抵扣其支付的进项税额，其余额为纳税人实际缴纳的增值税额。这样，进项税额作为可抵扣的部分，对于纳税人实际纳税多少就产生了举足轻重的作用。然而，并不是纳税人支付的所有进项税额都可以从销项税额中抵扣。当纳税人购进的货物或接受的应税劳务不是用于增值税应税项目，而是用于非应税项目，其支付的进项税额就不能从销项税额中抵扣。税法对于不能抵扣进项税额的项目做了严格的规定，如果违反税法规定，随意抵扣进项税额属于偷税行为。因此，掌握进项税额的内容，把握哪些进项税额可以抵扣，哪些进项税额不能抵扣十分重要。

1. 可以抵扣的进项税额

根据税法的规定，准予从销项税额中抵扣的进项税额，包括增值税扣税凭证上注明的进项税额和按规定的扣除率计算的进项税额。

(1) 从销售方取得的专用发票上注明的增值税额。

(2) 进口货物从海关取得的完税凭证上注明的增值税额。

上述两款所指税额已直接在凭证上注明，因而不必另行计算。

(3) 增值税一般纳税人向农业生产者购进的农业产品，或者向小规模纳税人购买的农产品，准予按照买价和13%的扣除率计算抵扣进项税额。其买价价款是指经主管税务机关批准使用的收购凭证上注明的价款或取得的普通发票上注明的价款。

这里的“农业产品”是指直接从事植物的种植、收购和动物的饲养、捕捞的单位和个人销售的自产农业产品，免征增值税。购买农业产品的买价，包括纳税人购进农产品在农产品收购发票或者销售发票上注明的价款和按规定缴纳的烟叶税。之所以对免税农业产品的收购者允许计算抵扣增值税进项税额，是因为对这些农业产品虽然没有征税，但对生产农业产品所投入的中间产品(如化肥、农药等)是征了税的，故农业产品是间接含税(增值税)，如不允许抵扣，将加重以农业产品为原料的工业产品的税收负担。

如果增值税一般纳税人不直接向农业生产者购进农业产品，比如说向中间商购进农产品，则不能享受依扣除率计算进项税额的政策。这种情况下，纳税人应按照购进扣税法依正常的程序计算进项税额和应纳增值税额。

(4) 增值税一般纳税人外购、销售货物或提供应税劳务而支付的运输费用，按运输结算单据(普通发票)上注明的运费金额，依7%的扣除率计算抵扣进项税额，但随同运费支付的装卸费、保险费等其他杂费不得计算扣除进项税额。

准予作为抵扣凭证的运费结算单据(普通发票)，是指国有铁路、民用航空、公路和水上运输单位开具的货票，以及从事货物运输的非国有运输单位开具的套印全国统一发票监制章的货票。准予计算进项税额扣除的货运发票不包括增值税一般纳税人取得的货运定额发票。准予计算可抵扣进项税额的货物运费金额是指运输单位开具的货票上注明的运费和建设基金。

公路、内河货物运输业发票的印制、领购、开具、取得、保管、缴销均由地方税务局管理和监督；提供货物运输劳务的纳税人必须经主管地方税务局认定方可开具货物运输业发票。增值税一般纳税人在申报抵扣取得的运输发票进项税额时，应向主管国家税务局填报《增值税运输发票抵扣清单》纸制文件及电子信息。

(5) 企业购置增值税防伪税控系统专用设备和通用设备，可凭购货所取得的专用发票所注明的税额从增值税销项税额中抵扣。其中，专用设备包括税控金税卡、税控IC卡和读卡器；通用设备包括用于防伪税控系统开具专用发票的计算机和打印机。

2. 不得抵扣的进项税额

按照增值税制度规定，属于下列情况的，相应的进项税额不能从销项税额中抵扣。

(1) 纳税人购进货物或者应税劳务，未按规定取得并保存增值税扣税凭证。

(2) 纳税人购进货物或者应税劳务，取得的增值税扣税凭证不符合法律、行政法规或者国务院税务主管部门有关规定的。

(3) 用于非增值税应税项目、免征增值税项目、集体福利或者个人消费的购进货物或者应税劳务。

这里的非增值税应税项目，是指提供非增值税应税劳务、转让无形资产、销售不动产和不动产在建工程。纳税人新建、改建、扩建、修缮、装饰不动产，均属于不动产在建工程。

集体福利或者个人消费主要是指企业内部设置的供职工使用的食堂、浴室、理发室、宿舍、幼儿园等福利设施及其设备、物品等或者以福利、奖励、津贴等形式发放给职工个人的物品。其中个人消费包括纳税人的交际应酬消费。纳税人购进的货物或应税劳务用于集体福利或个人消费的，由于改变了生产、经营需要的用途，成为了最终消费品，因此，其进项税额不能抵扣。

(4) 非正常损失的购进货物及相关的应税劳务。非正常损失，是指因管理不善造成被盗、丢失、霉烂变质的损失，即与纳税人生产经营没有直接关系的损失。与旧的增值税制度相比，非正常损失不再包括自然灾害损失。就是说，自然灾害损失不需要进项税额转出。这是因为从社会认知度来看，自然灾害损失的进项税额不得抵扣有些不近情理。另外，企业由于资产评估减值而发生流动资产损失，如果流动资产未丢失或损坏，只是由于市场变化而造成价值降低，不属于非正常损失。

(5) 非正常损失的在产品、产成品所耗用的购进货物或者应税劳务。对非正常损失的在产品、产成品应按照工艺流程和一定的产品成本率换算出其中包含的购进货物或劳务的成本金额，再计算不得抵扣(或应该转出)的进项税额。

对于非正常损失的情况不允许抵扣进项税额，是因为这些损失一旦发生，保险公司或责任人将予以赔偿，或者纳税人自己承担损失，等于未购进。故非正常损失的购进货物和在产品、产成品所耗用的购进货物或应税劳务已支付的税额也应从进项税额中转出，不得抵扣。增值税制度规定对非正常损失的进项税额从当期发生的进项税额中转出，是考虑到纳税人的这部分损失与其生产经营活动没有直接的关系，没有形成销售额和销项税额，这部分非正常损失中的进项税额不应由国家承担。

(6) 纳税人自用的应征消费税的摩托车、汽车、游艇，其进项税额不得从销项税额中抵扣。因为这些项目属于纳税人自用消费品，即非增值税应税项目。

(7) 以上第(3)项至第(6)项不得抵扣进项税额的货物的运输费用、购买或销售免税货物的运输费用。以上项目本身不准抵扣，所以其运输费用也不得计算进项税额抵扣。增值税一般纳税人采取邮寄方式销售、购买货物所支付的邮寄费，不允许计算进项税额抵扣。

一般纳税人兼营免税项目或者非增值税应税劳务而无法划分不得抵扣的进项税额的，按下列公式计算不得抵扣的进项税额：

$$\text{不得抵扣的进项税额}=\text{当月全部进项税额}\times\frac{\text{当月免税项目销售额、非应税项目营业合计}}{\text{当月全部销售额、营业额合计}}$$

3. 关于进项税额转出

如果企业当期购进的货物或应税劳务事先并未确定将用于以上非生产、经营项目，其进项税额就会在当期销项税额中予以抵扣。但已抵扣进项税额的购进货物或应税劳务如果事后改变用途，用于以上不得抵扣的项目，则应将该项购进货物或应税劳务的进项税额从当期发生的进项税额中转出。一般纳税人因购进货物退出或者折让而收回的增值税额，也应从发生购进货物退出或者折让当期的进项税额中转出。

无法准确确定应转出的进项税额的，按当期实际成本计算。实际成本(进价＋运费＋保险费＋其他有关费用)乘以按征税时该货物或应税劳务适用的税率计算应扣减的进项税额。

【例】 某纺织厂某年8月因管理不善，导致外购的原材料棉纱霉烂损失价值50 000元，生产的产成品棉布霉烂损失价值80 000元。该厂原材料占产成品的成本率为75%。请计算应转出的进项税额。

解 外购原材料棉纱应转出的进项税额＝50 000×17%＝8 500 (元)

产成品棉布应转出的进项税额＝80 000×75%×17%＝10 200(元)

应转出税额合计＝8 500＋10 200＝18 700(元)

三、一般纳税人应纳税额的计算

对于一般纳税人而言，在求得了进项税额和销项税额之后，就可以采用购进扣税法计算增值税应纳税额了。相应的公式为

应纳税额＝当期销项税额－当期进项税额

本期销项税额不足抵扣进项税额的，可以留待下期继续抵扣，但不能退税。由上式可知，只要确定了本期销项税额和进项税额，计算应纳税额就很容易了。

对于应纳税额的计算，在实际操作中，还应特别注意应纳税款的时间，特别是进项税额抵扣时限。一般纳税人购进货物或应税劳务，依其所取得的发票不同，其进项税额申报抵扣时间不同。

纳税人取得防伪税控系统开具的增值税专用发票，抵扣的进项税额按以下规定处理：

(1) 增值税一般纳税人申请抵扣的防伪税控系统开具的增值税专用发票，必须自该专用发票开具之日起90日内到税务机关认证，否则不予抵扣进项税额；

(2) 增值税一般纳税人认证通过的防伪税控系统开具的增值税专用发票，应在认证通过的当月按照增值税有关规定核算当期进项税额并申报抵扣，否则不予抵扣进项税额；

(3) 增值税一般纳税人取得防伪税控系统开具的增值税专用发票，其专用发票所列明的购进货物或应税劳务的进项税额抵扣时限，不再执行上述纳税人取得非防伪税控系统开具的专用发票进项税额抵扣的时限规定。

【例】 楚北棉纺厂某年7月发生下列经济业务：

外购业务：向农民购进棉花，买价30 000元；从县棉花公司购进棉花60 000

元，发票注明进项税额 7 800 元；购进煤炭价款 10 000 元，支付运费 800 元，专用发票注明进项税额 1 300 元；本月生产用电 18 000 元，专用发票注明进项税额 3 060 元；购进织布机一台价款 100 000 元，发票注明进项税款 17 000 元。

销售业务：销售棉纱 10 吨，价款 200 000 元，销项税额 34 000 元；销售印染布给一般纳税人企业，销售收入 100 000 元，销项税额 17 000 元；销售印染布给小规模纳税人，价税合并收取 70 200 元。

试根据上述资料计算该厂 7 月份应纳增值税税额。

解 销项税额＝34 000＋17 000＋70 200÷(1＋17％)×17％＝61 200(元)

进项税额＝30 000×13％＋7 800＋1 300＋800×7％＋3 060＋17 000＝33 116(元)

应纳增值税＝61 200－33 116＝28 084(元)

【例】 某纺织品商场举行元旦假日促销活动，推出“买一赠一”的方式搞促销活动三次，通过促销活动增加销售额(零售企业的销售额为价税合计)35 690 万元，同时赠送小商品按销售价计 2 910 万元，小商品的不含税购进成本为 1 500 万元。纺织品商场在计算当期企业所得税时将赠送的小商品成本进行了扣除。该企业仅对商品销售额 35 690 万元缴纳了增值税。请问该商场的税务处理正确吗？如果不正确，应如何处理？

解 该商场的税务处理不正确，存在以下问题。

① “买一赠一”的促销方式中赠送行为其实是视同销售行为，应该计算缴纳增值税。该企业在促销活动中作为礼品赠送小商品其实是视同销售行为，该商场没有按税法规定作视同销售处理，应补缴增值税。

② 在促销过程中，纺织品商场应代扣代缴个人所得税，未代扣代缴的由纺织品商场赔缴。

③ 对外赠送的支出不能在企业所得税前扣除，企业还应计算补缴企业所得税。

对上述问题应进行如下税务处理：

补缴增值税＝2 910÷(1＋17％)×17％＝422.82(万元)

赔缴个人所得税＝2 910/(1－20％)×20％＝727.5(万元)

补缴企业所得税＝1 500×25％＝375(万元)

四、增值税计算的简易办法

小规模纳税人销售货物或提供应税劳务，与一般纳税人按“购进扣税法”计算增值税不同。我国增值税对小规模纳税人销售货物或提供应税劳务，实行简易办法按照销售额依 3％的征收率计算应纳税额，且不抵扣进项税额。计算公式为

应纳税额＝销售额×征收率

与增值税一般纳税人一样，小规模纳税人的销售额也是销售货物或提供应税劳务向购买方收取的全部价款和价外费用，但不包含按征收率计算的增值税税额。一般说来，小规模纳税人在销售货物或应税劳务时，只能开具普通发票，取得的销售额均为含税销售额。因此，当小规模纳税人销售货物或应税劳务采取销售额和应纳税额合并定价方法的，其销售额要换算为不含税销售额，换算公式为

销售额＝含税销售额/(1＋征收率)

小规模纳税人因销售货物退回或者折让退还给购买方的销售额，应从发生销售货物退回或者折让当期的销售额中扣减。

【例】 某百货店(小规模纳税人)某月取得含税商品销售收入 20 600 元。试计算其当月应纳税额。

解 不含税销售额＝20 600÷(1＋3%)＝20 000(元)

应纳增值税额＝20 000×3%＝600(元)

【例】 某街道工厂生产瓶盖，年销售额不足 50 万元。某月业务情况如下：销售瓶盖一批，获得含税销售收入 30 900 元；购进材料一批，价格为 8 000 元，支付增值税额 1 360 元，款项已付；接受委托加工特制瓶盖一批，收取加工费 20 600 元。试计算该企业本月应缴纳的增值税额。

解 该企业属于小规模纳税人，其购进货物的进项税额不能抵扣，需采用简易计算方法计算应纳增值税。

不含税销售额＝(30 900＋20 600)÷(1＋3%)＝50 000(元)

应纳增值税额＝50 000×3%＝1 500(元)

另外，一般纳税人销售的某些货物也可以按简易办法计算应纳税额。改按简易办法征税，是国家为解决一般纳税人生产销售部分货物因采用规范办法而税负较高的问题所采取的一种措施。

一般纳税人销售列举范围的货物，既可以按照规定办法计税，也可以选择简易办法计税，选定后至少 36 个月内不得变更。若采用简易办法计税，专用发票由纳税人自己填开，其税率栏只能填写征收率，税额栏填写其本身应纳税额，其进项税额不能抵扣。

五、进口货物应纳税额的计算

出口退税政策是各国对出口货物普遍采取的办法，从货物的税收含量来分析，进口货物不含出口国征收的增值税，进口国为了使进口货物与国内生产的货物保持税负平衡，所以不再允许抵扣进项税额。退一步说，即使在出口国的货物出口时没有退税，该货物的增值税也不是由进口国征收的，进口国对别国征收的税额自然

不允许抵扣。所以，我国增值税规定，纳税人进口货物，一般纳税人和小规模纳税人一样，必须按照组成计税价格和规定的税率计算应纳税额，不得抵扣任何税额。即有

$$应纳税额=组成计税价格\times税率$$

至于组成计税价格，如果是不征收消费税的进口货物，其计算公式为

$$组成计税价格=关税完税价格+关税$$

对于应征消费税的进口货物，则其组成计税价格的计算公式为

$$组成计税价格=关税完税价格+关税+消费税$$

其中，消费税要依据组成计税价格确定，它们之间的计算关系为

$$消费税=组成计税价格\times消费税税率$$

故有

$$组成计税价格=\frac{关税完税价格+关税}{1-消费税税率}$$

对于应纳消费税的货物按含消费税的价格计征增值税，因为消费税是价内税。

如果进口货物在国内用于销售等生产经营项目，其在进口环节缴纳的增值税可以作为进项税额，在销售后的销项税额中抵扣。

【例】 某外贸公司某月从国外进口成套化妆品一批，到岸价为 70 000 元，进口关税为 17 500 元，其消费税税率为 30%。当月，该公司将这批化妆品在国内销售给 A 公司，获取销售收入 180 000 元。请计算该公司应纳增值税税额。

解 该外贸公司当月发生了两次应纳增值税的行为，一次为进口货物，应按组成计税价格计算进口环节应纳的增值税；另一次为在国内销售进口货物，其销项税额应按销售收入计算，对于在进口环节缴纳的增值税可作为进项税额扣除。

在进口环节：

$$组成计税价格=(70\ 000+17\ 500)\div(1-30\%)=125\ 000(元)$$

$$应纳增值税=125\ 000\times17\%=21\ 250(元)$$

在国内销售环节：

$$销项税额=180\ 000\times17\%=30\ 600(元)$$

$$应纳增值税=销项税额-进项税额=30\ 600-21\ 250=9\ 350(元)$$

第五节　增值税征纳管理

本节将介绍增值税纳税义务发生的时间、纳税期限、纳税地点以及一般纳税人专用发票的管理。

一、增值税纳税义务发生时间

增值税纳税义务发生时间，是指增值税纳税义务人发生应税行为应承担纳税义务的起始时间。之所以明确规定纳税义务的发生时间，一方面是正式确认纳税人已经发生属于税法规定的应税行为，应承担纳税义务；另一方面，有利于税务机关进行税务管理，监督纳税人履行其纳税义务。

纳税人销售货物或提供应税劳务，原则上讲，其纳税义务的发生时间为收讫销售额或者取得索取销售额凭据的当天；先开具发票的，为开具发票的当天。按销售结算方式的不同，具体规定如下。

(1) 采取直接收款方式销售货物，不论货物是否发出，均为收到销售额或取得索取销售额凭据的当天。

(2) 采取托收承付和委托银行收款方式销售货物，为发出货物并办妥托收手续的当天。

(3) 采取赊销和分期收款方式销售货物，为书面合同约定的收款日期的当天；无书面合同的或者书面合同没有约定收款日期的，为货物发出的当天。

(4) 采取预收货款方式销售货物，为货物发出的当天，但生产销售生产工期超过 12 个月的大型机械设备、船舶、飞机等货物，为收到预收款或者书面合同约定的收款日期的当天。

(5) 委托其他纳税人代销货物，为收到代销单位销售的代销清单或者收到全部或者部分货款的当天；未收到代销清单及货款的，为发出代销货物满 180 天的当天。

(6) 销售应税劳务，为提供劳务同时收讫销售额或取得索取销售额的凭据的当天。

(7) 纳税人发生其他视同销售货物行为，为货物移送的当天。

(8) 纳税人进口货物，纳税义务的发生时间为报关进口的当天。

案例研究 3-2

凯利公司的销售结算方式

凯利公司是生产电视机的增值税一般纳税人，某年 8 月发生销售业务 6 笔，共计货款 2 000 万元(含税价)，货物已全部发出，并开具了发票。其中，4 笔共计 1 200万元，货款两清；一笔 300 万元，两年后一次付清；另一笔一年后付 250 万元，一年半后付 150 万元，余款 100 万元两年后结清。

如果该厂全部采取直接收款方式，则应在当月全部计算为销售额，计提销项税额为：

销项税额＝2 000÷(1＋17％)×17％＝290.6(万元)

这种结算方式下，虽然有800万元的货款实际并未收到，但是企业又不能不计提增值税销项税额，若对未收到款项业务不记账，则违反了税收政策，属于偷税行为。

对此，如果该厂改变销售结算方式，对未收到的300万元和500万元两笔应收账款分别在货款结算中采用赊销和分期收款结算方式，那么，推迟纳税的销项税额具体数额及天数为(假设以月底发货并开具发票计算)：

(300＋100)÷(1＋17％)×17％＝58.12(万元)，天数为730天(两年)

150÷(1＋17％)×17％＝21.79(万元)，天数为548天(一年半)

250÷(1＋17％)×17％＝36.32(万元)，天数为365天(一年)

采用赊销和分期收款方式获得的推迟纳税的效果，可以为企业节约大量的流动资金占用，并节约银行利息支出近10万元。

二、增值税的纳税期限

增值税的纳税期限分别为1日、3日、5日、10日、15日、1个月或者1个季度。纳税人的具体纳税期限，由主管税务机关根据纳税人应纳税额的大小分别核定；不能按照固定期限纳税的，可以按次纳税。

纳税人以1个月或者1个季度为1个纳税期的，自期满之日起15日内申报纳税；以1日、3日、5日、10日或者15日为1个纳税期的，自期满之日起5日内预缴税款，于次月1日起15日内申报纳税并结清上月应纳税款。

纳税人进口货物，应当自海关填发税款缴纳证的次日起15日内缴纳税款。

纳税人出口货物，适用退(免)税规定的，应当向海关办理出口手续，凭出口报关单等有关凭证，在规定的出口退(免)税申报期内按月向主管税务机关申报办理该项出口货物的退(免)税。出口货物办理退税后发生退货或者退关的，纳税人应当依法补缴已退的税款。

三、增值税的纳税地点

增值税的纳税地点是指纳税人申报缴纳增值税款的地点，具体规定如下。

(1) 固定业户应当向其机构所在地主管税务机关申报纳税。总机构和分支机构不在同一县(市)的，应当分别向各自所在地主管税务机关申报纳税；经国家税务总局或其授权的税务机关批准，可以由总机构汇总向总机构所在地主管税务机关申报纳税。

(2) 固定业户到外县(市)销售货物或者应税劳务的，应当向其机构所在地主管税务机关申请开具外出经营活动税收管理证明，并向其机构所在地的主管税务机关申报纳税；未开具证明的，应当向销售地或者劳务发生地的主管税务机关申报纳税；未向销售地或者劳务发生地的主管税务机关申报纳税的，由其机构所在地的主管税务机关补征税款。

(3) 非固定业户销售货物或者应税劳务，应当向销售地或者劳务发生地主管税务机关申报纳税；未向销售地主管税务机关申报纳税的，由其机构所在地或者居住地主管税务机关补征税款。

(4) 进口货物，应当由进口人或其代理人向报关地海关申报纳税。

练习题

一、填空题

1. 增值税的征税对象是指在中国境内________或者提供________、________劳务以及________。

2. 就一个生产经营单位而言，增值额是这个单位的________扣除________后的余额。

3. 就一项商品生产经营全过程而言，增值额既是该项产品所经过的几个生产经营环节的________，又是该项商品实现消费时的________。

4. 增值税的类型有三种，即________、________和________。我国现在实行________型增值税。

5. 除销售自产货物并同时提供建筑业劳务的混合销售行为外，从事货物的生产、批发或零售的企业，企业性单位及个体经营者的混合销售行为，视为________，应当缴纳________。

6. 企业承租或承包给他人经营的，以__________为纳税人。

7. 增值税设置了三档税率，即________。

8. 纳税人兼营不同税率的货物或应税劳务，未分别核算销售额的，____________。

9. 我国增值税对一般纳税人采用凭专用发票________进行抵扣的________。

10. 纳税人的应纳增值税额为当期________减去当期________后的余额。

11. 销售货物或增值税应税劳务的销售额为向购买方收取的________和________。

12. 企业购进免税农产品按规定计算进项税额的扣除率为________。

13. 纳税人因进货退出或折让而收回的增值税额，应从发生进货退出或折让当期的________中扣减。

14. 小规模纳税人销售货物或应税劳务，以销售额和规定的________计算纳税，不得抵扣________。

15. 增值税的应税劳务是指________、________和________。

16. 纳税人进口货物，应按规定的________价格和规定的税率计算应纳增值税额。

二、判断题

1. 从原理上讲，增值税始终只对商品价值中没有纳过税的部分课征。（　　）

2. 增值税类型的划分主要是以对购入固定资产价值（或已纳税金）的不同扣除方法为依据。（　　）

3. 我国的增值税不允许扣除固定资产的已纳税金，所以属于消费型增值税。（　　）

4. 某工业企业下属一运输队，某月既对外销售产品，又对外提供运输劳务，则销售产品与对外提供运输劳务合称为混合销售行为。（　　）

5. 某工业企业利用本企业运输队的汽车采用送货制销售商品，则其销售行为称为混合销售行为。（　　）

6. 只有生产低税率产品的企业才适用13%的低税率。（　　）

7. 增值税的“间接计税法”也称“扣税法”。（　　）

8. 销售商品向购买方收取的价外费用，应并入销售额计算纳税。（　　）

9. 纳税人销售货物收取的包装物押金，一律不得并入销售额征税。（　　）

10. 纳税人采用折扣方式销售货物，应按折扣后的销售额征税。（　　）

11. 纳税人购进货物无论用于哪些方面，其进项税额均应从销项税额中抵扣。（　　）

12. 因自然灾害造成企业购进货物的损失，其进项税额应从当期销项税额中抵扣。（　　）

13. 符合一般纳税人条件但没有申请办理一般纳税人认定手续的企业，应视同一般纳税人计算纳税。（　　）

14. 小规模纳税人的计税销售额应为含税销售额。（　　）

15. 购进固定资产已支付的税额允许从销项税额中抵扣。（　　）

16. 在向其他一般纳税人销售免税货物的情形下，一般纳税人应开具增值税专用发票。（　　）

17. 一般纳税人有权领购使用增值税专用发票。（　　）

18. 对纳税人发生的混合销售行为征收增值税还是营业税，应当根据纳税人的性质来确定。（　　）

19. 纳税人将购买的货物无偿赠送给他人，因该货物购买时已经缴纳增值税，因此，赠送他人时不再计入销售额征税。（　　）

20. 纳税人采用以旧换新方式销售货物的，不得从新货物销售额中减去收购

旧货的价款。(　　)

21. 纳税人销售带包装的货物，无论其包装物是否单独计价，财务上如何核算，包装物的价格都应计入销售额计征增值税。(　　)

22. 企业租赁或承包给他人经营的，以承租人或承包人为增值税的纳税人。(　　)

23. 军事单位销售应税增值税产品，不需缴纳增值税。(　　)

24. 从事货物零售业务的企业，不能认定为一般纳税人。(　　)

25. 门窗厂生产销售塑钢门窗并代客户安装，这里既有产品销售收入，又有安装工程收入，则产品销售收入缴纳增值税，安装工程收入缴纳营业税。(　　)

26. 增值税在生产批发环节为价外税，在零售环节为价内税。(　　)

27. 增值税具有避免重复征税的优点。(　　)

28. 某建筑公司附属预制厂生产的水泥预制构件，用于本公司建筑工程的部分缴纳增值税。(　　)

29. 某公司在同一县城设有甲、乙两个统一核算的门市部，该公司将货物从甲门市部移送到乙门市部用于销售，应视同销售。(　　)

30. 某企业销售自己使用多年的小汽车应缴纳增值税。(　　)

31. 零税率就是免税。(　　)

32. 增值税起征点的规定适用所有纳税人，包括单位和个人。(　　)

33. 采取赊销方式销售货物，其纳税义务发生的时间为收到货款的当天。(　　)

三、思考题

1. 增值税具有哪些优点?

2. 根据增值税购进扣税法的计算原理得出结论：对于任何一种产品，其每一个中间环节的税负为零。如果果真如此，那么中间环节纳税人是不存在增值税负担的，也就不用关注税收负担了。请对这两个结论进行分析评价。

3. 我国 2009 年实施增值税转型的具体内容是什么?

4. 什么是混合销售行为? 混合销售行为如何征税?

5. 什么是纳税人兼营非应税劳务? 兼营非应税劳务如何征税?

6. 纳税人的混合销售行为与兼营非应税劳务的主要区别是什么?

7. 纳税人销售货物或应税劳务价格明显偏低而无正当理由时，如何确定销售额?

8. 准予从销项税额中抵扣的进项税额有哪些?

9. 简述一般纳税人与小规模纳税人计税方法的异同点。

10. 增值税的起征点是如何规定的? 其适用范围是什么?

11. 一般纳税人有哪些权利和义务？

四、不定项选择题

1. 将购买的货物用于下列项目，其进项税额不予抵扣的是(　　)。

A. 用于产品的生产　　B. 用于机器设备的维修

C. 用于职工集体福利　　D. 用于修建展销厅

2. 下列项目中不应征收增值税的是(　　)。

A. 古旧图书　　B. 将产品赠与他人

C. 以物易物　　D. 逾期未收回包装物不再退还的押金

3. 在销售价格之外向购货方收取的下列费用，并入销售额计算纳税的是(　　)。

A. 手续费　　B. 销项税额　　C. 奖励费　　D. 包装费

4. 委托其他纳税人代销货物，其纳税义务发生的时间为(　　)。

A. 发出代销产品的当天　　B. 代销方收到代销产品的当天

C. 按合同约定的收款日期的当天　D. 收到代销单位销售的代销清单的当天

5. 纳税人采取邮寄方式购买货物所支付的邮寄费用，其进项税额的抵扣处理是(　　)。

A. 按 17%的扣除率计算抵扣　　B. 按 10%的扣除率计算抵扣

C. 不得抵扣　　D. 按 7%的扣除率计算抵扣

6. 某商场赊销货物一批，合同约定的收款时间是本月 20 日，但直到本月末仍没有收到货款，则该批货物销售处理的方法应为(　　)。

A. 不作销售处理，不计算缴纳增值税

B. 应作销售处理，并计算缴纳增值税

C. 应作销售处理，可缓征增值税

D. 不作销售处理，但应计算缴纳增值税

7. 下列业务中，免征增值税的是(　　)。

A. 牧民销售自养的牛、羊　　B. 销售线装古书

C. 出口货物　　D. 销售自来水

8. 下列经济活动，应当缴纳增值税的是(　　)。

A. 电信企业销售手机并提供电信服务

B. 修理汽车

C. 钢窗厂销售钢窗并负责安装

D. 修缮队粉刷房屋

9. 增值税一般纳税人销售货物，不得开具增值税专用发票的情形是(　　)。

A. 向消费者个人销售应税货物　B. 销售免税货物

C. 销售不动产　　D. 将货物无偿赠送他人

10. 划分一般纳税人和小规模纳税人的标准有(　　)。

A. 销售额达到规定的标准　　B. 经营效益好

C. 会计核算健全　　D. 有上级主管部门

11. 某服装厂受托加工一批演出服装，衣料由某剧团提供，剧团支付加工费5 000元，增值税应该由(　　)。

A. 服装厂缴纳　　B. 剧团缴纳

C. 服装厂代扣代缴　　D. 剧团代扣代缴

12. 下列销售行为，应征增值税的有(　　)。

A. 销售电力　B. 销售自来水　C. 销售房屋　D. 销售热力

13. 下列销售行为，不征增值税的有(　　)。

A. 销售机器　　B. 销售服装

C. 销售房屋不动产　　D. 邮政部门销售邮票

14. 纳税人提供下列劳务应当缴纳增值税的有(　　)。

A. 汽车的修配　　B. 房屋的修理

C. 受托加工白酒　　D. 房屋的装潢

15. 下列混合销售应当征收增值税的有(　　)。

A. 铝合金厂生产销售铝合金门窗并负责安装

B. 批发商销售货物并送货上门

C. 宾馆提供餐饮服务同时销售烟酒饮料

D. 电信部门销售移动电话并为客户提供电信服务

16. 某百货公司2005年销售额为150万元，某年4月销售给消费者日用品收取的全部货款为62 400元，当月货物购进时取得增值税专用发票上注明价款为30 000元，该百货公司当月应纳增值税为(　　)元。

A. 2 400　　B. 2 496

C. 3 966.67　　D. 9 066.67

17. 某喷雾器厂为增值税一般纳税人，某年3月生产销售农用喷雾器取得不含税销售收入50万元，为农民修理喷雾器取得修理费收入10万元，当月购入零配件增值税专用发票上注明的税款为3.4万元，零配件已验收入库。该厂当月应纳增值税为(　　)万元。

A. 4.25　B. 4.4　C. 4.55　D. 6.8

18. 下列项目，属于免税的有(　　)。

A. 农业生产者销售自产的玉米　B. 药厂销售避孕药品

C. 电子厂销售集成电路产品　D. 机械厂销售农业机具

五、计算题

1. 某商业零售企业为一般纳税人，某月商品零售收入 1 170 万元。本月商品购进额为 700 万元，增值税专用发票上注明已支付的增值税共为 119 万元。试计算本月应纳增值税为多少。

2. 某工业企业为一般纳税人，某月发生下列经济业务：

(1) 购进原材料一批，买价 426 000 元，专用发票注明进项税额为 72 420 元；

(2) 为自营固定资产工程购进工程物资一批，专用发票上注明买价 400 000 元，已支付的增值税额为 68 000 元；

(3) 本月销售产品两批，销售额共计 2 200 000 元，销项税额共计 374 000 元；

(4) 从小规模企业购进辅助材料一批，对方开具的普通发票上列明价款 53 000元；

(5) 购进货物支付铁路运输费 4 000 元，装卸搬运费 600 元，保险费 400 元；

(6) 购设备一台，专用发票注明价款 200 000 元，增值税税款 34 000 元。

计算该企业该月应纳增值税额多少?

3. 某厂(一般纳税人)本月进口一辆小轿车，由海关核定的完税价格为 10 万元，关税为 20 万元，消费税税率为 5%，计算该厂应纳增值税。

4. 某制药厂(一般纳税人)本月购进白酒 10 吨，每吨价 4 500 元，共计价款 45 000 元，进项税额 7 650 元，用于生产药酒。支付水费、电费各 20 000 元，电费进项税额 3 400 元，水费进项税额 2 600 元(以上均获增值税发票，核实无误)，其中白酒因庆祝节日分给职工 2 吨。本月销售各种药品、药酒销售额为 125 000 元，计算该制药厂本月应纳增值税。

5. 某食品公司为增值税一般纳税人，某月有关业务如下：

(1) 2 日，公司从某家庭农场购入小麦 1 000 吨，每吨 600 元；

(2) 3 日，公司购进食用油 3 吨，每吨 5 000 元，销售方开具了增值税专用发票，其中 1 吨分给职工；

(3) 5 日，公司销售糕点等食品，取得价款 200 000 元，货款已收；

(4) 20 日，公司发给每个职工(共有职工 100 人)精炼食用油 2 桶，每桶价款为 50 元；

(5) 31 日，公司将价值 150 000 元自产精炼食用油一批分配给投资者作为应付利润；

(6) 31 日，公司支付本月电费 24 000 元，支付水费 8 000 元。

要求计算该公司当月应纳增值税税额。

6. 某服装公司为增值税一般纳税人，2 月初进项税额余额为 35 000 元，当月有关业务资料如下：

(1) 向织布厂购进布匹一批，已验收入库，取得的增值税专用发票上注明价款300 000 元，增值税额 51 000 元；

(2) 向小规模纳税人购进纽扣一批，取得普通发票一张，金额 2 120 元；

(3) 向纸品包装厂购入定制的包装盒 20 000 个，已验收入库，不含税单价0.15元/个，并取得对方开具的专用发票；

(4) 购进电动缝纫机两台，已投入使用，单价 2 800 元，取得对方开具的专用发票；

(5) 批发销售给商场服装 3 500 件，单价 150 元，并开具专用发票给对方；

(6) 批发销售给个体户服装 2 000 件，价税合并定价共 320 000 元，开具普通发票；

(7) 发给本厂职工每人一套服装，共 1 000 件，同类服装价税合计每件单价180 元。

计算该公司 2 月份应纳增值税税额。

7. 某电视机厂为增值税一般纳税人，6 月份向外地某商场批发销售 100 台彩色电视机，每台 2 300 元，双方议定电视机厂用卡车送货上门，商场支付给电视机厂运费 2 000 元。电视机厂当月进项税额为 3.4 万元，计算该厂当月应纳增值税为多少?

8. 某花卉批发公司是一般纳税人，以收购鲜花对外批发为主，兼营零售。12 月该公司批发鲜花取得销售额 450 000 元，并开具专用发票；零售鲜花销售额(含税)15 600 元，未开具发票；当月收购鲜花支付价款 285 000 元。试计算该公司 12 月份应纳增值税。

9. 某企业为增值税一般纳税人，某月发生如下经济业务：

(1) 采购原料聚乙烯，取得增值税专用发票价款 120 万元；

(2) 采购生产用燃烧煤炭取得增值税专用发票价款为 75 万元；

(3) 购买钢材用于基建工程，取得专用发票价款为 40 万元；

(4) 支付材料运费 18 万元，装卸费 2 万元，保险费 2 万元；

(5) 销售产品农用薄膜，开专用发票，注明价款 180 万元；

(6) 销售产品塑料制品开专用发票注明价款 230 万元。

计算该企业应纳增值税额。

10. 某装饰材料公司为增值税一般纳税人，当月购进装饰材料取得增值税专用发票价款 200 万元，当月销售装饰材料销售额 400 万元。另完成一项装修工程获装修款 50 万元，装修中购进五金材料 3 万元，辅助材料 4 万元，购买电机 0.3 万元，切割机 0.2 万元，装修所购材料及器具均获得普通发票。以上业务没有分别核算，计算该公司当月应纳增值税税额(均为不含税销售额)。

11. 某石油公司是增值税一般纳税人，某月发生下列经济业务：

(1) 销售汽油100吨，不含税销售价为2 000元/吨，出借油桶100个(规定3个月必须归还)收取押金500元/个；

(2) 清理出一年前出借油桶20个，逾期未归还，押金标准同上；

(3) 购进汽油80吨，不含税进价1 500元/吨，取得增值税专用发票，货款已支付；

(4) 购进油桶50个，不含税单价为300元/个，取得增值税专用发票，货款已支付。

请计算该石油公司当月应纳增值税税额。

12. 华南电机公司为增值税一般纳税人，本月销售电机一台，价款为100 000万元。此外该公司的附属车队还对外提供运输服务，本月取得运输收入20 000元。由于保管不善本月发生一起产成品损坏事故，造成二台电机被毁，其生产成本共120 000元，该公司外购货物成本扣除率为75%。假设该公司销货收入与运输收入在会计上不能准确划分，该月的进项税额为20 000元。请计算该公司本月应缴纳的增值税。

13. 某金属公司为增值税一般纳税人，某月各类金属材料的销售收入额为987 500元(不含税)。本月外购货物情况如下：

(1) 外购螺纹钢120吨，单价4 300元/吨，价款516 000元，增值税专用发票注明税额87 720元；

(2) 外购镀锌板100吨，单价4 900元/吨，价款490 000元，增值税专用发票注明税额83 300元；

(3) 外购铲车一辆，价款42 000元，增值税专用发票注明税额7 140元，交付仓库使用；

(4) 将本月购进的螺纹钢20吨，转为本单位基本建设使用；

(5) 由于仓库管理不善，本月购进的镀锌板被盗损失10吨。

本月外购货物的货款已全部支付，请计算该公司本月应纳增值税。

第四章

消费税

消费税是对特定的消费品和消费行为在特定环节征收的一种税，它是世界各国广泛实行的税种。由于消费税具有独特的调节作用，它在各国受到普遍重视，目前美国、英国、日本、法国等主要发达国家均对特定的消费品或消费行为征收消费税。

我国现行的消费税是1994年税制改革在流转税制中设置的一个税种。在1994年税改前，由于我国的流转税体系的税率设计很不规范，税率档次多，从而使得不同行业不同产品之间税负相差悬殊，譬如工业领域中的流转税收入就主要集中在卷烟、石油、化工、电力、冶金、汽车等几个工业部门。1994年税制改革时，流转税改革的重心是增值税，将增值税的征税范围扩大到对货物实行普遍征收，并且绝大多数货物实行规范统一的税率，因此流转税制格局调整后有一部分高税率的产品税收负担下降较多。为了保证改革后的财政收入不减少，国家新开征了消费税，一方面通过消费税把这部分减少的收入征回来，另一方面与增值税相配合形成双层调节，增值税发挥普遍调节作用，以保证财政收入的稳定增长为主要功能，消费税则作为特殊调节税种，旨在调节产品结构、引导消费方向、增加财政收入。

我国迄今为止仍然没有颁布消费税法，现行消费税制度的基本法律依据源于1993年12月13日中华人民共和国国务院令第135号发布的《中华人民共和国消费税暂行条例》和当年由财政部颁布的《中华人民共和国消费税暂行条例实施细则》。为了推进流转税制度完善，我国于2008年底对增值税、消费税、营业税制度都进行了重新调整。现在执行的消费税制度是2008年11月5日国务院重新修订通过的《中华人民共和国消费税暂行条例》，本书将修订后的条例简称为“新消费税条例”；《中华人民共和国消费税暂行条例实施细则》也同期进行了重新修订，并于2008年12月由财政部、国家税务总局共同颁布，本书将其简称为“新消费税实施细则”。

第一节　消费税概述

消费税是对我国境内从事生产、委托加工和进口特定消费品的单位和个人，就其销售额或销售数量，在特定环节征收的一种税。

一、消费税的特点

消费税一般也可称为货物税（excise tax），与其他的流转税相比，有如下主要特点。

（1）消费税具有独特的调节功能。首先，它通过课征范围的选择、差别税率的安排和征税环节的确定，选择某些消费品课以高税，使高收入者承担更多的税金，可以充分地发挥调节收入的作用；其次，消费税通过对奢侈品和多消费有害的消费品征税，可以“寓禁于征”，达到抑制超前消费，限制不良消费的目的。

（2）消费税通常实行在生产（进口）环节单环节征收。消费税属于一次课征制，大多数情况下都是单环节对销售额总额课税，与多环节征收的税种相比，消费税计算简便，征税费用低，征收效率高。但对于卷烟产品征收消费税有特别规定：2009年，我国对卷烟的消费税除了在生产环节征收外，还在批发环节加征了一道5%的从价税，使得卷烟产品成为在两个环节征收消费税的特例。这主要是为了达到控制卷烟消费、增加财政收入的目的。

（3）消费税的征税对象与增值税的征税对象重叠。消费税是对某些需要特殊调节的消费品或消费行为在征收增值税的同时，再征收一道消费税，其征税对象属于增值税征税对象的一部分，这可以弥补增值税因税率单一而对部分产品征税不足的缺陷，确保财政收入和税负公平。

（4）我国消费税实行价内征收，避免与增值税混淆，其税额既是消费税税基也是增值税税基的一部分。从国际上看，消费税的征收方法有价内征收和价外征收两种，即消费税的计税依据分为含税价格和不含税价格两种。我国采用了价内征收的方式，其原因是考虑到增值税已实行价外征收办法，价内征收的消费税其税额含于价格之中，交叉征收的消费税又是增值税的税基的一部分，可以避免征收过程中划分税基的麻烦和产生误解。这样规定，与我国的历史习惯相适应，也易于为消费者所接受。

（5）消费税实行差别税率，一目一率。消费税属于国家运用税收杠杆对经济进行特殊调节的税种，消费税按照每一个税目甚至子目设定不同的税率，这些税率还经常进行调整变化，这种差别税率体现了国家很强的调节目的。

（6）消费税具有转嫁性。列入消费税征税范围的消费品，一般都是高价高税产品。随着商品的流转，这些特定消费品中所包含的消费税税款最终都可以全部或者部分转嫁到消费者身上，由消费者负担，因此其税负具有转嫁性。消费税这种转嫁性特征，要较其他商品课税形式更为明显。

由于具有以上特点，消费税已是世界各国普遍开征的税种。

二、消费税的立法精神

消费税的立法主要集中体现国家的产业政策和消费政策，以及强化消费税作为国家对经济进行宏观调控手段的特征。具体表现在以下几个方面。

（1）体现消费政策，调整产业结构。消费税的立法要体现国家的产业政策和消费政策。我国的消费税是一种选择性税种，将烟、酒及酒精、鞭炮列入征税范围是为了抑制对人体健康不利或者过度消费会对人体有害的消费品的生产；将高尔夫球、摩托车、小汽车、贵重首饰及珠宝玉石列入征税范围是为了调节特殊消费；将一次性筷子、实木地板、汽油、轮胎列入征税范围是为了节约一次性资源，限制过量消费。

（2）正确引导消费，抑制超前消费。征收消费税可以起到对消费行为的调节作用，在消费税的立法过程中，对人们日常生活中的基本消费品和企业正常的生产消费物品不征收消费税，只对目前属于奢侈品或超前消费的物品以及其他非基本生产用品征收消费税，加重调节，增加购买者的负担，适当抑制高水平或超前消费。

(3) 稳定财政收入，保持原有负担。消费税是在原流转税制进行较大改革的背景下出台的。在实行新的、规范化的增值税后，由于不可能设置多档次、相差悬殊的税率，许多原高税率产品改征增值税后，基本税率为17%，税负下降过多，对财政收入的影响较大。为了保证税制改革后尽量不减少财政收入，同时不削弱税收对某些产品生产和消费的调控作用，需要通过征收消费税来基本保持原产品的税收负担。

(4) 调节支付能力，缓解分配不公。仅仅依靠个人所得税不可能完全实现税收的公平分配目标，也不可能有效缓解社会分配不公的问题。而通过对某些奢侈品或特殊消费品征收消费税，从调节个人支付能力的角度间接增加某些消费者的税收负担，使高收入者的高消费受到一定的抑制，低收入者或基本生活用品的消费者不负担消费税，支付能力不受影响。所以，开征消费税有利于配合个人所得税及其他相关税种进行调节，缓解目前存在的社会分配不公矛盾。

专栏 4-1

消费税的产生与类型①

消费税是以消费品、消费行为和劳务支出为课税对象所征的一种间接税。消费税是一个历史悠久的税种。在漫长的封建社会里，由于社会分工和城市的崛起，商业开始兴盛，矿产品的逐步发现和采掘，特别是手工业有较大的发展后，征税的物品种类不断增多，出现了酒税、茶税和对糖、烟等物品征收的税，这是消费税的雏形。资本主义国家大多一开始就重视对各种消费品的课税。马克思曾经指出："消费税只是随着资产阶级统治的确定才得到了充分的发展。"尤其是欧洲自十七世纪发生产业革命以来，随着机器的发明，生产工艺、生产方法的逐步改进和提高，商品生产逐渐向大型化、标准化、系列化发展，这就为更大范围地实施消费税创造了条件。当前一些工业发达国家虽然把所得税作为主体税种，但是当所得税不能满足政府财政收入需要或者调控经济或消费需要时，又不得不求助于增加对消费品的课税。

我国新型的消费税制度是随着新中国的诞生而建立的。1950 年 1 月中央人民政府政务院颁布《全国税政实施要则》，规定全国统一征收 14 种税，其中包括特种消费行为税，即为达到抑制消费的目的而对娱乐、舞场、筵席、冷食、旅馆等五种消费行为进行征税。二十世纪六十至七十年代，由于政治和经济上的原因取消了消费税。进入二十世纪八十年代后，在改革和完善税制中，相继开征了燃油特别税

① 资料来源：吕建锁，论消费税，山西财经学院学报，1994.04。

和特种消费税。1994年税制改革中，推出了规范化的消费税。

当前，无论发达国家还是发展中国家，都普遍征收消费税。由于各国情况千差万别，具体税制又有所不同，其征税范围也存在差异。按征税范围的大小，可将各国消费税归为三大类型：一是选择型消费税，即有选择地就部分消费品或消费行为征收，如烟、酒、奢侈品、化妆品等，英国、美国、中国等大多数国家均实行这种制度；二是普遍型消费税，即对消费品实行普遍征税，征收范围广，包括增值税、销售税等税种，日本、印度等国家的消费税属于该种类型；三是中间型消费税，其征收范围属于选择型和普遍型之间，法国、德国等一些国家就采用这种制度。

第二节　消费税的基本要素

2008年底重新修订的新《消费税条例》和新《消费税实施细则》重新界定了消费税的构成要素。下面将具体介绍消费税的征税范围、纳税义务人、税目及税率等基本要素。

一、消费税的征税范围

消费税的征税范围为在中华人民共和国境内生产、委托加工和进口消费税暂行条例规定的消费品(以下简称“应税消费品”)。消费税是在对所有货物普遍征收增值税的基础上选择少量消费品征收的，因此，消费税的征税范围与增值税的部分征税范围是交叉的。也就是说，对消费税列举税目的征税范围，既要征收消费税，同时又要征收增值税。

1. 消费税征税范围的确定原则

消费税是在对货物普遍征收增值税的基础上，选择少数消费品再征收的一道税，主要是为了调节产品结构，引导消费方向，保证国家财政收入。其征税范围主要是根据目前我国经济发展现状和消费政策、人们的消费水平和结构以及财政的需要，注重保证国家财政收入的稳定增长，并适当借鉴国外成功的经验和国际通行做法确定的。具体表现在以下几个方面。

(1) 流转税格局调整后税收负担下降较多的产品。我国工业领域中的流转税收入主要集中在卷烟、石化、化工、电力、冶金、汽车等几个工业部门，原流转税税率设计极不规范，税率档次多，税负相差悬殊，实行规范化的增值税以后，必然有一些高税率的产品税负下降，为了确保税制改革以后财政收入不锐减，需要对其征收消费税。

(2) 非生活必需品中一些高档、奢侈的消费品。如贵重首饰及珠宝玉石、化妆品、高尔夫球及球具、高档手表、游艇等。奢侈品一般是由收入高的阶层购买的，通过对奢侈品征收消费税，可以调节收入分配，体现多收入多缴税的原则。

（3）从保护身体健康、生态环境等方面需要出发，不提倡也不宜过度消费的某些消费品。如烟、酒、鞭炮、焰火、木制一次性筷子、实木地板等。对这些消费品征收消费税，可以抑制消费，体现“寓禁于征”的思想。

（4）一些特殊的资源性消费品，如成品油等。对成品油征收消费税，并实行较高税率，一是因为它们是不可再生资源，需要限制无度消费；二是中间环节利润大，征收具有可行性；三是污染城市环境；四是国际惯例如此。

2. 消费税应税消费品类别

按照上述原则，在种类繁多的消费品中，列入消费税征税范围的消费品并不很多，大体上可归为五类。

（1）有危害性的特殊消费品，如烟、酒和酒精、鞭炮、焰火等。这些消费品不利于保护身体健康和生态环境、社会秩序，不提倡也不宜过度消费。对这些消费品征收消费税，可以有效地抑制其消费行为和消费数量。

（2）非生活必需品、奢侈品，如贵重首饰及珠宝玉石、化妆品、高尔夫球及球具、高档手表等。

（3）高能耗及高档消费品，如小汽车、摩托车、游艇等。

（4）不可再生和替代的稀缺资源性消费品，如成品油、木制一次性筷子、实木地板等。

（5）税基宽广、消费普遍、征税后不影响居民基本生活并具有一定财政意义的消费品，如汽车轮胎等。这些消费品的生产数量大，可以形成较多的税收收入。

消费税条例中确定征收消费税的税目共有14个，即高尔夫球及球具、高档手表、游艇、木制一次性筷子、实木地板、成品油、烟、酒及酒精、化妆品、贵重首饰及珠宝玉石、鞭炮焰火、汽车轮胎、摩托车和小汽车。

消费税的征税范围不是一成不变的，事实上，近年来消费税的征税范围及税率经常处于变动调整中。随着我国经济的发展和消费情况的变化，今后还可能根据国家的政策和经济情况及消费结构的变化适当调整。

二、消费税的纳税义务人

消费税的纳税义务人为在我国境内生产、委托加工和进口应税消费品的单位和个人，以及国务院确定的销售应税消费品的其他单位和个人。另外，在我国境内从事卷烟批发业务的单位和个人也是消费税纳税人。

上述所称的“单位”，是指企业、行政单位、事业单位、军事单位、社会团体及其他单位。所称“个人”是指个体工商户及其他个人。“在我国境内”是指生产、委托加工和进口属于应当缴纳消费税的消费品的起运地或所在地在境内。

具体来说，消费税纳税人包括：生产应税消费品的单位和个人；进口应税消费品的单位和个人；委托加工应税消费品的单位和个人；以及从事卷烟批发业务的单位和个人。其中委托加工应税消费品的纳税人为委托方，除受托方为个人外，税款由受托方在向委托方交货时代收代缴。

三、消费税的税目

消费税共设置了14个税目。消费税税目设置主要考虑到尽量简化、科学，征税宗旨明确，课税对象清晰，并兼顾到历史习惯。消费税具体每个税目所包含的内容如下。

1. 烟

凡是以烟叶为原料加工生产的产品，不论使用何种辅料，均属于本税目的征收范围，包括卷烟（进口卷烟、白包卷烟、手工卷烟和未经国务院批准纳入计划的企业及个人生产的卷烟）、雪茄烟和烟丝。

卷烟是指将各种烟叶切成烟丝，按照配方要求均匀混合，加入糖、酒、香料等辅料，用白色盘纸、棕色盘纸、涂布纸或烟草薄片经机器或手工卷制的普通卷烟和雪茄型卷烟。其中卷烟又分为甲类卷烟和乙类卷烟。

甲类卷烟是指每标准条（200支，下同）调拨价格在70元（不含增值税）以上（含70元）的卷烟。

乙类卷烟是指每标准条调拨价格在70元（不含增值税）以下的卷烟。

雪茄烟是指以晾晒烟为原料或者以晾晒烟和烤烟为原料，用烟叶或卷烟纸、烟草薄片作为烟支内包皮，再用烟叶作为烟支外包皮，经机器或手工卷制而成的烟草制品。

烟丝是指将烟叶切成丝状、粒状、片状、末状或其他形状，再加入辅料，经过发酵、储存，不经卷制即可供销售吸用的烟草制品。

2. 酒及酒精

酒是酒精度在1度以上的各种酒类饮料。酒类包括白酒、黄酒、啤酒、其他酒和酒精。

白酒是指以各种粮食、各种干鲜薯类为原料，经过糖化、发酵后，采用蒸馏方法酿制的白酒。

黄酒是指以糯米、粳米、籼米、大米、黄米、玉米、小麦、薯类等为原料，经加温、糖化、发酵、压榨酿制的酒。酒度超过12度（含12度）的土甜酒也属于黄酒的征税范围。

啤酒的征收范围包括各种包装和散装的啤酒。对饮食业、商业、娱乐业举办的啤酒屋(啤酒坊)利用啤酒生产设备生产的啤酒,应当征收消费税。无醇啤酒比照啤酒征税。"果啤"属于啤酒,应征消费税。按照不同的出厂价格,啤酒又分为甲类啤酒和乙类啤酒。其中,甲类啤酒是指每吨出厂价格(含包装物及包装物押金)在3 000元(含3 000元,不含增值税)以上的啤酒;乙类啤酒是指每吨出厂价格在3 000元(不含3 000元,不含增值税)以下的啤酒。

其他酒是指除白酒、黄酒、啤酒以外,酒度在1度以上的各种酒。

酒精又名乙醇,是指用蒸馏或合成方法生产的酒精度在95度以上的无色透明液体。酒精包括各种工业酒精、医用酒精和食用酒精。酒精的征收范围包括用蒸馏法和合成方法生产的各种工业酒精、医药酒精、食用酒精。

3. 化妆品

化妆品是日常生活中用于修饰美化人体表面的用品。本税目的征收范围包括各类美容、修饰类化妆品,高档护肤类化妆品和成套化妆品。美容、修饰类化妆品是指香水、香水精、香粉、口红、指甲油、胭脂、眉笔、唇笔、蓝眼油、眼睫毛和成套化妆品。舞台、戏剧、影视演员化妆用的上妆油、卸装油、油彩、发胶和头发漂白剂等,不属于本税目征收范围。

4. 贵重首饰及珠宝玉石

本税目的征税范围包括:凡以金、银、白金、宝石、珍珠、钻石、翡翠、珊瑚、玛瑙等高贵稀有物质以及其他金属、人造宝石等制作的各种纯金银首饰及镶嵌首饰和经采掘、打磨、加工的各种珠宝玉石。对出国人员免税商店销售的金银首饰也征收消费税。

5. 鞭炮、焰火

本税目的征收范围包括:各种鞭炮、焰火。通常分为13类,即喷花类、旋转类、旋转升空类、火箭类、吐珠类、线香类、小礼花类、烟雾类、造型玩具类、炮竹类、摩擦炮类、组合烟花类、礼花弹类。体育上用的发令纸、鞭炮药引线,不按本税目征收。

6. 成品油

本税目包括汽油、柴油、石脑油、溶剂油、航空煤油、润滑油、燃料油7个子目。原消费税税目中汽油、柴油税目改为了成品油税目下的子目,且新增了5个子目。

(1) 汽油。汽油是指用原油或其他原料加工生产的辛烷值不小于66的可用作汽油发动机燃料的各种轻质油。含铅汽油是指铅含量每升超过0.013克的汽油。汽油分为车用汽油和航空汽油。以汽油、汽油组分调和生产的甲醇汽油、乙醇汽油也属于本税目征收范围。

(2) 柴油。柴油是指用原油或其他原料加工生产的倾点或凝点在−50至30的可用作柴油发动机燃料的各种轻质油和以柴油组分为主、经调和精制可用作柴油发动机燃料的非标油。以柴油、柴油组分调和生产的生物柴油也属于本税目征收范围。

(3) 石脑油。石脑油又叫化工轻油,是以原油或其他原料加工生产的用于化工原料的轻质油。石脑油的征收范围包括除汽油、柴油、航空煤油、溶剂油以外的各种轻质油。

(4) 溶剂油。溶剂油是用原油或其他原料加工生产的用于涂料、油漆、食用油、印刷油墨、皮革、农药、橡胶、化妆品生产和机械清洗、胶粘行业的轻质油。

(5) 航空煤油。航空煤油也叫喷气燃料,是用原油或其他原料加工生产的用作喷气发动机和喷气推进系统燃料的各种轻质油。

(6) 润滑油。润滑油是用原油或其他原料加工生产的用于内燃机、机械加工过程的润滑产品。润滑油分为矿物性润滑油、植物性润滑油、动物性润滑油和化工原料合成润滑油。

(7) 燃料油。燃料油也称重油、渣油,是用原油或其他原料加工生产,主要用作电厂发电、锅炉用燃料、加热炉燃料、冶金和其他工业炉燃料。

7. 汽车轮胎

本税目是指用于各种汽车、挂车、专用车和其他机动车上的内、外轮胎,不包括农用拖拉机、收割机、手扶拖拉机的专用轮胎;子午线轮胎免征消费税,翻新轮胎停止征收消费税。

8. 摩托车

本税目的征收范围包括轻便摩托车和摩托车两种。

9. 小汽车

小汽车是指由动力驱动,具有四个或四个以上车轮的非轨道承载的车辆。小汽车税目下分设乘用车、中轻型商用客车子目。

本税目征收范围包括含驾驶员座位在内最多不超过 9 个座位(含)的,在设计和技术特性上用于载运乘客和货物的各类乘用车和含驾驶员座位在内的座位数在 10 至 23 座(含 23 座)的在设计和技术特性上用于载运乘客和货物的各类中轻型商用客车。

用排气量小于 1.5 升(含)的乘用车底盘(车架)改装、改制的车辆属于乘用车征收范围。用排气量大于 1.5 升的乘用车底盘(车架)或用中轻型商用客车底盘(车架)改装、改制的车辆属于中轻型商用客车征收范围。

含驾驶员人数(额定载客)为区间值的(如 8～10 人;17～26 人)小汽车,按其区间值下限人数确定征收范围。

电动汽车不属于本税目征收范围。

10. 高尔夫球及球具

高尔夫球及球具是指从事高尔夫球运动所需的各种专用装备,包括高尔夫球、高尔夫球杆及高尔夫球包(袋)等。高尔夫球杆的杆头、杆身和握把属于本税目的征收范围。

11. 高档手表

高档手表是指销售价格(不含增值税)每只在 10 000 元(含)以上的各类手表。

12. 游艇

游艇是指长度大于 8 米小于 90 米，船体由玻璃钢、钢、铝合金、塑料等多种材料制作，可以在水上移动的水上浮载体。按照动力划分，游艇分为无动力艇、帆艇和机动艇。本税目征收范围包括艇身长度大于 8 米(含)小于 90 米(含)，内置发动机，可以在水上移动，一般为私人或团体购置，主要用于水上运动和休闲娱乐等非牟利活动的各类机动艇。

13. 木制一次性筷子

木制一次性筷子又称卫生筷子，是指以木材为原料经过锯段、浸泡、旋切、刨切、烘干、筛选、打磨、倒角、包装等环节加工而成的各类一次性使用的筷子。未经打磨、倒角的木制一次性筷子也属于本税目征税范围。

14. 实木地板

实木地板是指以木材为原料，经锯割、干燥、刨光、截断、开榫、涂漆等工序加工而成的块状或条状的地面装饰材料。实木地板按生产工艺不同，可分为独板(块)实木地板、实木指接地板、实木复合地板三类；按表面处理状态不同，可分为未涂饰地板(白坯板、素板)和漆饰地板两类。未经涂饰的素板也属于本税目征税范围。

四、消费税的税率

从上面的介绍可以知道，消费税税目按不同的消费产品进行划分。而消费税税率设计是在税目的基础上，采用“一目一率”的方法，这样可以有效发挥消费税按不同品目调节消费的作用。

消费税的税率分为比例税率、定额税率、复合税率三种类型。大部分应税消费品实行比例税率。对一些供求基本平衡，价格差异不大，计量单位规范的消费品，如啤酒、黄酒、成品油等，选择计税简便的定额税率，这些应税消费品之所以按重量或体积确定单位税额，而不采用按价格确定税率的办法，是考虑到其消耗量很大，以销售数量和单位税额来计算纳税，计税方法简便易行，且这种定额税率的制度鼓励企业优质优价，通过提高产品质量提高产品价格。对卷烟和白酒在执行比例税率以外，还加征一道定额税，实际执行复合税率。

消费税税率(税额)的设计主要考虑了五个方面的原则。

(1) 能够体现国家的产业政策和消费政策。对那些既要限制生产，同时也要限制消费的应税消费品，从高设计税率；对只限制消费而不限制生产的应税消费品，可以适当从低设计税率。

(2) 能够正确引导消费方向，有效地限制超前消费的倾向，起到调节供求关系的作用。可以通过对高档应税消费品和供求矛盾较突出的应税消费品从高设计税率，以正确引导消费方向，抑制超前消费，缓解社会供求矛盾，并与价格杠杆一起发挥作用促进经济的良性循环。

(3) 能够适应消费者的支付能力和心理承受能力。消费税税率过高会超过消费者的心理承受能力,阻碍生产和消费。因此,税率的设计需要考虑消费者的经济收入状况,考虑他们的心理承受能力。

(4) 要有一定的财政意义。消费税税率过低,一方面无法起到调节生产和消费的作用,另一方面也不利于保证国家财政收入。因此,税率不可过低。

(5) 适当考虑消费品原有税负水平。消费税税率的设计是在原来产品税、增值税的基础上,并对增值税税率加以调整和规范后,为弥补一些高税率产品征税的不足,通过换算和平衡后确定的。在税制改革后,消费税和增值税税负之和在大体上要与原来货物的税负水平相当。

消费税的具体税目税率规定如表 4-1 所示。

表 4-1　消费税税目、税率(税额)表

税　目	计税单位	税率(税额)
一、烟		
1. 卷烟		
工业生产环节(含进口)		
(1)甲类卷烟		56%加 0.003 元/支
(2)乙类卷烟		36%加 0.003 元/支
商业批发环节		5%
2. 雪茄烟		36%
3. 烟丝		30%
二、酒及酒精		
1. 白酒	斤(500 克或 500 毫升)	20%加 0.5 元/500 克
2. 黄酒	吨	240 元/吨
3. 啤酒		
甲类啤酒	吨	250 元/吨
乙类啤酒	吨	220 元/吨
娱乐业和饮食业自制	吨	250 元/吨
4. 其他酒		10%
5. 酒精		5%
三、化妆品		30%
四、贵重首饰及珠宝玉石		
1. 金银首饰、铂金首饰和钻石及钻石饰品		5%
2. 其他贵重首饰和珠宝玉石		10%

续表

税　目	计税单位	税率(税额)
五、鞭炮、焰火		15%
六、成品油		
1. 汽油		
(1)含铅汽油	升	1.4元/升
(2)无铅汽油	升	1.0元/升
2. 柴油	升	0.8元/升
3. 航空煤油	升	0.8元/升
4. 石脑油	升	1.0元/升
5. 溶剂油	升	1.0元/升
6. 润滑油	升	1.0元/升
7. 燃料油	升	0.8元/升
七、汽车轮胎		3%
八、摩托车		
1. 250毫升(含250毫升)以下的		3%
2. 250毫升以上的		10%
九、小汽车		
1. 乘用车		
(1) 1.0升(含1.0升)以下的		1%
(2) 1.0升至1.5升(含1.5升)		3%
(3) 1.5升至2.0升(含2.0升)		5%
(4) 2.0升至2.5升(含2.5升)		9%
(5) 2.5升至3.0升(含3.0升)		12%
(6) 3.0升至4.0升(含4.0升)		25%
(7) 4.0升以上的		40%
2. 中轻型商用客车		5%
十、高尔夫球及球具		10%
十一、高档手表		20%
十二、游艇		10%
十三、木制一次性筷子		5%
十四、实木地板		5%

五、消费税适用税率的特殊规定

(1) 子午线轮胎免征消费税，翻新轮胎停止征收消费税。

(2) 航空煤油暂缓征收消费税。

(3) 纳税人兼营不同的应税消费品，应当分别核算不同税率应税消费品的销售额和销售数量。未分别核算或者将不同税率的应税消费品组成成套消费品销售的，从高适用税率。

从事卷烟批发的纳税人，应将卷烟销售额与其他商品销售额分开核算，未分开核算的，一并征收消费税。

专栏 4-2

提高烟草消费税动了谁的奶酪①

经国务院批准，财政部、国家税务总局 2009 年 5 月对烟产品消费税政策作了重大调整，除烟产品生产环节的消费税政策有了较大改变，调整了计税价格，提高了消费税税率外，卷烟批发环节还加征了一道从价税，税率为 5%，新政策从 5 月 1 日起执行。

根据新政，税率调整后，甲类卷烟也就是高档卷烟的消费税从价税率由原来的 45%调整至 56%，乙类卷烟由 30%调至 36%，雪茄烟由 25%调至 36%。与此同时，原来的甲乙类卷烟划分标准也进行了调整：原来 50 元/标准条的分界线上浮至 70 元/标准条，即每标准条调拨价格在 70 元以上(含 70 元)的卷烟为甲类卷烟，低于此价格的为乙类卷烟。

关于此次政策调整的原因，财政部、国家税务总局的说法是“为了适当增加财政收入，完善烟产品消费税”。

记者算了一笔账：按照现在高档香烟的最低标准每条 70 元计算，消费税从原来的 45%提高到 56%，也就是提高了 11 个百分点。加上批发环节征收的 5%的税，每条烟最少涨 10 块钱。而香烟档次越高，价格上涨的幅度将越高。

中国人民大学财经金融学院教授安体富表示，此举是为了配合我国 2003 年加入全球烟草控制框架公约，而必须提高香烟价格以达到抑制烟民消费的目的。他认为，此次调整税率的幅度其实跟国外相比并不是很大，因为我国卷烟税负水平与其他国家和地区相比明显偏低，有提升的空间。另外，为合理控制烟产品过度消

---

① 资料来源：烟草消费税最高提至 56%，一条 70 元烟至少涨 10 元，东亚经贸新闻网，http://press.idoican.com.cn/detail/articles/,2009-06-21。本专栏在原文基础上进行了适当改编。

费,世界上绝大多数国家均对其课以重税,而我国在这方面显然还比较落后。

最近几年来,世界各国烟税涨声一片。对于各国政府来说,提高税收主要有两大动因:一个是减少烟民数量,另一个是增加财政收入。

美国政府于2009年4月1日起大幅提高联邦烟草税,从每包39美分大幅增加到1.01美元。在日本,烟草制品称得上是税率最高的产品。在过去10年间,日本政府每隔三年就上调一次烟税。现在日本烟税为每支卷烟8.7日元,即每包卷烟为174日元(合1.8美元)。英国吸烟者支付的税金比任何一个国家的都多。例如,一包流行的英国品牌卷烟在英国的零售价为4.39英镑,而在比利时仅售2.00英镑,在西班牙仅售1.50英镑。

烟税的持续上升到底会对谁产生影响?会动了谁的奶酪?从最终的情况来看,无论是制造商还是零售商以及烟民、政府都无法独善其身。

(1) 制造商受影响最为直接。在烟草业中,受到烟税提高影响最直接的是烟草产品中比重最大的卷烟产品的制造商。烟税的提高,从总体上来看,使卷烟制造商的销量下滑,利润下降。

(2) 零售商损失销售量和利润。对于许多零售商来说,烟税的提高也产生了很大的影响。随着烟草税收的频频提高好景已经不再了。提税对于烟草零售商来说,影响主要是负面的,即销售量损失,利润损失。

(3) 消费者成为最终转嫁对象。从征收渠道来看,是生产商、批发商和零售商在承担税收。但是,由于所征收的税收具有可转嫁性,结果是所有的税收都通过提高烟草产品的价格,最终转嫁给了消费者。

(4) 政府难以提高财政收入。卷烟提税是否达到了政府既定的目标呢?从目前的效果来看,卷烟提税在某种程度上起到了降低吸烟率的作用。但是在提高政府财政收入方面,效果还有待观望。

六、消费税的一般减免规定

消费税的减免规定只限于对纳税人出口的应税消费品免税,但国务院另有规定的国家限制出口的应税消费品除外。免税办法可实行先征后退或者在生产环节直接免税。对于出境的消费品予以免税,是国际通行的办法,其目的是鼓励出口,提高本国产品在国际市场上的竞争能力。另外,因为出口产品在境内未实现消费,因此不予征税,而应由进口国在进口时按本国规定征税。

除对出口环节的免税外,其他应税消费品一律不得减税免税,这是由于消费税所选择的消费品一般为非生活必需品,应税消费品的购买者一般都具有相应的消费能力和消费水平,因此不需要减税免税,这体现了按能力负担税负原则和公平原则。

七、出口应税消费品退(免)税

纳税人出口应税消费品与出口其他货物一样,按照国家税法规定享受退(免)税优惠。由于出口应税消费品同时涉及退(免)增值税和消费税,且退(免)消费税和增值税在退(免)税的范围限定、办理程序、审核管理上都有很多一致的地方,因此,这里仅就出口应税消费品退(免)消费税的某些特殊规定作介绍。

1. 出口免税规定

对纳税人出口的应税消费品免征消费税,国务院另有规定的除外。国务院另有规定的,是指国家限制出口的应税消费品。

免征消费税的出口应税消费品应分别不同情况处理:

有出口经营权的生产企业直接出口应税消费品或生产企业委托外贸企业出口自产应税消费品,按规定直接予以免税的,可不计算应缴消费税。外贸企业出口应税消费品,如规定实行先征后退办法的,可先按规定计算缴纳消费税。

对于出口的来料加工产品、军品及军队系统企业出口的军需工厂生产或军需部门调拨的货物,以及卷烟等,免征消费税,但不办理退税。

2. 出口退税规定

出口应税消费品的退税企业范围包括:有出口经营权的外贸、工贸公司;特定出口退税企业,如对外承包工程公司、外轮供应公司等。

出口应税消费品退税的范围包括两类:

一类是具备出口条件,给予退税的消费品。这类消费品必须具备四个条件:属于消费税征税范围的消费品;取得《税收(出口产品专用)缴款书》、增值税专用发票(税款抵扣联)、出口货物报关单(出口退税联)、出口收汇单证;必须报关离境;在财务上作出口销售处理。

另一类是不具备出口条件,也给予退税的消费品。例如,对外承包工程公司运出境外用于对外承包项目的消费品,外轮供应公司、远洋运输供应公司销售给外轮、远洋货轮而收取外汇的消费品等。

有些消费品虽具备出口条件,但不给予退税待遇。如援外出口货物、国家禁止出口的货物等。

3. 退税的计算

当出口的货物是应税消费品时,其退还增值税要按规定的退税率计算,而其退还消费税则按应税消费品所适用的消费税税率计算。企业应将不同消费税税率的出口应税消费品分开核算和申报,凡划分不清适用税率的,一律从低适用税率计算应退消费税税额。

在计算退税时，对采用比例税率征税的消费品，其退税依据是从工厂购进货物时，计算征收消费税的价格。对含增值税的购进金额应换算成不含增值税的金额，作为计算退税的依据。

应退消费税税款＝出口货物的工厂销售额×税率

对采用固定税率征收消费税的消费品，其退税依据是出口报关的数量。

应退消费税税款＝出口数量×单位税额

出口的应税消费品办理退税后，发生退关，或者国外退货进口时予以免税的，报关出口者必须及时向其机构所在地或者居住地主管税务机关申报补缴已退的消费税税款。纳税人直接出口的应税消费品办理免税后，发生退关或者国外退货，进口时已予以免税的，经机构所在地或者居住地主管税务机关批准，可暂不办理补税，待其转为国内销售时，再申报补缴消费税。

专栏 4-3

增税是美国烟草消费政策一个经久不衰的主题①

自 1942 年 12 月 1 日开征烟草消费税以来，美国政府一直对烟草实行增税政策，主要是基于四个方面的原因：(1) 维护消费者身体健康；(2) 增加政府财政收入；(3) 矫正烟草消费的外部负效应，通过对烟草制品不断增税的经济手段迫使烟草消费者补偿对环境和他人造成的负面影响；(4) 赚取财政收入，从瘾君子那里赚取一笔可观的财富。即便在里根政府执行供应学派所倡导的减税政策时期，对烟草消费实行增税政策的格调也没有改变。

美国 2000 年平均每盒卷烟纳税 0.76 美元，比 1999 年的 0.65 美元增长了 16.9%。2002 年 1 月哥伦比亚特区和美联邦领地波多黎各均提高了卷烟税率，拉开了新一轮增税序幕。新泽西州从 2003 年 7 月 1 日开始的财政年度起烟草税提高 55%，成为烟草税率最高的州，也使每盒卷烟的平均纳税额升至 2.05 美元。与以前相比，本次增税的主要目的更加体现了对消费者身体健康的关注和维护。美国疾病控制和防治中心研究报告表明，烟草工业尽管可以给一国经济带来有形的税收好处，但对其经济造成的有形和无形伤害却超出了税收带来的好处。在美国，每销售一包香烟，联邦政府可得到 0.8 美元的税收，但却要为此付出 7.18 美元的代价，其中 3.73 美元用来支付烟民医疗费用的上升，另外的 3.45 美元是烟民因吸烟导致的劳动生产率下降等方面的损失。

尽管布什政府一直反对增加商品税，但是，各州和地方政府依然在布什政府减税政策的夹缝中采取了增加烟草消费税的政策措施。2004 年 6 月 24 日，密歇根州

① 资料来源：马衍伟、周蕙、吴小海，美国的烟草消费税，中国财政，2005.10。

长签署了一项法案，从当年7月1日开始将每包烟的烟税提高75%达到每包2美元，成为烟草税率第二高的州。

第三节　消费税的计税依据与税额计算

在所有消费税应税项目中，大部分实行比例税率，也有一些实行定额税率和复合税率。消费税确定计税依据和计算应纳税额的办法可分为从价定率、从量定额、从价定率和从量定额相结合的复合计税方法（以下简称复合计税）三种。

纳税人销售的应税消费品，以人民币计算销售额。若以人民币以外的货币结算销售额的，应当折合成人民币计算。折合率可以选择销售额发生的当天或者当月1日的人民币汇率中间价；纳税人应在事先确定采用何种折合率，确定后一年内不得变更。

一、从价定率计算

采用从价定率计算的应税消费品其计税依据是应税消费品的销售额。由于消费税和增值税实行交叉征收，消费税实行价内税，增值税实行价外税，这种情况决定了实行从价定率征收的消费品，其消费税税基和增值税税基是一致的，即都是以含消费税而不含增值税的销售额作为计税基数。消费税应纳税额的计算公式为

应纳税额＝销售额×税率

销售额为纳税人销售应税消费品向购买方收取的全部价款和价外费用。“价外费用”是指价外向购买方收取的手续费、补贴、基金、集资费、返还利润、奖励费、违约金、滞纳金、延期付款利息、赔偿金、代收款项、代垫款项、包装费、包装物租金、储备费、优质费、运输装卸费以及其他各种性质的价外收费。但下列项目不包括在内。

(1) 同时符合以下两个条件的代垫运输费用：承运部门的运输费用发票开具给购买方的；纳税人将该项发票转交给购买方的。

(2) 同时符合以下三个条件代为收取的政府性基金或者行政事业性收费：由国务院或者财政部批准设立的政府性基金，由国务院或者省级人民政府及其财政、价格主管部门批准设立的行政事业性收费；收取时开具省级以上财政部门印制的财政票据；所收款项全额上缴财政。

其他价外费用，无论是否属于纳税人的收入，均应并入销售额计算征税。

此外，作为计算消费税依据的“销售额”不包括应向购买方收取的增值税税额。

如果纳税人应税消费品的销售额中未扣除增值税税款或者因不得开具增值税专用发票而发生价款和增值税税款合并收取的，在计算消费税时，应当换算为不含增值税的销售额。其换算公式为

应税消费品的销售额＝含增值税的销售额÷(1＋增值税税率或征收率)

实行从价定率办法计算应纳税额的应税消费品连同包装销售的，无论包装是否单独计价，也不论在会计上如何核算，均应并入应税消费品的销售额中征收消费税。如果包装物不作价随同产品销售，而是收取押金，此项押金则不应并入应税消费品的销售额中征税。但对因逾期未收回的包装物不再退还的或者已收取时间超过12个月以上的押金，应并入应税消费品的销售额，按照应税消费品的适用税率征收消费税。

对既作价随同应税消费品销售，又另外收取押金的包装物押金，凡纳税人在规定的期限内没有退还的，均应并入应税消费品的销售额，按照应税消费品的适用税率缴纳消费税。

对销售除啤酒、黄酒外的其他酒类产品收取的包装物押金，无论押金是否返还与会计上如何核算，均需并入酒类产品销售额中，依酒类产品的适用税率征收消费税。

二、从量定额计算

实行从量定额征收办法的应税消费品的计税依据，是应税消费品的销售量。消费税应纳税额的计算公式为

应纳税额＝销售数量×单位税额

这里销售数量指应税消费品的数量，具体为：

(1) 销售应税消费品的，为应税消费品的销售数量；

(2) 自产自用应税消费品的，为应税消费品的移送使用数量；

(3) 委托加工应税消费品的，为纳税人收回的应税消费品的数量；

(4) 进口应税消费品的，为海关核定的应税消费品进口征税数量。

我国消费税对黄酒、啤酒、成品油等实行定额税率，采用从量定额的方法征税。但是，在实际销售过程中，一些纳税人往往将计量单位混用，为了规范不同产品的计量单位，以便准确计算应纳税额，现行消费税政策规定换算标准如下：

黄酒：1吨＝962升

啤酒：1吨＝988升

汽油：1吨＝1 388升

柴油：1吨＝1 176升

航空煤油：1吨＝1 246升

石脑油:1 吨=1 385 升

溶剂油:1 吨=1 282 升

润滑油:1 吨=1 126 升

燃料油:1 吨=1 015 升

三、复合计税方法

卷烟、白酒采用从量定额和从价定率相结合的复合计税方法。其应纳税额计算公式为

应纳税额=应税销售额×比例税率+销售数量×定额税率

卷烟从量定额税的计量单位为“支”。白酒从量定额税的计量单位为商品重量“斤”,如果实际销售商品是按体积标注计量单位的,应按 500 毫升为 1 斤换算,不得按酒度折算。

生产销售卷烟、白酒从量定额计税依据为实际销售数量。进口、委托加工、自产自用卷烟、粮食白酒、薯类白酒从量定额计税依据分别为海关核定的进口征税数量、委托方收回数量、移送使用数量。

【例】 某酿酒厂为小规模纳税人,该企业销售自产的粮食白酒 1 000 斤,普通发票注明的销售价款为 12 360 元(含增值税的销售额)。计算该企业应纳消费税和增值税。

解 应税消费品的销售额=12 360÷(1+3%)=12 000(元)

应纳消费税=1 000×0.5+12 000×20%=2 900(元)

应纳增值税=12 000×3%=360(元)

四、消费税计税依据的其他规定

消费税制度虽然明确规定,在从价定率或者复合计税方法中,以应税产品销售额作为(主要)计税依据,但在实际经济活动中,会出现应税产品价格偏低或者无销售额的情况。这些情况企业如何计税?以什么作为计税依据?消费税制度对此进行了相应的规定。

1. 计税价格的核定

为了防范企业有意识地逆法避税,如果应税消费品计税价格明显偏低且无正当理由的,消费税制度规定税务机关有权核定其计税价格。应税消费品计税价格的核定权限规定如下。

(1) 卷烟、白酒和小汽车的计税价格由国家税务总局核定,送财政部备案。

卷烟生产环节消费税最低计税价格由国家税务总局核定并下达。卷烟工业环节纳税人销售的卷烟,应按实际销售价格申报纳税,实际销售价格低于最低计税价

格的，按照最低计税价格申报纳税。

为防止一些白酒生产企业利用低价销售白酒给关联性质销售公司以逃避生产环节征收白酒消费税的行为，从 2009 年 8 月 1 日起，按国家税务总局有关规定对计税价格偏低的白酒核定消费税最低计税价格。

白酒生产企业销售给销售单位的白酒，生产企业消费税计税价格低于销售单位对外销售价格（不含增值税）70%以下的，税务机关应核定消费税最低计税价格。核定标准即根据生产规模、白酒品牌、利润水平等情况在销售单位对外销售价格 50%至 70%范围内自行核定；其中生产规模较大，利润水平较高的企业生产的白酒，核价幅度原则上应选择在 60%至 70%范围内。

已核定最低计税价格的白酒，生产企业实际销售价格高于最低计税价格的，按实际销售价格申报纳税；反之则按最低计税价格申报纳税。已核定最低计税价格的白酒，销售单位对外销售价格持续上涨或下降时间达到 3 个月以上、累计上涨或下降幅度在 20%（含）以上的，税务机关重新核定最低计税价格。

（2）其他应税消费品的计税价格由各省、自治区、直辖市国家税务机关核定。

（3）进口的应税消费品的计税依据由海关核定。

2. 自产自用应税消费品的计税依据

纳税人自产自用的应税消费品，用于连续生产应税消费品的，不纳税。所谓"纳税人自产自用的应税消费品，用于连续生产应税消费品的"，是指作为生产最终应税消费品的直接材料，并构成最终产品实体的应税消费品。例如，化妆品厂生产的化妆品，已经是应税消费品，如果用于连续生产应纳消费税的成套化妆品，那么用于连续生产成套化妆品的化妆品就不需要缴纳消费税，只对生产的成套化妆品征收消费税。税法这样规定，体现了税不重征和计税简便的原则，避免了重复征税。

纳税人自产自用的应税消费品，除用于连续生产应税消费品以外，凡用于其他方面的，于移送使用时纳税。所谓"用于其他方面"，是指纳税人用于生产非应税消费品和在建工程、管理部门、非生产机构、提供劳务以及用于馈赠、赞助、集资、广告、样品、职工福利、奖励等方面的应税消费品。

纳税人将自产应税消费品用于非连续生产应税消费品以外的其他方面，虽然并没有取得销售收入，但是却同样要视同销售计征消费税。这是因为，如果企业以外购的应税消费品用于非连续生产应税消费品以外的其他方面，其外购价款中含有消费税税金。为了平衡外购应税消费品与自产应税消费品之间的税负，使企业无论是使用外购应税消费品，还是用自产的应税消费品，其价款中都同样含有税金。因此，企业自产的应税消费品虽然没有用于销售或连续生产应税消费品，但只要用于税法规定的范围都要视同销售，依法缴纳消费税。

纳税人自产自用的应税消费品，应当纳税的，按照纳税人生产的同类消费品的销售价格计算纳税；没有同类消费品销售价格的，按照组成计税价格计算纳税。

同类消费品的销售价格是指纳税人或者代收代缴义务人当月销售的同类消费品的销售价格。如果当月同类消费品各期销售价格高低不同，应按销售数量加权平均计算。但销售的应税消费品有下列情况之一的，不得列入加权平均计算：销售价格明显偏低又无正当理由的；无销售价格的。如果当月无销售或者当月未完结，应按照同类消费品上月或最近月份的销售价格计算纳税。

实行从价定率办法计算纳税的组成计税价格计算公式为

组成计税价格＝(成本＋利润)÷(1－比例税率)

实行复合计税办法计算纳税的组成计税价格计算公式为

组成计税价格＝(成本＋利润＋自产自用数量×定额税率)÷(1－比例税率)

上述公式中所说的“成本”，是指应税消费品的产品生产成本。

上述公式中所说的“利润”，是指根据应税消费品的全国平均成本利润率计算的利润。应税消费品全国平均成本利润率由国家税务总局确定。全国平均成本利润率规定如表 4-2 所示。

表 4-2　全国平均成本利润率表

项　目	成本利润率	项　目	成本利润率
(1) 高尔夫球及球具	10%	(11) 薯类白酒	5%
(2) 高档手表	20%	(12) 其他酒	5%
(3) 游艇	10%	(13) 酒精	5%
(4) 木制一次性筷子	5%	(14) 化妆品	5%
(5) 实木地板	5%	(15) 鞭炮、焰火	5%
(6) 甲类卷烟	10%	(16) 贵重首饰及珠宝玉石	6%
(7) 乙类卷烟	5%	(17) 汽车轮胎	5%
(8) 雪茄烟	5%	(18) 摩托车	6%
(9) 烟丝	5%	(19) 乘用车	8%
(10) 粮食白酒	10%	(20) 中轻型商用客车	5%

【例】 某化妆品公司将一批自产特制的化妆品用作职工福利，查知无同类产品销售价格。这批化妆品的生产成本为 9 800 元，计算其应纳消费税。

解　组成计税价格＝(成本＋利润)÷(1－消费税比例税率)

＝(9 800＋9 800×5%)÷(1－30%)＝14 700(元)

应纳消费税＝组成计税价格×税率＝14 700×30%＝4 410(元)

3. 委托加工应税消费品的计税依据

社会分工的细化和专业化生产与协作的加强，使得委托加工成为经济活动中一种常见的现象，委托加工消费税应税消费品也成为一种普遍现象。

消费税制度所称委托加工应税消费品，是指由委托方提供原料和主要材料，受托方只收取加工费和代垫部分辅助材料加工的应税消费品。对于由受托方提供原材料生产的应税消费品，或者受托方先将原材料卖给委托方，然后再接受加工的应税消费品，以及由受托方以委托方名义购进原材料生产的应税消费品，不论在财务上是否作销售处理，都不得作为委托加工应税消费品，而应当按照销售自制应税消费品缴纳消费税。

之所以将委托加工应税消费品的税务处理单列出来，并且强调其限定条件，这是因为：委托加工应税消费品是由受托方代收代缴消费税的，且受托方只就其加工劳务缴纳增值税。如果加工企业有意将生产应税消费品转换为受托加工形式，则只须就加工费缴纳增值税，从而逃避生产业务应纳消费税的责任。因此，为堵塞税收漏洞，有必要严格确定委托加工应税消费品的条件。

按照消费税政策规定，委托加工的应税消费品，除受托方为个人外，委托方是法定的纳税义务人，受托方是法定的代收代缴义务人，由受托方在向委托方交货时代收代缴税款。委托个人加工的应税消费品，由委托方收回后在委托方所在地缴纳消费税。委托加工的应税消费品直接出售的，由于已经缴纳过消费税，为体现税不重征的原则，不再缴纳消费税。

委托加工的应税消费品，按照受托方的同类消费品的销售价格计算纳税；没有同类消费品的销售价格的，按照组成计税价格计算纳税。这里“同类消费品的销售价格”与确定自产自用的应税消费品计税依据中所提“同类消费品的销售价格”含义等同。

实行从价定率办法计算纳税的组成计税价格计算公式：

$$组成计税价格=(材料成本+加工费)\div(1-比例税率)$$

实行复合计税办法计算纳税的组成计税价格计算公式：

$$组成计税价格=(材料成本+加工费+委托加工数量\times定额税率)\div(1-比例税率)$$

上述公式中所说的“材料成本”，是指委托方所提供加工材料的实际成本。委托加工应税消费品的纳税人，必须在委托加工合同上如实注明（或以其他方式提供）材料成本，凡未提供材料成本的，受托方所在地主管税务机关有权核定其材料成本。从这一条规定可以看出，税法对委托方提供原料和主要材料，并要以明确的方式如实提供材料成本，要求是很严格的，其目的就是为了防止假冒委托加工应税消费品或少报材料成本、逃避纳税的现象。

上述公式中所说的“加工费”，是指受托方加工应税消费品向委托方所收取的全部费用(包括代垫辅助材料的实际成本,不包括增值税税金)。这是税法对受托方的要求。受托方必须如实提供向委托方收取的全部费用,这样才能既保证组成计税价格及代收代缴消费税准确地计算出来,也使受托方按加工费得以正确计算其应纳的增值税。

【例】 甲企业为酒类生产企业一般纳税人,在农村收购粮食100吨,取得收购凭证一张,注明金额1 000万元,将粮食委托乙企业加工成白酒10吨,乙企业开具增值税发票上注明加工费100万元,税金17万元,乙企业无同类型白酒。甲企业将白酒全部收回后自行销售,取得不含税销售额1 500万元,开具增值税专用发票。计算甲企业应纳消费税和增值税。

解 委托加工白酒的消费税由乙企业代收代缴,但甲企业为纳税义务人。由于无同类产品销售价格,故计算组成计税价格。

$$\text{收购粮食可以计算扣除增值税进项税额}=1\ 000\times13\%=130(\text{万元})$$

$$\text{粮食收购成本}=1\ 000\times(1-13\%)=870(\text{万元})$$

$$\text{委托加工的白酒定额税}=10\times2\ 000\times0.5\div10\ 000=1(\text{万元})$$

$$\begin{aligned}\text{委托加工白酒消费税组成计税价格}&=(870+100+1)\div(1-20\%)\\&=1\ 213.75(\text{万元})\end{aligned}$$

$$\text{委托加工白酒应纳消费税}=1\ 213.75\times20\%+1=243.75(\text{万元})$$

委托加工收回的白酒对外销售,不再缴纳消费税,但应缴纳增值税。

$$\text{应纳增值税}=\text{销项税额}-\text{进项税额}=1\ 500\times17\%-(130+17)=108(\text{万元})$$

案例研究 4-1

委托加工还是自行生产[①]

美兰化妆品厂主要生产化妆品及高级护肤护发品,某月该公司欲将购进的50万元的化妆品原料加工成高档化妆品销售。据生产部门测算,如果自行生产,则需花费人工费及分摊费用37.5万元。而如果按同样的生产要求和标准委托协作企业丹兰日化公司生产,对方需收取加工费也为37.5万元,且对方无同类产品。根据生产要求和标准,委托丹兰日化公司生产的化妆品品质与自行生产的没有差异。两种情况下生产的化妆品,美兰公司都可以对外销售并实现销售收入200万元。化妆品消费税税率为30%。

在成本、费用、产品品质都相当的情况下,美兰化妆品厂应选择哪种生产方式呢?两种生产方式的纳税和盈利情况有什么不同呢?我们来进行如下测算。

方案一:自行生产

---

① 资料来源:王韬、刘芳,企业税收筹划(第一版),北京:科学出版社,2002。

自行生产的应税消费品对外销售时，计算缴纳消费税。

应缴消费税=200×30%=60(万元)

这笔业务的利润=200－50－37.5－60=52.5(万元)

方案二：委托加工

美兰化妆品厂向受托方支付加工费，由受托方在交货时代收代缴消费税。

消费税组成计税价格=(50+37.5)/(1－30%)=125(万元)

应缴消费税=125×30%=37.5(万元)

收回的化妆品直接对外销售时，可以不再缴纳消费税。假设不考虑其他期间费用，则

这笔业务的利润=200－50－37.5－37.5=75(万元)

将以上两种方案对比，我们不难发现：在各相关因素相同的情况下，企业自行生产应税消费品较之委托加工应税消费品，其税负较重，利润较少。本例中，自行生产方式比委托加工方式多缴消费税 22.5 万元，利润随之也减少 22.5 万元。为什么会形成这种差距呢？

其原因在于委托加工的应税消费品与自行生产应税消费品计算消费税的税基不同。委托加工方式下，由受托方代收代缴税款，税基为组成计税价格(相当于委托加工成本)或受托方同类产品销售价格；自行生产方式下，于对外销售时计算缴纳消费税，税基为对外销售价格。一般情况下，委托方收回委托加工的应税消费品要以高于委托加工成本的价格对外销售，并且消费税应税消费品的利润率一般都较高，就是说，同等条件下，自行生产的应税消费品对外销售价格会超过委托加工成本，由此造成两种加工方式下税负的差距，进而导致利润的差距。

消费税是价内税，由企业在所得税税前承担，其大小直接影响企业的利润水平，税收筹划时一定要考虑这种税的税收负担。如果其他因素相同，在委托加工应税消费品与自行生产应税消费品之间，企业所承担的消费税是由区别的，由此也可以导致利润的区别。企业可以根据实际生产经营情况选择适合自身的生产方式。

4. 进口应税消费品的计税依据

纳税人进口应税消费品，以进口商品总值为征税对象，其构成要素包括进口商品到岸价格、关税和消费税三部分。进口的应税消费品计算缴纳消费税时，以组成计税价格为计税依据。

实行从价定率办法计算纳税的组成计税价格计算公式：

组成计税价格=(关税完税价格+关税)÷(1－消费税比例税率)

实行复合计税办法计算纳税的组成计税价格计算公式：

组成计税价格＝(关税完税价格＋关税＋进口数量×消费税定额税率)
÷(1－消费税比例税率)

公式中所称“关税完税价格”，是指海关核定的关税计税价格。

【例】 某公司从国外进口一批化妆品，经海关核定该批化妆品的关税完税价格为56万元，进口关税税率为25%，消费税税率为30%。计算该公司应纳消费税。

解 组成计税价格＝(56＋56×25%)÷(1－30%)＝100(万元)

应纳消费税＝100×30%＝30(万元)

实行从量定额办法计征的应税消费品的应纳税额的计算公式：

应纳税额＝应纳消费品数量×消费税单位税额

“应纳消费品数量”是指海关核定的应税消费品进口征税数量。

特别地，对于进口卷烟，按照以下程序计算应纳消费税。

(1) 按照每标准条进口卷烟(200支)确定消费税适用比例税率的价格。

消费税适用比例税率价格＝(关税完税价格＋关税＋消费税定额税率)
÷(1－消费税税率)

其中，关税完税价格和关税为每标准条的关税完税价格及关税税额；消费税定额税率为每标准条(200支)0.6元(依据现行消费税定额税率折算而成)；消费税税率固定为30%。这里使用30%的税率，其目的不是为了计算消费税，而是为了计算“价格”。

(2) 确定消费税适用比例税率。如果每标准条进口卷烟(200支)确定消费税适用比例税率的价格≥70元人民币的，适用比例税率为56%；如果此价格＜70元人民币的，适用比例税率为36%。

(3) 计算进口卷烟消费税组成计税价格。

进口卷烟消费税组成计税价格＝(关税完税价格＋关税＋消费税定额税)
÷(1－进口卷烟消费税适用比例税率)

(4) 计算应纳消费税税额。

应纳税额＝进口卷烟消费税组成计税价格×消费税适用比例税率
＋消费税定额税

其中，消费税定额税＝海关核定的进口卷烟数量×消费税定额税率，消费税定额税率为0.003元/支，折合为每标准条(200支)0.6元或者每标准箱(50 000支)150元。

【例】 某烟草公司进口卷烟300标准箱，进口完税价格300万元，进口关税税率为20%。当月批发销售这批进口卷烟100标准箱，取得不含税销售额200万元。计算其应纳各种流转税。

解 ①确定每标准条进口卷烟消费税适用比例税率的价格：

$$\frac{3\ 000\ 000+3\ 000\ 000\times20\%+150\times300}{250\times300\div(1-30\%)}=69.43(\text{元/条})$$

其中每标准箱卷烟折合为250标准条。

② 确定计算消费税适用的税率。由于69.43元＜70元，确定比例税率为36%。

③ 进口卷烟消费税组成计税价格：

$$(3\ 000\ 000+3\ 000\ 000\times20\%+150\times300)\div(1-36\%)=5\ 695\ 312.50(\text{元})$$

④ 进口卷烟应纳消费税：

$$5\ 695\ 312.50\times36\%+150\times300=2\ 095\ 312.5(\text{元})$$

⑤ 进口卷烟应缴纳增值税：

$$5\ 695\ 312.5\times17\%=968\ 203.125\ (\text{元})$$

⑥ 批发销售进口卷烟应纳增值税：

$$\text{销项税额}-\text{进项税额}=2\ 000\ 000\times17\%-968\ 203.125=-628\ 203.125(\text{元})$$

即有628 203.125元的增值税可以留待以后抵扣。

⑦ 批发销售进口卷烟应纳消费税：

$$2\ 000\ 000\times5\%=100\ 000(\text{元})$$

5. 外购或委托加工收回的已税消费品已纳税款的扣除

对应税消费品计征消费税，由于某些应税消费品是用外购或委托加工收回的已缴税的应税消费品为原料连续生产出来的，在对这些连续生产出来的应税消费品计算征税时，允许按规定扣除原料已纳税款。扣除方法为：按当期生产领用原料金额（买价）计算准予扣除外购或委托加工收回的应税消费品已纳的消费税税款。

当期领用原料买价＝期初库存的原料买价＋当期购进的原料买价
－期末库存的原料买价

允许扣除原料已纳消费税额的消费品有：

(1) 以已税杆头、杆身和握把为原料生产的高尔夫球杆；

(2) 以已税木制一次性筷子为原料生产的木制一次性筷子；

(3) 以已税实木地板为原料生产的实木地板；

(4) 以已税石脑油为原料生产的应税消费品；

(5) 以已税润滑油为原料生产的润滑油；

(6) 以已税烟丝为原料生产的卷烟；

(7) 以已税化妆品为原料生产的化妆品；

(8) 以已税珠宝玉石为原料生产的贵重首饰及珠宝玉石；

(9) 以已税鞭炮焰火为原料生产的鞭炮焰火；

(10) 以已税汽车轮胎(内胎和外胎)生产的汽车轮胎;

(11) 以已税摩托车生产的摩托车。

注意,以已税酒和酒精为原料生产的酒,已纳消费税税款已经不准予抵扣。

需要指出的是,外购或委托加工收回已税珠宝玉石生产的贵重首饰及珠宝玉石,其外购或委托加工收回的已税珠宝玉石所支付的消费税准予扣除,但用于生产改在零售环节征收消费税的金银首饰、钻石及钻石饰品不得扣除。

【例】 某化妆品公司长期委托某日用化工厂加工某种化妆品,收回后以其为原料继续生产高档化妆品销售。受托方一直按照同类化妆品每千克60元的销售价格代收代缴消费税,某年9月公司收回加工好的化妆品4 000千克,生产领用3 000千克,当月销售连续生产的化妆品800箱,每箱销售价格600元(不含增值税),化妆品适用的消费税税率为30%。计算当月该公司销售化妆品应纳消费税。

解 应纳消费税=800×600×30%-3 000×60×30%=90 000(元)

6. 应税消费品用于其他方面的规定

纳税人自产的应税消费品用于换取生产资料和消费资料,以及投资入股和抵偿债务等方面,应当按纳税人同类应税消费品的最高销售价格作为计税依据。

【例】 某汽车制造厂以自产小汽车20辆换取某钢厂生产的钢材若干,小汽车气缸容量为1.6升。该厂生产的同类型号小汽车销售价格:50%为12万元/辆,30%为8万元/辆,20%为10万元/辆。求该企业应纳消费税。

解 用自产的应税消费品换取生产资料,应该按照同类消费品的最高销售价格计算消费税。查知1.6升小汽车消费税率为5%。

应纳消费税=20×120 000×5%=120 000(元)

第四节 消费税的征收管理

从理论上说,消费税最终是要由消费者负担的,但消费税的纳税环节却并不在零售环节,而是确定在生产环节。其目的是为了防止税款流失,加强源泉控制。这样既可以减少纳税人的数量,从而降低征收费用和税源流失风险,又可以保证国家税款及时回收国库。另外,由于征收环节的提前和价内含税隐蔽性较大,还可以避免不必要的社会震动。

一、消费税的纳税环节

由于应税消费品有不同的来源,其消费税的纳税环节也各不相同。关于纳税环节的规定如下。

(1) 纳税人生产的应税消费品，在销售时纳税。

(2) 纳税人自产自用的应税消费品，用于连续生产应税消费品的不纳税，用于其他方面的在移送时纳税。

(3) 委托加工的应税消费品，除受托方为个人外，应由受托方在向委托方交货时代收代缴税款。委托个人加工的应税消费品，由委托方收回后缴纳消费税。

委托加工的消费品，委托方收回后用于连续生产应税消费品的，所纳税款准予按规定抵扣。

委托加工的应税消费品直接出售的，不再征收消费税。

(4) 进口的应税消费品，在报关进口时纳税。

二、消费税的纳税义务发生时间

(1) 纳税人生产销售的应税消费品，按不同的销售结算方式，其纳税义务的发生时间分别为：

纳税人采取赊销和分期收款结算方式的，为书面合同约定的收款日期的当天，书面合同没有约定收款日期或者无书面合同的，为发出应税消费品的当天；

纳税人采取预收货款结算方式的，为发出应税消费品的当天；

纳税人采取托收承付和委托银行收款方式的，为发出应税消费品并办妥托收手续的当天；

纳税人采取其他结算方式的，为收讫销售款或取得索取销售款凭据的当天。

(2) 纳税人自产自用的应税消费品，其纳税义务的发生时间为移送使用的当天。

(3) 纳税人委托加工的应税消费品，其纳税义务的发生时间为纳税人提货的当天。

(4) 纳税人进口的应税消费品，其纳税义务的发生时间为纳税人报关进口的当天。

三、消费税的纳税地点

(1) 纳税人销售的应税消费品，以及自产自用的应税消费品，除国务院财政、税务主管部门另有规定外，应当向纳税人机构所在地或者居住地的主管税务机关申报纳税。

纳税人的总机构与分支机构不在同一县(市)的，应当分别向各自机构所在地的主管税务机关申报纳税；经财政部、国家税务总局或者其授权的财政、税务机关批准，可以由总机构汇总向总机构所在地的主管税务机关申报纳税。

(2) 委托加工的应税消费品，除受托方为个人外，由受托方向机构所在地或者居住地的主管税务机关解缴消费税税款。

委托个人加工的应税消费品，由委托方自行向其机构所在地或者居住地主管税务机关申报纳税。

(3) 进口的应税消费品，由进口人或者其代理人向报关地海关申报纳税。此外，个人携带或者邮寄进境的应税消费品，连同关税由海关一并计征。

(4) 纳税人到外县(市)销售或委托外县(市)代销自产应税消费品的，应事先向其所在地主管税务机关提出申请，并于应税消费品销售后，向机构所在地或者居住地的主管税务机关申报纳税。

四、消费税的纳税期限

消费税的纳税期限，分别为1日、3日、5日、10日、15日、1个月或者1个季度。纳税人的具体纳税期限，由主管税务机关根据纳税人应纳税额的大小分别核定；不能按照固定期限纳税的，可以按次纳税。

纳税人以1个月或者1个季度为一期纳税的，自期满之日起15日内申报纳税；以1日、3日、5日、10日或者15日为一期纳税的，自期满之日起5日内预缴税款，于次月1日起15日内申报纳税并结清上月应纳税款。

纳税人进口应税消费品，应当自海关填发海关进口消费税专用缴款书之日起15日内缴纳税款。

练习题

一、填空题

1. 消费税的征税对象是在我国境内________、________、________的特定消费品。

2. 甲企业委托乙企业加工应税消费品，则消费税的纳税人是________，由________在________(时间)向________地的主管税务机关解缴税款。

3. 乙企业为流通企业，委托王先生个人加工鞭炮焰火，则消费税的纳税人是________，由________在________(时间)向________地的主管税务机关申报纳税。

4. 纳税人兼营两种不同税率的应税消费品，未分别核算销售额，则应________确定适用税率。

5. 消费税是选择部分消费品征收的，目前我国的消费税共列举________个税目的征税范围，并且存在三种计税方法，分别为________、________、________。

6. 进口的应税消费品计算缴纳消费税，除按从量定额方法计税的以外，以________价格为计税依据。

二、判断题

1. 我国现行消费税是同增值税相互配合而设置的。这种办法在对某些需要特殊调节的消费品在征收增值税的同时，再征收一道消费税，从而形成了一种交叉调节的间接税体系。（　　）

2. 纳税人把自产自用的应税消费品用作广告或样品的，也应于移送使用时按销售应税消费品计算纳税。（　）

3. 纳税人进口应税消费品，按照组成计税价格和规定的消费税税率计算应纳消费税税额。其组成计税价格的计算公式是：组成计税价格＝关税完税价格＋关税。（　　）

4. 对应税消费品征收消费税后，不再征收增值税。（　　）

5. 应税消费品的销售额，是指纳税人销售应税消费品向购买方收取的全部价款和价外费用，其中也包括向购买方收取的增值税税额。（　　）

6. 纳税人兼营不同税率的应税消费品，如果未分别核算不同税率应税消费品的销售额、销售数量，或者将不同税率的应税消费品组成成套消费品销售的，从高适用税率。（　）

7. 某金店委托某加工厂加工金银珠宝首饰一批，其消费税应由加工厂向国家缴纳，因而纳税人为首饰加工厂。（　　）

8. 某橡胶制品厂将自产汽车轮胎用于本厂汽车队大修理，由于是本厂内部使用，只进行成本转账，故不纳消费税。（　　）

9. 纳税人销售应税消费品，作为计税依据的销售额，不仅包括向购买方收取的全部价款，而且包括收取的价外费用。（　　）

10. 某卷烟厂为内部接待特制卷烟一批，由于未对外销售，故不纳税。（　　）

11. 境内生产的应税消费品一律不减免消费税。（　　）

12. 纳税人委托个体经营者加工应税消费品，一律于委托方收回后在委托方所在地缴纳消费税。（　　）

13. 对应税消费品征收消费税与征收增值税的征税环节是一样的，都是在应税消费品的批发、零售环节征收。（　　）

14. 在现行消费税的征税范围中，仅卷烟和白酒采用从价定率和从量定额相结合的复合计税方法。（　　）

15. 纳税人自产自用的应税消费品用于连续生产应税消费品的不纳税；用于生产非应税消费品的，于移送使用时纳税。（　　）

16. 委托加工应税消费品的组成计税价格计算公式中，加工费包括实际的加

工费和辅助材料费等向委托方收取的全部费用，也包括增值税税金。（　　）

17. 委托加工的应税消费品受托方在交货时已代收代缴消费税，委托方收回后直接出售的，应征收消费税，同时抵扣已被代收代缴的消费税。（　　）

18. 对销售白酒收取的包装物押金，于销售时并入销售额计征消费税。（　　）

三、选择题

1. 下列货物征收消费税的有（　　）

A. 啤酒　　B. 汽车轮胎　　C. 保健食品　　D. 金银首饰

2. 下列各项中，不征收消费税的有（　　）。

A. 用于本企业基建工程的应税消费品

B. 用于奖励员工销售业绩的应税消费品

C. 用于本企业连续生产的应税消费品

D. 用于捐助慈善机构的应税消费品

3. 以下应税消费品中，不适用复合计税的有（　　）。

A. 粮食白酒　B. 薯类白酒　　C. 黄酒　　D. 卷烟

4. 下列各项不同用途的应税消费品应纳消费税的有（　　）。

A. 委托加工的应税消费品（受托方已代收代缴消费税），委托方收回后用于直接销售的

B. 自产自用的应税消费品，用于连续生产应税消费品的

C. 委托加工的应税消费品（受托方已代收代缴消费税），委托方收回后用于连续生产的应税消费品

D. 自产自用的应税消费品，用于在建工程的

5. 下列情形的应税消费品，以纳税人同类应税消费品的最高销售价格作为计税依据计算消费税的有（　　）。

A. 用于抵债的应税消费品　　B. 用于馈赠的应税消费品

C. 用于换取消费资料的应税消费品　　D. 对外投资入股的应税消费品

6. 消费税纳税人发生下列应税行为，其具体纳税地点是（　　）。

A. 纳税人到外县（市）销售应税消费品的，应向销售地税务机关申报缴纳消费税

B. 进口应税消费品，由进口人或者其代理人向报关地海关申报纳税

C. 委托加工应税消费品的，除委托方是个人的，由受托方向其所在地主管税务机关解缴消费税税款

D. 纳税人直接销售应税消费品的，应当向纳税人机构所在地或者居住地主管税务机关申报纳税

7. 纳税人用委托加工收回的应税消费品连续生产应税消费品，在计算纳税时，其委托加工应税消费品的已纳消费税税款应按下列办法处理(   )。

A. 该已纳税款当期可全部扣除

B. 该已纳税款不得扣除

C. 该已纳税款当期可扣除50%

D. 可对收回的委托加工应税消费品当期生产领用部分的已纳税款予以扣除

8. 下列各项中，纳税人缴纳消费税的是(   )。

A. 将自产的应税消费品用于职工福利

B. 随同应税消费品销售而取得的包装物作价收入

C. 将自产的应税消费品用于连续生产应税消费品

D. 销售应税消费品而收取的超过一年以上的包装物押金

9. 下列消费税纳税义务发生时间不正确的是(   )。

A. 纳税人采用分期收款结算方式的，其纳税义务发生时间为销售合同规定的收款日期的当天

B. 纳税人采取预收货款结算方式销售应税消费品的，其纳税义务发生时间，为收到预收货款的当天

C. 纳税人进口的应税消费品，其纳税义务发生时间，为报关进口的当天

D. 纳税人采取托收承付方式销售应税消费品的，其纳税义务发生时间，为发出应税消费品并办妥托收手续的当天

10. 进口按从价定率方法计算消费税的应税消费品，按照组成计税价格和规定的税率计算应纳消费税。其组成计税价格的计算公式是(   )。

A. 组成计税价格＝关税完税价格＋关税＋增值税

B. 组成计税价格＝关税完税价格＋关税

C. 组成计税价格＝(关税完税价格＋关税)÷(1－消费税税率)

D. 组成计税价格＝(关税完税价格＋关税)÷(1＋消费税税率)

11. 以下关于消费税的纳税义务发生时间的说法中，正确的有(   )。

A. 纳税人委托加工的应税消费品，为纳税人提货的当天

B. 纳税人自产自用的应税消费品，为消费的当天

C. 纳税人预收货款结算方式的，为发出应税消费品的当天

D. 纳税人采取赊销收款结算方式的，为销售合同规定的收款日期的当天

12. 下列可以抵扣外购应税消费品的已纳税额的项目有(   )。

A. 为零售金银首饰而外购的金银首饰

B. 领用外购已税白酒勾兑白酒

C. 领用外购已税烟丝生产卷烟

D. 为生产化妆品而领用的酒精

13. 下列情形中属于出口免税但不退消费税的有(　　)。

A. 有出口经营权的生产型企业自营出口的应税消费品

B. 生产企业委托外贸企业代理出口自产的应税消费品

C. 有出口经营权的外贸企业受其他外贸企业委托代理出口的应税消费品

D. 有出口经营权的外贸企业购进应税消费品直接出口

14. 某酒厂 2009 年 1 月份生产一种新的粮食白酒，广告样品使用 0.8 吨，已知该种白酒无同类产品出厂价，生产成本每吨 50 000 元，成本利润率为 10%，粮食白酒定额税率为每斤 0.5 元，比列税率 20%。这批白酒应纳消费税为(　　)。

A. 10 000 元　　B. 10 800 元　　C. 11 200 元　　D. 12 000 元

15. 应税消费品的全国平均利润率由(　　)确定。

A. 省、自治区、直辖市税务局　　B. 国务院

C. 财政部　　D. 国家税务总局

16. 某外贸公司某年 3 月从生产企业购进烟丝一批，取得增值税专用发票注明价款 50 万元，增值税 8.5 万元，支付购烟丝的运输费用 3 万元，当月该批烟丝全部出口取得销售收入 60 万元。该外贸公司出口烟丝应退的消费税为(　　)。

A. 14 万元　　B. 15 万元　　C. 18 万元　　D. 12.9 万元

17. 下列各项中，有关消费税的纳税地点不正确的有(　　)。

A. 纳税人进口应税消费品的，在报关地海关申报纳税

B. 纳税人自产自用应税消费品，在纳税人核算地缴纳消费税

C. 纳税人的总分支机构不在同一县(市)的，应在总机构所在地缴纳消费税

D. 纳税人到外县销售自产应税消费品，应回核算地或所在地缴纳消费税

18. 某啤酒厂销售出厂价 3 000 元/吨以上的啤酒 20 吨给副食品公司，开具税控发票收取价款 58 000 元，收取包装物押金 3 000 元；销售出厂价 3 000 元/吨以下的啤酒 10 吨给宾馆，开具普通发票取得收入 32 760 元，收取包装物押金 1 500 元。该啤酒厂应缴纳的消费税是(　　)元。

A. 7 200　　B. 5 000　　C. 6 000　　D. 7 500

四、思考题

1. 消费税和增值税是流转类税中的两大税种，构成对流转额的交叉征税，请简述两大税种有何区别与联系。

2. 消费税主要体现国家的产业政策和消费政策，以及国家对经济进行宏观调

控手段的特征，其立法精神具体体现在哪些方面？

3. 请问消费税征税的环节有哪些？

五、计算题

1. 某汽车轮胎厂为增值税一般纳税人，2009 年 1 月发生如下经济业务。

(1) 销售汽车轮胎，开具的专用发票上注明的价款为 180 万元，增值税税额为 30.60 万元。

(2) 委托加工一批轮胎，拨付材料价值 26.8 万元，支付加工费 12 万元，受托厂开具的增值税专用发票本月已经过税务机关认定，受托方代扣代缴了消费税。该批汽车轮胎收回后直接销售，取得不含增值税收入 50 万元。

(3) 为生产汽车轮胎，本月购入一批汽车轮胎，取得的增值税专用发票上注明的价款、增值税税款分别为 60 万元、10.20 万元，本月已经过税务机关认定，并全部投入生产。

要求：计算该汽车轮胎厂 2009 年 1 月应纳的增值税和消费税。

2. 某化妆品厂既生产化妆品，也生产护肤护发品。为了促销，该厂将化妆品和护肤护发品组成成套销售，当月销出成套件 1 500 盒，每盒单价 240 元(为不含增值税单价)，其中含化妆品 150 元，含护肤护发品 90 元。请计算该厂当月应纳消费税税款。

3. 某啤酒厂生产销售甲、乙两种啤酒，甲啤酒每吨不含增值税价格 3 400 元，乙啤酒每吨不含增值税价格 2 500 元，两种啤酒均另收取包装物押金 300 元/吨。当月销售甲啤酒 200 吨、乙啤酒 300 吨，请计算应缴纳多少消费税？

4. 某化妆品厂甲是增值税一般纳税人，6 月发生下列业务：

(1) 外购化工材料 A，税控发票注明价款 20 000 元，税款 3 400 元；

(2) 外购化工材料 B，税控发票注明价款 20 000 元，税款 3 400 元；

(3) 将 A、B 材料验收后交运输公司运送到乙化妆品制造厂(一般纳税人)，委托其加工成香水精，支付运输公司运费 400 元，取得运费发票；

(4) 乙公司为加工该产品从小规模企业购入辅料，取得税务代开的增值税发票，价款 5 000 元，税款 200 元，乙公司收取甲化妆品厂加工费和代垫辅料费 8 000 元(不含增值税)，开具增值税专用发票；

(5) 甲化妆品厂将香水精收回投入生产，进一步加工成香水，并分装出厂取得含增值税销售额 100 000 元，支付销售运费 800 元。

假定上述取得发票都符合税法抵扣条件要求，请按以下顺序计算：

(1) 甲公司提货时应缴纳的消费税；

(2) 甲公司销售香水应缴纳的增值税；

(3) 甲公司销售香水应缴纳的消费税；

(4) 乙公司该业务应缴纳的流转税。

5. 某酒厂可以生产白酒和啤酒。2008 年 6 月该厂的生产销售情况如下：

(1) 外购粮食酒精 30 吨，增值税专用发票上注明的单价每吨 2 100 元；

(2) 当月用 23 吨粮食酒精及辅料生产粮食白酒 54 吨，销售了 50 吨，每吨 18 000元；

(3) 用剩余的酒精和辅料生产白酒 10 吨，每吨的实际生产成本为 8 500 元，这部分白酒用于抵偿债务，已知该白酒的每吨销售价格分别为8 000元，9 000元，10 000元；

(4) 当月销售啤酒 140 吨，每吨的出厂价为 3 500 元。

根据以上资料，回答下列问题：

(1) 用于抵偿债务的白酒应纳消费税为多少？

(2) 当月应纳的消费税为多少？

6. 某外贸进出口公司当月从海外进口 140 辆小汽车，每辆海关的关税完税价格为 8 万元，已知此类型小汽车关税税率为 11%，消费税税率为 5%。请计算进口这些小汽车应缴纳的消费税。

7. 某家电商场本月从国外进口一批气缸容量为 200 毫升的摩托车，到岸价格和关税共 900 000 元。该商场本月将进口摩托车全部零售售出，取得销售收入 1 267 000元。试计算该企业本月进口和销售摩托车应如何缴纳消费税和增值税。

8. 甲、乙两个卷烟厂签订委托加工合同，由甲厂提供烟叶一批，委托乙厂加工成烟丝。烟叶成本 900 000 元，乙厂收取加工费 150 000 元。当月甲厂将收回的烟丝全部用于生产卷烟，生产得到 1 000 箱卷烟，完工后全部批发销售取得收入(不含增值税)22 500 000 元。上述经济业务如何计算缴纳消费税？

9. 某地板生产厂 6 月发生下列业务：

(1) 向某林场购入原木 3 000 立方米，规定的收购凭证注明支付款项 300 000 元，请运输公司将上述原木运送回厂，支付运输费 1 000 元；

(2) 外购生产用油漆一批，取得增值税发票，注明价款 25 000 元，增值税 4 250 元，将其中 20%用于企业基建工程；

(3) 外购生产用粘胶一批，取得增值税发票，注明价款 10 000 元，增值税 1 700 元，将其中 10%赠送给购买企业木质地板的老客户；

(4) 从其他木地板厂购入未涂漆的木地板 50 箱，取得增值税发票，价款 180 000元，增值税 30 600 元，将 70%投入生产上漆；

(5) 数月前购入的一批原木因保管不善毁损，账面成本 31 680 元(含运费 1 395元)；

(6) 销售自产实木地板取得不含税收入 560 000 元。

上述需要认证的发票均经过认证，实木地板消费税税率 5%，要求计算该企业当期应纳的增值税和消费税。

10. 甲酒厂为增值税一般纳税人，某月发生以下业务：

(1) 从农业生产者手中收购粮食 30 吨，每吨收购价 2 000 元，共计支付收购价款 60 000 元；

(2) 甲酒厂将收购的粮食从收购地直接运往异地委托乙酒厂生产加工白酒，白酒加工完毕，甲酒厂收回白酒 8 吨，取得乙酒厂开具的防伪税控增值税专用发票，注明加工费 25 000 元，代垫辅料价值 15 000 元，加工的白酒当地无同类产品市场价格；

(3) 本月内甲酒厂将收回的白酒批发售出 7 吨，每吨不含税销售额 16 000 元；

(4) 另外支付给运输单位的销货运输费用 12 000 元，取得普通发票。

要求：

(1)计算乙酒厂应代收代缴的消费税和应纳增值税；

(2)计算甲酒厂应纳消费税和增值税。

11. 某外贸企业某月收购组织化妆品和鞭炮焰火出口，取得的增值税专用发票上分别注明化妆品外购金额 200 万元，增值税额 34 万元；鞭炮焰火外购金额 400 万元，增值税额 68 万元。化妆品和鞭炮焰火的国内运输、保险等费用分别为 10 万元和 20 万元，出口离岸价格分别为 250 万元和 480 万元。化妆品和鞭炮焰火的消费税税率分别为 30%和 15%。

要求：

(1) 计算外贸企业可获得的出口退消费税税额；

(2) 化妆品出口后因故发出退货而转为内销，取得含税销售收入 270 万元，假设化妆品退货进口时予以免税，确定外贸公司应补缴的消费税；

(3) 假设出口化妆品的不是外贸企业而是化妆品的生产企业，确定其应补缴的消费税。

12. 某卷烟生产企业为增值税一般纳税人，某月有关经营业务如下。

(1) 2 日向农业生产者收购烟叶一批，收购凭证上注明的价款 500 万元，并向烟叶生产者支付了国家规定的价外补贴；支付运输费用 10 万元，取得运输公司开具的运输发票，烟叶当期验收入库。

(2) 3 日领用自产烟丝一批，生产 A 牌卷烟 600 标准箱。

(3) 5 月从国外进口 B 牌卷烟 400 标准箱，关税完税价格为 289 万元。

(4) 16 日销售 A 牌卷烟 300 标准箱，每箱不含税售价 1.85 万元，款项收讫；将 10 标准箱 A 牌卷烟作为福利发给本企业职工。

(5) 25 日批发销售进口 B 牌卷烟 380 标准箱，取得不含税销售收入 720 万元。

(6) 外购防伪税控通用设备，取得的增值税专用发票注明价款 11 万元、增值税 1.87 万元。

(7) 30 日盘点，发现由于管理不善库存的外购已税烟丝霉烂变质，价值 15 万元(含运输费用 0.93 万元)。

(其他相关资料：B 牌卷烟的进口关税税率为 20%。)

请根据上面的经营事项回答：企业该月国内销售应缴纳的增值税和消费税。

第五章

营业税

营业税是以纳税人从事经营活动的营业额(销售额)为课税对象征收的一种税,在我国的税制中一直占有重要地位。新中国成立前,国民政府于1928年7月制定《营业税办法大纲》,1931年6月修改制定《营业税法》,开征此税。新中国成立以后,废止旧的营业税制,1950年政务院公布《工商业税暂行条例》,规定凡在中国境内的工商营利企业,均应按营业额于营业行为所在地缴纳营业税。1958年税制改革后,将货物税、商业流通税、印花税以及工商营利企业的营业税,合并为工商统一税。为了适应经济发展的要求,改变税制过于简单的状况,充分发挥不同税种的特定作用,国务院于1984年9月18日颁布了《营业税条例(草案)》,规定自同年10月1日起试行,将商业和服务业等行业单独征收营业税。随后,国务院于1993年颁布《营业税条例》并于1994年1月1日起实施,1984年颁布的《营业税条例(草案)》同时废止。

我国于2008年底对增值税、消费税、营业税制度都进行了重新调整。现在执行的营业税制度是2008年11月5日国务院第34次常务会议重新修订通过的《中华人民共和国营业税暂行条例》,本书将修订后的条例简称为"新营业税条例";2008年12月15日财政部、国家税务总局共同颁布《中华人民共和国营业税暂行条例实施细则》,本书将其简称为"新营业税实施细则"。

本章将介绍营业税的概念、特点和立法原则;营业税的征税范围、纳税义务人、税目及税率等税制要素;应纳税额的一般规定和具体规定;兼营行为、混合销售行为的营业税处理;营业税的税收优惠;以及纳税申报与缴纳。

第一节　营业税的概述

我国的营业税是对在我国境内提供应税劳务、转让无形资产或销售不动产的单位和个人,就其营业额征收的一种税。

一、营业税的特点

营业税与其他流转税相比,具有如下几个特点。

(1) 征收范围广泛。营业税的征收范围是交通运输业、建筑业、金融保险业、邮电通信业、文化体育业、娱乐业、服务业、转让无形资产和销售不动产。凡是在我国境内从事上述经营行为的单位和个人,都要缴纳营业税。随着我国经济的稳健发展,产业结构的调整,营业税的征收范围越来越广,财政收入也必然日益扩大。

(2) 按行业设计税目、税率。其他流转税如增值税、消费税是按产品类别来设计税目和税率的,营业税则是按不同的行业设计不同的税目、税率。因此,营业税具有很强的行业调节能力。

(3) 多环节总额课征。营业税以经营活动的营业额为计税依据，在流转环节征税，每取得一次收入就征一次税，具有多环节总额课征的特点。在这一点，营业税既不同于增值税按法定增值额征收，也不同于消费税的单一环节征收。

(4) 简便易行。营业税税目界限清楚，税率档次少，征税对象和计税依据易于确定，计算方法简单明了。征纳双方执行方便，不容易引起争议。

营业税收入稳定，涉及行业广泛，具有重要的财政意义和调节经济作用，因此在我国是一个重要税种，由于上述这些特点，营业税也是世界各国普遍实行的税种。

二、营业税的立法原则

营业税是地方税系中的主体税种。它的立法原则主要体现在以下方面。

(1) 广泛筹集财政资金。营业税的征收范围广泛，凡是在我国境内发生应税行为，并取得营业额，就要纳税，不论在城市还是乡村，不论内资企业还是外资企业。随着我国第三产业的不断发展，作为地方税收重要来源的营业税的收入也将逐步增长。因此，营业税在广泛筹集财政资金、促进地方经济发展等方面发挥着重要作用。

(2) 促进各行业协调发展。营业税按照不同行业的经营特点以及盈利水平的不同来设计征免界限，实行差别税率。对营业收入较高的娱乐业实行 20%的高税率；对于一些关系到国计民生的行业采用低税率，如交通运输业、邮电通信业、文化体育业等适用 3%的税率；对金融保险业、服务业适用 5%的税率；而对一些有利于社会稳定、发展的福利单位和教育、卫生部门则免税。这样的政策特点充分体现了营业税既保证财政收入，又照顾与人民生活密切相关行业发展的立法原则，以便充分发挥税收对第三产业的调节作用。

(3) 促进企业改善经营管理。营业税是按照行业来设计税率的，同一个行业的税率是相同的，所以企业取得的营业额相同，所缴纳的税金也相同。如果企业加强经营管理，降低成本费用，企业的利润就会增加；反之，如果企业的成本费用上升，企业利润就会下降。因此，营业税的立法原则不仅有利于激励企业不断开拓进取，同时也可以鞭策落后的企业改善经营管理。

专栏 5-1

营业税史话①

我国在历史上对于商人所课之税，其可考者，在周朝凡商贾衡虞皆有税。其

① 资料来源：傅兴亚，营业税史话，中国税收信息网，http://www.cn-tax.com/Article/ShowArticle.asp? ArticleID=3721，2009-08-27

后，汉武帝时有计算商贾钱缗，唐开办牙税，明代有门摊课钞，清季有铺间房税、当税，皆属于营业税性质惟所用名称不同。

对于现有营业税的名称，系始创于民国三年(1914)，其实名曰特种营业执照税，订有特种营业执照税条例。课税范围条例第一条规定为皮货、洋服、珠宝古玩、饭庄酒馆业等十三个行业。税率分为等级计算，按营业收入额由一千元以上至四十万元以上分为三等十三级，税率由一元起至一千元为止，每年分两次征收。实施以来，尚著成效。而民国四年(1915)春因认购公债、实行印花而缓办。九月，财政部为抵补次年政费之不敷，复经呈准举办普通商业牌照税，除贩卖烟酒及牙当各行已领照帖外，其余任何商店一律分等课税，计分八等，税率每年自一元起至二十元止，但未获准办。至民国十六年(1927)，福建、山东、直隶曾一度推行此种商业牌照税，俱以税率过苛，反对分起，仅为昙花一现。

民国十七年(1928)财政部召集第一次全国财政会议，决定以营业税以地方政府办理，其以前之牙税当税一律归入整理。同年财政部又召开全国裁厘委员会会议，虽然通过各省征收营业税大纲九条，其第九条规定"各省(市)之营业税俟厘金裁撤完竣后实行"，但未有结果。民国二十年(1931)一月一日，各省遵照中央命令裁撤所有之厘金，以及一切厘金之捐税。财政部为实践前约，乃以是年二月呈请行政院请求公布前次全国裁厘委员会会议所决议之各省征收营业税大纲，并由部规定补充办法，当经行政院核准，由财政部通行各省开征营业税，同年三月财政部将"大纲"与"补充规定"呈请中央政治会议原则通过，而后又送交立法院制定营业税法。第二年六月六日立法院制定之营业税法正式通过，十三日即公布施行。以上乃我国普通营业税之创始经过也。

第二节 营业税的基本要素

我国现行营业税的基本依据是 2008 年 11 月 5 日国务院重新修订通过，并于 2009 年 1 月 1 日起施行的《中华人民共和国营业税暂行条例》，它确定了营业税的构成要素。以下将具体介绍营业税的征税范围、纳税义务人、扣缴义务人、税目、税率等基本要素。

一、营业税的征税范围

1. 关于营业税征税范围的一般规定

营业税和增值税的征税范围互为并行补充，大体上增值税是对货物征税，而营业税是对劳务征税，从两个税种的规范文件看，营业税和增值税的征税范围不交叉。但在实际经济业务中，由于同一项业务可能同时涉及营业税和增值税两个税种，或者同一个企业经营范围涉及这两个税种，其征税范围会存在一定的交叉。

营业税的征税范围为在中华人民共和国境内有偿提供应税劳务、转让无形资产或者销售不动产。这里所称在"境内"提供应税劳务、转让无形资产或者销售不动产是指：

(1) 提供或者接受规定劳务的单位或者个人在境内；

(2) 所转让的无形资产(不含土地使用权)的接受单位或者个人在境内；

(3) 所转让或者出租土地使用权的土地在境内；

(4) 所销售或者出租的不动产在境内。

营业税应税行为的认定强调"有偿"。所称"有偿"是指包括取得货币、货物或其他经济利益。

境内单位派出本单位的员工赴境外，为境外企业提供劳务服务，不属于在境内提供应税劳务。对境内企业外派本单位员工赴境外从事劳务服务取得的各项收入，不征营业税。

应税劳务是指属于交通运输业、建筑业、金融保险业、邮电通信业、文化体育业、娱乐业、服务业税目征收范围的劳务。加工和修理、修配劳务属于增值税征收范围，因此不属于营业税的应税劳务。

但单位或个体经营者聘用的员工为本单位或雇主提供应税劳务，不应该包括在营业税的征税范围内。

2. 营业税视同应税行为

纳税人有下列情形之一的，视同发生应税行为：

(1) 单位或者个人将不动产或者土地使用权无偿赠送其他单位或者个人；

(2) 单位或者个人自己新建(以下简称自建)建筑物后销售，其所发生的自建行为；

(3) 财政部、国家税务总局规定的其他情形。

二、营业税的纳税义务人

1. 营业税的纳税义务人的一般规定

营业税的纳税人为在中华人民共和国境内提供应税劳务、转让无形资产或者销售不动产的单位和个人。这里所称单位，是指企业、行政单位、事业单位、军事单位、社会团体及其他单位。所称个人，是指个体工商户和其他个人，包括在中国境内有经营行为的中国公民和外国公民。这里所指的应税劳务是指属于交通运输业、建筑业、金融保险业、邮电通信业、文化体育业、娱乐业、服务业税目征收范围的劳务。

除承包承租经营情况和铁路系统统一纳税情况外，负有营业税纳税义务的单位为发生应税行为并收取货币、货物或者其他经济利益的单位，但不包括单位依法不需要办理税务登记的内设机构。就是说，分公司或者分支机构也可申请成为营业税纳税人。

加工和修理修配劳务属于增值税的征税范围，因此不属于营业税的征税范围的劳务。单位和个体户的员工、雇工在为本单位或雇主提供劳务时，不构成纳税人。

2. 营业税纳税义务人的特殊规定

（1）中央铁路运营业务的纳税人为铁道部；合资铁路运营业务的纳税人为合资铁路公司；地方铁路运营业务的纳税人为地方铁路管理机构；基建临管线铁路运营业务的纳税人为基建临管线管理机构。

（2）单位以承包、承租、挂靠方式经营的，承包人、承租人、挂靠人（以下统称承包人）发生应税行为，承包人以发包人、出租人、被挂靠人（以下统称发包人）名义对外经营并由发包人承担相关法律责任的，以发包人为纳税人；否则，以承包人为纳税人。

3. 营业税的扣缴义务人

为了简化征税手续、减少税款损失，营业税相关法规中规定了扣缴义务人。营业税的扣缴义务人主要有以下几种。

（1）中华人民共和国境外的单位或者个人在境内提供应税劳务、转让无形资产或者销售不动产，在境内未设有经营机构的，以其境内代理人为扣缴义务人；在境内没有代理人的，以受让方或者购买方为扣缴义务人。

（2）国务院财政、税务主管部门规定的其他扣缴义务人。

案例研究 5-1

谢玉莲的新节税课题①

谢玉莲是德勤华永会计事务所广州分所税务主管合伙人，现为英国特许公认会计师公会及香港会计师公会资深会员，曾被评为中国内地及香港地区十大最杰出税务顾问。在目前她处理客户的投资、营运等税务事宜中，税收筹划的需求正在增加。

2006 年 10 月 12 日，谢玉莲在当年度德勤税务精英挑战赛期间接受了本报（简称《21 世纪》）采访。

---

① 资料来源：记者胡楚楚，谢玉莲的新节税课题，21 世纪经济报道，2006-10-17，本文在原报道的基础上进行了节选。

《21世纪》:国内企业在税务筹划上存在哪些误区?

谢玉莲:向我们进行节税咨询的企业,存在一个比较普遍的现象——国家给他们的种种减免费用和税务优惠政策,他们并没完全认识、享受到。这首先是因为他们并不了解或没有及时了解税收政策;此外,也有财务核算上的操作失误,如未列扣税法规定可列支的费用、损失及扣除项目,导致应纳税所得额虚增,多交了企业所得税。

《21世纪》:你曾为哪些企业成功地做过节税计划?请简单介绍一个案例。

谢玉莲:数年前,某一国内房产开发公司欲出售一幢大厦给一家跨国企业。此跨国企业与房产公司乃多方面的合作伙伴。若直接出售,房产公司需缴纳营业税、土地增值税、城市维护建设税和教育费附加及企业所得税等超过亿元。我们研究两家公司的状况后,建议房产公司与跨国企业成立一家中外合资企业,以大厦投资入股中外合资企业,在过了约定期限后,房产公司把中外合资企业的股权转让与跨国企业。最终,其股权转让所得须缴纳的税费,比直接出售大厦的税负减少了8 000万元以上。

《21世纪》:国内企业一般有哪些有效的节税途径?

谢玉莲:有两种比较普遍的情况。如同时进行生产和售后服务的企业,按常规要对生产和销售总额缴纳增值税,而我们若将生产和售后服务分离到两个不同的公司,则生产公司仍缴纳增值税,而售后服务公司则仅缴纳营业税,税务成本将有所减少。此模式尤其适合计算机生产企业。再者,对于销售企业,若身份为"代理人",在符合供应方及客户的运作模式下,销售差价定为其佣金收入缴纳营业税,税务成本也会低很多。

编者注:阅读本案例后,我们可以发现,许多企业已经意识到税收筹划的重要性并且对其需求日益增长。对于营业税的筹划方法和技巧,在本案例中也有运用,值得纳税人思考。

三、营业税的税目

营业税的征税范围分为三大类,包括提供应税劳务、销售不动产及转让无形资产。其中应税劳务包括交通运输业、建筑业、金融保险业、邮电通信业、文化体育业、娱乐业、服务业等七个税目,加上销售不动产及转让无形资产两个单独的税目,因此营业税共有九个税目。

1. 交通运输业

交通运输业,是指使用运输工具或者人力、畜力将货物或旅客送达目的地,使其空间位置得到转移的劳务活动。

(1) 铁路运输。不包括城市地下铁路的运营,也不包括铁道部门所属的工业、建筑、商业、教育、科研、卫生等业务活动。

(2) 公路运输。包括汽车、兽力车、人力车等运输工具进行的公路客货运输活动,不包括城市内公共交通。

(3) 管道运输。是指通过管道设施输送气体、液体、固体物资的运输业务。包括泵站的运行,不包括管道的维护。

(4) 水路运输。包括远洋运输业、沿海运输业、内河内湖运输业及其他水上运输业。对远洋运输企业从事程租、期租业务取得的收入,按"交通运输业"税目征收营业税。

(5) 航空运输。包括航空客货运输业和通用航空业。航空运输业从事湿租业务取得的收入,按"交通运输业"税目征收营业税。

(6) 其他交通运输业。如市内公共交通业、索道运输业等。

(7) 交通运输辅助业。包括港口业、水运辅助业、机场及航空运输辅助业、装卸搬运业和其他交通运输辅助业。但不包括公路管理和养护活动、航道的养护和疏浚活动,此类养护活动属于建筑业。

2. 建筑业

建筑业,是指建筑安装工程作业。

(1) 建筑。是指新建、改建、扩建各种建筑物、构筑物的工程作业,包括与建筑物相连的各种设备或支柱、操作平台的安装或装设工程作业,以及各种窑炉和金属结构工程作业在内。

(2) 安装。是指生产设备、动力设备、起重设备、运输设备、传动设备、医疗实验设备及其他各种设备的装配、安置工程作业,包括与设备相连的工作台、梯子、栏杆的装设工程作业和被安装设备的绝缘、防腐、保温、油漆等工程作业在内。

(3) 修缮。是指对建筑物、构筑物进行修补、加固、养护、改善,使之恢复原来的使用价值或延长其使用期限的工程作业。

(4) 装饰。是指对建筑物、构筑物进行修饰,使之美观或具有特定用途的工程作业。

(5) 其他工程作业。是指上列工程作业以外的各种工程作业,如代办电信工程、水利工程、道路修建、疏浚、钻井(打井)、拆除建筑物或构筑物、平整土地、搭脚手架、爆破等工程作业。

(6) 管道煤气集资费(初装费)业务。是指用于管道煤气工程建设和技术改造,在报装环节一次性向用户收取费用的业务。

3. 金融保险业

金融保险业,是指经营金融、保险的业务。

(1) 金融。是指经营货币资金融通活动的业务，包括贷款、融资租赁、金融商品转让、金融经纪业和其他金融业务。

(2) 保险。是指将通过契约形式集中起来的资金，用以补偿被保险人的经济利益的业务。

4. 邮电通信业

邮电通信业，是指专门办理信息传递的业务。

(1) 邮政。是指传递实物信息的业务，包括传递函件或包件、邮汇、报刊发行、邮务物品销售、邮政储蓄及其他邮政业务。

(2) 电信。是指用各种电传设备传输电信号来传递信息的业务，包括电报、电传、电话、电话机安装、电信物品销售及其他电信业务。

邮政部门销售集邮商品、发行报刊等应征收营业税，其他单位个人销售此类商品则征收增值税。

【例】 某市局税务稽查人员在对某电信部门进行检查时发现，该电信部门168台开设了咨询、信息及点歌业务，此项的收入合计200万，并按照“服务业”5%的税率申报纳税。请问该申报是否正确？应缴纳多少营业税？

解 该申报不正确，应该按照营业税中的“邮电通信业”税目征税，税率为3%。

应缴纳营业税＝200×3%＝6(万元)

5. 文化体育业

文化体育业，是指经营文化、体育活动的业务。

(1) 文化业。是指经营文化活动的业务，包括表演，播映，经营游览场所，以及从事各种展览、培训活动，举办文学、艺术、科技讲座及讲演、报告会，图书、杂志、报纸及其他资料的借阅业务等。

(2) 体育业。是指举办各种体育比赛和为体育比赛或体育活动提供场所的业务。

6. 娱乐业

娱乐业，是指为娱乐活动提供场所和服务的业务。

(1) 歌厅。是指在乐队的伴奏下顾客进行自娱自乐形式的演唱活动的场所。

(2) 舞厅。是指供顾客进行跳舞活动的场所。

(3) 卡拉OK厅。是指在音响设备播放的音乐伴奏下，顾客自娱自乐进行歌舞活动的场所。

(4) 音乐茶座。是指为顾客同时提供音乐欣赏和茶水、咖啡、酒及其他饮料消费的场所。

(5) 台球、高尔夫球、保龄球场。是指顾客进行台球、高尔夫球、保龄球活动的场所。

(6) 游艺。是指举办各种游艺、游乐(如射击、狩猎、跑马、玩游戏机等)活动的场所。

(7) 网吧。单位和个人开办网吧取得的收入,按“娱乐业”税目征税。

上列娱乐场所为顾客进行娱乐活动提供的饮食服务及其他各种服务,也属于本税目征收范围。

7. 服务业

服务业,是指利用设备、工具、场所、信息或技能为社会提供服务的业务。

(1) 代理业。是指代委托人办理受托事项的业务,包括代购代销货物、代办进出口、介绍服务、其他代理服务。

(2) 旅店业。是指提供住宿服务的业务。

(3) 饮食业。是指通过同时提供饮食和饮食场所的方式为顾客提供饮食消费服务的业务。对不提供场所只销售饮食的行为,应该缴纳增值税。

【例】 个体户王某在某市石英商场租赁场地和桌椅,以两台雪泥机、两台鲜榨果汁机制作冷饮和鲜果汁为来往的顾客提供服务。2009 年 1—12 月营业收入14.5万元。王某认为他的经营活动属于零售行为,故按照 3%的征收率计算缴纳增值税。请分析王某的上述业务应缴纳增值税还是营业税,并计算其应纳税额。

解 王某在休闲区摆放桌椅,为来往的顾客同时提供饮食和饮食场所服务,既销售货物又提供场所服务,应征收营业税,不征收增值税。所以,王某当年度应缴纳营业税。

$$\text{应缴纳营业税}=145\ 000\times 5\%=7250(\text{元})$$

(4) 旅游业。是指为旅游者安排食宿、交通工具和提供导游等旅游服务的业务。单位和个人在旅游景点经营索道取得的收入按“旅游业”项目征收营业税。

(5) 仓储业。是指利用仓库、货场或其他场所代客储放、保管货物的业务。

(6) 租赁业。是指在约定的时间内将场地、房屋、物品、设备或设施等转让他人使用的业务。

融资租赁,不按本税目征税,属于“金融保险业”征税范围。

(7) 广告业。是指利用图书、报纸、杂志、广播、电视、电影、幻灯、路牌、招贴、橱窗、霓虹灯、灯箱等形式为介绍商品、经营服务项目、文体节目或通告、声明等事项进行宣传和提供相关服务的业务。

广告代理业按“广告业”征税。

对报社、出版社根据文章篇幅、作者名气等向作者收取的“版面费”收入,按照“服务业”税目中的广告业征收营业税。

(8) 其他服务业。是指上列业务以外的服务业务。如沐浴、理发、洗染、照相、美术、裱画、誊写、打字、镌刻、计算、测试、实验、化验、录音、录像、复印、晒图、设计、制图、测绘、勘探、打包、咨询等。

航空勘探、钻井(打井)勘探,不按本税目征税,属于"建筑业"征税范围。

8. 转让无形资产

转让无形资产,是指转让无形资产的所有权或使用权的行为。无形资产,是指不具实物形态,但能带来经济利益的资产。

(1) 转让土地使用权。是指土地使用者转让土地使用权的行为。土地整理储备供应中心(包括土地交易中心)转让土地使用权取得的收入按"转让无形资产——转让土地使用权"项目征税。

土地所有者出让土地使用权和土地使用者将土地使用权归还给土地所有者的行为,不征收营业税。

土地租赁,不按转让无形资产税目征税,属于"服务业——租赁业"征税范围。

(2) 转让商标权。是指转让商标的所有权或使用权的行为。

(3) 转让专利权。是指转让专利技术的所有权或使用权的行为。

(4) 转让非专利技术。是指转让非专利技术的所有权或使用权的行为。提供无所有权技术的行为,不按本税目征税,应视为一般性的技术服务。

(5) 转让著作权。是指转让著作的所有权或使用权的行为。著作,包括文字著作、图形著作(如画册、影集)、音像著作(如电影母片、录像带母带)。

(6) 转让商誉。是指转让商誉的使用权的行为。

以无形资产投资入股,参与接受投资方的利润分配、共同承担投资风险的行为,不征收营业税。在投资后转让其股权的也不征收营业税。

9. 销售不动产

销售不动产是指有偿转让不动产所有权的行为。不动产是指不能移动,移动后会引起性质、形状的变化的财产,包括销售建筑物或构筑物和销售其他土地附着物。其他土地附着物,指除建筑物、构筑物以外的其他附着于土地的不动产,如树木、庄稼、花草等。

在销售不动产时连同不动产所占土地的使用权一并转让的行为,比照销售不动产征收营业税。

单位或者个人将不动产或者土地使用权无偿赠送其他单位或者个人应缴纳营业税,同时将对个人无偿赠送行为免予征收营业税。

在销售不动产时连同不动产所占土地的使用权一并转让的行为,比照销售不动产征税。以不动产投资入股,参与接受投资方利润分配、共同承担投资风险的行为,不征收营业税。在投资后转让其股权的,也不征收营业税。

四、营业税的税率

营业税按照行业、类别的不同分别采用不同的比例税率，营业税的税目税率如表5-1所示。

表5-1 营业税的税目税率表

税目	税率	税目	税率
一、交通运输业	3%	六、娱乐业	5%～20%
二、建筑业	3%	七、服务业	5%
三、金融保险业	5%	八、转让无形资产	5%
四、邮电通信业	3%	九、销售不动产	5%
五、文化体育业	3%		

纳税人经营娱乐业具体适用的税率，由省、自治区、直辖市人民政府在规定的幅度内决定。

案例研究5-2

租车配司机税率能降低①

李先生开有一家车行，提供各种婚礼、庆典等仪式的车辆以及大型旅游车辆出租服务，并在出租车辆时，为客户随车配备司机。承租人支付租车费用(含司机人工费)。开业第一年，车行生意非常好，平均每月营业额达到10万元，李先生十分高兴。后来因为人手问题，李先生取消了随车配备司机的服务，仅提供车辆出租，由客户自行驾驶。当然所收取的租车费用也略微降低，但李先生认为这不存在什么问题，因为取消随车配备的司机同时也节省了人工成本，总体利润水平不会降低。一个月后，李先生发现，自从车行取消随车配备司机的服务后，当月营业额降低至9万元，人工成本也大约降低了1万元，但当月的营业税却比以前多缴纳50%。他很疑惑，车行的营业额不但没有增长反而略有下降，为什么营业税却增加了？

李先生请教了税务师事务所的专业人士。专业税务师告诉他，之所以营业额没有上升但营业税增加，是因为"司机"在作怪。面对李先生的疑问，专业税务师进一步解释：李先生的车行开业前期，不但为承租人提供车辆租赁服务，还随车配备司机，由承租人支付含司机人工费的租车费用，根据税法规定，这项租赁业务属于交通运输业，产生的营业税应适用"交通运输业"税目，税率为3%。当时李先生一

① 资料来源：王凌，租车配司机税率能降低，中国税务报，2005-06-20。本案例在原文的基础上进行了改编。

个月的营业额为10万元，则应缴纳的营业税为3 000元(100 000×3%)。经营一段时间后，车行取消了租车配备司机的服务，根据税法规定，这不再属于交通运输业范畴，而应归入租赁业，因此营业税应该适用租赁业税目，税率为5%。因取消司机的服务，营业额减为9万元，要缴纳的营业税增为4 500元(90 000×5%)。营业额减少了，税负反而增加了50%。由此可见，小问题里藏着大学问，是否提供司机服务是影响营业税高低的关键。

听完专业税务师的分析，李先生明白了他的车行当月营业税增加的原因了，也感受到纳税人在开展各项经营业务时，应事先进行税收筹划。李先生决定，从下个月开始，他的车行要重新聘请司机，在出租车辆时为客户随车配备司机，这样他就又可以按照3%的税率缴纳营业税了。

第三节　营业税的税收优惠

现行的营业税规范了减免规定。除营业税条例及其实施细则明确规定的减免税规定外，营业税的免税、减税项目由国务院规定，其他任何部门和地区均无权决定减免税。当前营业税的减免主要限于起征点和减免税项目两个方面。

其中，关于减免税项目又分两种情况。营业税暂行条例对营业税免征项目进行了规定；此外，为适应经济发展的需要，财政部和国家税务总局也适时出台了一部分营业税优惠政策，其中有的优惠政策是规定了有效期的临时性税收优惠，它们体现了国家阶段性的税收调控经济的导向。无论哪一类减免税项目，纳税人都应当单独核算减免税项目的营业额；未单独核算营业额的，不得减免税。

以下将分别对营业税优惠政策进行介绍。

一、起征点

纳税人营业额未达到起征点的，免征营业税；达到起征点的，全额征收营业税。营业税起征点的适用范围限于个人。营业税起征点的幅度规定如下：

(1) 按期纳税的，为月营业额1 000～5 000元；

(2) 按次纳税的，为每次(日)营业额100元。

省、自治区、直辖市财政厅(局)、税务局应当在规定的幅度内，根据实际情况确定本地区适用的起征点，并报财政部、国家税务总局备案。

二、营业税条例中的免税规定

营业税条例中规定下列项目免征营业税。

(1) 托儿所、幼儿园、养老院、残疾人福利机构提供的育养服务，婚姻介绍，殡葬服务。

(2) 残疾人员个人提供的劳务。即指残疾人员本人为社会提供的劳务。

(3) 医院、诊所和其他医疗机构提供的医疗服务。即对患者进行诊断、治疗和防疫、接生、计划生育方面的服务，以及与这些服务有关的提供药品、医疗用具、病房住宿和伙食的业务。

(4) 学校和其他教育机构提供的教育劳务，学生勤工俭学提供的劳务。其中学校和其他教育机构是指普通学校以及经地、市级以上人民政府或者同级政府的教育行政部门批准成立、国家承认其学员学历的各类学校。

(5) 农业机耕、灌溉、病虫害防治、植保、农牧保险以及相关技术培训业务，家禽、牲畜、水生动物的配种和疾病防治。

(6) 纪念馆、博物馆、文化馆、美术馆、展览馆、书画院、图书馆、文物保护单位举办文化活动的门票收入。宗教场所举办文化、宗教活动的门票收入也免征营业税。

(7) 境内保险机构为出口货物提供的保险产品。包括出口货物保险和出口信用保险。

除上述规定外，营业税的免税、减税项目由国务院规定。

三、营业税政策中的减免税规定

在营业税暂行条例规定以外，根据经济发展的具体情况和要求，我国又出台了一系列减免税政策，这其中包括了许多规定了有效期的临时性优惠。

(1) 对个人买卖住房的营业税优惠。自 2010 年 1 月 1 日起，个人将购买不足 5 年的非普通住房对外销售的，全额征收营业税；个人将购买超过 5 年(含 5 年)的非普通住房或者不足 5 年的普通住房对外销售的，按照其销售收入减去购买房屋的价款后的差额征收营业税；个人将购买超过 5 年(含 5 年)的普通住房对外销售的，免征营业税。

(2) 对高校后勤的营业税优惠。自 2009 年 1 月 1 日至 2010 年 12 月 31 日，对高校学生公寓免征房产税；对按照国家规定的收费标准向学生收取的高校学生公寓住宿费收入，免征营业税；对高校学生食堂为高校师生提供餐饮服务取得的收入，免征营业税。“高校学生公寓”，是指为高校学生提供住宿服务，按照国家规定的收费标准收取住宿费的学生公寓。

(3) 扶持邮政企业改制的税收优惠政策。为了支持邮政体制改革，减轻邮政企业改组改制后增加的营业税负担，自 2008 年 1 月 1 日至 2010 年 12 月 31 日，对中国邮政集团公司及其所属邮政企业为中国邮政储蓄银行及其所属分行、支行代办金融业务取得的代理金融业务收入，免征营业税。在2008年1月1日之后已缴纳的应予免征的营业税，允许从纳税人以后应缴的营业税税款中抵减或予以退税。

(4) 促进海峡两岸直航的营业税优惠。自2008年12月15日起，对台湾航运公司从事海峡两岸海上直航业务在大陆取得的运输收入，免征营业税。对台湾航运公司在2008年12月15日后已缴纳应予免征的营业税，从以后应缴的营业税税款中抵减，年度内抵减不完的予以退税。这一政策对于促进海峡两岸贸易往来，促进两岸经济交流和发展的意义是非常重要的。

(5) 支持航空业发展的税收优惠政策。自2008年1月1日起至2010年12月31日，对航空公司经批准收取的燃油附加费免征营业税。这对经济危机中陷于亏损泥潭的中国航空业来说，无疑是一个福音。

(6) 缓解中小企业贷款难问题的优惠政策。对于符合条件的担保机构从事中小企业信用担保或再担保业务取得的收入(不含信用评级、咨询、培训等收入)3年内免征营业税，免税时间自担保机构向主管税务机关办理免税手续之日起计算。

(7) 促进有限电视整体转换工作的税收优惠政策。为支持有线数字电视整体转换试点工作，推动有线数字电视的发展，对指定单位根据省级物价部门有关文件规定标准收取的有线数字电视基本收视维护费，自2009年1月1日起，3年内免征营业税。

(8) 促进服务业外包的税收优惠政策。在我国遭遇国际金融危机的情况下，服务业外包迅猛发展。为支持其发展，对于经认定的技术先进型服务企业离岸服务外包业务收入免征营业税。

(9) 在境外提供有关劳务的营业税优惠。对境内单位或者个人在中华人民共和国境外提供建筑业、文化体育业(除播映)劳务暂免征收营业税。境外单位或者个人在境外向境内单位或者个人提供的完全发生在境外的条例规定的劳务，除建筑业、文化体育业(除播映)之外的应税劳务，不征收营业税。对境外单位或者个人在境外向境内单位或者个人提供的文化体育业(除播映)，娱乐业，服务业中的旅店业、饮食业、仓储业，以及其他服务业中的沐浴、理发、洗染、裱画、誊写、镌刻、复印、打包劳务，不征收营业税。

(10) 对个人从事金融商品买卖的营业税优惠。即对个人(包括个体工商户及其他个人，下同)从事外汇、有价证券、非货物期货和其他金融商品买卖业务取得的收入暂免征收营业税。

(11) 对行政事业性收费和政府性基金的营业税优惠。营业税暂行条例曾规定，同时满足以下条件的行政事业性收费和政府性基金不属于价外费用；营业税政策进一步明确，以下收费和基金暂免征收营业税：第一，由国务院或者财政部批准设立的政府性基金，由国务院或者省级人民政府及其财政、价格主管部门批准设立的行政事业性收费和政府性基金；第二，收取时开具省级以上(含省级)财政部门统一印制或监制的财政票据；第三，所收款项全额上缴财政。凡不同时符合上述三个条件，且属于营业税征税范围的行政事业性收费或政府性基金应照章征收营业税。

(12) 个人捐赠不动产和土地使用权的营业税优惠。个人无偿赠与不动产、土地使用权，属于下列情形之一的，暂免征收营业税：第一，离婚财产分割；第二，无偿赠与配偶、父母、子女、祖父母、外祖父母、孙子女、外孙子女、兄弟姐妹；第三，无偿赠与对其承担直接抚养或者赡养义务的抚养人或者赡养人；第四，房屋产权所有人死亡，依法取得房屋产权的法定继承人、遗嘱继承人或者受遗赠人。

(13) 对国家商品储备业务的营业税优惠。为支持国家商品储备业务发展，自2009年1月1日起至2010年12月31日，对商品储备管理公司及其直属库承担商品储备业务取得的财政补贴收入暂免征收营业税。

(14) 对期货保障基金公司的营业税优惠。自2008年1月1日起至2010年12月31日，对期货保障基金公司取得的下列收入，暂免征收营业税：期货交易所按风险准备金账户总额的15%和交易手续费的3%上缴的期货保障基金收入；期货公司按代理交易额的千万分之五至十上缴的期货保障基金收入；依法向有关责任方追偿所得收入；期货公司破产清算受偿收入；按规定从期货交易所取得的运营收入。期货交易所和期货公司上缴的期货保障基金中属于营业税征税范围的部分，允许从其营业税计税营业额中扣除。

第四节 营业税应纳税额的计算

营业税的计算较为简单，纳税人根据所提供应税劳务、转让无形资产或者销售不动产的营业额(或销售额)和相应的税率就可以计算出应纳税额。应纳税额的计算公式为

应纳税额＝营业额×税率

上述的应纳税额以人民币为计算单位，如果纳税人以外汇结算营业额的，须按外汇市场价格折合成人民币计算。

在计算应纳税额时，由于营业税纳税人的行为一旦发生，税率也随之确定，因此，确定应纳税额的关键是确定营业额。

一、计税依据的一般规定

营业额是营业税的计税依据，是纳税人提供应税劳务、转让无形资产或者销售不动产收取的全部价款和价外费用。

价外费用包括收取的手续费、补贴、基金、集资费、返还利润、奖励费、违约金、滞纳金、延期付款利息、赔偿金、代收款项、代垫款项、罚息及其他各种性质的价外收费。但是价外费用不包括同时符合以下三个条件的代为收取的政府性基金或者行政事业性收费：由国务院或者财政部批准设立的政府性基金，由国务院或者省级人民政府及其财政、价格主管部门批准设立的行政事业性收费；收取时开具省级以上财政部门印制的财政票据；所收款项全额上缴财政。

纳税人的营业额计算缴纳营业税后因发生退款减除营业额的，应当退还已缴纳营业税税款或者从纳税人以后的应缴纳营业税税额中减除。

纳税人发生应税行为，如果将价款与折扣额在同一张发票上注明的，以折扣后的价款为营业额；如果将折扣额另开发票的，不论其在财务上如何处理，均不得从营业额中扣除。

对于纳税人提供劳务、转让无形资产或销售不动产价格明显偏低而无正当理由，或者视同发生应税行为而无营业额的，税务机关按下列顺序核定其营业额：

(1) 按纳税人最近时期发生同类应税行为的平均价格核定；

(2) 按其他纳税人最近时期发生同类应税行为的平均价格核定；

(3) 按下列公式核定计税价格：

$$计税价格=\frac{营业成本或工程成本\times(1+成本利润率)}{1-营业税税率}$$

公式中的成本利润率，由省、自治区、直辖市税务局确定。

【例】 某酒店当月营业额明显偏低，税务机关对其采用核定营业额的方法征税。已知当期的营业成本为20万元，同行业成本利润率为25%，则应缴纳的营业税为多少万元？

解

$$该酒店当期的计税价格=\frac{20\times(1+25\%)}{1-5\%}=26.32(万元)$$

$$该酒店当期应纳营业税=26.32\times5\%=1.32(万元)$$

二、各行业计税依据的规定

具体营业额的情况分行业确定如下。

1. 交通运输业

交通运输业的营业额，是指从事交通运输的纳税人提供交通劳务所取得的全部运营收入，包括全部价款和价外费用。

其中中央铁路运输收入的营业额包括旅客票价收入、行李运费收入、包裹运费收入、邮运运费收入、货物运费收入、其他收入等。

航空运输企业开展客运、货运、通用航空等空中运输业务，取得的客运收入、货运收入、邮运收入、专包机运输收入、通用航空收入以及运输价款中包含的保险费和价外收取的各中名目的基金或费用，以收入全额为营业额，不得作任何扣除。民航部门取得的地面服务收入，其营业额为收入全额。

水路运输的营业额包括两部分的内容：水运部门从事的客运收入、货运收入、邮运收入和运输价款中包含的保险费和价外收取的各种基金或费用，以收入全额为营业额，不得作任何扣除。水运部门取得的服务性收入，如打捞、理货、引航，停泊、移泊、引水员交通费、过闸费、货物港务费等，以收入的全额为营业额。

【例】 某公司运输队本月对外提供运输劳务取得运营收入 6 万元，装卸费收入 0.4 万元，发生营业费用 3.6 万元。则该公司当月应纳多少营业税？

解 交通运输业营业税计税营业额不对营业费用进行扣除。

$$营业税=(6+0.4)\times 3\%=0.192(万元)$$

关于交通运输业营业税计税依据，须注意关于差额征税的具体规定：

纳税人将承揽的运输业务分给其他单位或者个人的，以其取得的全部价款和价外费用扣除其支付给其他单位或者个人的运输费用后的余额为营业额。此差额征税规定须注意，只能扣除支付给分运人的运费，对支付的其他费用如保险费、过路过桥费、铁路基金等不得扣除。

【例】 某远洋运输企业本月取得营运收入 380 万元，其中承接一项联运业务，全程运费收入 80 万元，支付给其他联运合作方运费 30 万元；另将配备操作人员的一艘轮船出租，租期为半年，租金按月支付，本月租金 20 万元。该企业当月应纳多少营业税？

解 $$营业税=(380-30+20)\times 3\%=11.10(万元)$$

【例】 某运输企业 2009 年 4 月取得运输货物收入 500 万元，其中：运输货物出境取得收入 50 万元，运输货物入境取得收入 80 万元，支付给其他运输企业的运费为 120 万元；赴某国为该国一公司提供运输劳务取得收入 130 万元。该运输企业应缴纳多少营业税？

解 由于运输货物入境收入不属于营业税的征税范围，且在境外提供劳务也不属于在境内提供劳务，不属于营业税的征税范围，因此，该运输企业应纳营业税的收入额为

$$营业额=500-80-120-130=170(万元)$$

$$营业税=170\times 3\%=5.1(万元)$$

2. 建筑业

建筑业营业税的营业额为承包建筑、修缮、安装、装饰和其他工程作业取得的营业收入额，建筑安装企业向建设单位收取的工程价款（即工程造价）及工程价款之外收取的各种费用。关于建筑业营业额，新营业税细则作出如下规定：除提供建筑业劳务同时销售自产货物的混合销售行为以外，纳税人提供建筑业劳务（不含装

饰劳务)的,其营业额应当包括工程所用原材料、设备及其他物资和动力价款在内,但不包括建设方提供的设备的价款。可见,新营业税制度对建筑业营业额的规定有三点需要特别说明。

1) 关于建筑装饰劳务营业额

根据新营业税制度,建筑装饰劳务中,客户提供的原材料和设备,可以不计入缴纳营业税的范围。这是对建筑装饰业避免重复征税的规定,因为客户提供的原材料和设备本身是含有增值税的。关于建筑装饰劳务营业额问题的变化,开始于财税【2006】114 号文件规定,该文件是对上海市地方税务局关于家装业务清包工形式征收营业税问题请示的答复,明确了纳税人采用清包工形式提供的装饰劳务按照其向客户实际收取的人工费、管理费和辅助材料费等收入确认计税营业额,此营业额不含客户自行采购的材料价款和设备价款。

但是,在实际工作中,财税【2006】114 号文件并没有得到很好的执行,甚至有个别省市地方税务局认为该文件是答复上海的,故阻止其执行。因此,新营业税细则重申关于建筑装饰劳务营业额的问题,这是对关系国计民生的建筑装饰业避免重复计税的有力支持。

2) 关于提供建筑业劳务并销售自产货物的混合销售行为的营业额

新营业税细则规定,纳税人发生提供建筑业劳务同时销售自产货物的混合销售行为,应分别核算应税劳务的营业额和货物销售额,并分别计算营业税和增值税;未分别核算的,由主管税务机关分别核定应税劳务的营业额和货物的销售额。

由于销售自产货物属于增值税征税范围,提供建筑业劳务属于营业税征税范围,对此分别核算应税劳务的营业额和货物的销售额或者由主管税务机关核定应税劳务的营业额,而不是像以前的规定一并征收增值税。这样的处理解决了税负较大的问题,更加符合公平税负的纳税原则。只是注意分别征收增值税和营业税的条件是:此类混合销售行为须销售自产货物;如果销售的是外购货物同时提供建筑业劳务,则属于普通的混合销售行为,仍然要按照主业确定应纳税种。

3) 关于建设方提供设备情况下的营业额

新营业税细则规定,建设方提供设备的价款,不需要缴纳营业税,但是施工单位自行采购的设备价款需要缴纳营业税。新细则关于建筑工程设备征税问题的变化,提醒建筑企业必须筹划建筑工程设备的供应方式,即在与建设方签订建筑安装工程承包合同时,要重点考虑设备的“甲方供应”问题,否则存在多缴纳营业税的风险。

另外,建筑业的分包行为非常普遍,其管理也相对规范。为避免重复征税,营业税制度对建筑业分包行为进行了差额征税的规定:纳税人将建筑工程分包给其他单位的,以其取得的全部价款和价外费用扣除其支付给其他单位的分包款后的余额为营业额。建筑业转包业务是国家禁止的行为，故对建筑工程转包业务的支付的费用不再允许扣除，对分包给个人的也不得扣除分包价款。

建筑安装企业向建设单位收取的临时设施费、劳动保护费和施工机构迁移费，不得从营业额中扣除。

施工企业向建设单位收取的材料差价款、抢工费、全优工程奖和提前竣工奖，应并入营业额中征收营业税。

自建建筑物后销售、将不动产或土地使用权无偿赠送其他单位或个人的行为，属于营业税的视同发生应税行为，由主管税务机关按规定的顺序核定营业额。

自建行为是纳税人自己建造房屋的行为。纳税人自建自用房屋如果不销售，属于聘用员工为本单位提供应税劳务，不缴纳营业税；但如果将自建的房屋对外销售，其自建行为应按建筑业缴纳营业税，再按销售不动产缴纳营业税。

【例】 甲建筑工程公司某年1月份承建一项住宅工程，全部工程于当年12月份竣工并通过验收，取得工程总价款7 860万元。另外，由于工程保质保量提前完工，获得建设单位额外奖励10万元。在施工期间，甲公司将建筑工程的装饰装修部分分包给乙公司来完成，按合同支付给乙公司1 800万元的装饰装修工程款。甲公司承建住宅工程期间，支付工程原料价款3 782万元，支付员工劳动保护费、工资和过节补助费等173万元，建筑储料场、员工宿舍、食堂等临时设施支出28万元，发放优秀员工奖金4万元，支付业务招待费24万元，支出水、电、暖和施工现场管理费64万元。另外，甲公司承建住宅工程已预缴营业税150万元。

请计算：① 甲公司承建住宅工程的营业额；② 计算甲公司承建住宅工程应缴纳的营业税税额；③ 计算甲公司应代扣代缴乙公司的营业税税额；④ 计算甲公司承建住宅工程应补缴的营业税税额。

解 甲公司承建住宅工程的营业额＝7 860＋10－1 800＝6 070(万元)

甲公司承建住宅工程应缴纳营业税＝6 070×3%＝182.1(万元)

乙公司应纳营业税＝1 800×3%＝54(万元)

甲公司应补缴营业税＝182.1－150＝32.1(万元)

3. 金融保险业

金融保险业是指经营金融、保险的业务，包括金融业、保险业和典当业。

金融业计征营业税的营业额有三种方法：一是对一般贷款，金融经纪业等中介服务，以取得的利息收入全额或手续费收入全额确定为营业额；二是对转贷外汇业务，自2009年1月1日起，无论是中国银行系统还是国外的银行系统，从事的外汇转贷业务，都按利息收入全额纳税，不得扣除支付给境外的借款利息支出；三是对外汇、证券、期货等金融商品转让，按卖出价减去买入价后的差额为营业额，货物期货不缴纳营业税。

(1) 一般贷款以贷款利息全额收入为营业额(包括各种加息、罚息等)。

(2) 经中国人民银行、商务部和国家经贸委批准经营融资租赁业务的单位,融资租赁以其向承租人收取的全部价款和价外费用(包括残值)减去出租方承担的出租货物的实际成本后的余额为营业额。出租货物的实际成本包括由出租方承担的货物购入价、关税、增值税、消费税、运杂费、安装费、保险费以及纳税人为购买出租货物而发生的境外外汇借款利息支出等费用。

(3) 外汇、有价证券、期货等金融商品买卖业务,以卖出价减去买入价后的余额为营业额。

(4) 金融企业从事受托收款业务,如代收电话费、水电煤气费、信息费、学杂费、寻呼费、社保统筹费、交通违章罚款、税款等,以全部收入减去支付给委托方价款后的余额为营业额。

(5) 金融经纪业务和其他金融业务(中间业务)营业额为手续费(佣金)类的全部收入。

【例】 某商业银行本月取得自有资金贷款利息收入50万元,转贷业务利息收入20万元,该笔转贷业务支付转贷款借款利息支出10万元。此外,代收水、电、煤气费300万元,支付给委托方价款280万元。该商业银行应缴纳多少营业税?

解 营业税=(50+20+300-280)×5%=4.5(万元)

保险业的营业额,是保险机构经营保险业务所取得的收入。但境内保险机构为出口货物提供的保险业务不属于营业税的征税范围。

(1) 保险企业取得的追偿款不征收营业税。追偿款,是指发生保险事故后,保险公司按照保险合同的约定向被保险人支付赔款,并从被保险人处取得对保险标的价款进行追偿的权利而追回价款。

(2) 保险企业已征收过营业税的应收未收保费,凡在财务会计制度规定的核算期限内未收回的,允许从营业额中减除。在会计核算期限以后收回的已冲减的应收未收保费,再并入当期营业额中。

(3) 保险企业开展无赔偿奖励业务的,以向投保人实际收取的保费为营业额。

4. 邮电通信业

邮电通信业的营业额,是邮电通信业纳税人在提供邮电通信劳务时向对方收取的全部价款,包括价外取得的一切费用,如手续费、服务费、基金等等。

邮政电信单位与其他单位合作,共同为用户提供邮政电信业务及其他服务并由邮政电信单位统一收取价款的,以全部收入减去支付给合作方价款后的余额为营业额。

邮政业务的营业额,是指提供传递函件或包件、邮汇、报刊发行、邮务物品销售、邮政储蓄、其他邮政业务的收入。邮政企业代办金融业务的收入不缴纳营业税。

电信业务的营业额，是指提供电报、电话、电传、电话机安装、电信物品销售、其他电信业务的收入。

(1) 对电信系统和其他从事电信业务的单位，在提供电信劳务服务的同时附带销售专用和通用电信物品(如无线寻呼机、电话机、移动电话机等电信器材)的业务，属混合销售，销售的收入应并入营业额缴纳营业税。

(2) 对邮政部门、集邮公司销售(包括调拨在内)集邮商品的收入，应并入营业额缴纳营业税。

(3) 对邮电部门收取的电话初装费，应合并其业务收入按规定征收营业税。对邮电企业代用户架设地上或地下的通信线路工程和安装通信设备工程及其相配套的其他专用工程等收入，应并入营业额缴纳营业税。

(4) 电信单位销售的各种有价电话卡，由于其计费系统只能按有价电话卡面值出账并按有价电话卡面值确认收入，不能直接在销售发票上注明折扣折让额，以按面值确认的收入减去当期财务会计上体现的销售折扣折让后的余额为营业额。

(5) 电信部门以“集中受理”方式为集团客户提供跨省的出租电路业务，由受理地区的电信部门按取得的全部价款减除分割给参与提供跨省电信业务的电信部门的价款后的差额为营业额计征营业税。对参与提供跨省电信业务的电信部门，按各自取得的全部价款为营业额计征营业税。其中，集中受理是指电信部门应一些集团客户的要求，为该集团所属的众多客户提供跨地区的出租电信线路业务，以便该集团所属众多客户在全国范围内保持特定通信联络。

【例】 某电信局本月发生如下业务：话费收入 200 万元；为某客户提供跨省的出租电路服务共收费 60 万元，支付给相关电信部门价款 25 万元。请计算该电信局当月应纳多少营业税？

解 当月应纳营业税税额＝(200＋60－25)×3%＝7.05(万元)

5. 文化体育业

文化体育业的营业额是指纳税人经营文化业、体育业取得的全部收入，包括演出收入、播映收入、其他文化收入、经营游览场所收入和体育收入。

各地电视转播台(或其他单位)向当地用户有偿转播由中央电视台或其他电视台播放的电视节目，应由直接向用户收取收视费的电视转播台(或其他单位)按其向用户收取的收视费全额，缴纳营业税。播映电视节目的中央电视台或其他电视台从各地电视转播台(或其他单位)分得的收视费收入，不再缴纳营业税。

数字付费频道业务应由直接向用户收取数字付费频道收视费的单位按其向用户收取的收视费全额，向所在地主管税务机关缴纳营业税。对各合作单位分得的收视费收入，不再征收营业税。

【例】 某电视台2005年8月份发生如下业务:电视节目收费60万元,“点歌台”栏目收费2万元。该电视台当月应纳多少营业税?

解 营业税=(60+2)×3%=1.86(万元)

6. 娱乐业

娱乐业的营业额为经营娱乐业收取的全部价款和价外费用,包括门票收费、台位费、点歌费、烟酒、饮料、茶水、鲜花、小吃等收费及经营娱乐业的其他各项收费。

对娱乐场所提供的饮食服务等配套服务收入是否计入娱乐业营业额,有的省份专门进行了规定。如辽宁省在修订后的新营业税条例出台后,于2009年对娱乐业计税依据作出规定:凡娱乐场所指定消费者从专门的餐饮、超市等特定场所购买消费品在娱乐场所消费所发生的费用,一律视同经营娱乐业收取的价款,一并计征娱乐业营业税;对高尔夫球场内与打高尔夫球相关的各项收费(包括高尔夫球场内部为高尔夫球场配套服务的餐饮、住宿等服务收费),应视同经营高尔夫球场收取的价款,与打高尔夫球的收入一并计征娱乐业营业税。因此,纳税人除关注国家关于营业税的规定外,还须密切关注本省的有关规定。

【例】 某娱乐公司2009年3月取得收入如下:门票收入220万元,歌舞厅收入400万元,游戏厅收入100万元;保龄球馆收入100万元;餐饮收入600万元;鲜花销售收入10万元。该省规定,台球、保龄球执行5%的营业税税率;歌厅、舞厅、卡拉OK歌舞厅、音乐茶座、游艺、网吧及其他娱乐项目执行10%的营业税税率。计算娱乐业公司当月应缴纳的营业税。

解 除保龄球收入执行5%的税率外,该娱乐公司其他项目均执行10%的税率。

$$\text{应纳营业税}=220\times10\%+400\times10\%+100\times10\%+100\times5\%+600\times10\%+10\times10\%=138(\text{万元})$$

7. 服务业

服务业的营业额为纳税人提供服务业劳务向对方收取的全部价款和价外费用。

(1) 代理业的营业额包括经营代购代销、代办进出口、介绍服务和其他代理服务取得的手续费、介绍费、代办费等收入。物业管理企业代有关部门收取水费、电费、燃(煤)气费、维修基金、房租的行为,属于“服务业”税目中的“代理”业务,对其从事此项代理业务取得的手续费收入应当征收营业税。

服务性单位从事餐饮中介服务的营业额为向委托方和餐饮企业实际收取的中介服务费,不包括其代委托方转付的就餐费用。

福利彩票机构发行销售福利彩票取得的收入,不征营业税。对福利彩票机构以外的代销单位销售福利彩票取得的手续费收入应征营业税。

代理报关业务，以其向委托人收取的全部价款和价外费用扣除一定费用后的余额为营业额。扣除的费用包括：支付给海关的税金、签证费、滞报费、滞纳金、查验费、打单费、电子报关平台费、仓储费；支付给检验检疫单位的三检费、熏蒸费、消毒费、电子保险平台费；支付给预录入单位的预录费；以及国家税务总局规定的其他费用。

(2) 旅店业的营业额为提供住宿服务的各项收入。

(3) 饮食业的营业额为向顾客提供饮食服务而收取的餐饮收入。

(4) 纳税人从事旅游业务的，以其取得的全部价款和价外费用扣除替旅游者支付给其他单位或者个人的住宿费、餐费、交通费、旅游景点门票和支付给其他接团旅游企业的旅游费后的余额为营业额。

(5) 对广告业征收营业税，是以广告业务收入作为营业额征税的。广告代理业的营业额为代理者向委托方收取的全部价款和价外费用减去付给广告发布者的广告发布费后的余额。

(6) 租赁业的营业额是经营租赁业务所取得租金的全额收入，不得扣除任何费用。

(7) 对拍卖行向委托方收取的手续费应征收营业税。

(8) 仓储业以收取的全部费用作为营业额征税。

【例】 某旅行社 2009 年 10 月取得营业收入 50 万元，支付给其他有关单位住宿费、餐饮费、交通费等共 20 万元，改由当地旅行社接待，支付其接团费 10 万元。计算该旅行社当月应缴纳的营业税。

解 营业税＝(50－20－10)×5%＝1(万元)

(9) 其他服务业的营业额为发生其他服务业劳务时，向对方收取的全部费用，包括价外费用。

特别地，劳务公司接受用工单位的委托，为其安排劳动力，凡用工单位将其应支付给劳动力的工资和为劳动力上交的社会保险(包括养老保险金、医疗保险、失业保险、工伤保险等，下同)以及住房公积金统一交给劳务公司代为发放或办理的，以劳务公司从用工单位收取的全部价款减去代收转付给劳动力的工资和为劳动力办理社会保险及住房公积金后的余额为营业额。

另外，从事物业管理的单位，以与物业管理有关的全部收入减去代业主支付的水、电、燃气以及代承租者支付的水、电、燃气、房屋租金的价款后的余额为营业额。

【例】 某公司物业部收取的物业费为 220 万元，其中代业主支付的水、电、燃气费共 120 万元。计算该物业部应缴纳的营业税。

解 营业税＝(220－120)×5%＝5(万元)

8. 销售不动产、转让无形资产

纳税人销售不动产的营业额为纳税人销售不动产时从购买方取得的全部价款和价外费用(含货币、货物或其他经济利益)。

纳税人转让无形资产的营业额为纳税人转让无形资产从受让方取得的货币、货物和其他经济利益。

单位和个人销售或转让其受让的土地使用权,以全部收入减去土地使用权的购置或受让原价后的余额为营业额。

单位和个人销售或转让抵债所得的不动产、土地使用权的,以全部收入减去抵债时该项不动产或土地使用权作价后的余额为营业额。

三、营业税差额计税项目扣除凭证的规定

营业税关于各行业计税依据的规定中,有部分差额计税项目,即允许对支出的某些项目在计税营业额中进行扣除,但扣除时必须依据合法有效凭证。如果取得的凭证不符合法律、行政法规或者国务院税务主管部门有关规定的,该项目金额不得扣除。所称合法有效凭证是指:

(1) 支付给境内单位或者个人的款项,且该单位或者个人发生的行为属于营业税或者增值税征收范围的,以该单位或者个人开具的发票为合法有效凭证;

(2) 支付的行政事业性收费或者政府性基金,以开具的财政票据为合法有效凭证;

(3) 支付给境外单位或者个人的款项,以该单位或者个人的签收单据为合法有效凭证,税务机关对签收单据有疑义的,可以要求其提供境外公证机构的确认证明;

(4) 国家税务总局规定的其他合法有效凭证。

上述规定,通过抓住差额征税项目有关扣除费用涉及扣除凭证这一核心环节,明确扣除凭证必须是合法有效凭证才能扣除,其目的就是规范扣除项目管理。

案例研究 5-3

出资方式不同税负迥异[①]

某内资企业准备与某外国企业联合投资设立中外合资企业,其投资总额为10 000万元,注册资本为5 000万元,中方2 000万元,占40%,外方3 000万元,占60%。中方准备以自己使用过的机器设备2 000万元和房屋建筑物2 000万元投

① 资料来源:殷海涛,出资方式的筹划,中国税务报,2002-07-09,第7版。本案例在原文基础上进行了改编。

入，目前有两种投入方式可供选择：

一是以机器设备作价2 000万元作为注册资本投入，房屋、建筑物作价1 500万元作为其他投入；

二是以房屋、建筑物作价2 000万元作为注册资本投入，机器设备作价1 500万元作为其他投入。

上述两种方案看似字面上的交换，但事实上蕴含着丰富的税收内涵，最终结果也大相径庭。

对于第一种方式，按照税法规定，企业以设备作为注册资本投入，参与合资企业利润分配，同时承担投资风险，不征增值税和相关税金及附加。但把房屋、建筑物直接作价给另一企业，作为新企业的负债，不共享利润、共担风险，应视同房产转让，需要解缴营业税、城建税、教育费附加及契税，具体数据为：

营业税＝2 000×5%＝100(万元)

城建税、教育费附加＝100×(7%＋3%)＝10(万元)

契税＝2 000×3%＝60(万元)　(由受让方缴纳)

对于第二种方式，房屋、建筑物作为注册资本投资入股，参与利润分配，承担投资风险，按国家税收政策规定，可以不征营业税、城建税及教育费附加，但需征契税(由受让方缴纳)。同时，税法又规定，企业出售自己使用过的固定资产，其售价不超过原值的，不征增值税。方案二中，企业把自己使用过的机器设备直接作价给另一企业，视同转让固定资产，且其售价一般达不到设备原价，因此，按政策规定可以不征增值税。其最终的税收负担：

契税＝2 000×3%＝60(万元)　(由受让方缴纳)

从上述两个方案的对比中可以看到，中方企业在投资过程中，虽然只改变了几个字，但由于改变了出资方式，最终使税收负担相差110万元。

第五节　几种特定行为的营业税处理

现行流转税制度对于营业税和增值税的征税范围已经进行了明确的划分，但由于实际的经济活动是复杂的，再加上我国实行中范围、不完全的增值税制度，使得增值税和营业税在所涉及的经济业务中常常会交叉。比如说宾馆附设餐厅、商店、歌舞厅等多种经营项目，其中宾馆提供住宿属于营业税“服务业——旅店业”应税项目，餐厅提供餐饮服务属于营业税“服务业——饮食业”应税项目，商店销售货物则属于增值税应税范围，歌舞厅则属于“营业税——娱乐业”应税项目，以上所有项目是缴纳增值税还是缴纳营业税呢？这就需要对所发生的经济业务性质进行认定。正确处理不同经营活动的税收问题不仅仅是基于维护税法严肃性的目的，更是纳税人自身的需要。

一、兼营行为

纳税人兼营不同的营业税税目的应税行为，应当分别核算不同税目的营业额、转让额、销售额，然后按各自的适用税率计算应纳税额。未分别核算的，将从高适用税率计算应纳税额。

其中，营业额是指从事交通运输业、建筑业、金融保险业、邮电通信业、文化体育业、娱乐业和服务业取得的营业收入；转让额是指转让无形资产取得的收入；销售额是指销售不动产取得的收入。

【例】 某公园某月取得门票收入和公园内游艺场经营收入6万元（未分别核算），代销中国福利彩票取得手续费收入5 000元，为某文工团提供演出场地取得收入3万元。求该公园当月应缴纳的营业税。

解 在公园当月发生的这些业务中，门票收入应属于文化体育业，游艺场经营收入为娱乐业收入，但由于二者未分开核算，因此应从高适用税率。另外，代销手续费为服务业收入，为文工团提供演出场地则属于服务业中的租赁业务，其适用营业税税率均为5%。该公园当月应纳营业税：

$$营业税=6\times20\%+0.5\times5\%+3\times5\%=1.375（万元）$$

营业税的另一种兼营行为是指纳税人的经营行为既涉及营业税应税行为，也涉及货物或增值税应税劳务，即同时涉及营业税和增值税两种流转税。这种兼营行为应当分别核算营业税应税行为的营业额和货物或者非应税劳务的销售额，其营业税应税行为营业额缴纳营业税，货物或者增值税应税劳务销售额缴纳增值税；未分别核算的，由主管税务机关核定其应税行为营业额。

纳税人兼营免税、减税项目的，应当分别核算免税、减税项目的营业额；未分别核算营业额的，不得免税、减税。

二、混合销售行为

一项销售行为如果既涉及营业税应税劳务又涉及货物，而且涉及货物的项目与涉及营业税应税劳务的项目在这项销售行为中不能分开，这种情况就是混合销售行为。

1. 建筑业混合销售行为分别计算缴纳增值税和营业税

这种混合销售行为应当分别核算应税劳务的营业额和货物的销售额，其应税劳务的营业额缴纳营业税，货物销售额缴纳增值税。上述混合销售行为未分别核算的，由主管税务机关核定其自产货物的销售额和应税劳务的营业额。

其适用范围包括：提供建筑业劳务的同时销售自产货物的行为，以及财政部、国家税务总局规定的其他情形。如自制门窗又负责安装的混合销售行为就应该分别计算缴纳增值税和营业税：对销售自制门窗的行为缴纳增值税；对安装门窗的行为缴纳营业税。这样规定的目的是为了避免重复征税。

应注意的是，这种情况指提供建筑业劳务的同时销售的是自产货物，而不是销售所有的货物。对提供建筑业劳务的同时销售外购货物的行为不适用此规定。

2. 其他混合销售行为按主业确定应缴纳的税种

除上面分别计算缴纳增值税和营业税的混合销售行为以外，其他的混合销售行为按主业确定应缴纳的税种。

(1) 从事货物的生产、批发或者零售的企业、企业性单位和个体工商户的混合销售行为，视为销售货物，缴纳增值税。所称从事货物的生产、批发或者零售的企业、企业性单位和个体工商户，包括以从事货物的生产、批发或者零售为主，并兼营应税劳务的企业、企业性单位和个体工商户在内。

(2) 其他单位和个人的混合销售行为，视为提供应税劳务，缴纳营业税。

【例】 某家电商场销售一台太阳能热水器，价格为5 000元，并上门为顾客安装，需另加安装费100元。请问家电商场就该业务应缴纳什么流转税？

解 销售热水器属于增值税的范围，取得的安装费属于营业税中建筑业税目的纳税范围，即该项销售行为涉及增值税和营业税两个税种。但该项销售行为所销售的热水器和收取的安装费又是因同一销售业务而发生的，实际上是一种混合销售行为。由于该商店是从事货物的批发、零售的企业，该店取得的100元安装费收入应并入热水器的价款一并缴纳增值税，不缴营业税。

$$增值税销项税额=5100\div(1+17\%)\times17\%=741(元)$$

扣除增值税进项税额后即为此业务应纳增值税额。

专栏 5-2

营业税将全面被增值税取代吗？[①]

知情人士透露，在国务院最新下发的《2010年立法工作计划》中，增值税立法成为年内力争完成的重点立法项目。此次立法的一项重要内容包括扩大征税范围，逐步将征收营业税行业纳入到增值税体系内，从而进一步实现增值税彻底转型，并消除营业税重复征收的问题。

---

① 资料来源：程志云、席斯，增值税立法启动有望全面取代营业税，经济观察报，2010-1-23。本专栏在原文基础上进行了节选和适当改编。

财政部相关司局人士告诉本报，增值税转型和立法是财政部和国税总局一直以来推动的工作之一。

2009年1月1日开始的增值税转型，主要针对第二产业的机器设备实施税前抵扣。这一改革预计每年可为企业减轻税负1 200亿元。中国人民大学教授安体富认为，2008年底的增值税转型并不彻底，它只允许扣除固定资产中所购进的机器设备，而占比更大的厂房建筑却不能抵扣。不过，这项改革被认为是增值税立法的前期准备，而下一步就是要通过立法工作把目前征收营业税的行业全部纳入增值税征收范围。

中国社科院财贸所财政研究室副主任杨志勇曾指出，目前欧盟一些国家已经对金融行业征收增值税，而今后国内增值税立法的趋势也会是将增值税推向社会各个环节，逐渐替代营业税。

我国现行增值税的征税范围确立于1994年的分税制改革，将第一产业和第三产业的大部分行业排除在外，符合当时经济发展水平较低、第一产业天然“体弱”和第三产业尚不发达的现实国情。

据悉，在分税制改革后的第二年，财税部门就开始进行扩大增值税征收范围的测算。像交通运输业和建筑业大部分企业符合增值税纳税人条件，它们购进服务，产生增值，应该缴纳增值税。

中国目前实行的增值税属于商品增值税，即在生产销售商品的时候征收，不涉及劳务服务，对服务业是征收营业税。例如，属于第三产业的交通运输企业，在购进货物时就不能进行税前抵扣，同时对全额收入征收5%的营业税。这对服务企业来说形成了重复征税。

建造房屋、销售不动产，也都在营业税征收范围。所以，企业建造厂房缴纳的税款也不能进行税前抵扣。

安体富曾经做过测算，增值税虽然为17%和13%的税率，但因为允许抵扣进项税，所以增值税的实际税负大概4%，而营业税的税负5%，税负比增值税还要高。他认为，这样的税制不利于促进服务业的发展，而中国眼下正在努力促进第三产业的繁荣发展。

杨志勇认为，理想的增值税征收范围，应该包括所有创造和实现增值额的领域。从横向上看，增值税制应覆盖农林牧业、采矿业、制造业、建筑业、能源交通运输业、商业和劳务等各行各业；从纵向上看，应涵盖原材料、制造、批发和零售等全部环节。只有这样，才能保证税负公平，并且易于核查。

不过，一个重要问题是，营业税属于地方税，大约占地方税收的70%，是地方税的支柱性收入；而增值税属于国税。如果营业税被增值税替代，那么地方收入将受到影响，这就需要财税体制改革来协调解决。

“如果征收营业税的行业全部被纳入增值税征收范围，那这项改革不亚于1994年分税制改革，需要对整个财税体制都进行调整。”财政部财科所副所长刘尚希说。他提出，改革首先得确定思路，分几步走，一次全部替代非常难。

第六节 营业税纳税申报与缴纳

营业税纳税义务发生后，纳税人应按照规定的时间和纳税地点向税务机关缴纳营业税，履行纳税义务。

对营业税纳税人分别采取由扣缴义务人扣缴和纳税人自行申报两种方法。

一、营业税纳税义务发生时间

营业税的纳税义务发生时间为纳税人提供应税劳务、转让无形资产或者销售不动产并收讫营业收入款项或者取得索取营业收入款项凭据的当天。国务院财政、税务主管部门另有规定的，从其规定。

营业税扣缴义务发生时间为纳税人营业税纳税义务发生的当天。

营业税的纳税义务发生时间具体规定如下：

(1) 纳税人转让土地使用权或者销售不动产，采用预收款方式的，其纳税义务发生时间为收到预收款的当天；

(2) 纳税人提供建筑业或者租赁业劳务，采取预收款方式的，其纳税义务发生时间为收到预收款的当天；

(3) 纳税人将不动产或者土地使用权无偿赠送其他单位或者个人的，其纳税义务发生时间为不动产所有权、土地使用权转移的当天；

(4) 纳税人发生自建建筑物行为的，其纳税义务发生时间为销售自建建筑物的纳税义务发生时间。

二、营业税纳税期限

营业税的纳税期限，分别为5日、10日、15日、1个月或者1个季度。纳税人的具体纳税期限，由主管税务机关根据纳税人应纳税额的大小分别核定；不能按照固定期限纳税的，可以按次纳税。

纳税人以1个月或者1个季度为一个纳税期的，自期满之日起15日内申报纳税。

以5日、10日或者15日为一个纳税期的，自期满之日起5日内预缴税款，于次月1日起15日内申报纳税并结清上月应纳税款。

扣缴义务人的解缴税款期限，比照上述规定执行。

银行、财务公司、信托投资公司、信用社、外国企业常驻代表机构的纳税期限为1个季度。

三、营业税纳税地点

修订后的新营业税条例关于纳税地点的表述有所变化，即由修订前的劳务发生地调整为机构所在地。这主要是为了解决营业税实际执行中一些应税劳务的发生地难以确定的问题，考虑到多数应税劳务的发生地与机构所在地是一致的，而且有些应税劳务的纳税地点已经规定为机构所在地，所以新条例将营业税纳税地点由按劳务发生地原则确定，调整为按机构所在地或居住地原则确定。具体规定如下。

（1）纳税人提供应税劳务，应当向其机构所在地或居住地主管税务机关申报纳税。但是纳税人提供的建筑劳务以及国务院财政、税务主管部门规定的其他应税劳务，应当向劳务发生地主管税务机关申报纳税。

（2）纳税人转让无形资产应当向其机构所在地或居住地主管税务机关申报纳税。但是纳税人转让、出租土地使用权，应当向土地所在地主管税务机关申报纳税。

（3）纳税人销售、出租不动产应当向不动产所在地的主管税务机关申报纳税。

（4）扣缴义务人应当向其机构所在地或居住地的主管税务机关申报缴纳其扣缴的税款。

案例研究5-4

江中药业3亿拿地隐现避税路径[①]

作为国内OTC领域“老大级”公司，江中药业（股票代码：600750，SH）最近在非生产领域却是新闻频出——澄清关于年报中提及的再融资计划和股权激励机制，控股江西九州通欲打入医药商业领域，用3亿元买下母公司集团的土地。

2008年7月，江中药业发布公告称：为进一步完善上市公司资产、业务的独立性，江中药业股份有限公司确定了向控股股东江西江中制药（集团）有限责任公司（以下简称“江中集团”）收购租赁使用的湾里生产区土地有关事项，确定收购价格为人民币3亿元。

江中集团将以增加注册资本的方式将该地置入其全资子公司“南昌江中资产

① 资料来源：庄春晖，江中药业3亿拿地隐现避税路径，每日经济新闻，2008-07-17。

管理有限公司”,土地评估价格为人民币30 841万元。

据悉,江中药业自2003年以来一直安稳地租赁使用着湾里生产区作为公司的药品生产基地,而这块地又是江中药业的控股母公司江中集团所有。为何此时江中药业会拿出3亿元购入这块土地呢?

对此,江中药业的证券事务代表向《每日经济新闻》记者解释道:江中药业一直以来都向江中集团缴纳该土地的租赁费,按照2003年签署的协议,约为每年600万元。由于近年来土地租赁价格大幅度提升,这笔土地租赁费到了2008年可能会被调整到每年2 000多万元。同时,也考虑到要长期依靠租赁的方式使用主要生产经营场所,也具有可能的不确定的风险。

江中药业的此次收购有两种可供选择的方式:直接受让土地;或者受让该土地使用权对外投资成立的公司的全部股权。

而最终,江中药业选择了后者,其收购过程分三步走,即:

江中集团先注册成立全资子公司“南昌江中资产管理有限公司”;

江中集团将湾里的生产用地以增加注册资本的方式置入南昌江中资产管理有限公司,并完成土地使用权转让手续及公司注册资本变更手续;

江中药业与江中集团签订股权转让协议,受让南昌江中资产管理有限公司的全部股权,完成股权变更登记手续。

至此,江中药业成功购得该片土地。

为何江中药业要选择一个如此复杂繁琐的方式,而不是直接收购呢?

海通证券的一名房地产分析师告诉《每日经济新闻》记者:因为这样可以避开高昂的税费!土地使用权属于公司的无形资产,转让所涉及的税收负担一般较高。而股权转让不然,虽然步骤繁琐,但税收负担相对较轻。

此说法也得到了一名江中药业内部工作人员的默认,她表示,如果是直接受让湾里用地的话,可能江中药业将付出高达1个亿的税费。企业出于自身的实际考虑,选择曲折的收购方式,也在合法范围。

而上述该房地产分析师也表示,此种现象在土地买卖中很普遍,也算是一条企业的合法避税路径。

练习题

一、判断题

1. 纳税人兼营应税劳务与销售货物,其取得的应税劳务营业额与销售货物的销售额可以合并计算缴纳营业税。( )

2. 凡从事商品批发、零售以及从事加工、修理修配业务的纳税人都是营业税

的纳税人。（　　）

3. 销售不动产是指有偿转让不动产所有权的行为，单位将不动产无偿赠送他人，不属于销售不动产行为，因此，不缴纳营业税。（　　）

4. 企业租赁或者承包给他人经营的，以出租人或发包人为营业税的纳税人。（　　）

5. 一切有营业收入的单位和个人都应当缴纳营业税。（　　）

6. 建筑安装业务实行分包的，分包者为营业税的扣缴义务人。（　　）

7. 金融机构接受其他单位或个人的委托，为其办理委托贷款业务时，如果将委托方的资金转给经办机构，由经办机构将资金贷给使用单位或个人，应由经办机构代扣金融机构的营业税。（　　）

8. 纳税人承包的工程跨省、自治区、直辖市的，应当向其机构所在地主管税务机关申报纳税。（　　）

9. 电信单位销售电信物品或者销售电信物品并同时提供电信服务，缴纳营业税而不是增值税。（　　）

10. 纳税人兼营免税、减税项目的，应当单独核算免税、减税项目的营业额；未单独核算营业额的，不得免税、减税。（　　）

二、单项选择题

1. 下列营业项目，其营业税的纳税地点错误的是（　　）。

A. 纳税人销售不动产，向其机构所在地主管税务机关申报纳税

B. 纳税人从事运输业务，向其机构所在地主管税务机关申报纳税

C. 纳税人提供建筑工程劳务，向其机构所在地主管税务机关申报纳税

D. 纳税人提供应税劳务，应当向应税劳务发生地主管税务机关申报纳税

2. 下列行为征收营业税的有（　　）。

A. 以无形资产或不动产入股，参与接受投资方的利润分配、共同承担风险的行为

B. 政府出让土地使用权

C. 单位的员工为本单位提供应税劳务

D. 单位将不动产无偿赠与他人

3. 下列哪个行业营业税的纳税期限是一个季度（　　）。

A. 金融业　　B. 保险业　　C. 典当业　　D. 娱乐业

4. 下列行为中，不应缴纳营业税的是（　　）。

A. 转让在境内使用的无形资产　　B. 在境内提供应税劳务

C. 境内保险机构为出口货物提供保险　　D. 在境内载运旅客或货物出境

5. 下列项目中，准予从营业税计税营业额中减除的是（　　）。

A. 电信单位销售有价电话卡的销售折扣折让
B. 广告公司支付的灯箱广告制作费
C. 贷款业务的利息支出
D. 娱乐业收取的烟酒饮料费

6. 下列不属于营业税纳税人的单位有( )。
A. 热力公司 B. 房地产公司 C. 物业管理公司 D. 搬家公司

7. 下列费用中,应征收营业税的有( )。
A. 法院按规定标准收取的诉讼费 B. 注册会计师协会收取的会员费
C. 急救中心收取的治疗费 D. 搬家公司收取的搬家费

8. 转让土地使用权或者销售不动产,采用预收款方式的,其纳税义务发生时间为( )。
A. 转让土地使用权或者销售不动产的当天
B. 收到预收款的当天
C. 款项实际结清的当天
D. 买方或者受让方产权过户的当天

9. 下列项目中,不并入营业额计征营业税的有( )。
A. 价外收取的手续费
B. 代垫款项
C. 代收的开具了财政票据且全额上缴财政的政府性基金
D. 支付的广告费

三、多项选择题

1. 下列经营活动中计算营业税的税率正确的为( )。
A. 旅游景点经营索道取得的收入按 5%
B. 建筑设计收入按 5%
C. 邮政储蓄收入按 5%
D. 金融保险业按 5%

2. 下列各项中,符合营业税有关规定的有( )。
A. 对娱乐业向顾客收取的各项费用可减除其销售商品的收入后计征营业税
B. 拍卖行向委托方收取的手续费可减除拍卖过程中发生的费用后计征营业税
C. 对参与提供跨省电信业务的电信部门按各自取得的全部价款为营业额计征营业税
D. 对旅行社组织境外旅游收取的各项费用可减除其付给境外接团企业的

费用后的余额计征营业税

3. 下列各项收入中，不能免征营业税的是（　　）。

A. 电影发行单位取得的片租收入

B. 个人出租自有住房取得的租金收入

C. 企业按房改标准价向职工出售住房的收入

D. 高等学校利用学生公寓为社会服务取得的收入

4. 按照现行营业税制度规定，下列行为应按服务业税目征收营业税的有（　　）。

A. 企业之间因拆借周转金而收取资金占用费

B. 出租文化场所

C. 民政部门发行福利彩票取得收入

D. 建筑设计院进行工程设计

5. 营业额是纳税人向对方收取的全部价款和在价款之外取得的一切费用，包括（　　）。

A. 手续费　　B. 服务费　　C. 违约金　　D. 集资费

6. 下列企业的营业行为，属于混合销售行为（　　）。

A. 某饭店既开设餐厅、客房，又开设商场，为顾客提供多方面服务

B. 某餐厅既经营餐饮业，又经营娱乐业

C. 某建筑公司为承建的工程既提供全部建筑材料，又承担建筑安装业务

D. 某运输公司销售货物，并负责运输所售货物

四、计算题

1. 某饭店 2009 年 8 月发生以下业务：

(1) 客房收入 60 万元，餐厅收入 20 万元，歌舞厅收入 10 万元；

(2) 免费为一公司提供办公用房一间一年，从该公司换取一批价值相当的灯具和室内装饰画，房价每天 180 元；

(3) 宾馆附设一小卖部(单独核算)零售收入 1 万元；

(4) 洗衣房为客人洗衣收取的费用 0.5 万元；

(5) 代客人预订机票、火车票收取的手续费 0.3 万元。

请计算该饭店应纳的流转税(不考虑附加税费)。

2. 某建筑公司 2009 年 10 月发生以下业务：

(1) 承包一企业工程扩建项目，由该企业提供建筑材料 80 万元，建筑公司收取工程款 150 万元，临时建设费 10 万元；

(2) 自建一楼房竣工，建筑安装成本为 1 000 万元，将其中的 50%出售，取得售楼收入 850 万元，其余自用；

(3) 将承包某完工工程的剩余材料售出，开具普通发票上注明价款 7 万元。

请计算该公司当月应缴纳的流转税(当地税务机关确定的成本利润率为 10%)。

3. 某歌星与其经纪公司签订协议，在某体育馆举办个人演唱会，由体育馆代收门票，共取得门票收入 200 万元。演出结束后，经纪公司取得中介费 80 万元，体育馆取得租金收入 15 万元。

要求：在该演出活动中，歌星、经纪公司、体育馆应如何缴纳营业税？

4. 某商贸公司为增值税一般纳税人，某月发生业务情况如下。

(1) 自建宿舍楼一栋，其中一部分已经竣工销售。已竣工销售的宿舍楼建筑安装工程成本 500 万元，取得销售收入 800 万元。

(2) 销售一批货物取得不含税销售额 60 万元，销售货物支付运费取得运输部门开具的运输发票上注明运费 1 万元，装卸费 0.5 万元，仓储费 0.7 万元。

(3) 附设餐厅取得营业收入 50 万元，另有本公司划账结算餐费 10 万元。附设舞厅取得娱乐收入 20 万元。

(4) 附属一独立核算的修理部，本月修理家用电器取得收入 2 万元，购进修理零部件 0.5 万元，并取得了增值税专用发票。

(5) 贷款 100 万元给 A 企业，当月取得利息收入 10 万元，同时向 B 企业借款 70 万元，当月支付利息 5.6 万元。

请计算该公司本月应缴纳的流转税(当地税务机关确定的建筑业成本利润率为 10%)。

5. 某高校内邮电局实行销售货物与应税劳务分别核算，某月取得收入如下：

(1) 邮政快递业务收入 6 万元；

(2) 销售邮票、信封、明信片取得收入 0.5 万元；

(3) 销售充值电话卡取得收入 5.5 万元，已扣除折扣额 0.03 万元；

(4) 报刊发行收入 4 万元；

(5) 文具柜台出售钢笔等用品，销售收入 0.6 万元。

请计算该邮电局应纳营业税。

6. 某旅行社 7 月组织了百名大学生旅游团去神农架旅游，每人收取费用 638 元，旅游中，旅行社支付交通费 3 000 元，用餐费 6 500 元，住宿费 30 000 元，门票等费用 4 000 元。请计算该旅行社在该次经营活动中应纳营业税。

7. 某铁路局全年收取联运费用 200 万元，其中支付港务局海运收入 50 万元。请计算铁路局全年应纳营业税额。

8. 某会计师事务所某月取得收入如下：

(1) 会计审计收入 40 万元；

(2) 会计咨询收入 35 万元;

(3) 代理报税收入 5 万元;

(4) 为企业高级财务人员进行培训收入 8 万元。

请计算该事务所当月应纳营业税。

9. 某高校教师陈某拥有 3 套住房,2010 年 1 月,将其中 1 套已取得房屋产权证并居住 3 年的普通住宅销售出去,该住宅买价为 40 万元,销售收入为 60 万元;同月,陈某将另一套闲置的住房按市场价出租,取得月租金 500 元。请计算陈某当月应缴纳的营业税。

10. 企业甲某月转让一土地使用权,获取转让收入 16 万元;同月,以一非专利技术投资入股,与企业乙合资建厂,共同经营,该技术市场估价 70 万元。请计算企业甲应纳营业税额。

11. 某房地产开发公司某月取得收入如下:

(1) 销售商品房 20 套,获取收入 600 万元,附属配套设施 20 万元;

(2) 期房销售预收订金 200 万元;

(3) 附属非独立核算物业管理公司收取物业管理费 8 万元,另代收水、电费,取得手续费 1 万元。

请计算该公司当月应缴纳的营业税。

第六章

关税

第一节 关税概述

第二节 关税的征税对象与纳税人

第三节 关税税率

第四节 原产地的规定

第五节 关税完税价格

第六节 关税的计算

第七节 关税减免

第八节 关税征收管理

关税是最为古老的税种之一，是根据主权国家的经济和政治的需要，按照国家制定的方针政策，用法律形式确定的由海关对进出国境的货物和物品征收的一种税。随着国家间的贸易的发展，关税成为国际通行的一个重要税种。关税法是指国家制定的调整关税征收与缴纳权利义务关系的法律规范。现行关税法律规范以全国人民代表大会于 2000 年 7 月修正颁布的《中华人民共和国海关法》(以下简称《海关法》)为法律依据，以国务院于 2003 年 11 月发布的《中华人民共和国进出口关税条例》(以下简称《进出口条例》)，以及由国务院关税税则委员会审定并报国务院批准，作为条例组成部分的《中华人民共和国海关进出口税则》和《中华人民共和国海关入境旅客行李物品和个人邮递物品征收进口税办法》为基本法规，由负责关税政策制定和征收管理的主管部门依据基本法规拟定的管理办法和实施细则为主要内容。

由于关税主要是对流通过程中的商品征税，因而关税也是一种流转税。但是关税的征税对象、纳税人和纳税环节相对于一般流转税有很大的特殊性；从对国家的政治经济意义以及征税的方式看，关税和其他税种也有很大的区别。本章将对关税的概念和特点、我国关税的要素、海关进出口税则等内容进行介绍。

第一节　关税概述

由于关税的特殊性，关税涉及国家主权的完整性和对民族经济的保护，因而区别它和一般工商税收的不同之处，理解它的作用对于学习关税显得尤为重要。

一、关税和关境的概念

关税是由设在边境、沿海口岸或国家指定的其他水、陆、空国际交往通道的海关机构，按照国家规定，对进出关境(或国境)的货物和物品所征收的一种税。

所谓关境，又称“海关境域”或“关税领域”，是指本国海关法令及有关规定全面实施的领域。“国境”是指一个主权国家的领土范围。一般来说，一国的关境与国境是一致的，包括国家全部的领土、领海、领空，但两者又不完全相同。在一些设有自由港、自由贸易区、保税仓库或出口加工区的国家，关境小于国境。新中国成立后的几十年中，由于我国不存在自由贸易港和自由贸易区，关境和国境范围大小是一致的。实行改革开放之后，1987 年《海关法》中第一次使用关境的概念，在我国实行关境关税。在 1997 年香港回归和 1999 年澳门回归后，由于它们继续保持自由港地位，为我国单独的关税地区，即单独关境区。单独关境区是不完全适用所在国海关法律、法规或实施单独海关管理制度的区域，这时国家的关境就等于国境减去自由港和自由区，因而我国的关境小于国境。相反，当几个国家结成关税同盟，组成一个共同的关境，实施统一的关税法令和统一的对外税则，这些国家彼此之间货物进出过境不征收关税，只对来自或运往其他国家的货物进出共同关境时征收关税，其领土合成为一个统一的关境，即关境等于各同盟国国境之和。在这种情况下，关境就大于国境，例如，欧洲联盟。

二、关税的特点

关税是一个比较特殊的税种，相对于其他税种，关税具有如下特点。

1. 关税以进出我国关境的货物或物品为征税对象

关税的首要特点就是以货物或物品是否进出我国关境为征税与不征税的标志。凡是不通过我国关境的货物或物品都不征收关税，只有通过我国关境，并按海关法则需要征收关税的货物或物品才能征收关税。此外，关税只能对各种有形的货物和物品征税，对进出关境的无形资产，例如各种专用技术、专利权、无法表现其价值的文化艺术等则无法征税。这也是关税与其他国内流转课税的不同之处。

2. 以统一的关境(或国境)为范围统一征税

我国关税以统一的关境为征税范围，货物在进出我国关境时，按照我国统一实施的关税税则征收一次关税后，就可以在整个关境内流通，以后不再征收关税。

3. 关税由海关机构代表国家征收

与其他税收不同，世界各国的关税一般都是由税务机关之外的专门机构征收。譬如我国的关税是由海关总署及所属机构具体负责管理和征收的。征收关税是海关工作的一个重要组成部分。《中华人民共和国海关法》规定："中华人民共和国海关是国家的进出关境监督管理机关。海关依据本法和其他有关法律、行政法规，监督进出境的运输工具、货物、行李物品、邮递物品和其他物品，征收关税和其他税、费，查缉走私，并编制海关统计和办理其他海关业务。"因此，征收和核定关税的过程，也是海关发现、侦查、缉拿走私犯罪的途径。

4. 关税具有涉外性，是执行对外经济政策的手段

无论是进口货物还是出口货物，都是我国和其他国家进行的贸易活动。对进出口货物征收关税也就关系着我国经济的发展和财政收入。由于关税影响着贸易双方的物质利益，因此在处理国际政治、经济、文化、外交等关系时，常常作为斗争的工具和执行对外经济政策的手段。例如，对于有外交关系的双方，利用关税实行最惠国待遇，进一步促进和发展双方的友好合作；对没有外交关系的国家也可以通过征收关税开展正常的贸易活动，争取发展双方的友好贸易往来；此外，必要时还可以利用关税作为防卫武器，反对和抵制其他国家的关税歧视。

5. 实行复式税则

关税的税则是关税税目税率及有关规定的总称。复式税则也称多栏税则，是指一个税目设有两个或两个以上的税率，根据进口货物原产地的不同，分别适用高低不同的税率。我国关税对进口货物实行复式税则，根据是否为与我国订有关税互惠条款的贸易条约或协定的国家，分别按最低税率和普通税率征收关税。目前在国际上除极个别国家外，各国关税普遍实行复式税则。

三、关税的作用

新中国成立以来，我国关税在促进对外贸易和国民经济的发展等方面，发挥了重要作用。主要体现在以下几个方面。

1. 筹集政府财政收入

关税在历史上曾经是部分国家的最主要的财政收入来源，现在也仍然是各国的主要税收收入之一，在筹集财政收入方面发挥着重要的作用。关税在财政收入中所占的比重，发达国家比较低，一般为 3%；在发展中国家一般为 13%左右。目前，世界贸易组织成员国的平均关税税率为 6%，其中发达国家不到 3%，发展中国家为 10%。

尽管我国关税税率不断降低，但关税收入每年都在保持增长。1996 年我国关税收入为 301.84 亿元；1999 年关税收入为 562.23 亿元，占同期国家税收收入的 5.45%；2000 年关税收入为 750.48 亿元，占国家税收收入的 5.96%；2004 年关税收入 1 043.74 亿元，占国家税收收入的 4.32%；2008 年关税收入 1 769.95 亿元，占国家税收收入的 3.31%。关税收入增长主要来源于我国经济增长和进出口贸易额的增加，其占国家税收收入比例不断下降说明关税总体税收负担在不断下降。

需要指出的是，对出口商品征税虽然可以增加财政收入，但是却会限制和削弱出口商品在国际市场上的竞争力，不利于出口国的经济发展。正是由于这一原因，当前世界各国，特别是经济发达国家对出口商品不仅免征关税，而且对于在国内已征的流转税还普遍实行退税政策，各国一般仅对极少数本国自身稀缺的经济资源征收出口关税。我国征收出口税的总的原则是：既要体现鼓励出口的政策，又要控制一些商品的盲目出口，并且征收出口关税的商品品种不宜过多。

2. 维护国家主权和利益

当我国与其他国家在经济利益上有差异时，需要进行贸易谈判，而关税是贸易谈判中捍卫本国利益的重要武器。合理和适度运用关税杠杆，可迫使谈判对方同等程度降低和减免关税，提供相同或相似的贸易条件和贸易保证，拒绝或限制对方对本国的商品倾销。同时，关税也是实行贸易歧视或反歧视的手段，迫使贸易伙伴考虑本国的既得利益。不仅如此，关税在国与国交往的其他方面也可充当重要的中介力量和谈判砝码。

3. 保护和促进国内经济发展

通过对进口货物征收关税，提高进口货物的销售成本，从而削弱其与本国同类产品的竞争能力，保护和促进本国经济的发展。通过对出口货物的退税或补贴，使其以无税的形式进入国际市场，从而增强我国产品在国际市场上的竞争能力，并以此为国家赚取更多的外汇收入。

4. 对进口货物进行适应国内需要的调节

关税在调节我国的经济结构、产业结构中发挥了较大的作用。根据我国产业和产品的优劣特征，通过设置高低不同的关税税率，鼓励所需商品的进口，限制不需商品的进口，来调整进口产品结构，进而影响本国经济结构。如我国调整了农业机械等的进口税率，影响和改变原有进出口产品的构成，促进农业的发展。

5. 帮助实现收入的再分配

一般来说，进口产品在缴纳关税后，其价值上涨。进口产品价格的上涨使国内原有的收入水平和收入结构发生了变化。此外，进口产品价格上涨的结构往往带动国内产品价格上升，从而迫使政府、企业不得不增加工资。由于产品上涨结构和幅度往往与工资增加的结构和幅度不一致，因而形成对人们实际收入的再分配。

四、关税的分类

按照不同的标准，关税有多种分类方法。最常用的是按货物的流向分类，可分为进口关税、出口关税和过境关税三类；按征收目的分类，可分为财政关税和保护关税；按征税计征标准分类，可分为从价税、从量税、复合税、滑准税；按货物国别来源而区别对待的原则，可分为最惠国关税、协定关税、特惠关税和普通关税等。

1. 按照货物流向分类

按照通过关境的货物或物品的流向分类，关税可分为进口关税、出口关税和过境关税。这是关税最基本、最广泛和最普通的一种分类模式。

1）进口关税

进口关税是进口国家海关在外国商品输入时，对本国进口商或者个人征收的关税，它通常在外国商品进入关境时课征。进口关税是关税中最重要的一种，在许多废除了出口税和过境税的国家，进口关税是唯一的关税。我国加入 WTO 后，于 2002 年 1 月 1 日再次调整了进口税则税目税率，将总税目数增加到7 316个，其中 5 332 个税目的税率有不同程度的降低。

进口税有正税与附加税之分。正税即按税则法定税率征收的关税；此外征收的即为附加税。

2）出口关税

出口关税是出口国家在本国商品输往境外时，对本国出口商所课征的关税。19 世纪以前，出口关税曾是世界各国财政收入的主要来源。随着国际贸易的发展，海外市场竞争日趋激烈，当今世界不少国家取消了出口关税。我国在 2002 年出口税则中仅对一小部分关系到国计民生的重要出口商品征收出口税，一共有36个税目，其中对23个税目实行出口暂定税率，其余的不征税。

3）过境关税

过境关税也称“通过税”，是指当他国货物通过本国领域时，由本国海关征收的过境税。过境关税一般由那些拥有特殊或有利地势的国家对通过本国海域、港口、陆路的外国货物征收。由于过境货物对本国经济和市场不产生负面影响，而且还可以从交通运输、港口使用、仓储保管等方面获得收入，因而目前绝大多数国家都不征收过境关税，仅在外国货物通过时征收少量签证费、印花税等。仍在征收过境关税的只有伊朗、委内瑞拉等少数国家。世界贸易组织明确要求各缔约国之间应剔除过境关税，我国也不征收过境关税。

2. 按计税标准分类

按征收关税的标准，可以分成从价关税、从量关税、复合关税、滑准关税。

1）从价关税

从价税是以货物的价格或者价值为征税标准，以应征税额占货物价格或者价值的百分比为税率，价格越高，税额越高。货物进口时，以此税率和海关审定的实际进口货物完税价格相乘计算应征税额。从价税的特点是，相对进口商品价格的高低，其税额也相应高低。优点是税负公平明确，易于实施。但是，从价税也存在着一些不足，如不同品种、规格、质量的同一货物价格有很大差异，海关估价有一定的难度，因此计征关税的手续也较繁杂。目前，我国海关计征关税标准主要是从价税。

2）从量关税

从量税是以货物的数量、重量、体积、容量等计量单位为计税标准，以每计量单位货物的应征税额为税率。从量税的特点是，每一种货物的单位应税额固定，不受该货物价格的影响。计税时以货物的计量单位乘以每单位应纳税金额即可得出该货物的关税税额。从量税的优点是：计算简便，通关手续快捷，并能起到抑制低廉商品或故意低瞒价格货物的进口。但是，由于应税额固定，物价涨落时，税额不能相应变化，因此，在物价上涨时，关税的调控作用相对减弱。我国目前对原油、啤酒和胶卷等进口商品征收从量税。

3）复合关税

复合关税又称混合关税，即订立从价、从量两种税率，随着完税价格和进口数量而变化，征收时两种税率合并计征。它是对某种进口货物混合使用从价税和从量税的一种关税计征标准。混合使用从价税和从量税的方法有多种，如：对某种货物同时征收一定数额的从价税和从量税；或对低于某一价格进口的货物只按从价税计征关税，高于这一价格，则混合使用从价税和从量税，等等。复合税既可发挥从量税抑制低价进口货物的特点，又可发挥从价税税负合理、稳定的特点。我国目前仅对录像机、放像机、摄像机、数字照相机和摄录一体机等进口商品征收复合关税。

4）滑准关税

滑准关税是根据货物的不同价格适用不同税率的一类特殊的从价关税。它是一种关税税率随进口货物价格由高至低而由低至高设置计征关税的方法。通俗地讲，就是进口货物的价格越高，其进口关税税率越低；进口商品的价格越低，其进口关税税率越高。滑准税的特点是可保持实行滑准税商品的国内市场价格的相对稳定，而不受国际市场价格波动的影响。如英国和马来半岛一些国家实行滑准关税，我国目前仅对进口新闻纸实行滑准关税。

3. 按优惠待遇分类

按货物国别来源而区别对待的原则，可以分成最惠国关税、协定关税、特惠关税和普通关税。

1）最惠国关税

最惠国关税是对共同适用最惠国待遇条款的 WTO 成员国或地区实行的；或者对签有最惠国待遇条款的双边贸易协定国家或地区实行的关税。最惠国关税税率是互惠的，且比普通关税税率低，但这种关税待遇中往往规定有例外条款，在缔结关税同盟、自由贸易区或有特殊关系的国家之间规定了更优惠的关税待遇时，最惠国待遇并不适用。

2）协定关税

协定关税是指一国通过与他国签订贸易条约或协定的方式共同制定的优惠关税，比自主关税低；在条约或协定有效期间，未经缔约国一致同意，税率不得自行更改或废除。

原先各国海关均独立自主地制定本国关税（称国定关税）。1860 年，英法商定相互减让关税，出现了协定关税。这种在平等互利的基础上签订的关税称为自主协定关税。其后，在世界各国签订友好贸易条约时经常使用。殖民主义时期，殖民地国家被帝国主义国家强迫签订不平等条约，被迫实施有利于别国的最低关税，称为不自主的协定关税，或片面协定关税。随着殖民制度的瓦解，这种关税已很少见。

3）特惠关税

特惠关税是指某一国家对另一国家或某些国家对另外一些国家的进口商品给予特定优惠关税待遇，其他国家不得享受的一种关税制度。特惠关税的优惠对象不受最惠国待遇原则制约，其他国家不得根据最惠国待遇原则要求享受这种优惠待遇。

4）普通关税

如果进口国未与某进口商品来源国签订任何关税互惠贸易条约，则对该进口商品按普通关税税率征税。普通税率是最高税率，一般比优惠税率高1～5倍，少数商品甚至更高。目前仅有个别国家对极少数（一般是非建交）国家的出口商品实行这种税率，大多数只是将其作为其他优惠税率减税的基础。因此，普通税率并不是被普遍实施的税率。

4. 按照征收目的分类的特别关税

特别关税是因某种特定的目的而在一般进口关税之外，加征的临时附加关税。特别关税最早产生并运用于欧洲，实际上是贸易保护主义政策的产物，主要分为加重关税、反补贴关税、反倾销关税、报复关税等4种。征收特别关税的货物、适用国别、税率、期限和征收办法，由国务院关税税则委员会决定，海关总署负责实施。

1）加重关税

加重关税是出于某种原因或为达到某种目的，而对某国货物或某种货物的输入加重征收的关税，如间接输入货物加重税等。

2）反补贴关税

反补贴关税是对接受任何津贴或补贴的外国进口货物所附加征收的一种关税。货物输出国为了加强本国输出产品在国际市场的竞争能力，往往对输出产品予以津贴、补贴或奖励，以降低成本，廉价销售于国外市场。输入国为防止他国补贴货物进入本国市场，威胁本国产业正常发展，对凡接受政府、垄断财团补贴、津贴或奖励的他国输入产品，课征与补贴、津贴或奖励额相等的反补贴关税，以抵消别国输入货物因接受补贴、津贴或奖励所形成的竞争优势。

需要指出的是，目前许多国家对出口品采取退还国内税的方法予以鼓励，对这种属于已退还国内税（国内间接税）的出口货物一般不作为接受补贴产品来看待，因为退税产品属于国内税种调整范畴，与他国没有直接利益关系。

3）反倾销关税

反倾销关税是指进口国海关对被认定构成出口倾销并对本国相关工业构成损害的进口产品所征收的一种临时进口附加税，其目的在于抵制其他国家商品倾销，保护本国生产和国内市场。

我国自2004年6月30日起，海关对申报进口原产于加拿大、韩国、美国的新闻纸继续征收反倾销税，实施期限为5年。中华人民共和国海关总署公告（2005第35号）称，根据《中华人民共和国反倾销条例》的规定，国务院关税税则委员会决定对原产于俄罗斯和日本的进口三氯乙烯征收反倾销税，征税时间从2005年7月22日起，期限为5年。

4）报复关税

报复关税是指他国政府以不公正、不平等、不友好的态度对待本国输出的货物时，为维护本国利益，报复该国对本国输出货物的歧视，对该国输入本国的货物加重征收的关税。报复关税往往容易引起他国采取同样的手段，最终导致关税战。1962 年美国与欧洲共同体之间爆发的“冻鸡战”就是由双方都对对方采取报复关税引起的，持续了两年之久，最后以两败俱伤而告终。

五、关税的立法原则

关税立法原则是国家在某一时期关税政策的指导思想与行动准则。我国目前实行的是以财政关税政策服从于保护关税政策的复合型关税政策，即贯彻国家的对外开放政策，鼓励出口和扩大必需品的进口，保护和促进国民经济的发展，保证国家的财政收入。这一关税政策通过如下原则具体表现出来。

(1) 对进口国家建设和人民生活所必需的，国内不能生产或者供应不足的动植物良种、肥料、饲料、药剂、精密仪器、仪表、关键的机械设备和粮食等，给予免税或减税优惠。

(2) 原材料的进口税率低于半成品、成品的进口税率；受自然条件制约，国内生产在短期内不能很快发展的原材料，税率更低。

(3) 国内不能生产或质量未过关的机械设备和仪器、仪表的零、部件，其税率低于整机税率。

(4) 对国内已能生产的非国计民生所必需的物品，应制定较高的税率。

(5) 国内需要保护和国内外差价大的商品，应制定更高的税率。

(6) 一切奢侈品和非必需品，制定更高的进口税率。

(7) 为了鼓励出口，出口商品一般不征出口税；但对国内外差价大，在国际市场上容量有限而又竞争性强的商品，以及限制出口的少数原材料和半成品，征收适当的出口税。

专栏 6-1

中国关税制度 30 年①

回顾改革开放 30 年，中国关税工作从无到有，取得了令人瞩目的成就。作为国际性通用的经济贸易工具，世界经济越是国际化，关税的重要作用越突出。

关税是调节经济和组织财政收入的重要工具。但在改革开放前，关税的作用没有得到很好的发挥，“文化大革命”期间我国甚至曾停止征收关税。1980 年，我

---

① 资料来源：30 年，关税制度不断完善税收持续增收，国家税务总局网站，www.chinatax.gov.cn/n8136506/n8136593/n8137681/n8733545/n8741020/8743189.html，2008-12-24。本文在原文基础上进行了节选。

国恢复关税职能。随着经济体制改革的深化和对外开放的扩大,我国关税制度逐步健全,关税结构不断优化,进出口税收持续增收。同时,关税职能不断增强,关税对经济的调节作用越来越充分地发挥出来,在加强和改善宏观调控、推动产业结构优化升级、促进双边多边经贸合作等方面成绩斐然,有力地支持了我国的改革开放。

一、关税制度不断完善,奠定了关税工作的坚实基础

1.《中华人民共和国进出口关税条例》的颁布和修订完善

1984年前,我国一直以1951年由中央人民政府政务院公布实施的《海关进出口税则暂行实施条例》作为征收关税的法律依据文件。1985年3月7日,我国发布了修改后的《中华人民共和国海关进出口关税条例》,补充了大量新内容,并将进出口税则作为关税条例的组成部分对外公布。

此后,根据改革开放深入发展的要求,参照国际规范,我国分别于1987年、1992年和2003年对该条例作了3次重大修改。尤其是2003年,根据入世后享受权利和履行义务的新情况,我国进一步明确了国务院关税税则委员会的职责,将我国进出口税则的进口优惠税率细分为最惠国税率、协定税率和特惠税率,并明确了关税配额税率和暂定税率等。2003年11月23日,国务院颁布了修订后的条例,并将名称改为《中华人民共和国进出口关税条例》。

2.《中华人民共和国进出口税则》的修订完善

新中国成立以来,我国多次对进出口税则进行调整。从体例上看,主要是分别于1951年、1985年、1992年先后实施的3部进出口税则。

1951年5月公布实施的进出口税则,其商品目录主要参考了旧中国税则、苏联税则和原万国联盟编制的《日内瓦统一税则目录》等,结构比较简单。1985年3月,我国实施了以《海关合作理事会税则商品目录》为基础的进出口税则,大幅度降低了部分商品的进口关税税率,减少了征收出口关税的商品品种。

从1992年1月起,我国开始实施以《商品名称及编码协调制度》为基础的进出口税则,适应了国内改革开放和对外经济贸易发展的需要。新税则除5 019个基本税目外,增加了部分子目,税目总数达到6 250个,比转换前增加了4 042个。此后,根据经济社会发展、科学技术进步、产业结构调整和加强进出口管理的需要不断进行调整,特别是利用世界海关组织商品编码协调制度全面调整等时机,我国对税则税目进行了较大范围的调整和细化。目前,税目数量已逐步增至7 758个。

二、关税结构不断优化,进出口税收持续增收

改革开放30年来,我国关税总水平不断降低,税则税目设置更加科学化、精细化,关税结构不断优化,基本实现了从"高水平、窄税基"向"低水平、宽税基"的

转变。

1992 年—2001 年，我国先后 4 次较大幅度地对我国关税进行自主降税，使我国关税总水平由 1992 年底的 43.2%降低到 2001 年初的 15.3%。

2001 年 12 月 11 日，中国正式加入世界贸易组织。入世后，我国认真履行承诺，关税总水平逐年降低，2002 年—2005 年，我国进行了 4 次较大幅度的降税，关税总水平以每年 1 个百分点的速度从 15.3%降至 9.9%。2008 年，我国关税总水平降至 9.8%，其中农产品平均税率为 15.2%，工业品平均税率为 8.92%。至此，我国进出口税则 7 758 个税目中，除聚酯短纤、鲜草莓等降税实施期到 2010 年的 4 个税目外，均已降至我国入世承诺的最终约束税率，大体形成了资源性产品、零部件、制成品税率由低至高的合理结构。

虽然我国的关税总水平不断降低，但随着我国进出口贸易的跳跃式发展，我国的关税收入实现了逐年高速增长。同时，我国进出口税收持续增收，成为最稳定的中央税收来源之一。尤其是入世以来，我国进出口关税年均增长 20.4%，对中央财政收入的贡献始终保持在 25%以上。

三、进口税收优惠政策工作走向法制化和规范化

改革开放初期，为满足改革开放的需要，鼓励吸引外资，促进科学技术交流，我国出台了对外商投资企业的优惠政策，制定了引进技术、企业技术改造以及扶持经济特区等一系列进口税收优惠政策。

随着改革开放的深入，在税制全面改革的背景下，按照符合国际惯例和国际通行做法、符合社会主义市场经济的要求等原则，我国从 1993 年底全面税制改革至 2001 年为加入世界贸易组织作准备，我国先后对进口税收优惠政策进行了多次系统的清理，进口税收优惠政策从地区优惠为主全面转向以产业优惠为主，并日益走向法制化和规范化。

目前，我国进口税收优惠政策主要包括产业政策、科教与技术进步政策和公益性政策等。产业政策方面，主要对装备制造业、农林业、民航业等国家鼓励发展的行业给予进口税收优惠；科教用品政策方面，主要对科技开发用品、科学研究和教学用品、科普单位进口的自用科普影视作品给予进口税收优惠；其他公益性政策方面，主要对残疾人专用品、扶贫慈善性捐赠物资等制定了专门的税收优惠政策。

第二节　关税的征税对象与纳税人

关税的征税主体是国家，由海关代表国家向纳税义务人征收。根据海关法

的规定，准许进出口的货物和进出口的物品，除海关法另有规定外，都应当由海关根据进出口税则征税。这就是说，关税的征税对象是进出我国关境的货物或物品。

货物是指贸易性商品，物品则是指非贸易性的行李、邮包等，包括进境的旅客随身携带的行李和物品、个人邮递物品、各种运输工具上的服务人员随身携带进口的自用物品、馈赠物品以及以其他方式进境的物品。从广义上讲，这里所说的物品显然也是货物。

进出口贸易性货物的纳税人是指进口货物的收货人、出口货物的发货人，以及接受委托办理有关进出口手续的代理人。

非贸易性的进出境物品的纳税人是指应税行李物品、邮递物品和其他物品的所有人，这里"所有人"包括该物品的所有人和推定为所有人的人。一般情况下，对于携带进境的物品，推定其携带人为所有人；对分离运输的行李，推定相应的进出境旅客为所有人；对以邮递方式进境的物品，推定其收件人为所有人；以邮递或其他运输方式出境的物品，推定其寄件人或托运人为所有人。

第三节 关税税率

一、进出口税则

进出口税则是一国政府根据国家关税政策和经济政策，通过一定的立法程序制定公布实施的进出口货物和物品应税的关税税率表。它是海关凭以征收关税的法律依据，也是一个国家关税政策的具体体现。我国现行进出口税则包括《中华人民共和国海关进出口税则》、《税率适用说明》、《进口商品从量税、复合税、滑准税税目税率表》、《进口商品关税配额税目税率表》、《进口商品税则暂定税率表》、《出口商品税则暂定税率表》等附录。

进出口税则一般由商品分类目录和税率栏两部分组成。商品分类目录是把成千上万种不同商品加以综合，按照其不同特征分门别类，顺序排列而形成的商品名目。商品分类的原则即归类规则，包括归类总规则和各类、章、目的具体注释。税率部分是税则的政策部分，体现国家的关税政策，按商品分类目录逐项订出的税率栏目，对不同的商品或不同的国家给予相同或不同的关税待遇。我国现行进口税则为四栏税率，出口税则为一栏税率。税则中各税目税率之间的差别叫"级差"，每一级差是一个税级。海关对进出口货物必须按照所列税率计征税款。

商品分类目录对进出口商品分类是海关税则的基础。目前世界上大多数国家的税则都是根据《商品名称及编码协调制度》(Harmonized Commodity Description And Coding System)(简称为《协调制度》或 HS)的商品分类目录制定的。《协调制度》是国际上多个商品分类目录协调的产物,是各国专家长期努力的结晶。它的最大特点是通过协调,适合于与国际贸易有关的各个方面的需要,成为国际贸易商品分类的一种"标准语言",是一部完整、系统、通用和准确的国际贸易商品分类体系。我国海关于 1992 年 1 月 1 日起正式根据《协调制度》目录的分类原则和内容,实施海关进出口税则和统计商品目录。

我国的关税税则为进出口合一的复式税制,进出口货物同时采用同一种分类列目方法,同一税目的货物分为进口税率和出口税率两种。

二、进口关税税率

1. 税率设置与适用

在我国加入世界贸易组织(WTO)之前,我国进口税则设有两栏税率,即普通税率和优惠税率。对原产于与我国未订有关税互惠协议的国家或者地区的进口货物,按照普通税率征税;对原产于与我国订有关税互惠协议的国家或者地区的进口货物,按照优惠税率征税。在我国加入 WTO 之后,为履行我国在加入 WTO 关税减让谈判中承诺的有关义务,享有 WTO 成员应有的权利,自 2002 年 1 月 1 日起,我国进口税则设有最惠国税率、协定税率、特惠税率、普通税率、关税配额税率等税率。对进口货物在一定期限内可以实行暂定税率。

最惠国税率适用原产于与我国共同适用最惠国待遇条款的 WTO 成员国或地区的进口货物,或原产于与我国签订有相互给予最惠国待遇条款的双边贸易协定的国家或地区进口的货物,以及原产于我国境内的进口货物。协定税率适用原产于我国参加的含有关税优惠条款的区域性贸易协定有关缔约方的进口货物。目前对原产于韩国、斯里兰卡和孟加拉国 3 个曼谷协定成员的 739 个税目进口商品实行协定税率(即曼谷协定税率)。特惠税率适用原产于与我国签订有特殊优惠关税协定的国家或地区的进口货物,目前对原产于孟加拉国的 18 个税目进口商品实行特惠税率(即曼谷协定特惠税率)。普通税率适用于原产于上述国家或地区以外的其他国家或地区的进口货物。按照普通税率征税的进口货物,经国务院关税税则委员会特别批准,可以适用最惠国税率。适用最惠国税率、协定税率、特惠税率的国家或者地区名单,由国务院关税税则委员会决定。

我国加入世界贸易组织以后,为了与国际经济接轨,我国持续履行加入世界贸易组织的关税减让承诺,进口关税总水平持续下降。至 2010 年进口关税总水平降至 9.8%,其中农产品平均税率为 15.2%,工业品平均税率为 8.9%。至此,中国加入世界贸易组织的降税承诺全部履行完毕。

进口商品的税率结构主要体现为产品加工程度越深，关税税率越高，即在不可再生性资源、一般资源性产品及原材料、半成品、制成品中，不可再生性资源税率较低，制成品税率较高。

我国对进口商品基本上都实行从价税，即以进口货物的完税价格作为计税依据，以应征税额占货物完税价格的百分比作为税率。从 1997 年 7 月 1 日起，我国对部分产品实行从量税、复合税和滑准税。

2. 暂定税率与关税配额税率

根据经济发展需要，国家对部分进口原材料、零部件、农药原药和中间体、乐器及生产设备实行暂定税率。暂定税率优先适用于优惠税率或最惠国税率，按普通税率征税的进口货物不适用暂定税率。同时，对部分进口农产品和化肥产品实行关税配额，即一定数量内的上述进口商品适用税率较低的配额内税率，超出该数量的进口商品适用税率较高的配额外税率。现行税则对 200 多个税目进口商品实行了暂定税率，对小麦、豆油等 10 种农产品和尿素等 3 种化肥产品实行关税配额管理。

根据税则附录中《非全税目信息技术产品税率表》，我国对 251 个税目的信息技术产品基本实行 0～7.2%的低税率，有少数产品税率超过 10%。其中有 15 类信息技术产品只占应归入税目商品中的一部分，即非全税目商品。如只对“离心机”税目中的“半导体晶片加工用离心干燥器”实行低税率。这类信息技术产品的税率列在现行进口税则附录《非全税目信息技术产品税率表》中，凡申报进口表列 15 类产品并要求适用低税率的，须经信息产业部审核并经海关确认后，方可以低税率计征关税。

三、出口关税税率

我国出口税则为一栏税率，即出口税率。

为了整体鼓励出口，发挥劳动密集型优势，我国对绝大多数货物都免于征收出口关税，现在已经有很多商品实行零关税政策。国家仅对少数低附加值高耗能产品、国内稀缺的资源性产品及易于竞相杀价、盲目进口、需要规范出口秩序的半制成品征收出口关税，以保证国内供给，促进经济平衡发展。1992 年对 47 种商品计征出口关税，税率为 20%～40%。现行税则对 36 种商品计征出口关税，主要是鳗鱼苗、部分有色金属矿砂及其精矿、生锑、磷、氟钽酸钾、苯、山羊板皮、部分铁合金、钢铁废碎料、铜和铝原料及其制品、镍锭、锌锭、锑锭。出口商品税则税率一直未予调整。但对上述范围内的 23 种商品实行 0～20%的暂定税率，其中 16 种商品为零关税，6 种商品税率为 10%及以下。与进口暂定税率一样，出口暂定税率优先适用于出口税则中规定的出口税率。因此，我国真正征收出口关税的商品只有 20 种，税率也较低。

四、关税税率的运用

我国《进出口关税条例》规定，进出口货物，应当依照税则规定的归类原则归入合适的税号，并按照适用的税率征税。

1. 一般情况下的进出口货物

应当按照纳税义务人申报进口或者出口之日实施的税率征税。

2. 先行申报的进口货物

进口货物到达前，经海关核准先行申报的，应当按照装载此货物的运输工具申报进境之日实施的税率征税。

3. 进出口货物的补税和退税

进出口货物的补税和退税，适用该进出口货物原申报进口或者出口之日所实施的税率，但下列情况除外。

(1) 按照特定减免税办法批准予以减免税的进口货物，后因情况改变经海关批准转让或出售或移作他用需予补税的，适用海关接受纳税人再次填写报关单申报办理纳税及有关手续之日实施的税率征税。

(2) 加工贸易进口料、件等属于保税性质的进口货物，如经批准转为内销，应按向海关申报转为内销之日实施的税率征税；如未经批准擅自转为内销的，则按海关查获日期所施行的税率征税。

(3) 暂时进口货物转为正式进口需予补税时，应按其申报正式进口之日实施的税率征税。

(4) 分期支付租金的租赁进口货物，分期付税时，适用海关接受纳税人再次填写报关单申报办理纳税及有关手续之日实施的税率征税。

(5) 溢卸、误卸货物事后确定需征税时，应按其原运输工具申报进口日期所实施的税率征税。如原进口日期无法查明的，可按确定补税当天实施的税率征税。

(6) 对由于税则归类的改变、完税价格的审定或其他工作差错而需补税的，应按原征税日期实施的税率征税。

(7) 对经批准缓税进口的货物以后交税时，不论是分期或一次交清税款，都应按货物原进口之日实施的税率征税。

(8) 查获的走私进口货物需补税时，应按查获日期实施的税率征税。

第四节　原产地的规定

国家准许进口的货品，都应当根据海关税法的规定征收进口关税。我国进口税则规定有多栏税率，具体按哪种税率征收进口关税，取决于进口货物的原产地。因此，要确定进口货物的适用税率，首先应确定进口货物的原产地。我国原产地规定基本上采用了“全部场地生产标准”、“实质性加工标准”两种国际上通用的原产地标准。

一、全部场地生产标准

全部场地生产标准是指进口货物“完全在一个国家内生产或制造”，生产或制造国即为该货物的原产国。完全原产产品不涉及其他国家(或地区)的产品划分，技术上容易判断和掌握，不存在争议，因此该标准为各国所接受，已经成为国际上通行的做法。具体包括：

(1) 在该国的领土或领海内开采的矿产品；

(2) 在该国的领土上收获或采集的植物产品；

(3) 在该国领土上出生或由该国饲养的活动物及从其所得产品；

(4) 在该国领土上狩猎或捕捞所得的产品；

(5) 在该国的船只上卸下的海洋捕捞物，以及由该国船只在海上取得的其他产品；

(6) 在该国加工船加工上款所列物品所得的产品；

(7) 在该国收集的只适用于作再加工制造的废碎料和废旧物品；

(8) 在该国完全使用上述(1)至(7)款所列产品加工成的制成品。

二、实质性加工标准

实质性加工标准适用于确定有多个国家参与生产的产品的原产地的标准。其基本含义是：

经过几个国家加工、制造的进口货物，以最后一个对货物进行经济上可以视为实质性加工的国家作为有关货物的原产国。这里所说的“实质性加工”是指产品经过加工后，在《海关税则》中已不按原有的税目税率征税，而应归入另外的税目征税；或者加工增值部分所占新产品总值的比例已超过30%的。

三、其他

机器、仪器、器材或车辆所用零件、部件、配件、备件及工具，如与主件同时进口，而且数量合理，其原产地按主件的原产地予以确定；如分别进口，应按其各自的原产地确定。

进口货物的原产地，由海关予以确定。对于某些难以确定原产国的货物，海关可要求进口人提供“产地证明书”；必要时，海关可通知进口申报人交验有关外国发证机关发放的原产地证书。对于进口的中国香港、澳门、台湾地区和中国内地生产的货物，海关可按优惠税率征收关税。

原产地规则对国家贸易方式的改变具有重要影响。例如，A 国与 B 国之间没有签订关税互惠条款的贸易条约，而 C 国与 A、B 两国皆签订有关税互惠条款的贸易条约。A 国某公司需要向 B 国出口大量汽车，由于两国之间没有签订关税互惠条约，所以 B 国要对 A 国公司的汽车征收高额进口关税，从而不利于该公司的汽车销售。鉴于此，该公司可以在 C 国设立加工厂，由公司本部向 C 国加工厂出口原材料，加工厂以制成品汽车向 B 国出口，只要控制原材料和产品价格使得加工后的产品符合原产地规则中的实质性加工标准，原产地则可以认定为 C 国，从而能够享受关税优惠，从而以较低的价格进入 B 国市场销售。目前一些跨国公司在其他国家投资建厂就是基于这一目的。

第五节　关税完税价格

尽管关税具体征收方式较多，但总是以课税对象的价格以及数量作为计算依据，其中最主要和比较复杂的是依价格征收关税。计征关税时，依据的价格称为关税完税价格。目前世界各国大多以海关审定的价格即海关价格作为确定关税完税价格的依据。

《海关法》规定，进出口货物的完税价格，由海关以该货物的成交价格为基础审查确定。成交价格不能确定时，完税价格由海关依法估定。自我国加入世界贸易组织后，我国海关已全面实施《世界贸易组织估价协定》，遵循客观、公平、统一的估价原则，并依据 2002 年 1 月 1 日起实施的《中华人民共和国海关审定进出口货物完税价格办法》(以下简称《完税价格办法》)，审定进出口货物的完税价格。

一、以成交价格为基础的进口货物完税价格

进口货物是以海关审定的成交价格为基础的到岸价格作为完税价格，包括货物的货价、货物运抵我国境内输入地点起卸前的运输及其相关费用、保险费。我国境内输入地为入境海关地，包括内陆河、江口岸，一般为第一口岸。货物的货价以成交价格为基础，进口货物的成交价格是指买方为购买该货物，并按《完税价格办法》有关规定调整后的实付或应付价格。

“实付或应付价格”指买方为购买进口货物直接或间接支付的总额，即作为卖方销售进口货物的条件，由买方向卖方或为履行卖方义务向第三方已经支付或将要支付的全部款项。

其中的成交价格应当符合下列条件:①对买方处置或使用该进口货物不予限制,但国内法律、行政法规规定实施的限制和对货物转售地域的限制,以及对货物价格无实质性影响的限制除外;②该货物的成交价格没有因搭售或者其他因素的影响而无法确定;③卖方不得从买方直接或间接获得因该货物进口后转售、处置或使用而产生的任何收益,或者虽有收益但能够按照进出口关税条例有关规定作出调整;④买卖双方之间没有特殊关系,或者虽有特殊关系但未对成交价格产生影响。

1. 应当调整计入完税价格的费用

如下列费用或者价值未包括在进口货物的实付或者应付价格中,应当调整计入进口货物完税价格。

(1) 由买方负担的除购货佣金以外的佣金和经纪费。"购货佣金"指买方为购买进口货物向自己的采购代理人支付的劳务费用。"经纪费"指买方为购买进口货物向代表买卖双方利益的经纪人支付的劳务费用。

(2) 由买方负担的在审查确定完税价格时与该货物视为一体的容器费用。

(3) 由买方负担的包装材料费用和包装劳务费用。

(4) 与该货物的生产和向中华人民共和国境内销售有关的,由买方以免费或者以低于成本的方式提供并可以按适当比例分摊的料件、工具、模具、消耗材料及类似货物的价款,以及在境外开发、设计等相关服务的费用。

(5) 与该货物有关并作为卖方向我国销售该货物的一项条件,应当由买方直接或间接支付的特许权使用费。"特许权使用费"指买方为获得与进口货物相关的、受著作权保护的作品、专利、商标、专有技术和其他权利的使用许可而支付的费用。

(6) 卖方直接或间接从买方获得的该货物进口后转售、处置或使用的收益。

上列所述的费用或价值,应当由进口货物的收货人向海关提供客观量化的数据资料。如果没有客观量化的数据资料,由海关按《完税价格办法》规定的方法进行估定。

2. 允许不计入完税价格的费用

下列费用,如能与该货物实付或者应付价格区分,不得计入完税价格:

(1) 厂房、机械、设备等货物进口后进行建设、安装、装配、维修和技术服务的费用;

(2) 进口货物运抵境内输入地点起卸之后的运输费用、保险费和其他相关费用;

(3) 进口关税及其他国内税收。

二、进口货物完税价格海关估价方法

如果进口货物的价格不符合成交价格条件或者成交价格不能确定的,海关经了解有关情况,并与进口方进行价格磋商后,依次以相同货物成交价格方法、类似货物成交价格方法、倒扣价格方法、计算价格方法及其他合理方法确定的价格为基础，估定完税价格。如果进口货物的收货人提出要求，并提供相关资料，经海关同意，可以选择倒扣价格方法和计算价格方法的适用次序。

1. 相同或类似货物成交价格方法

即以与被估的进口货物同时或大约同时(在海关接受申报进口之日的前后各45天以内)进口的相同或类似货物的成交价格为基础，估定完税价格。“相同货物”指与进口货物在同一国家或地区生产的，在物理性质、质量和信誉等所有方面都相同的货物，但表面的微小差异允许存在；“类似货物”指与进口货物在同一国家或地区生产的，虽然不是在所有方面都相同，但却具有相似的特征、相似的组成材料、同样的功能，并且在商业中可以互换的货物。

2. 倒扣价格方法

倒扣价格方法即以被估的进口货物、相同或类似进口货物在境内销售的价格为基础估定完税价格。按该价格销售的货物应当同时符合五个条件：在被估货物进口时或大约同时销售；按照进口时的状态销售；在境内第一环节销售；合计的货物销售总量最大；向境内无特殊关系方销售。

以该方法估定完税价格时，下列各项应当扣除：

(1) 该货物的同等级或同种类货物，在境内销售时的利润和一般费用及通常支付的佣金(此类利润和费用比例按照20%估定)；

(2) 货物运抵境内输入地点之后的运费、保险费、装卸费及其他相关费用；

(3) 进口关税、进口环节税和其他与进口或销售上述货物有关的国内税

具体而言，当进口货物只是增值税的应税货物时，完税价格的计算公式为

$$完税价格=\frac{国内输入地同类商品批发价格}{1+进口关税税率+20\%}$$

当进口货物同时应纳增值税和消费税时(从量定额征收消费税的除外)，计算公式为

$$完税价格=\frac{国内输入地同类商品批发价格-应纳消费税}{1+进口关税税率+20\%}$$

由于进口货物应纳消费税的计算以组成计税价格为税基，其计算公式为

$$\begin{aligned}应纳消费税&=组成计税价格\times消费税率\\&=\frac{关税完税价格\times(1+关税税率)}{1-消费税税率}\times消费税率\end{aligned}$$

将上式代入完税价格的计算公式，经推导可得出同时应纳增值税和消费税的货物估定完税价格的计算公式为

$$完税价格=\frac{国内输入地同类商品批发价格}{1+关税税率+20\%+\dfrac{1+关税税率}{1-消费税率率}\times消费税税率}$$

上述公式中，国内输入地同类商品批发价格为不含增值税的价格，分母中的20%为需要从批发价格中减除的利润和费用比率。

【例】 某公司经批准从国外进口一批化妆品，其到岸价格已无法确定，进货地国内同类产品的市场正常批发价格为90 000元，国内消费税税率为30%，此类化妆品进口关税税率为12%。请计算该批货物应纳的关税。

解 完税价格$=\dfrac{90\,000}{1+12\%+20\%+\dfrac{1+12\%}{1-30\%}\times 30\%}=\dfrac{90\,000}{1.8}=50\,000$(元)

$$应纳进口关税=50\,000\times 12\%=6\,000(元)$$

3. 计算价格方法

当按照前几项规定的方法，仍不能确定货物的成交价格时，进口货物的完税价格由海关按照合理的方法估定。一般多是按照进口货物下列成本总和确定：生产该货物所使用的料件成本和加工费用，向我国境内销售同等级或者同种类货物通常的利润和一般费用，该货物运抵我国境内输入地点起卸前的运输及其相关费用、保险费。为简便计算，海关认为必要时，对某些货物，也可以进口地海关确定的最低限价作为该项货物的完税价格。

三、特殊进口货物的完税价格

1. 加工贸易进口料件及其制成品

加工贸易进口料件及其制成品需征税或内销补税的，海关按照一般进口货物的完税价格规定，审定完税价格。

(1) 进口时需征税的进料加工进口料件，以该料件申报进口时的价格估定。

(2) 内销的进料加工进口料件或其制成品(包括残次品、副产品)，以料件原进口时的价格估定。

(3) 内销的来料加工进口料件或其制成品(包括残次品、副产品)，以料件申报内销时的价格估定。

(4) 出口加工区内的加工企业内销的制成品(包括残次品、副产品)，以制成品申报内销时的价格估定。

(5) 保税区内的加工企业内销的进口料件或其制成品(包括残次品、副产品)，分别以料件或制成品申报内销时的价格估定。如果内销的制成品中含有从境内采购的料件，则以所含从境外购入的料件原进口时的价格估定。

(6) 加工贸易加工过程中产生的边角料，以申报内销时的价格估定。

2. 保税区、出口加工区货物

从保税区或出口加工区销往区外、从保税仓库出库内销的进口货物(加工贸易进口料件及其制成品除外)，以海关审定的价格估定完税价格。对经审核销售价格不能确定的，海关应当按照一般进口货物估价办法的规定，估定完税价格。如销售价格中未包括在保税区、出口加工区或保税仓库中发生的仓储、运输及其他相关费用的，应当按照客观量化的数据资料予以计入。

3. 运往境外修理的货物

运往境外修理的机械器具、运输工具或其他货物，出境时已向海关报明，并在海关规定期限内复运进境的，应当以海关审定的境外修理费和料件费为完税价格。

4. 运往境外加工的货物

运往境外加工的货物，出境时已向海关报明，并在海关规定期限内复运进境的，应当以海关审定的境外加工费和料件费，以及该货物复运进境的运输及其相关费用、保险费估定完税价格。

5. 暂时进境货物

对于经海关批准的暂时进境的货物，应当按照一般进口货物估价办法的规定，估定完税价格。

6. 租赁方式进口货物

租赁方式进口的货物中，以租金方式对外支付的租赁货物在租赁期间以海关审定的租金作为完税价格；留购的租赁货物，以海关审定的留购价格作为完税价格；承租人申请一次性缴纳税款的，经海关同意，按照一般进口货物估价办法的规定估定完税价格。

7. 留购的进口货样等

对于境内留购的进口货样、展览品和广告陈列品，以海关审定的留购价格作为完税价格。

8. 予以补税的减免税货物

减税或免税进口的货物需予补税时，应当以海关审定的该货物原进口时的价格，扣除折旧部分价值作为完税价格，计算公式为

完税价格＝海关审定的该货物原进口时的价格

×[1－补税时实际已使用的时间(月)÷(监管年限×12)]

9. 以其他方式进口的货物

以易货贸易、寄售、捐赠、赠送等其他方式进口的货物，应当按照一般进口货物估价办法的规定，估定完税价格。

四、出口货物的完税价格

出口货物的完税价格，由海关以该货物向境外销售的成交价格为基础的离岸价格审查确定，并应包括货物运至我国境内输出地点装载前的运输及其相关费用、保险费；出口货物离岸价是含税价，即这个价格里面已经包含了出口关税，在以离

岸价为基础确定完税价格时，对其中包含的出口关税税额应当扣除。出口货物的成交价格，是指该货物出口销售到我国境外时买方向卖方实付或应付的价格。出口货物完税价格的计算公式为

$$完税价格=\frac{售与境外的离岸价格}{1+出口关税税率}$$

出口货物的成交价格中含有支付给境外的佣金的，如果单独列明，应当扣除；出口货物在离岸价以外，买方还另行支付货物包装费的，应将其计入完税价格。

出口货物的成交价格不能确定时，完税价格由海关依次使用下列方法估定：

(1) 同时或大约同时向同一国家或地区出口的相同货物的成交价格；

(2) 同时或大约同时向同一国家或地区出口的类似货物的成交价格；

(3) 根据境内生产相同或类似货物的成本、利润和一般费用以及境内发生的运输及其相关费用、保险费计算所得的价格；

(4) 按照合理方法估定的价格。

第六节 关税的计算

关税的计算，主要分为从价计算和从量计算两种，其中从价计算是相对较复杂也较常用的方法。此外，关税的计算还有复合关税和滑准关税两种方法，但这两种方法其实是基于从价计算和从量计算方法的：我国目前实行的复合关税都是先计征从量税，再计征从价税；而滑准关税税率是一个与应税进(出)口货物完税价格相关的取整函数，其实质仍然是从价计算。故本节关于关税的计算仅介绍从价计算和从量计算两种方法。

一、从价关税的计算

关税的完税价格确定后，就可以计算关税的应纳税额。先来看看进口环节从价关税的计算，其计算公式为

$$应纳进口关税=应税进口货物数量\times 单位完税价格\times 进口关税税率$$

前面已介绍，进口货物关税完税价格是海关以到岸价格为基础审定的。在国际贸易中，常用的价格条款有 FOB、CFR、CIF 三种方式。FOB(Free on Board)价又称离岸价格，它指装运港船上交货，卖方在合同规定的时间和装运港口，将符合合同规定的货物交到买方指定的船上，并及时通知买方即可，之后的运费和保险费与卖方无关。而 CFR(Cost and Freight)价又称成本加运费价，是卖方负责办理货物运输，并承担运至指定目的港的运费，在合同规定的装运港和规定的装运期内装船，通知买方、提交相关单据并负责清关后完成交货义务，不负责办理保险，交货后

的灭失和损坏风险自交货时已转移至买方。CIF(Cost,Insurance and Freight)价又称到岸价格,它是指成本加保险费加运费,它比 CFR 条款多了保险费用,卖方要负责订立从启运地至目的地的运输契约,并支付正常的运输费用,更要负责办理货物保险,支付相应保险费。

以 CIF 价格成交的进口货物,可以按其价格直接计算关税;以 FOB 和 CFR 条件成交的进口货物,在计算税款时应该在成交价格上加上相关费用折算成 CIF 价格,然后计算进口关税。

【例】 某公司从德国进口钢铁盘条 100 吨,成交价格为 CIF 天津新港 125 000 美元,当日外汇买卖中间牌价为 USD1＝RMB 8.522 2;钢铁盘条进口关税税率 15%。试计算其应纳关税。

解 进口关税完税价格＝125 000×8.522 2＝1 065 275(元)

应纳关税＝1 065 275×15%＝159 791.25(元)

【例】 我国某进出口公司从海外进口一批中厚钢板共计 200 000 公斤,成交价格为 FOB 伦敦 500 000 英镑,运费为 100 000 英镑,保险费率为 0.25%。当日外汇买卖中间牌价为 1 英镑＝11.577 人民币元;根据税则归类,这批中厚钢板是原产于日本的货物,适用最惠国税率为 10%。试计算其应纳关税。

解 进口关税完税价格＝FOB 价＋运费＋保险费

＝(FOB 价＋运费)/(1－保险费率)

＝(500 000＋100 000)×11.577/(1－0.25%)

＝6 963 609(元)

应纳关税＝6 963 609×10%＝696 360.9(元)

而在出口环节,出口货物应纳关税的计算公式为

应纳出口关税＝应税出口货物数量×单位完税价格×出口关税税率

其中出口货物完税价格是以离岸价格作为基准来核定的,其计算公式为

$$\text{出口货物完税价格}=\frac{\text{售与境外的离岸价格}}{1+\text{出口关税税率}}$$

【例】 西北五金矿产进出口公司出口钨矿砂一批,FOB 价格 120 000 美元,出口关税税率为 20%,当日美元汇率的中间价为 8.27 元。试计算应缴纳的出口关税税额。

解

$$\text{钨矿砂出口关税完税价格}=\frac{120\ 000}{1+20\%}\times 8.27=827\ 000(\text{元})$$

应纳出口关税＝827 000×20%＝165 400(元)

二、从量关税的计算

从量关税的计算公式为

应纳关税税额＝应税进(出)口货物数量×单位货物税额

【例】 某公司进口美国产蓝带牌啤酒600箱，每箱24瓶，每瓶容积500毫升，价格为CIF3 000美元。当日美元汇率的中间价为8.24元，进口啤酒适用优惠税率为3元/升。试计算应纳关税税额。

解　　应纳关税＝600×24×500/1 000×3＝21 600(元)

三、关税计算的注意事项

计算进出口货物应纳关税时应注意：

(1) 进出口货物的收发货人或者他们的代理人，应当如实向海关申报进出口货物的成交价格；

(2) 申报的成交价格明显低于或者高于相同或者类似货物的成交价格的，由海关依照有关规定确定完税价格；

(3) 进出口货物的CIF价格、FOB价格或者租金、修理费、料价费等以外币计价的，由海关按照填发税款缴纳证之日的人民币外汇牌价的买卖中间价，折合人民币计征关税；

(4) 完税价格金额计算到元为止，元以下四舍五入。

第七节　关税减免

关税减免是对某些纳税人和征税对象给予鼓励和照顾的一种特殊调节手段。正是有了这一手段，使关税政策工作兼顾了普遍性和特殊性、原则性和灵活性。因此，关税减免是贯彻国家关税政策的一项重要措施。关税减免分为法定减免税、特定减免税和临时减免税。根据《海关法》规定，除法定减免税外的其他减免税均由国务院决定。减征关税在我国加入世界贸易组织之前以税则规定税率为基准，在我国加入世界贸易组织之后以最惠国税率或者普通税率为基准。

一、法定减免税

法定减免税是税法中明确列出的减税或免税。符合税法规定可予减免税的进出口货物，纳税义务人无须提出申请，海关可按规定直接予以减免税。海关对法定减免税货物一般不进行后续管理。

我国《海关法》和《进出口条例》明确规定，下列货物、物品予以减免关税。

(1) 关税税额在人民币50元以下的一票货物，可免征关税。

(2) 无商业价值的广告品和货样，可免征关税。

(3) 外国政府、国际组织无偿赠送的物资,可免征关税。

(4) 进出境运输工具装载的途中必需的燃料、物料和饮食用品,可予免税。

(5) 经海关核准暂时进境或者暂时出境,并在6个月内复运出境或者复运进境的货样、展览品、施工机械、工程车辆、工程船舶、供安装设备时使用的仪器和工具、电视或者电影摄制器械、盛装货物的容器以及剧团服装道具,在货物收发货人向海关缴纳相当于税款的保证金或者提供担保后,可予暂时免税。

(6) 为境外厂商加工、装配成品和为制造外销产品而进口的原材料、辅料、零件、部件、配套件和包装物料,海关按照实际加工出口的成品数量免征进口关税;或者对进口料件先征进口关税,再按照实际加工出口的成品数量予以退税。

(7) 因故退还的中国出口货物,经海关审查属实,可予免征进口关税,但已征收的出口关税不予退还。

(8) 因故退还的境外进口货物,经海关审查属实,可予免征出口关税,但已征收的进口关税不予退还。

(9) 进口货物如有以下情形,经海关查明属实,可酌情减免进口关税:在境外运输途中或者在起卸时,遭受损坏或者损失的;起卸后海关放行前,因不可抗力遭受损坏或者损失的;海关查验时已经破漏、损坏或者腐烂,经证明不是保管不慎造成的。

(10) 无代价抵偿货物,即进口货物在征税放行后,发现货物残损、短少或品质不良,而由国外承运人、发货人或保险公司免费补偿或更换的同类货物,可以免税。但有残损或质量问题的原进口货物如未退运国外,其进口的无代价抵偿货物应照章征税。

(11) 我国缔结或者参加的国际条约规定减征、免征关税的货物、物品,按照规定予以减免关税。

(12) 法律规定减征、免征的其他货物。

二、特定减免税

特定减免税也称政策性减免税。在法定减免税之外,国家按照国际通行规则和我国实际情况,制定发布的有关进出口货物减免关税的政策,称为特定或政策性减免税。特定减免税货物一般有地区、企业和用途的限制,海关需要进行后续管理,也需要进行减免税统计。

1. 科教用品

为有利于我国科研、教育事业发展,国务院规定对科学研究机构和学校,不以营利为目的,在合理数量范围内进口国内不能生产的科学研究和教学用品,直接用于科学研究或者教学的,免征进口关税和进口环节增值税、消费税。

2. 残疾人专用品

为支持残疾人的康复工作，对规定的残疾人个人专用品，免征进口关税和进口环节增值税、消费税；对康复、福利机构、假肢厂和荣誉军人康复医院进口国内不能生产的、指定的残疾人专用品，免征进口关税和进口环节增值税。

3. 扶贫、慈善性捐赠物资

为促进公益事业的健康发展，我国对境外自然人、法人或者其他组织等境外捐赠人，无偿向经国务院主管部门依法批准成立的，以人道救助和发展扶贫、慈善事业为宗旨的社会团体以及国务院有关部门和各省、自治区、直辖市人民政府捐赠的，直接用于扶贫、慈善事业的物资，免征进口关税和进口环节增值税。所称扶贫、慈善事业是指非营利的扶贫济困、慈善救助等社会慈善和福利事业。

4. 加工贸易产品

加工贸易产品包括加工装配和补偿贸易、进料加工产品。

加工装配即来料加工、来样加工及来件装配，是指由境外客商提供全部或部分原辅料、零配件和包装物料，必要时提供设备，由我方按客商要求进行加工装配，成品交外商销售，我方收取工缴费。客商提供的作价设备价款，我方用工缴费偿还。补偿贸易是指由境外客商提供或国内单位利用国外出口信贷进口生产技术或设备，由我方生产，以返销产品方式分期偿还对方技术、设备价款或贷款本息的交易方式。因有利于较快地提高出口产品生产技术，改善我国产品质量和品种，扩大出口，增加我国外汇收入，国家给予一定的关税优惠：进境料件不予征税，准许在境内保税加工为成品后返销出口；进口外商的不作价设备和作价设备，分别比照外商投资项目和国内投资项目的免税规定执行；剩余料件或增产的产品，经批准转内销时，价值在进口料件总值2%以内，且总价值在3 000元以下的，可予免税。

经批准有权经营进出口业务的企业使用进料加工专项外汇进口料件，并在1年内加工或装配成品外销出口的业务，称为进料加工业务。对其关税优惠为：对专为加工出口商品而进口的料件，海关按实际加工复出口的数量，免征进口税；加工的成品出口，免征出口税，但内销料件及成品照章征税；对加工过程中产生的副产品、次品、边角料，海关根据其使用价值分析估价征税或者酌情减免税；剩余料件或增产的产品，经批准转内销时，价值在进口料件总值2%以内，且总价值在5 000元以下的，可予免税。

5. 边境贸易进口物资

为了鼓励我国边境地区积极发展与我国毗邻国家间的边境贸易与经济合作，国家制定了有关扶持、鼓励政策措施。边境贸易有边民互市贸易和边境小额贸易两种形式。边民互市贸易指边境地区边民在边境线20公里以内、经政府批准的开放点或指定的集市上进行的商品交换活动。边民通过互市贸易进口的商品，每人每日价值在 3 000 元以下的，免征进口关税和进口环节增值税。边境小额贸易指沿陆地边境线经国家批准对外开放的边境县(旗)、边境城市辖区内经批准有边境小额贸易经营权的企业，通过国家指定的陆地边境口岸，与毗邻国家边境地区的企业或其他贸易机构之间进行的贸易活动。边境小额贸易企业通过指定边境口岸进口原产于毗邻国家的商品，除烟、酒、化妆品以及国家规定必须照章征税的其他商品外，进口关税和进口环节增值税减半征收。

6. 保税区进出口货物

为了创造完善的投资、运营环境，开展为出口贸易服务的加工整理、包装、运输、仓储、商品展出和转口贸易，国家在境内设立了保税区，即与外界隔离的全封闭方式，在海关监控管理下进行存放和加工保税货物的特定区域。保税区的主要关税优惠政策有：进口供保税区使用的机器、设备、基建物资、生产用车辆，为加工出口产品进口的原材料、零部件、元器件、包装物料，供储存的转口货物以及在保税区内加工运输出境的产品免征进口关税和进口环节税；保税区内企业进口专为生产加工出口产品所需的原材料、零部件、包装物料，以及转口货物予以保税；从保税区运往境外的货物，一般免征出口关税，等等。

7. 出口加工区进出口货物

为加强与完善加工贸易管理，严格控制加工贸易产品内销，保护国内相关产业，并为出口加工企业提供更宽松的经营环境，带动国产原材料、零配件的出口，国家设立了出口加工区。出口加工区的主要关税优惠政策有：从境外进入区内生产性的基础设施建设项目所需的机器、设备和建设生产厂房、仓储设施所需的基建物资，区内企业生产所需的机器、设备、模具及其维修用零配件，区内企业和行政管理机构自用合理数量的办公用品，予以免征进口关税和进口环节税；区内企业为加工出口产品所需的原材料、零部件、元器件、包装物料及消耗性材料，予以保税；对加工区运往区外的货物，海关按照对进口货物的有关规定办理报关手续，并按照制成品征税；对从区外进入加工区的货物视同出口，可按规定办理出口退税。

8. 进口设备

为了进一步扩大利用外资，引进国外先进技术和设备，促进产业结构调整和技术进步，保持国民经济的持续、快速、健康发展，国务院决定自 1998 年 1 月 1 日起，对国家鼓励发展的国内投资项目和外商投资项目进口设备，在规定范围内免征进口关税和进口环节增值税。但为配合实施增值税转型改革，我国又规定，自 2009 年 1 月 1 日起，对上述设备以及随同进口的技术及配套件、备件，恢复征收进口环节增值税，但继续免征关税。

为鼓励、支持部分行业或特定产品的发展，国家还制定了部分特定行业或用途的减免税政策，这类政策一般对可减免税的商品列有具体清单。如为支持我国海洋和陆上特定地区石油、天然气开采作业，对相关项目进口国内不能生产或性能不能满足要求的，直接用于开采作业的设备、仪器、零附件、专用工具，免征进口关税和进口环节增值税，等等。

三、临时减免税

临时减免税是指以上法定和特定减免税以外的其他减免税，即由国务院根据《海关法》对某个单位、某类商品、某个项目或某批进出口货物的特殊情况，给予特别照顾，一案一批，专文下达的减免税。一般有单位、品种、期限、金额或数量等限制，不能比照执行。

我国已加入世界贸易组织，为遵循统一、规范、公平、公开的原则，有利于统一税法、公平税负、平等竞争，国家严格控制减免税，一般不办理个案临时性减免税，对特定减免税也在逐步规范、清理，对不符合国际惯例的税收优惠政策将逐步予以废止。

第八节　关税征收管理

一、关税的缴纳

进口货物自运输工具申报进境之日起 14 日内，出口货物在货物运抵海关监管区后装货的 24 小时以前，应由进出口货物的纳税义务人向货物进(出)境地海关申报，海关根据税则归类和完税价格计算应缴纳的关税和进口环节代征税，并填发税款缴款书。纳税义务人应当自海关填发税款缴款书之日起 15 日内，向指定银行缴纳税款。如关税缴纳期限的最后 1 日是周末或法定节假日，则关税缴纳期限顺延至周末或法定节假日过后的第一个工作日。为方便纳税义务人，经申请且海关同意，进(出)口货物的纳税义务人可以在设有海关的指运地(启运地)办理海关申报、纳税手续。

关税纳税义务人因不可抗力或者在国家税收政策调整的情形下，不能按期缴纳税款的，经海关总署批准，可以延期缴纳税款，但最长不得超过 6 个月。

二、关税的补征和追征

关税的补征和追征是海关在关税纳税义务人按海关核定的税额缴纳关税后，发现实际征收税额少于应当征收的税额(称为短征关税)时，责令纳税义务人补缴所差税款的一种行政行为。

海关法根据短征关税的原因，将对短征关税行为的处理分为补征和追征两种：

由于纳税人违反海关规定造成短征关税的，称为追征；非因纳税人违反海关规定造成短征关税的，称为补征。区分关税追征和补征的目的是为了区别不同情况适用不同的征收时效。超过时效规定的期限，海关就丧失了追补关税的权力。根据《海关法》规定，进出境货物和物品放行后，海关发现少征或者漏征税款，应当自缴纳税款或者货物、物品放行之日起1年内，向纳税义务人补征；因纳税义务人违反规定而造成的少征或者漏征的税款，自纳税义务人应缴纳税款之日起3年以内可以追征，并从缴纳税款之日起按日加收少征或者漏征税款万分之五的滞纳金。

三、关税退还

关税退还指关税纳税义务人按海关核定的税额缴纳关税后，因某种原因的出现，海关将实际征收多于应当征收的税额（称为溢征关税）退还给原纳税义务人的一种行政行为。根据规定，对于多征的税款，海关发现后应当立即退还。

按规定，有下列情形之一的，进出口货物的纳税义务人可以自缴纳税款之日起1年内，书面声明理由，连同原纳税收据向海关申请退税并加算银行同期活期存款利息，逾期不予受理：

（1）因海关误征，多纳税款的；

（2）海关核准免验进口的货物，在完税后，发现有短卸情形，经海关审查认可的；

（3）已征出口关税的货物，因故未将其运出口，申报退关，经海关查验属实的。

对已征出口关税的出口货物和已征进口关税的进口货物，因货物品种或规格原因（非其他原因）原状复运进境或出境的，经海关查验属实的，也应退还已征关税。海关应当自受理退税申请之日起30日内，作出书面答复并通知退税申请人。

练习题

一、填空题

1. 我国的关税由________负责征收。
2. 自2002年1月1日起，我国进口税则设有________、________、________、________、________等税率。
3. 我国关税的计征方法有________、________、________。
4. 我国的特别关税包括________、________、________。
5. 保险费是按照“货价加运费”的________征收。
6. 延期缴纳关税，最长不得超过________个月。
7. 滞纳税款的罚款率为每日________。
8. 如果发生关税漏征情况，海关可以在________年内追征。

二、判断题

1. 某公司经批准暂时进口施工机械一台，海关估定其完税价格为 200 000 美元。该设备 2007 年 11 月 1 日进入我国，当期该机械关税税率 10%，汇率 8.01，作为海关批准暂时进口货物给予免税。2008 年 2 月该公司申请将该货物转为正式进口，当期该机械关税税率 7%，汇率 7.88，则该公司应补交关税 110 320 元。（ ）

2. 海关可以进入进出口货物收发货人的生产经营场所、货物存放场所，检查与进出口活动有关的货物和生产经营情况。（ ）

3. 进出口货物的收发货人可以提出书面申请，要求海关就如何确定其进出口货物的完税价格做出书面说明。（ ）

4. 滑准税是一种关税税率随进口商品价格由高到低而由低至高设置计征关税的方法，可以使进口商品的价格越高，其进口关税税率越低，进口商品的价格越低，其进口关税税率越高。（ ）

5. 出口货物的完税价格，由海关以该货物向境外销售的成交价格为基础审查确定，并应包括货物运至我国境内输出地点装卸前的运输及其相关费用、保险费及出口关税税额。（ ）

6. 某企业向海关报明后将一台价值 65 万元的机械运往境外修理，机械修复后准时复运进境。假设该机械的关税税率为 5%，经海关审查确定支付的修理费和料件费为 35 万元，复运进境的运输费用为 1.2 万元，保险费和其他杂费 0.58 万元，该企业缴纳的关税应为 1.75 万元。（ ）

7. 边境贸易进口物资，国家对于边民通过互市贸易进口的商品，价值 3 000 元/人/日以下的，免征进口关税和进口环节的增值税。对边境小额贸易企业的进口烟、酒等减半征收关税。（ ）

8. 以境外边境口岸价格条件成交的铁路或公路运输进口的货物，海关应当按照货价加运费的 1%计算完税价格。（ ）

9. 以境外口岸价格条件成交的铁路或公路运输进口货物，海关以货价的 3‰ 计算运输及其相关费用、保险费。（ ）

10. 海关在对进口货物的完税价格进行审定时，可以进入进出口货物收货人的生产经营场所，检查与进出口活动有关的货物和生产经营情况，但不可以进入该收发货人的业务关联企业进行检查。（ ）

三、不定项选择题

1. 我国特别关税的种类包括（ ）。

A. 报复性关税　　B. 保障性关税

C. 进口附加税　　D. 反倾销税与反补贴税

2. 下列各项中符合关税有关规定的是(　　)。

A. 进口货物由于完税价格审定需要补税的,按照原进口之日的税率计税

B. 溢卸进口货物事后确定需要补税的,按照确定补税当天实施的税率计税

C. 暂时进口货物转为正式进口需要补税的,按照原报关进口之日的税率计税

D. 进口货物由于税则归类改变需要补税的,按照原征税日期实施的税率计税

3. 我国目前原产地规定采用(　　)。

A. 全部产地生产标准　　B. 参与性加工标准

C. 实质性加工标准　　D. 挂靠性加工标准

4. 实质性加工是指(　　)。

A. 加工后税则 4 位归类发生改变

B. 加工后税则 6 位归类发生改变

C. 加工增值占新产品总值超过 30%及以上的

D. 加工增值占原产品总值超过 30%及以上的

5. 进口货物以海关审定的成交价格为基础的到岸价格作为完税价格。到岸价格包括货价,加上货物运抵中国关境内输入地起卸前的(　　)等费用。

A. 包装　　B. 其他劳务　　C. 保险　　D. 运输

6. 某企业海运进口一批货物,海关审定货值折人民币 5 000 万元,运费折人民币 20 万元,该批货物进口关税率为 5%,则应纳关税(　　)。

A. 250 万元　　B. 251 万元　　C. 251.75 万元　　D. 260 万元

7. 海关可以在境内获得的数据资料为基础估定进口货物的完税价格,但不得使用以下价格(　　)。

A. 境内生产的货物在境内的销售价格　　B. 可供选择的价格中最低的价格

C. 货物在出口地市场的销售价格　　D. 最低限价或武断、虚构的价格

8. 进出口货物,因收发货人或者他们的代理人违反规定而造成少征或者漏征关税的,海关可以(　　)追征。

A. 在 1 年内　　B. 在 3 年内　　C. 在 10 年内　　D. 无限期

9. 按中国海关现行规定,进出口货物完税后,如发现少征或者漏征税款,海关应当自缴纳税款或者货物放行之日起(　　)内,向收发货人或者他们的代理人补征。

A. 半年　　B. 1 年　　C. 2 年　　D. 3 年

10. 关税纳税义务人因不可抗力或者在国家税收政策调整的情形下,不能按期缴纳税款的,经海关总署批准,可以延期缴纳税款,但最多不得超

过(　　)。

A. 3 个月　　B. 6 个月　　C. 9 个月　　D. 12 个月

11. 海关于 2004 年 7 月 9 日(星期五)填发税款缴款书，纳税义务人最迟应于哪一天缴纳税款，才可避免滞纳：(　　)。

A. 7 月 23 日　　B. 7 月 24 日　　C. 7 月 25 日　　D. 7 月 26 日

12. 下列各项中，经海关查明属实，可酌情减免进口关税的有(　　)。

A. 在境外运输途中遭受损坏或损失的货物

B. 因不可抗力缴税确有困难的纳税人进口的货物

C. 起卸后海关放行前，因不可抗力遭受损坏的货物

D. 海关查验时已经损坏，经证明为保管不慎的货物

四、思考题

1. 关税与其他流转税相比有何特点?
2. 关税的特点和作用有哪些?
3. 关税的税率是如何规定的?
4. 如何确定进口产品的原产地?
5. 我国关税税则的内容及结构是怎样的?
6. 如何确定关税的完税价格?
7. 关税追征和补征有何区别?

五、计算题

1. 某具有进出口经营权企业某年发生以下进口业务。

(1) 以租赁方式进口一台设备，设备价款 78 万元，完税价格 80 万元，分 8 次支付租金，每次支付 10 万元，承租人申请一次性缴纳税款。

(2) 进口材料一批，进料成交价 100 万元，发生运费 1 万元，保险费 0.4 万元。

(3) 将一台设备运往境外修理，设备价 60 万元，修理费 5 万元，材料费 6 万元，运输费 1 万元，保险费 0.4 万元。

(4) 转让 2 年前免税进口的一台设备，设备价款 60 万元，转让价格 50 万元。海关监管期 5 年。

(5) 进口一批材料，进口完税价格 50 万元，报关进口后发现其中 20% 部分有严重质量问题将其退货，出口方同意更换，进口方取得无代价抵偿物价值 10 万元。有质量问题货物已退运国外。

要求：计算该企业当年应纳进口关税(上述进口关税税率：设备 15%，材料 20%)。

2. 某具有进出口经营权的企业某月发生以下业务。

(1) 进口设备一台，设备成交价 100 万元，发生境外运费 3 万元，境外保险费

0.4 万元，其他境外相关费用 0.5 万元；境内安装调试费 5 万元；关税税率为 20%。

(2) 2005 年 5 月初免税进口一台设备，设备价款 60 万元，海关监管期 4 年，设备的关税税率为 15%；本年 5 月将其出售给另一国内企业。

(3) 进口甲材料，进口完税价格 50 万元，报关进口后发现其中 20%部分有严重质量问题要求追偿，出口方同意再发甲材料原进口价值的 10%予以补偿，原货物不再退回，进口方取得无代价抵偿物海关核定完税价 5 万元，甲材料的关税税率为 20%。

(4) 2007 年 4 月份进口一批设备共 20 台，每台价格 4 000 元人民币，该批设备运抵我国境内起卸前的包装、运输、保险和其他劳务费用共计 5 000 元，海关于 4 月 15 日填发税款缴款书，由于该公司发生暂时经济困难，于 5 月 4 日才缴清税款，假设该类设备进口关税税率为 30%。

根据上述资料，请计算：

(1) 第一笔业务相应缴纳的关税；

(2) 第二笔业务本月应缴纳的关税；

(3) 第三笔业务应缴纳的关税；

(4) 第四笔业务应缴纳的关税及滞纳金。

第七章

企业所得税

企业所得税是我国税收收入的主体税种之一，约占当年全国税收收入总额的20%，是仅次于增值税的第二大税种[①]。

我国的企业所得税制度是随着改革开放和经济体制改革的不断推进逐步建立、完善起来的。早在改革开放初期，我国将内、外资企业分别按照两套不同的所得税制度征税。两种企业所得税并行曾经对我国经济的快速发展发挥了重要作用，但是，随着我国经济的发展和改革开放的深入进行，其弊病日益显露并亟需改革。我国现行企业所得税制度的法律依据是在2007年3月16日中华人民共和国第十届全国人民代表大会第五次会议讨论通过的《中华人民共和国企业所得税法》（本章简称"新税法"），以及与之配套的《中华人民共和国企业所得税法实施条例》（本章简称"企业所得税实施条例"）。新税法自2008年1月1日起实施，新税法统一了内、外资企业适用的企业所得税法、企业所得税税率、税前扣除办法和标准以及税收优惠政策，旨在创造一个有利于各类企业公平竞争的舞台和一个规范、透明的税收环境。

第一节　企业所得税概述

企业所得税是以企业取得的生产经营所得和其他所得为征税对象所征收的一种税；它是对企业生产经营的成果所征收的税，属于直接税；同时，它也是国家参与企业利润分配的重要手段。

企业所得税在国外被称为"公司税"、"公司所得税"、"法人税"或"法人所得税"。对于公司组织所得课征税收，起源于英国早期商业活动时期。英国自1909年起即开始征收公司所得税，是最早实行公司税制的国家。此后，其他国家也相继开征。目前，世界上有160多个国家和地区开征了企业所得税。按照现代税收理论，所得税具有普遍征收、有利于公平和富有弹性等特性，而征收企业所得税的重要理由，更是基于其公平与合理性。

企业所得税与其他税种相比，具有以下显著特点。

(1) 征税范围广。在中华人民共和国境内，企业和其他取得收入的组织都是企业所得税的纳税人，都要依照税法的规定缴纳企业所得税；但个人独资企业、合伙企业由于不是法人实体，则不须缴纳企业所得税，而是按各合伙人的所得缴纳个人所得税。企业所得税的征税对象包括生产经营所得和其他所得。前者指企业从

---

① 资料来源：国家税务总局网站 http://www.chinatax.gov.cn，首页＞政务公开＞税收统计栏目。

事各项生产经营活动取得的所得;后者通常指提供资金或财产取得的所得,包括利息、股息、红利、租金、转让资产收益和特许权使用费等所得。因此,企业所得税具有征收上的广泛性。

(2) 征税以量能负担为原则。企业所得税以企业和其他经济组织的生产经营所得和其他所得为税基,贯彻量能负担的原则,即"所得多的多征,所得少的少征,无所得的不征",从而将所得税负担的高低与纳税人所得的多少联系起来,体现了税收公平的原则。

(3) 税收会计核算相对独立于企业财务会计核算体系。企业所得税的计税基础涉及纳税人财务会计的各个方面,与企业会计核算关系密切,应纳税所得额的大小也直接与会计利润密切相关。但是,为了保护税基,企业所得税法一般对纳税人的收入总额、扣除项目等的确定以及资产的税务处理等内容均有详细的规定,即这些项目的税务处理与会计处理不尽相同,这使得应税所得额的计算相对独立于企业的会计核算,体现了税法的强制性与统一性。

(4) 纳税人与负税人一致。企业所得税是在分配领域征收的税,纳税人缴纳的所得税一般不易转嫁,而由其自己负担,真正能够体现税收对社会收入分配的调节效应。

专栏 7-1

中国企业所得税制度历史沿革①

一、企业所得税在中国的起步

中国所得税制度的创建受欧美和日本等国影响,始于 20 世纪初。清末宣统年间(约 1910 年),政府有关部门曾草拟出《所得税章程》,包括对企业所得和个人所得征税的内容,但因社会动荡等原因未能公布施行。

1936 年,国民政府公布《所得税暂行条例》,自同年 10 月 1 日起施行,在此基础上于 1943 年国民政府公布《所得税法》,进一步提高了所得税的法律地位。这是中国历史上第一次实质性开征所得税。

新中国成立后,1950 年,政务院发布了《全国税政实施要则》,规定全国设置 14 种税收,其中涉及对所得征税的有工商业税(所得税部分)、存款利息所得税和薪给报酬所得税等 3 种税收。从这一时期至 20 世纪 80 年代末,工商企业上缴的所得税收入占税收总额的比重都较小,低于 30%。

---

① 资料来源:财政部税政司,中国企业所得税制度历史沿革及现状,2007-03-29,本文在原文基础上进行了改编。

二、企业所得税在中国的发展

为适应中国建立社会主义市场经济体制的新形势，进一步扩大改革开放，按照统一税法、简化税制、公平税负、促进竞争的原则，20 世纪 90 年代，国家先后完成了外资企业所得税的统一和内资企业所得税的统一。

1991 年 4 月，第七届全国人民代表大会制定了《中华人民共和国外商投资企业和外国企业所得税法》，并于同年 7 月 1 日起施行。1993 年 12 月，国务院将不同类型的企业所得税制度进行整合制定了《中华人民共和国企业所得税暂行条例》，自 1994 年 1 月 1 日起施行。上述改革标志着中国的所得税制度改革向着法制化、科学化和规范化的方向迈出了重要的步伐。

但与此同时，中国形成了两套企业所得税制度并行的格局，两套税制在税制要素，包括纳税人、扣除项目、优惠政策等方面都存在一定差异。两税并行的背景在于我国改革开放初期为吸引外资、发展经济而采取的内外有别的政策。必须指出，世界上大多数国家都是实行统一的企业所得税法，我国在改革开放初期分设两种企业所得税的做法源于当时为吸引外资而制定的针对外商投资企业和外国企业的特殊税收优惠。这种税收优惠制度加上其他因素，在当时对于推进我国改革开放、吸引外资和促进经济发展起到了重要的作用。来自国家税务总局的消息，截止 2006 年底，全国累计批准的外资企业达 59.4 万家，实际使用外资 6 919 亿美元，并连续 16 年成为世界上使用外资最多的发展中国家①。但是，超国民待遇的外资政策也带来许多问题。一是内外资企业执行两套企业所得税制度违背了税收公平原则。二是税收政策双轨制存在较大漏洞，扭曲了企业经营行为，为内商外商合作避税和逃税提供了客观条件。三是内资企业和涉外企业所得税制度都已经实施了十多年，且其立法层次都不高，难以涵盖我国经济社会情况快速发展和国际经济融合带来的新情况新问题，需要针对新情况及时完善制度和修订法律条款。

三、追求企业所得税内外统一的步伐

自 1994 年税制改革以后，根据发展经济，深化改革，扩大开放的需要，中国就开始酝酿内资企业所得税制度与外资企业所得税制度的统一，几经曲折，历经三个五年计划、十多年时间。

这其间，理论界、企业界、新闻界均在不同的场合、从不同角度提出对“两税合并”的呼吁。在进入 21 世纪后，人大代表对“两税合并”的提案尤其引人注目。

从 2004 年 3 月召开的第十届全国人民代表大会第二次会议以后，共有 541 位全国人大代表提出 16 项议案，要求将内资企业所得税与外资企业所得税统一起

---

① 资料来源：现行内外资企业所得税法的实施情况，国家税务总局网站 http://www.chinatax.gov.cn，2007-03-27。

来。仅在2006年3月召开的十届全国人大四次会议期间，全国人大代表提出的8项涉税议案中就有6项涉及两法合并。郭广昌代表连续3年提出两法合并的议案。在同时召开的中国人民政治协商会议第十届全国委员会第四次会议期间，中国民主建国会中央提交的提案《尽快统一内外资企业所得税制度》被列为一号提案。杨崇春委员连续两年提出两法合并的提案。

终于在2007年3月16日，中华人民共和国第十届全国人民代表大会第五次会议讨论通过了统一的《中华人民共和国企业所得税法》。悠悠十三载，漫漫合并路。至此，我国内、外资企业所得税制度的合并宣告完成，长达十多年的两种企业所得税制度并行局面终于结束，这是我国在构建社会主义和谐社会进程中的一项制度创新，也是中国企业所得税发展史上的一个新的、具有伟大历史意义的里程碑。新税法以及与之配套的《企业所得税法实施条例》于2008年1月1日开始实施。

第二节 企业所得税的基本要素

企业所得税是国家对我国境内的企业和其他取得收入的组织，就其来源于中国境内、境外的生产经营所得和其他所得征收的一种税。了解企业所得税，必须先了解其基本要素，即纳税人、征税对象和税率。

一、企业所得税的纳税人

企业所得税的纳税义务人，是指在中华人民共和国境内的企业和其他取得收入的组织。同时，为增强企业所得税与个人所得税的协调，避免重复征税，新税法明确规定，个人独资企业、合伙企业不作为企业所得税的纳税人。

新税法以是否具有法人资格作为企业所得税纳税人的认定标准，改变了以往内资企业所得税以独立核算为条件判定纳税人标准的作法。按此认定标准，企业设有多个不具有法人资格营业机构的，可以实行汇总纳税，总分公司之间可以实行盈亏互抵。

企业所得税的纳税人分为居民企业和非居民企业，这是为了更好地保障我国税收管辖权的有效行使。税收管辖权是一国政府在征税方面的主权，是国家主权的重要组成部分。根据国际上的通行做法，我国采取了地域管辖权和居民管辖权的双重标准，最大限度地维护我国的税收利益。

居民企业是指依法在中国境内成立，或者依照外国（地区）法律成立但实际管理机构在中国境内的企业。居民企业负有无限纳税义务，即应当就其来源于中国境内、境外的所得缴纳企业所得税。非居民企业是指依照外国(地区)法律成立且实际管理机构不在中国境内，但在中国境内设立机构、场所的，或者在中国境内未设立机构、场所，但有来源于中国境内所得的企业。非居民企业负有有限纳税义务，即应当就其来源于中国境内的所得，以及与其设在中国境内机构、场所有实际联系的所得缴纳企业所得税。

二、企业所得税的征税对象

企业所得税的征税对象是指纳税人的生产经营所得、其他所得和清算所得。具体而言，包括销售货物所得、提供劳务所得、转让财产所得、股息红利等权益性投资所得、利息所得、租金所得、特许权使用费所得、接受捐赠所得和其他所得。此外，纳税人按照章程规定解散或破产，以及其他原因宣布终止时，其清算结束后的清算所得，也属于企业所得税的征税对象。

在确定了企业所得税征税对象后，在计算应纳企业所得税额时，须明确企业所得税的计税依据。计税依据是征税对象在计量上的体现。企业所得税的计税依据是应纳税所得额。

由于应纳税所得额的确定比较复杂，包含的内容和有关规定都比较多，其具体内容在下一节详细讨论。

由于不同的纳税人身份承担不同的纳税义务，居民企业和非居民企业的企业所得税征税对象内容有所区别。具体情况如下：

(1) 居民企业负有无限纳税义务，应就来源于中国境内、境外的所得作为征税对象，包括销售货物收入、提供劳务收入、转让财产收入、股息红利等权益性投资收益、利息所得、租金收入、特许权使用费收入、接受捐赠收入、其他收入等；

(2) 非居民企业在中国境内设立机构、场所的，纳税对象是其所设机构、场所来源于中国境内的所得，以及发生在中国境外但与其所设机构、场所有实际联系的所得。

非居民企业在中国境内未设立机构、场所的，或者虽设立机构、场所但取得的所得与其所设机构、场所没有实际联系的，纳税对象为其来源于中国境内的所得。所称有实际联系，是指非居民企业在中国境内设立的机构、场所拥有的据以取得所得的股权、债权，以及拥有、管理、控制据以取得所得的财产。

三、企业所得税的税率

企业所得税税率是体现国家与企业分配关系的核心要素。税率设计的原则是兼顾国家和企业的利益，既要保证财政收入的稳定增长，又要使企业在发展生产、经营方面有一定的财力保证。既要考虑到企业的实际情况和负担能力，又要维护税率的统一性。

企业所得税实行比例税率。比例税率简便易行，透明度高，不会因征税而改变企业间收入分配比例，有利于促进效率的提高。现行企业所得税税率分为基本税率和低税率。

(1) 基本税率25%。适用于居民企业和在中国境内设有机构、场所且所得与机构、场所有关联的非居民企业。

(2) 低税率20% 。适用于在中国境内未设立机构、场所的，或者虽设立机构、场所但取得的所得与其所设机构、场所没有实际联系的非居民企业。但按照现行制度规定，实际征税时执行10%的优惠税率。

另外，企业所得税还制定有两档优惠税率：对符合条件的小型微利企业，执行20%的税率；对国家需要重点扶持的高新技术企业，执行15%的税率。具体优惠方法和优惠条件在企业所得税税收优惠部分介绍。

专栏 7-2

中国新企业所得税率属中低水平不影响外资进入[①]

"两税合一"的议题刚获得全国人大会议讨论通过，普华永道此间表示："两税合一"应不影响中国吸引外资的流入规模。25%的统一税率属中低水平，外资未必不能接受。

据普华永道调查，全世界159个实行企业所得税的国家(地区)平均税率为28.6%，中国周边18个国家(地区)的平均税率为26.7%。

普华永道分析，外资进入中国时，税负不是唯一的考虑因素。劳动力、基础设施、消费市场发展空间、商业法规环境、政府行政服务等皆是影响外国投资者投资决策的重要因素。而中国在这些方面表现出色。

普华永道称，此次税改并不是全面取消所有税收优惠，只是将优惠原则从过去以区域优惠为主转变为以"产业优惠为主、区域优惠为辅"。税改之后，高新技术企业和某些属于国家鼓励的行业等将仍继续享受税收优惠。而服务、零售贸易等在现行税收政策下没有优惠的行业将因税改后税率降低而受益。这些行业的外资会认为中国新的企业所得税制度很有吸引力。

但其也指出，税改在短期内可能会影响到某些行业中的部分外资企业，使它们

① 资料来源：中国新企业所得税率属中低水平不影响外资进入，中国新闻网，2007-03-18，http://www.chinanews.com.cn/cj/gncj/news/2007/03-18/894131.shtml。本专栏在原文基础上进行了适当改编。

可能考虑选择将投资转向周边税收优惠政策明显的国家。然而从长远来看，不影响中国吸引外资的流入规模，而且还将有助于提高中国引进外资的质量，改善社会经济结构。

第三节 应纳税所得额的确定

企业所得税的计税依据是应纳税所得额。按照新税法规定，应纳税所得额是指企业每一纳税年度的收入总额，减除不征税收入、免税收入、各项扣除以及允许弥补的以前年度亏损后的余额。用公式表示就是

应纳税所得额＝年度收入总额－不征税收入－免税收入
－准予扣除项目金额－允许弥补的以前年度亏损

企业应纳税所得额的计算以权责发生制为原则，属于当期的收入和费用，不论款项是否收付，均作为当期的收入和费用；不属于当期的收入和费用，即使款项已经在当期收付，均不作为当期的收入和费用。应纳税所得额的正确计算直接关系到国家财政收入和企业的税收负担，并且同成本、费用核算关系密切。因此，企业所得税制度对应纳税所得额计算作了明确规定，主要内容包括收入总额、扣除范围和标准、资产的税务处理、亏损弥补等。

这里“允许弥补的以前年度亏损”就是指发生在当年度前五年之内的尚未在税前弥补的亏损，是以前年度应纳税所得额表现为亏损后对本期的递延影响，其实质上是以前年度的税基对本期的影响。

为了便于讨论，我们将公式中的“年度收入总额－不征税收入－免税收入－允许弥补的以前年度亏损”定义为“计税收入”，于是企业所得税的计税依据就可以表示为

应纳税所得额＝计税收入－准予扣除项目金额

由上面的表达式可以看出，计算企业所得税“应纳税所得额”的关键因素就是“计税收入”和“准予扣除项目金额”。

一、计税收入的确定

根据前述定义，“计税收入”包括了收入总额、不征税收入、免税收入和允许弥补的以前年度亏损等四个项目。

1. 收入总额

企业的收入总额是企业以货币形式和非货币形式从各自来源取得的收入。

企业取得收入的货币形式包括现金、存款、应收账款、应收票据、准备持有至到期的债券投资以及债务的豁免等；纳税人以非货币形式取得的收入，包括固定资产、生物资产、无形资产、股权投资、存货、不准备持有至到期的债券投资、劳务以及有关权益等，这些非货币资产应当按照公允价值确定收入额，公允价值是指按照市场价格确定的价值。

从企业所得税立法意图看，税法中所指收入总额是指一切能够提高企业纳税能力的收入，或者说是使企业资产总额增加或负债总额减少，同时导致所有者权益增加的收入。如果使资产与负债同额增加或减少，结果未导致所有者权益发生变化的资金流入，则不是应税收入。

新税法所指收入总额包括以下内容。

(1) 销售货物收入。是指企业销售商品、产品、原材料、包装物、低值易耗品以及其他存货取得的收入。

(2) 提供劳务收入。是指企业从事建筑安装、修理修配、交通运输、仓储租赁、金融保险、邮电通信、咨询经纪、文化体育、科学研究、技术服务、教育培训、餐饮住宿、中介代理、卫生保健、社区服务、旅游、娱乐、加工以及其他劳务服务活动取得的收入。

(3) 转让财产收入。是指企业转让固定资产、生物资产、无形资产、股权、债权等财产取得的收入。

(4) 股息、红利等权益性投资收益。是指企业因权益性投资从被投资方取得的收入。股息、红利等权益性投资收益，除国务院财政、税务主管部门另有规定外，按照被投资方作出利润分配决定的日期确认收入的实现。

(5) 利息收入。是指企业将资金提供他人使用但不构成权益性投资，或者因他人占用本企业资金取得的收入，包括存款利息、贷款利息、债券利息、欠款利息等收入。利息收入，按照合同约定的债务人应付利息的日期确认收入的实现。

(6) 租金收入。是指企业提供固定资产、包装物或者其他有形资产的使用权取得的收入。租金收入按照合同约定的承租人应付租金的日期确认收入的实现。

(7) 特许权使用费收入。是指企业提供专利权、非专利技术、商标权、著作权以及其他特许权的使用权取得的收入。特许权使用费收入，按照合同约定的特许权使用人应付特许权使用费的日期确认收入的实现。

(8) 接受捐赠收入。是指企业接受的来自其他企业、组织或者个人无偿给予的货币性资产、非货币性资产。接受捐赠收入按照实际收到捐赠资产的日期确认收入的实现。

(9) 其他收入。是指企业取得的除以上收入外的其他收入，包括企业资产溢余收入、逾期未退包装物押金收入、确实无法偿付的应付款项、已作坏账损失处理后又收回的应收款项、债务重组收入、补贴收入、违约金收入、汇兑收益等。

在企业收入总额的范围内，有部分收入取得的形式是比较特殊的，新税法也对此做出了相应的规定：

(1) 以分期收款方式销售货物的，按照合同约定的收款日期确认收入的实现；

(2) 企业受托加工制造大型机械设备、船舶、飞机，以及从事建筑、安装、装配工程业务或者提供其他劳务等持续时间超过 12 个月的按照纳税年度内完工进度或者完成的工作量确认收入的实现；

(3) 采取产品分成方式取得收入的按照企业分得产品的日期确认收入的实现，其收入额按照产品的公允价值确定；

(4) 企业发生非货币性资产交换，以及将货物、财产、劳务用于捐赠、偿债、赞助、集资、广告、样品、职工福利或者利润分配等用途的，应当视同销售货物、转让财产或者提供劳务。

当企业将资产用于市场推广或销售、交际应酬、职工奖励或福利、股息分配、对外捐赠或其他改变资产所有权属的用途时，因资产所有权属已发生改变，应按规定视同销售确定收入。发生上述情形时，属于企业自制的资产，应按企业同类资产同期对外销售价格确定销售收入；属于外购的资产，可按购入时的价格确定销售收入。

2. 不征税收入

不征税收入为收入总额中的下列项目：①财政拨款；②依法收取并纳入财政管理的行政事业性收费、政府性基金；③国务院规定的其他不征税收入。

税法上所指不征税收入，是指从性质上和根源上不属于企业营利性活动带来的经济利益，因此不负有纳税义务。因为从企业所得税的立法精神来看，所得税的税基应是企业经营活动所产生的所得，而政府预算拨款、行政事业性收费、政府性基金等来自于财政赋予的权限，是非营利性的收入；对这些收入如果征税，会导致无意义地增加政府的收入与支出成本。不征税收入不属于税收优惠。

3. 免税收入

企业的下列收入为免税收入：①国债利息收入；②符合条件的居民企业之间的股息、红利等权益性投资收益；③在中国境内设立机构、场所的非居民企业从居民企业取得与该机构、场所有实际联系的股息、红利等权益性投资收益；④符合条件的非营利组织的收入。

企业所得税的免税收入，是指企业负有纳税义务，而政府根据社会经济政策目标的需要，在一定时间免予征税，而在一定时期又有可能恢复征税的收入。免税收入属于税收优惠。

4. 允许弥补的以前年度亏损

企业所得税中“亏损”是指企业依照企业所得税制度的规定将每一纳税年度的

收入总额减除不征税收入、免税收入和各项扣除后小于零的数额。企业所得税新旧制度均规定，企业在纳税年度发生的亏损，准予向以后年度结转，用以后年度的所得弥补，但结转年限最长不得超过五年。因而发生在当年度前五年之内的尚未在税前弥补的亏损可以用于减少当年度的计税收入。

二、关于准予扣除项目的规定

准予扣除项目是纳税人每一纳税年度发生的与取得应纳税收入有关的所有必要和正常的成本、费用、税金、损失和其他支出。纳税人的支出中，有些项目可以在计算应纳所得税时从总收入中扣除，而有些项目则不能扣除，这主要取决于支出项目是否与纳税人取得应税收入有关。

1. 准予扣除项目的内容

概括地说，税法准予企业在所得税前扣除的支出内容可以分为几类，即企业当期发生的与取得应税收入有关的各项成本、费用、税金、损失和其他支出。各类支出的含义如下。

1）成本

成本是指企业在生产经营活动中发生的销售成本、销货成本、业务支出以及其他耗费，即企业销售商品（产品、材料、下脚料、废料、废旧物资等），提供劳务，转让固定资产、无形资产（包括技术转让）的成本。

2）费用

费用是指企业每一个纳税年度在生产经营活动中发生的销售费用、管理费用和财务费用，已经计入成本的有关费用除外。

销售费用是指应由企业负担的为销售商品而发生的费用，包括广告费、运输费、装卸费、包装费、展览费、保险费、销售佣金（能直接认定的进口佣金调整商品进价成本）、代销手续费、经营性租赁费，以及销售部门发生的差旅费、工资、福利费等费用。

管理费用是指企业的行政管理部门为管理组织经营活动提供各项支援性服务而发生的费用。

财务费用是指企业筹集经营性资金而发生的费用，包括利息净支出、汇兑净损失、金融机构手续费以及其他非资本化支出。

3）税金

税金是指企业发生的除企业所得税和允许抵扣的增值税以外的各项税金及其附加。即企业按规定缴纳的消费税、营业税、城市维护建设税、关税、资源税、土地增值税、房产税、车船使用税、土地使用税、印花税、教育费附加等产品销售税金及附加。企业发生的税金是企业为取得经营收入实际发生的必要的、正常的支出，与企业发生的成本、费用性质相同，是企业取得经营收入实际发生的经济负担，符合税前扣除的基本原则，因此，将税金和成本、费用并列为允许在税前扣除的支出。

企业所得税税款是依据应税收入减去扣除项目的余额计算得到，本质上是企业利润分配的支出，是国家参与企业经营成果分配的一种形式，而不是为取得经营收入实际发生的费用支出，不能作为企业的税金在税前扣除。

增值税在我国是价外税，产品的价格和税款分开。企业的增值税通过逐环节抵扣，最终将增值税负担转嫁给最终消费者，并非企业的实际负担，因此，允许抵扣的增值税不允许作为税金在税前扣除。对于企业未实际抵扣，由企业最终负担的增值税税款，按规定允许计入资产的成本，在当期或以后期间扣除。

以上准予税前扣除的已纳税金，其扣除的方式有两种：一是在发生当期扣除；二是在发生当期计入相关资产的成本，在以后各期分摊扣除。

4）损失

损失是指企业在生产、经营过程中发生的固定资产和存货的盘亏、毁损、报废损失，转让财产损失，呆账损失，坏账损失，自然灾害等不可抗力因素造成的损失，以及其他损失。

企业发生的损失，减除责任人赔偿和保险赔款后的余额，依照国务院财政、税务主管部门的规定扣除。

企业已经作为损失处理的资产，在以后纳税年度又全部收回或者部分收回时，应当计入当期收入。

5）其他支出

其他支出是指除成本、费用、税金、损失外，企业在生产经营活动中发生的与生产经营活动有关的、合理的支出。从企业所得税处理的角度来看，企业一些支出项目受到国家税收政策的限制，无法一一列举，从总体上说，判断一项支出是否可以在所得税前扣除，关键看其是否与取得收入相关。

企业经营活动中发生的支出多种多样，千差万别，有些支出可能还不能完全归集到成本、费用、税金、损失中，为保证企业经营活动中实际发生的有关的、合理的支出能够得到扣除，企业所得税实施条例将“其他支出”的规定作为兜底条款处理。

2. 支出项目税前扣除的注意事项

在实际中，确认应纳税所得额扣除项目时还应该注意三方面的内容。

（1）企业发生的支出应当区分收益性支出和资本性支出。收益性支出是与本年度生产经营有关的支出，如差旅费、办公费等通过管理费用税前列支，收益性支出在发生当期直接扣除。

资本性支出是指纳税人购置、建造固定资产，对外投资的支出，以及资本的利息支出，这种支出与好几个年度生产经营有关，如企业购置固定资产，形成了资产价值,其支出效益涉及多个纳税年度。资本性支出应当分期扣除或者计入有关资产成本,不得在发生当期直接扣除。

但纳税人对外投资的成本不得折旧或摊销,也不得作为投资当期费用直接扣除,但可以在转让、处置有关投资资产时,从取得的财产转让收入中减除,据以计算财产转让所得或损失。

(2) 企业的不征税收入用于支出所形成的费用或者财产,不得扣除或者计算对应的折旧、摊销扣除。

(3) 除企业所得税法和实施条例另有规定外,企业实际发生的成本、费用、税金、损失和其他支出,不得重复扣除。

三、会计利润与应纳税所得额

企业所得税是对企业纯收益的征税,在企业所得税及企业会计核算体系中,与应纳税所得额对应的概念是会计利润。

会计上的利润是企业生产经营追求的目标,也是企业在一定时期全部生产经营活动在财务上的最终成果。利润包括收入减去费用后的净额、直接计入当期利润的利得和损失等。直接计入当期利润的利得和损失,是指应当计入当期损益、会导致所有者权益发生增减变动的、与所有者投入资本或者向所有者分配利润无关的利得或者损失。利润金额取决于收入和费用、直接计入当期利润的利得和损失金额的计量。

从原理上说,企业的应纳税所得额为企业在一个纳税年度内的收入总额减去国家规定准予扣除项目金额后的余额。但在实际操作中,企业计算应纳税所得额是以会计核算资料为依据的,即以会计利润为基础确定。但企业按照会计规定计算的所得税前会计利润与按税法规定计算的应纳税所得额之间,往往存在着一定的差异,这是因为企业在财务会计核算中的处理和与税法规定会出现不一致的地方。

例如,税法规定,企业在经营中发生的与生产经营有关的业务招待费,按发生额 60%的比例,但最高不超过当年销售(营业)收入的 5‰扣除。从会计核算的角度看,这些支出均应当体现在其经营损益中,在计算利润时均作为费用从收入总额中予以减除。这种情况下,会计利润与应纳税所得额之间就产生了差异。再如,企业购买国债取得的利息收入,从会计核算上讲,属于企业的一种收益,构成会计利润的组成内容;而所得税法则规定企业购买国债取得的利息收入可以从应纳税所得额中扣除,这样会计利润与应纳税所得额之间又会产生差异。

应纳税所得额经常是大于利润额的。这是因为企业的有些费用是不允许在税前扣除的,还有些利润是有限额在税前扣除的。应纳税所得额在一定条件下,也可能小于利润额。这是因为企业有不征税收入、免税收入、加计扣除、收入打折等税收优惠，并且企业所得税还允许弥补以前年度的亏损，但应纳税所得额小于利润额的概率非常小。

对于会计利润与应纳税所得额之间的差异应如何处理呢？企业所得税制度规定，计算应纳税所得额时，企业财务、会计处理办法与税收法律、行政法规的规定不一致的，应当依照税收法律、行政法规的规定计算。这样，企业在进行所得税纳税申报时，要将会计利润依照税法规定调整为应纳税所得额。即企业在平时进行会计核算时，可以按会计制度的有关规定进行账务处理，但在申报纳税时，对税法规定和会计制度规定有差异的，要按税法规定进行纳税调整。

对照企业所得税关于准予扣除项目的和不允许扣除项目的规定，可以核对会计利润与应纳税所得额是否一致，并据此进行纳税调整。会计利润与应纳税所得额的关系为

应纳税所得额＝会计利润总额±税收调整项目金额

【例】 某企业全年度会计核算的利润为 30 万元，销售收入总额 120 万元，发生业务招待费 1.2 万元，发生公益性捐赠 4.5 万元，无其他调整项目。试计算企业应纳税所得额。

解 销售(营业)收入的 5‰为：120×5‰＝0.6(万元)

业务招待费发生额的 60%为：1.2×60%＝0.72(万元)

故允许扣除的业务招待费限额为 0.6 万元，此项目使得应纳税所得额应调增 0.6 万元。

公益性捐赠的限额：30×12%＝3.6(万元)

准予扣除费用比实际发生的费用少，此项目使得应纳税所得额应调增 0.9 万元。

应纳税所得额＝30＋0.6＋0.9＝31.5(万元)

应纳企业所得税＝31.5×25%＝7.875(万元)

应纳税所得额比会计利润增加了 1.5 万元，由此也导致多纳企业所得税 0.375 万元。

由此可得出结论：在税法规定范围内列支的费用可以抵减税收，企业开支费用代价小；而超范围列支的费用不可以抵减税收，开支费用的代价大，如多列支业务招待费、高息集资利息支出、赞助支出、罚款支出、非公益性质的捐赠等。所以企业应尽量将费用开支金额控制在税法规定的范围内。

第四节 支出项目的税前扣除的处理

支出项目对企业所得税的影响，是通过其税前扣除减少企业所得税的税基即

应纳税所得额，从而减轻企业所得税负担。这种作用称为支出项目的抵税作用。

对于税前扣除项目，仅仅了解税法规定的税前准予扣除项目的内容和不允许扣除项目的内容是不够的，因为税法对准予扣除项目的介绍是笼统的、原则性的。理论上说，企业只要是为生产经营所发生的属于税法规定的准予列支项目，就都可以在计算应纳税所得额时予以扣除。但由于费用支出具有收入分配性质，直接影响企业利润和所得税的大小，为合理收入分配、稳定税收收入，企业所得税制度根据不同支出项目的特点，规定了不同的税前列支方法，由此形成了不同抵税作用。不得在税前列支的成本、费用和损失项目，不具备抵税作用；限定条件在税前列支的成本、费用项目，在限定条件范围内具有抵税作用，在超过限定条件范围的部分不具有抵税作用；不得一次在税前列支的成本、费用项目，只有按折旧方法或费用摊销方法计算并计入成本、费用的部分，才具有抵税作用；可一次性在税前列支的成本、费用和损失项目，抵税作用很明显；可超额在税前列支的成本费用项目，其抵税作用是超倍的。了解这些规定，对纳税人而言非常必要。

一、不允许税前扣除的项目

企业不仅要掌握哪些项目准予从收入总额中扣除，同样也要了解哪些项目不得从收入总额中扣除。按照税收制度的规定，有部分支出在计算应纳税所得额时不得扣除，起不到抵税的作用。税前不得扣除项目，或者是国家不鼓励企业发生的项目，或者是与企业生产经营没有直接关系的支出。

在计算应纳税所得额时，下列项目不得从收入总额中扣除。

(1) 向投资者支付的股息、红利等权益性投资收益款项。

(2) 企业所得税税款。

(3) 税收滞纳金。是指纳税人违反税收法律和法规制度，被税务机关处以的滞纳金。

(4) 罚金、罚款和被没收财物的损失。是指纳税人违反国家有关法律、法规规定，被有关部门处以的罚款，以及被司法机关处以的罚金和被没收财物。但纳税人按照经济合同规定支付的违约金(包括银行罚息)、罚款和诉讼费可以扣除。

(5) 超过国家规定允许扣除的公益、救济性捐赠，以及非公益、救济性捐赠。公益、救济性捐赠有列支范围规定，超范围的不能税前扣除；非公益、救济性捐赠与生产经营活动没有直接关系，不允许税前扣除。

(6) 赞助支出。是指企业发生的与生产经营活动无关的各种非广告性质支出。

(7) 未经核定的准备金支出。是指不符合国务院财政、税务主管部门规定的各项资产减值准备、风险准备等准备金支出。

(8) 企业之间支付的管理费、企业内营业机构之间支付的租金和特许权使用费，以及非银行企业内营业机构之间支付的利息。

(9) 与取得收入无关的其他支出。

二、限定条件在税前扣除的项目

指限定条件在税前列支的成本、费用和损失项目，在限定条件范围内具有抵税作用，在超过限定条件范围的部分不具有抵税作用，如企业对外捐赠支出、业务招待费支出、职工工会经费和教育经费支出等。

为了便于准确地计算应纳税额，企业所得税法采用正列举和反列举相结合的方法，对税前限额扣除的支出项目作了具体规定。关于列支范围的规定通常都非常繁琐，下面简要地给出可以扣除的主要支出项目。

1. 工资薪金支出

工资薪金支出是指企业每一纳税年度支付给在本企业任职或者受雇的员工的所有现金形式或者非现金形式的劳动报酬，包括基本工资、奖金、津贴、补贴、年终加薪、加班工资，以及与员工任职或者受雇有关的其他支出。

新税法规定，企业发生的合理的工资薪金支出准予据实扣除。旧的企业所得税制度对内资企业的工资薪金支出扣除实行计税工资制度，相比之下，新税法关于工资薪金的调整是给企业带来最大效益的一条，也是新法的最大亮点之一。问题是工资薪金“合理的”标准如何掌握？这主要从雇员实际提供的服务与报酬总额在数量上是否配比合理进行，即符合企业生产经营活动常规而发生的工资薪金支出属于合理支出；尤其对属于国有性质企业的工资薪金，不得超过政府有关部门给予的限定数额，否则不得在税前扣除；此外，对企业主要投资者个人的薪酬也要注意符合合理性原则。

为此，税收制度专门进行了界定，即“合理工资薪金”，是指企业按照股东大会、董事会、薪酬委员会或相关管理机构制订的工资薪金制度规定实际发放给员工的工资薪金。具体操作中按以下原则掌握：

(1) 企业制订了较为规范的员工工资薪金制度；

(2) 企业所制订的工资薪金制度符合行业及地区水平；

(3) 企业在一定时期所发放的工资薪金是相对固定的，工资薪金的调整是有序进行的；

(4) 企业对实际发放的工资薪金，已依法履行了代扣代缴个人所得税义务；

(5) 有关工资薪金的安排，不以减少或逃避税款为目的。

此外，对税前列支工资薪金还须注意必须是实际发放的才能扣除，计提的不能扣除。

2. 工资费用

企业除了给职工支付工资薪金外，还按照工资的一定比例支付职工福利费、工会经费、职工教育经费等工资费用。新税法规定，企业发生的与工资相关的三项经费均按照一定的标准在税前准予扣除。具体规定如下。

(1) 企业发生的职工福利费支出，不超过工资薪金总额 14%的部分，准予扣除。

(2) 企业拨缴的工会经费，不超过工资薪金总额 2%的部分，准予扣除。

(3) 企业发生的职工教育经费支出，不超过工资、薪金总额 2.5%的部分准予扣除；超过部分，准予在以后纳税年度结转扣除。但国务院财政、税务主管部门另有规定的行业或集团除外。

与原有企业所得税制度相比，对三项经费，新税制继续维持了以前的扣除标准，但将“计税工资总额”调整为“工资薪金总额”，扣除额也就相应提高了。而且，在职工教育经费方面，为鼓励企业加强职工教育投入，新税制规定，除特殊行业和集团外，企业发生的此项费用不超过工资薪金总额 2.5%的部分，准予扣除；超过部分，准予在以后纳税年度结转扣除。

计算三项经费的基数“工资薪金总额”，是指企业按照规定实际发放的工资薪金总和，不包括企业的职工福利费、职工教育经费、工会经费以及养老保险费、医疗保险费、失业保险费、工伤保险费、生育保险费等社会保险费和住房公积金。

三项经费税前扣除方式上最大的变化是由原来的计提扣除改为据实扣除。除了职工教育经费可以跨年度结转之外，其余两项经费要注意每年足额在规定标准内使用。

3. 社会保险费

企业员工除了享有工资薪金外，还应该享有最基本的福利“五险一金”。“五险一金”是指养老保险、医疗保险、失业保险、工伤保险和生育保险以及住房公积金，这其中养老保险、医疗保险和失业保险还有住房公积金是由企业和个人共同缴费，工伤保险和生育保险完全是由企业缴费；五项保险是法定须缴纳的，而住房公积金是非法定缴纳的。

企业缴纳的“五险一金”在国家规定范围内，允许税前扣除。具体规定如下。

(1) 企业依照有关规定的范围和标准为职工缴纳的基本养老保险费、基本医疗保险费、失业保险费、工伤保险费、生育保险费等基本社会保险费和住房公积金，准予扣除。

(2) 企业根据国家有关政策规定，为在本企业任职或者受雇的全体员工支付的补充养老保险费、补充医疗保险费，分别在不超过职工工资总额 5%标准内的部分，准予扣除；超过的部分，不予扣除。

（3）除企业依照国家有关规定为特殊工种职工支付的人身安全保险费和国务院财政、税务主管部门规定可以扣除的其他商业保险费外，企业为投资者或者职工支付的商业保险费，不得扣除。

（4）企业参加财产保险，按照规定缴纳的保险费，准予扣除。

4. 借款费用

借款费用作为企业正常合理的支出，原则上是可以扣除的，但在具体扣除时要区分资本性支出和收益性支出，资本性支出不在当期扣除；另外，还要掌握不超过金融企业同期同类贷款利率以内的部分才可以税前扣除。具体规定如下。

（1）企业在生产经营活动中发生的合理的不需要资本化的借款费用，准予扣除。

（2）企业为购置、建造固定资产、无形资产和经过 12 个月以上的建造才能达到预定可销售状态的存货发生借款的，在有关资产购置、建造期间发生的合理的借款费用，应当作为资本性支出计入有关资产的成本，并依照本条例的规定扣除。

（3）非金融企业在生产、经营期间向金融企业借款的利息支出，按照实际发生数予以税前扣除，包括银行按规定对逾期归还的贷款加收的罚息，也可以在税前扣除。

（4）金融企业自身发生的各项存款利息支出以及同业拆借业务所支付的利息，允许按实际发生数予以税前扣除。

（5）对企业经过国家依法批准发行债券而按规定支付的利息支出，按照实际发生数予以税前扣除。

（6）企业向非金融机构借款的利息支出，凡不高于按照金融机构同类、同期贷款利率计算的数额以内的部分，准予扣除；其超过的部分，不准予扣除。

（7）企业从其关联方接受的债权性投资与权益性投资的比例超过规定标准而发生的利息支出，不得在计算应纳税所得额时扣除。具体而言，如果债权性投资与权益性投资比例不超过 2∶1（金融企业为 5∶1），那么支付给关联方的利息支出可以税前扣除，超过的部分不能扣除。此政策的目的是防止资本弱化。

所谓金融机构，是指各类银行、保险公司及经中国人民银行批准从事金融业务的非银行金融机构。

按照以上规定，从事房地产开发业务的纳税人为开发房地产而借入资金所发生的借款利息支出，在房地产完工之前发生的，属于资本性支出，应计入有关房地产的开发成本。企业为对外投资而借入的资金发生的借款费用，也属于资本性支出，应计入有关投资的成本，不得作为纳税人的经营性费用在税前扣除。

5. 业务招待费

业务招待费作为企业生产、经营业务必须开支的费用，会计制度规定可以全额据实在利润中扣减；但企业所得税制度对于业务招待费订有限额标准，在一定的比例范围内可在所得税前扣除，超过标准的部分不得扣除。这主要是为抑制社会奢靡风气，防止企业过分浪费。

新税法规定，企业发生的与生产经营活动有关的业务招待费支出，按照发生额的60%扣除，但最高不得超过当年销售(营业)收入的5‰。这主要是考虑到商业招待和个人消费之间难以区分，为加强管理，同时借鉴国际经验而制定的。新制度采取了发生额比例限制和销售收入比例限制两者结合的措施，体现了对业务招待费扣除从严掌握的原则。也就是说，即便企业业务招待费不超过税法规定的销售收入的一定比例限制，企业至少还须由税后利润支付40%的业务招待费。这是新税法作出的一项重要变化。

6. 广告费和业务宣传费

随着市场经济的不断深入，企业之间争夺市场也越来越激烈。为了获得市场提高市场占有率，越来越多的企业日益依赖于广告和其他形式的业务宣传。

广告费是指企业为扩大购销业务，通过媒体向公众介绍商品、劳务和企业信息等发生的相关费用。业务宣传费是企业开展业务宣传活动所支付的费用，主要是指未通过媒体的广告性支出，包括企业发放的印有企业标志的礼品和纪念品、义卖特卖或展览、赠送样品或销货赠送、抽奖等费用。

我国的企业所得税制度对广告费和业务宣传费的税前扣除一直都有相关规定。新税法规定，广告费和业务宣传费支出，除国务院财政、税务主管部门另有规定外，不超过当年销售(营业)收入15%的部分，准予扣除；超过部分，准予在以后纳税年度结转扣除。

国务院财政、税务主管部门另有规定，是指对特殊行业此类费用扣除的规定：自2008年1月1日起至2010年12月31日止，对化妆品制造、医药制造和饮料制造(不含酒类制造)企业发生的广告费和业务宣传费支出，不超过当年销售(营业)收入30%的部分，准予扣除；超过部分，准予在以后纳税年度结转扣除。而同时，烟草企业的烟草广告费和业务宣传费支出，一律不得在计算应纳税所得额时扣除。

新税制将广告费和业务宣传费的扣除打通，统一计算，而且增加了扣除比例。相比于老制度，应该说，其税前扣除的政策是极为宽松的。

对广告费和业务宣传费的税前扣除，企业应注意以下两点。

第一，在计算广告费和业务宣传费扣除限额时，其销售(营业)收入额应包括视同销售(营业)收入额。

第二，应严格区分广告费支出与赞助支出。赞助支出是指企业发生的与生产经营活动无关的各种非广告性质支出，不允许在税前扣除。纳税人申报扣除的广告费支出，必须符合下列条件：广告是通过经工商部门批准的专门机构制作的；已实际支付费用，并已取得相应发票；通过一定的媒体传播。

7. 公益性捐赠支出

为防止纳税人假借捐赠之名而虚列费用，转移利润，规避税负，税法对于捐赠金额及捐赠对象均有限制规定。新税法对公益性捐赠支出规定，在按国家统一会计制度规定计算的年度会计利润总额12%以内的部分，允许扣除。超过12%的部分，不得在企业所得税前扣除。这里“公益性捐赠”是指企业通过公益性社会团体或者县级以上人民政府及其部门，用于《中华人民共和国公益事业捐赠法》规定的公益事业的捐赠。公益性社会团体特指符合指定条件的基金会、慈善组织等社会团体，包括中国青少年发展基金会、希望工程基金会、宋庆龄基金会、减灾委员会、中国红十字会、中国残疾人联合会、全国老年基金会、老区促进会以及经民政部门批准成立的非营利性的组织。非以上范围的捐赠，包括纳税人直接向受赠人的捐赠，不得扣除。

在捐赠支出的计价方面，如果捐赠的是货币性资产，应当按照实际收到的金额计算；而非货币性资产，应当以其公允价值计算。

原企业所得税制度规定内资企业用于公益性、救济性捐赠，在年度应纳税所得额3%以内的部分，准予扣除；外资企业则无限制。新税法统一了内外资企业关于公益性捐赠扣除的比例，相比于原企业所得税制度，扩大了税收支持社会公益捐赠的力度，将内外资企业捐赠税前扣除比例统一为12%。12%的捐赠扣除比例在国际上属于较高水平，如美国为10%，韩国为7%，荷兰为6%，比利时为5%等。

新税法除了扣除比例变化，企业还应注意公益性捐赠扣除的计算基础不同。原所得税法为年度应纳税所得额，新税法为年度利润总额。年度利润总额，是指企业依照国家统一会计制度的规定计算的年度会计利润。这种改变的主要原因是便于公益性捐赠扣除的计算，方便纳税人的申报。

实行捐赠扣除比例限制，主要是为了堵塞税收漏洞，防止部分企业利用捐赠扣除达到少缴税的目的，这是世界上主要国家和地区的通行做法。

三、可以全额在税前扣除的项目

可一次性在税前列支的成本费用和损失项目，其抵税作用是很明显的。

企业所得税制度对可一次性在税前列支的成本费用和损失项目，采取的是反列举辅之以正列举的方法，即成本、费用、税金、损失和其他支出中，非不允许扣除的项目、非限定条件扣除的项目、非超额扣除的项目、非资本化后在一定周期逐步摊销的项目，只要与生产经营活动有关，就可以一次性全额在税前扣除。

1. 可全额扣除的成本

税法上的成本包括已经确认的销售商品（包括产品、材料、下脚料、废料和废旧物资等）、提供劳务、转让、处置固定资产和无形资产的成本。可税前扣除的成本不仅包括企业的主营业务成本(销售商品、提供劳务、提供他人使用本企业的无形资产),还包括其他业务成本(销售材料、转让技术等)和营业外支出(固定资产清理费用等)。企业对象化的费用,有的成为在产品、产成品等存货,只有销售出去,并确认了销售(营业)收入的相关部分商品的成本才能申报扣除。

在资产损失方面,企业当期发生的固定资产和流动资产盘亏、毁损净损失,减除责任人赔偿和保险赔款后的余额,经主管税务机关审核后,准予扣除;企业因存货盘亏、毁损、报废等原因不得从销项税金中抵扣的进项税金,应视同企业财产损失,准予与存货损失一起在所得税前扣除。

应注意企业扣除的销售商品成本价值与存货计价方法密切相关。尽管从长期来看,不同的存货计价方法其发出商品的成本最终是一样的,它取决于商品购进的历史成本,但不同的存货计价方法会在每一个会计期间出现不同的发出、库存存货的价值,从而影响当期应纳税所得额。按照新税法规定,企业使用或者销售的存货的成本计算方法,可以在先进先出法、加权平均法、个别计价法中选用一种;计价方法一经选用,不得随意变更。

以上几种方法,计算出的销售成本不同,其结果对企业应纳税所得额的多少及缴纳所得税多少的影响也不同。一般来说,在物价下降时期,采用先进先出法期末存货为最近成本,其价值较低,发出商品成本则较高,应纳税所得额也低。而采用加权平均法计算发出商品成本值较稳定,起伏不大,适合于采用累进所得税率的情况。

2. 可全额扣除的费用

企业所得税实施条例明确了与取得应税收入有关的支出,凡没有计入成本,没有资本化的支出,以及税法没有禁止和限制的,都应计入期间费用在税前扣除。但对于不允许扣除、限定条件扣除、超额扣除等的规定,重点在于费用方面。可全额扣除的费用实际上主要是采取反列举方法界定的。下面具体分析销售费用、管理费用和财务费用中反列举项目。

1) 销售费用

企业为销售商品和材料、提供劳务的过程中发生的符合企业所得税法规定的各种费用,允许在税前扣除。其中广告费、销售佣金、福利费等费用税前扣除有限额标准限制;预计产品质量保证损失要在实际发生售后服务支出时才能扣除;企业发生的与专设销售机构相关的固定资产修理费用等后续支出,符合税法规定大修理支出标准的,要作为长期待摊费用进行资本化处理,在以后年度摊销扣除。

2) 管理费用

企业为组织和管理企业生产经营活动所发生的符合企业所得税法规定的各种费用,允许在税前扣除。其中职工福利费、工会经费、职工教育经费、业务招待费等税前扣除有标准限制;研发费用符合规定条件的可以加计扣除;属于被环境保护主管部门处罚的排污罚款不允许扣除等。

企业依照法律、行政法规有关规定提取的用于环境保护、生态恢复等方面的专项资金,准予扣除。上述专项资金提取后改变用途的,不得扣除。

企业发生的合理的劳动保护支出,准予扣除。劳动保护支出是指确因工作需要为雇员配备或提供工作服、手套、安全保护用品、防暑降温用品等所发生的支出。

非居民企业在中国境内设立的机构、场所,就其中国境外总机构发生的与该机构、场所生产经营有关的费用,能够提供总机构出具的费用汇集范围、定额、分配依据和方法等证明文件,并合理分摊的,准予扣除。

另外,企业依照有关法律、行政法规和国家有关税收规定准予扣除的其他项目还包括:企业发生的与其经营活动有关的合理的差旅费、会议费、董事会费,违约金(包括银行的罚息)及诉讼费等。

3) 财务费用

纳税人为筹集经营性资金而发生的符合规定的筹资费用,包括利息净支出、汇兑净损失、金融机构手续费以及其他非资本化支出,允许在税前扣除。

其中可以税前扣除的利息净支出,是指纳税人在生产经营活动中发生的合理的不需要资本化的借款费用,准予扣除;但纳税人购置、建造固定资产和无形资产等,在购置建造期间的借款费用应作为资本性支出计入有关资产的成本,而不能作为费用在所得税前列支;对于超出列支标准的利息费用,也不能税前扣除。

企业在货币交易中,以及纳税年度终了时将人民币以外的货币性资产、负债按照期末即期人民币汇率中间价折算为人民币时产生的汇兑损失,除已经计入有关资产成本以及与向所有者进行利润分配相关的部分外,准予扣除。

3. 可全额扣除的税金

可税前扣除的税金是指企业发生的除企业所得税和允许抵扣的增值税以外的各项税金及其附加。其中房产税、车船使用税、土地使用税、印花税在“管理费用”科目核算;营业税、消费税、城市维护建设税、资源税和教育费附加等相关税费在“营业税金和附加”科目核算;但与投资性房地产相关的房产税、土地使用税不在“管理费用”科目核算,而在“营业税金和附加”科目核算。以上税金是企业为取得经营收入而实际发生的经济负担,符合税前扣除的基本原则,可以全额税前扣除。

4. 可全额扣除的损失

可税前扣除的损失是指企业在生产经营活动中发生的固定资产和存货的盘亏、毁损、报废损失,转让财产损失,呆账损失,坏账损失,自然灾害等不可抗力因素造成的损失以及其他损失,一般通过“营业外支出”科目核算。以上损失按照实际发生的标准,减除责任人赔偿和保险赔款后的余额,报税务机关批准确认后方可在税前扣除。

应注意同样在"营业外支出"科目核算的公益性捐赠支出税前扣除有限额规定;在此科目核算的违法经营的罚款、罚金和滞纳金则不能在税前列支。而"资产减值损失"科目虽然也核算损失,但这种损失是出于谨慎性原则事先预提的,按规定不能在计提时扣除,应在实际发生损失后依照税法规定扣除。

四、可超额在税前扣除的项目

可超额在税前扣除的项目,其抵税作用是超倍的。

大多数情况下,成本费用在企业所得税前均扣除不足。但是新税法规定有两项加计扣除政策,就是对研究开发费用、安置残疾人及国家鼓励安置的其他就业人员所支付的工资可以在企业所得税前加计扣除。对企业而言,加计扣除可以减少应纳税所得额,从而达到超倍抵税效果。

1. 研究开发费用按50%加计扣除

企业研究开发费用,指企业在产品、技术、材料、工艺、标准的研究、开发过程中发生的各项费用。研究开发费用的明细应包括:新产品设计费、新工艺规程制定费以及与研发活动直接相关的技术图书资料费、资料翻译费;从事研发活动直接消耗的材料、燃料和动力费用;在职直接从事研发活动人员的工资、薪金、奖金、津贴、补贴;专门用于研发活动的仪器、设备的折旧费或租赁费;专门用于研发活动的软件、专利权、非专利技术等无形资产的摊销费用;专门用于中间试验和产品试制的模具、工艺装备开发及制造费;勘探开发技术的现场试验费;研发成果的论证、评审、验收费用。

按照新税法规定,企业为开发新技术、新产品、新工艺而发生的研究开发费用,未形成无形资产计入当期损益的,在据实扣除的基础上,再按照研究开发费用的50%加计扣除;形成无形资产的,按照无形资产成本的150%摊销。

对企业共同合作开发的项目,由合作各方就自身承担的研发费用分别按照规定计算加计扣除;对企业委托给外单位进行开发的研发费用,受托方应向委托方提供该研发项目的费用支出明细情况,之后由委托方按照规定计算加计扣除;受托方不得再进行加计扣除。

应注意:企业应拥有实质性的研发机构,实质性地开展研究开发项目,才能对研究开发费用进行单独核算并实质性归集研究开发费用,从而才能运用研究开发费用加计扣除政策,否则,会存在纳税风险。

【例】 A公司自行研究开发一项技术,截至2008年6月30日,发生研发支出合计100万元,经测试该项研发活动完成了研究阶段,从2008年7月1日开始进入开发阶段。开发阶段发生研发支出120万元,并且符合无形资产准则规定的开发支出资本化的条件。2008 年 12 月 31 日，该项研发活动结束，最终开发出一项非专利技术。假定按企业所得税法规定，A 公司 2008 年度没有其他调整事项，当年会计利润为 300 万元。其 2008 年度研究开发费用加计扣除如何计算？应纳企业所得税为多少？

解 A 公司 2008 年度研究阶段发生的研发费用 100 万元可以计入当期损益，开发阶段发生的研发费用 120 万元应形成无形资产，并且可以加计摊销。则 2008 年度

$$应纳税所得额 = 300 - 100 \times 50\% = 250(万元)$$

$$应纳企业所得税 = 250 \times 25\% = 62.5(万元)$$

对构成无形资产成本的 120 万元，按其 150%即 180 万元，按使用寿命从 2009 年起进行摊销。

2. 安置残疾人员所支付的工资按 100%加计扣除

长期以来，国家对安置残疾人员就业的福利企业都给予减免税照顾，以鼓励企业吸纳残疾人员就业。现行对安置残疾人就业的优惠政策既涉及流转税优惠也涉及所得税优惠。

在企业所得税方面，允许所支付工资进行加计扣除，即企业安置残疾人员的，在按照支付给残疾职工工资据实扣除的基础上，按照支付给残疾职工工资的 100%加计扣除。如果工资加计扣除部分大于本年度应纳税所得额的，可准予扣除其不超过应纳税所得额的部分，超过部分不得扣除。亏损单位不适用工资加计扣除的办法。

为充分保证安置残疾人就业的税收优惠政策能达到预期效果，税收政策对安置残疾人就业享受税收优惠的条件进行了界定，企业须履行相关要求，包括：

(1) 依法与安置的每位残疾人签订一年以上(含一年)的劳动合同或服务协议，并且安置的每位残疾人在单位实际上岗工作；

(2) 为安置的每位残疾人按月足额缴纳了企业所在区县人民政府根据国家政策规定的基本养老保险、基本医疗保险、失业保险和工伤保险等社会保险；

(3) 定期通过银行等金融机构向安置的每位残疾人实际支付了不低于企业所在区县适用的经省级人民政府批准的最低工资标准的工资；

(4) 具备安置残疾人上岗工作的基本设施。

同时，税收政策对企业采用签订虚假劳动合同或服务协议、伪造或重复使用残疾人证虚报残疾人数、不缴或少缴规定的社会保险、变相向残疾人收回支付的工资等手段骗取税收优惠的企业，规定了取消享受优惠资格并按法律规定处罚。这就要求企业遵循真实性、客观性原则，同时，在企业核算资料中如实反映和记录税收制度要求的条件。

五、在一定周期内逐步摊销的项目

新税法规定企业发生的支出应当区分收益性支出和资本性支出。收益性支出在发生当期直接扣除；资本性支出应当分期扣除或者计入有关资产成本，不得在发生当期直接扣除。

资本性支出是指支出的效益涉及两个或两个以上纳税年度的，此类支出需要先资本化为长期资产，再以折旧或摊销的方式逐步计入损益，逐期进行税前扣除。企业的资本性支出，包括固定资产、生物资产、无形资产、长期待摊费用、投资资产等方面的支出。

从长期看，资本性支出在企业所得税前扣除的总额是一个相对固定数，但由于会计处理特别是税务处理的方法不同，会造成各个纳税期间税前扣除额的区别，从而影响到不同年度纳税额的不同。

新税法关于资本性支出分期扣除的规定如下。

(1) 企业按照规定计算的固定资产折旧，准予扣除。

(2) 按照规定计算的无形资产摊销费用，准予扣除。

(3) 企业发生的下列支出作为长期待摊费用，按照规定摊销的，准予扣除：已足额提取折旧的固定资产的改建支出；租入固定资产的改建支出；固定资产的大修理支出；其他应当作为长期待摊费用的支出。

(4) 企业对外投资期间，投资资产的成本不得扣除。

(5) 企业根据生产经营活动的需要租入固定资产支付的租赁费，按照以下方法扣除：以经营租赁方式租入固定资产发生的租赁费支出，按照租赁期限均匀扣除；以融资租赁方式租入固定资产发生的租赁费支出，按照规定构成融资租入固定资产价值的部分应当提取折旧费用，分期扣除。

【例】 某企业 2008 年有未弥补亏损 30 万元，2009 年全年获产品销售收入 8 640万元，车队提供运输劳务收入 360 万元，国债利息收入 5 万元，从联营单位分得税后利润 50 万元。该企业产品销售成本 5 000 万元；产品销售费用 800 万元；管理费用 900 万元，其中业务招待费 100 万元；财务费用 300 万元；缴纳增值税 639.2 万元，营业税 10.8 万元，城市维护建设税 45.5 万元，教育费附加 19.5 万元，房产税和印花税 20 万元，缴纳税收滞纳金 3 万元；营业外支出 100 万元，其中为解决职工子女上学向某小学进行六一活动赞助 10 万元，通过红十字会向灾区捐款 90 万元。求该企业 2009 年利润和应纳所得税为多少？

解 全年收入总额＝8 640＋360＋5＋50＝9 055(万元)

全年成本费用项目总额＝5 000＋800＋900＋300＋10.8＋45.5＋19.5＋20＋3＋100＝7 198.8(万元)

全年利润＝9 055－7 198.8＝1 856.2(万元)

国债利息和从联营单位分得税后利润是免税收入，调减应纳税所得额55万元；

实际业务招待费100万元的60%即60万元，营业收入的5‰即(8 640＋360)×5‰＝45万元，故准予扣除45万元，调增应纳税所得额55万元；

税收滞纳金为不允许扣除项目，调增应纳税所得额3万元；

对某小学赞助不允许扣除，调增应纳税所得额10万元；

公益性捐赠按全年利润的12%准予扣除，限额为222.744万元(1 856.2×12%)，通过红十字会向灾区捐款允许扣除。

应纳税所得额＝1 856.2－55＋55＋3＋10＝1 869.2(万元)

应纳企业所得税＝1 869.2×25%＝467.3(万元)

第五节　企业资产的税务处理

资产是指企业过去的交易或者事项形成的、由企业拥有或者控制的、预期会给企业带来经济利益的资源，包括有固定资产、生物资产、无形资产、长期待摊费用等长期性资产，投资资产，以及存货等流动资产。

资产在同时满足以下条件时可确认为税务处理项目：①与该资源有关的经济利益很可能流入企业，能够带来应税收入；②该资源的成本或者价值能够可靠地计量。

新税法对资产的税务处理，主要包括资产的分类、确认、计价、扣除方法和处置几个方面的内容；不同的税务处理方法，对企业所得税会产生不同的影响。

企业在固定资产、生物资产、无形资产、长期待摊费用等方面的支出属于资本性支出。纳税人发生的费用支出应当区分收益性支出和资本性支出：收益性支出在发生当期直接扣除，直接影响企业的应纳税所得额的大小；而资本性支出不允许作为成本费用在发生当期税前扣除，它应计入形成资产的原价，分期扣除或者计入有关资产成本，间接影响企业的应纳税所得额的大小。

投资资产，是指企业对外进行权益性投资和债权性投资形成的资产。企业对外投资期间，投资资产的成本在计算应纳税所得额时不得扣除。企业在转让或者处置投资资产时，投资资产的成本准予扣除。

存货等流动性资产可以采取先进先出法、加权平均法、个别计价法等不同的成本结转方法，各种结转方法下计算的当期业务成本是不一样的，从而影响应纳税所得额。

另外，企业的各项资产以历史成本为计税基础。历史成本是指企业取得该项资产时实际发生的支出。

企业持有各项资产期间资产增值或者减值，除国务院财政、税务主管部门规定可以确认损益外，不得调整该资产的计税基础。

资产在税务处理方面可分为固定资产、生物资产、无形资产、长期待摊费用、投资资产、存货等几个主要类别，资产的税务处理最后将通过扣除方法对企业所得税产生影响，包括固定资产和生物资产的折旧、无形资产和长期待摊费用的摊销、存货成本的结转、投资资产成本的扣除等。资产的税务处理是各国企业所得税的重要内容之一，新税法对不同资产的税务处理作了不同的规定。

一、固定资产的税务处理

纳税人的固定资产，是指企业为生产产品、提供劳务、出租或者经营管理而持有的、使用时间超过12个月的非货币资产，包括房屋、建筑物、机器、机械、运输工具，以及其他与生产经营活动有关的设备、器具、工具等。

1. 固定资产计税基础

固定资产的计税基础即入账成本，其价值大小将对以后的折旧额大小产生直接影响，从而间接影响固定资产使用期内的应纳税所得额。新税法对不同来源的固定资产规定了不同的计税基础确定方法。

(1) 外购的固定资产，以购买价款和支付的相关税费以及直接归属于使该资产达到预定用途发生的其他支出为计税基础。

(2) 自行建造的固定资产，以竣工结算前发生的支出为计税基础。

(3) 融资租入的固定资产，以租赁合同约定的付款总额和承租人在签订租赁合同过程中发生的相关费用为计税基础；租赁合同未约定付款总额的，以该资产的公允价值和承租人在签订租赁合同过程中发生的相关费用为计税基础。

(4) 盘盈的固定资产，以同类固定资产的重置完全价值为计税基础。

(5) 通过捐赠、投资、非货币性资产交换、债务重组等方式取得的固定资产，以该资产的公允价值和支付的相关税费为计税基础。

(6) 改建的固定资产，除已足额提取折旧的和租入的以外的其他固定资产，将改建过程中发生的改建支出增加到计税基础中。

固定资产的价值确定后，除特殊情况外，一般不得调整。

2. 固定资产折旧的范围

在计算应纳税所得额时，企业按照规定计算的固定资产折旧，准予扣除。从原理上说，与经营活动无关的固定资产不得计算折旧扣除，具体包括：

(1) 房屋、建筑物以外未投入使用的固定资产；

(2) 以经营租赁方式租入的固定资产；

(3) 以融资租赁方式租出的固定资产；

(4) 已足额提取折旧仍继续使用的固定资产；

(5) 与经营活动无关的固定资产；

(6) 单独估价作为固定资产入账的土地；

(7) 其他不得计算折旧扣除的固定资产。

3. 固定资产折旧的计提方法

提取折旧的依据和方法如下。

(1) 固定资产按照直线法计算折旧，准予扣除。

(2) 企业应当自固定资产投入使用月份的次月起计算折旧；停止使用的固定资产，应当自停止使用月份的次月起停止计算折旧。

(3) 固定资产在计算折旧前，应当根据固定资产的性质和使用情况，合理确定固定资产的预计净残值，从固定资产原价中减除，固定资产的预计净残值一经确定，不得变更。由于情况特殊，需要调整残值比例的，应报主管税务机关备案。

(4) 对由于技术进步、产品更新换代较快的固定资产，以及常年处于强震动、高腐蚀状态的固定资产，确需缩短折旧年限或采取加速折旧方法的，由纳税人提出申请，经主管税务机关审核后，可以缩短折旧年限或者采取加速折旧的方法。采取缩短折旧年限方法的，最低折旧年限不得低于新税法规定折旧年限的60%；采取加速折旧方法的，可以采取双倍余额递减法或者年数总和法。

(5) 油气企业在开始商业性生产之前发生的开发支出，即为了取得已探明矿区中的油气而建造或更新井及相关设施活动所发生的各项支出，可不分用途，全部累计作为开发资产的成本，自对应的油(气)田开始商业性生产月份的次月起，可不留残值，按直线法计提的折旧准予扣除，其最低折旧年限为8年。油气企业终止本油(气)田生产的，其开发资产尚未计提折旧的剩余部分可在该油(气)田终止生产的当年作为损失扣除。

4. 固定资产的折旧计提年限

除国务院财政、税务主管部门另有规定外，固定资产计算折旧的最低年限如下：

(1) 房屋、建筑物，为20年；

(2) 飞机、火车、轮船、机器、机械和其他生产设备，为10年；

(3) 与生产经营活动有关的器具、工具、家具等，为5年；

(4) 飞机、火车、轮船以外的运输工具，为4年；

(5) 电子设备，为3年。

二、生物资产的税务处理

生物资产是指有生命的动物和植物。生物资产分为消耗性生物资产、生产性生物资产和公益性生物资产。消耗性生物资产，是指为出售而持有的或在将来收获为农产品的生物资产，包括生长中的农田作物、蔬菜、用材林以及存栏待售的牲畜等。生产性生物资产，是指为产出农产品、提供劳务或出租等目的而持有的生物资产，包括经济林、薪炭林、产畜和役畜等。公益性生物资产，是指以防护、环境保护为主要目的的生物资产，包括防风固沙林、水土保持林和水源涵养林等。

1. 生产性生物资产的计税基础

生产性生物资产按照以下方法确定计税基础：

(1) 外购的生产性生物资产，以购买价款和支付的相关税费为计税基础；

(2) 通过捐赠、投资、非货币性资产交换、债务重组等方式取得的生产性生物资产，以该资产的公允价值和支付的相关税费为计税基础。

2. 生物资产的折旧方法和年限

生产性生物资产按照直线法计算的折旧，准予扣除。企业应当自生产性生物资产投入使用月份的次月起计算折旧；停止使用的生产性生物资产，应当自停止使用月份的次月起停止计算折旧。

企业应当根据生产性生物资产的性质和使用情况，合理确定生产性生物资产的预计净残值。生产性生物资产的预计净残值一经确定，不得变更。

生产性生物资产计算折旧的最低年限如下：

(1) 林木类生产性生物资产，为 10 年；

(2) 畜类生产性生物资产，为 3 年。

三、无形资产的税务处理

无形资产，是指企业为生产产品、提供劳务、出租或者经营管理而持有的、没有实物形态的非货币性长期资产，包括专利权、商标权、著作权、土地使用权、非专利技术、商誉等。

1. 无形资产的计税基础

(1) 外购的无形资产，以购买价款和支付的相关税费以及直接归属于使该资产达到预定用途发生的其他支出为计税基础。

(2) 自行开发的无形资产，以开发过程中该资产符合资本化条件后至达到预定用途前发生的支出为计税基础。

(3) 通过捐赠、投资、非货币性资产交换、债务重组等方式取得的无形资产，以该资产的公允价值和支付的相关税费为计税基础。

2. 无形资产摊销的范围

在计算应纳税所得额时，企业按照规定计算的无形资产摊销费用，准予扣除。原则上说，与经营活动无关的无形资产不得计算摊销费用。下列无形资产不得计算摊销费用扣除：

(1) 自行开发的支出已在计算应纳税所得额时扣除的无形资产；

(2) 自创商誉；

(3) 与经营活动无关的无形资产；

(4) 其他不得计算摊销费用扣除的无形资产。

3. 无形资产的摊销方法及年限

无形资产按照直线法计算的摊销费用，准予扣除。

无形资产的摊销年限不得低于 10 年。作为投资或者受让的无形资产，有关法律规定或者合同约定了使用年限的，可以按照规定或者约定的使用年限分期摊销。外购商誉的支出，在企业整体转让或者清算时，准予扣除。

四、长期待摊费用的税务处理

长期待摊费用，是指企业发生的应在一个年度以上或几个年度进行摊销的费用。在计算应纳税所得额时，企业发生的下列支出作为长期待摊费用，按照规定摊销的，准予扣除。

(1) 已足额提取折旧的固定资产的改建支出。固定资产的改建支出，是指改变房屋或者建筑物结构、延长使用年限等发生的支出。

企业的固定资产改建支出，如果有关固定资产尚未提足折旧，可增加固定资产价值；如有关固定资产已提足折旧，则作为长期待摊费用，按照固定资产预计尚可使用年限分期摊销。

(2) 租入固定资产的改建支出。此项支出按照合同约定的剩余租赁期限分期摊销。

改建的固定资产延长使用年限的，除已经足额提取折旧的固定资产、租入的固定资产外，应当适当延长折旧年限。

(3) 固定资产的大修理支出。指同时符合下列条件的支出：修理支出达到取得固定资产时的计税基础 50%以上；或者修理后固定资产的使用年限延长 2 年以上。

固定资产的大修理支出，按照固定资产尚可使用年限分期摊销。

(4) 其他应当作为长期待摊费用的支出。此项支出自发生月份的次月起，分期摊销，摊销年限不得低于 3 年。

企业固定资产日常修理支出作为当期成本费用开支，可在发生当期直接扣除。

五、投资资产的税务处理

投资资产，是指企业对外进行权益性投资和债权性投资形成的资产。

投资资产按照以下方法确定成本：

(1) 通过支付现金方式取得的投资资产，以购买价款为成本；

(2) 通过支付现金以外的方式取得的投资资产，以该资产的公允价值和支付的相关税费为成本。

企业对外投资期间，投资资产的成本在计算应纳税所得额时不得扣除；企业在转让或者处置投资资产时，投资资产的成本，准予扣除。

六、存货的税务处理

存货，是指企业持有以备出售的产品或者商品、处在生产过程中的在产品、在生产或者提供劳务过程中耗用的材料和物料等。

1. 存货的计税基础

存货按照以下方法确定成本：

(1) 通过支付现金方式取得的存货，以购买价款和支付的相关税费为成本；

(2) 通过支付现金以外的方式取得的存货，以该存货的公允价值和支付的相关税费为成本；

(3) 生产性生物资产收获的农产品，以产出或者采收过程中发生的材料费、人工费和分摊的间接费用等必要支出为成本。

2. 存货成本的计算方法

企业使用或者销售的存货的成本计算方法，可以在先进先出法、加权平均法、个别计价法中选用一种。计价方法一经选用，不得随意变更。

七、资产转让的税务处理

企业转让以上资产，在计算企业应纳税所得额时，资产的净值允许扣除。资产净值，是指有关资产、财产的计税基础减除已经按照规定扣除的折旧、折耗、摊销、准备金等后的余额。

除国务院财政、税务主管部门另有规定外，企业在重组过程中，应当在交易发生时确认有关资产的转让所得或者损失，相关资产应当按照交易价格重新确定计税基础。

【例】 某企业职工 150 人，固定资产原值为 600 万元，其中：机器设备为 400 万元，生产用房 150 万元，非生产用房 50 万元。2008 年度企业会计报表的有关资料如下：① 企业按照国家统一会计制度计算的利润总额为 300 万元，其中，销售利润 270 万元，企业的产品销售收入为 900 万元，国库券的利息收入 30 万元；② 计入成本、费用的实发工资总额为 391 万元，拨缴职工工会经费 7.82 万元，支出职工福利费 58.65 万元和职工教育经费 11.73 万元；③ 业务招待费 6 万元；④ 环保部门罚款10万元;⑤ 向另一企业支付赞助费5万元;⑥ 通过国家机关向教育事业捐款100万元;⑦ 企业对600万元的固定资产一律按10%的折旧率计提了折旧,而税法允许的各类别固定资产年折旧率分别为机器设备8%、生产用房5%、非生产用房4%。请根据上述资料计算该企业应纳税所得额和应纳所得税额。

解 国库券利息收入30万元属免税收入,调减应纳税所得额30万元。

工会经费扣除限额=391×2%=7.82(万元),与实际发生额一致,可以据实在税前扣除。

职工福利费扣除限额=391×14%=54.74(万元),实际发生58.65万元,调增应纳税所得额:58.65－54.74=3.91(万元)。

职工教育经费扣除限额=391×2.5%=9.78(万元),实际发生11.73万元,调增应纳税所得额:11.73－9.78=1.95(万元),其中1.95万元可以结转以后年度扣除。

三项经费应调增应纳税所得额=3.91＋1.95=5.86(万元)。

业务招待费扣除限额=900×5‰=4.5(万元)＞6×60%,可以扣除3.6万元,调增应纳税所得额:6－3.6=2.4(万元)。

10万元罚款和支付的5万元赞助费不允许税前列支,调增应纳税所得额15万元。

捐赠扣除限额=300×12%=36(万元),实际发生100万元,调增应纳税所得额:100－36=64(万元)。

税法允许扣除的折旧费=400×8%＋150×5%＋50×4%=32＋7.5＋2=41.5(万元),调增应纳税所得额:600×10%－41.5=18.5(万元)。

该企业应纳税所得额=300－30＋5.86＋2.4＋15＋64＋18.5=375.76(万元)

应纳企业所得税=375.76×25%=93.94(万元)

【例】 某企业2008年发生经营业务如下:产品销售收入4 000万元;产品销售成本2 600万元;销售费用770万元,其中广告费650万元;管理费用480万元,其中业务招待费25万元;财务费用60万元;销售税金160万元,其中含增值税120万元;营业外收入80万元;营业外支出50万元,其中含通过公益性社会团体向贫困山区捐款30万元,支付税收滞纳金6万元;计入成本费用中的实发工资总额200万元,拨缴职工工会经费5万元,职工福利费支出31万元,职工教育经费支出7万元。请计算该企业2008年度应纳的企业所得税。

解 会计利润总额=4 000＋80－2 600－770－480－60

－(160－120)－50=80(万元)

广告费和业务宣传费扣除限额=4 000×15%=600(万元),实际列支650万元,调增应纳税所得额50万元,未列支的50万元可以结转以后年度扣除。

业务招待费扣除限额＝4 000×5‰＝20，实际开支额的60%即15万元(25×60%)，可扣除15万元，调增应纳税所得额10万元。

捐赠支出扣除限额＝80×12%＝9.6(万元)，实际支出30万元，调增应纳税所得额20.4万元。

税收滞纳金6万元不得税前列支，调增应纳税所得额6万元。

工会经费拨缴限额＝200×2 %＝4(万元)，实际拨缴5万元，调增应纳税所得额1万元。

职工福利费支出限额＝200×14%＝28万元，实际支出31万元，调增应纳税所得额3万元。

职工教育经费支出限额＝200×2.5 %＝5(万元)，实际支出7万元，调增应纳税所得额2万元，未列支的2万元可以结转以后年度扣除。

应纳税所得额＝80＋50＋10＋20.4＋6＋1＋3＋2＝172.4（万元）

2008年应缴企业所得税＝172.4×25%＝43.1(万元)

第六节　企业所得税的税收优惠

企业所得税是在分配领域对企业经营成果所征收的税，它与纳税人的纳税能力密切相关。由于企业经营实力和经营规模差距很大，需要照顾扶持和鼓励的地区、行业、企业都非常多，因此，各国的企业所得税制度中都免不了存在大量的税收优惠政策，这些税收优惠政策具有很强的政策导向和宏观调控作用。我国新税法根据国民经济和社会发展的需要，借鉴国际上的成功经验，按照“简税制、宽税基、低税率、严征管”要求，对原有的税收优惠政策进行适当调整，体现了“以产业优惠为主、区域优惠为辅、兼顾社会进步”的税收优惠原则。新税法的税收优惠主要内容涵盖：促进技术创新和科技进步，鼓励基础设施建设，鼓励农业发展及环境保护与节能，支持安全生产，统筹区域发展，促进公益事业和照顾弱势群体等。这些优惠政策涉及范围广，优惠力度大，对符合国家产业政策导向的企业和项目能够提供比较大的支持。

在我国，企业所得税是所有税种中税收优惠最多的一个，新税法规定的企业所得税的优惠方式包括直接的减免税、税率优惠、税基优惠、税额抵免等。企业充分重视并灵活利用这些优惠政策是企业顺法避税的主要途径之一。

一、减免税优惠

减免税是国家对特定的地区、行业、企业、项目或特殊情况所给予纳税人完全免征或部分减征税收的照顾或奖励措施，及优惠力度大，优惠条件和优惠办法界定明确，可操作性非常强。新税法及实施细则，以及新税法颁布后财政部和国家税务总局的有关文件中，对企业所得税减免税作了相当具体的规定，税收优惠重点关注须照顾或鼓励发展的特定产业和项目，旨在照顾农业生产、鼓励企业节能节水、保护环境和发展高新技术的行为。

企业如果从事国家限制和禁止发展的项目，不得享受企业所得税优惠。

1. 从事农、林、牧、渔业项目所得的免税优惠

农业是弱势产业，世界各国一般都对农业实行特殊扶持政策。我国是农业大国，对农、林、牧、渔业项目给予税收优惠，有利于提高农业综合生产能力和增值能力，促进农业产业结构、产品结构和区域布局的优化，对引导社会向农业的投资、加强农业基础建设、增加农民收入和建设社会主义新农村，将起到积极作用。企业从事下列项目的所得，免征企业所得税：

(1) 蔬菜、谷物、薯类、油料、豆类、棉花、麻类、糖料、水果、坚果的种植；
(2) 农作物新品种的选育；
(3) 中药材的种植；
(4) 林木的培育和种植；
(5) 牲畜、家禽的饲养；
(6) 林产品的采集；
(7) 灌溉、农产品初加工、兽医、农技推广、农机作业和维修等服务业项目；
(8) 远洋捕捞。

2. 从事农、林、牧、渔业项目所得的减税优惠

企业从事下列项目的所得，减半征收企业所得税：

(1) 花卉、茶以及其他饮料作物和香料作物的种植；
(2) 海水养殖、内陆养殖。

3. 对公共基础设施项目所得的定期减免税

为引导企业投资国家重点扶持的基础设施项目，新税法对相关项目实行税收优惠政策。即企业从事港口码头、机场、铁路、公路、城市公共交通、电力、水利等项目投资经营所得，自项目取得第一笔生产经营收入所属纳税年度起，第一年至第三年免征企业所得税，第四年至第六年减半征收企业所得税。

企业承包经营、承包建设和内部自建自用以上项目，不得享受企业所得税优惠。

请注意：本条以及后面将讨论的定期减免税规定，将“取得第一笔生产经营收入的纳税年度”作为减免税的起始年度，改变了原有外资企业所得税将“获利年度”作为减免税的起始年度的规定，避免了企业推迟获利年度来避税的问题，使得税收优惠条款更加科学。

4. 对环境保护、节能节水项目所得的定期减免税

环境保护、资源节约是中国的一项基本国策。新税法扩大了企业投资于环境保护、节能节水项目的税收优惠，除了定期减免税优惠外，本节还将介绍对这些投资项目的税额抵免优惠，体现了新税法对推动节能环保行为的补充和强化。其定期减免税的具体内容为：

企业从事公共污水处理、公共垃圾处理、沼气综合开发利用、节能减排技术改造、海水淡化等项目的所得，自项目取得第一笔生产经营收入所属纳税年度起，第一年至第三年免征企业所得税，第四年至第六年减半征收企业所得税。

以上规定享受减免税优惠的项目，在减免税期限内转让的，受让方自受让之日起，可以在剩余期限内享受规定的减免税优惠；减免税期限届满后转让的，受让方不得就该项目重复享受减免税优惠。

5. 对符合条件的技术转让所得优惠

为了促进技术创新和科技进步，新税法继续保留了对技术转让所得的税收优惠，并从所得金额上扩大了税收优惠的力度和范围。即一个纳税年度内，居民企业转让技术所有权所得不超过 500 万元的部分，免征企业所得税；超过 500 万元的部分，减半征收企业所得税。

6. 对高新技术及西部地区的定期减免税优惠

为继续发挥经济特区和上海浦东新区的特殊作用，体现我国继续坚持改革开放的基本政策，新企业所得税制度对其给予了一定的过渡性优惠政策，即对五个经济特区和上海浦东新区内，新设立的国家需要重点扶持的高新技术企业实行过渡性定期减免税优惠。

同时，为积极引导西部地区投资方向，提升西部地区经济总量，支持西部地区加快发展，促进我国区域经济社会协调发展，新税法规定继续执行西部大开发地区鼓励类企业的所得税优惠政策。

对高新技术企业、软件及集成电路企业、西部地区企业的定期减免税优惠，其具体内容如下。

(1) 对经济特区和上海浦东新区内新注册的高新技术企业，自取得第一笔生产经营收入所属纳税年度起，第一年和第二年免税，第三年至第五年按照 25%的法定税率减半征税。

(2) 我国境内新办软件生产企业经认定后，自获利年度起，第一年和第二年免征企业所得税，第三年至第五年减半征收企业所得税。

(3) 投资额超过 80 亿元人民币或集成电路线宽小于 0.25 微米的集成电路生产企业，可以减按 15%的税率缴纳企业所得税，其中，经营期在 15 年以上的，从开始获利的年度起，第一年至第五年免征企业所得税，第六年至第十年减半征收企业所得税。

(4) 对生产线宽小于0.8微米(含)集成电路产品的生产企业，经认定后，自获利年度起，第一年和第二年免征企业所得税，第三年至第五年减半征收企业所得税。

已经享受自获利年度起企业所得税“两免三减半”政策的企业，不再重复执行本规定。

(5) 根据国务院实施西部大开发有关文件精神，财税【2001】202号文件规定的西部大开发企业所得税优惠政策继续执行。即对设在西部地区国家鼓励类产业的内资企业，在2001—2010年期间，减按15%的税率征收企业所得税。对在西部地区新办交通、电力、水利、邮政、广播电视等企业，企业所得税实行两年免征、三年减半征收的优惠政策。

(6) 民族自治地方的自治机关对本民族自治地方的企业应缴纳的企业所得税中属于地方分享的部分，可以决定减征或者免征。自治州、自治县决定减征或者免征的，须报省、自治区、直辖市人民政府批准。

对于新税法及相关规范性文件规定的减免税优惠措施，对一个企业可能会有减免税政策交叉的情况，在具体执行中，可选择适用其中一项最优惠的政策，不能两项或几项优惠政策累加执行。

二、税率优惠

新税法对企业所得税规定了25%的单一比例税率。考虑到各类企业经营规模有大小，取得的生产经营所得也有高低之分，以及对高新技术企业的持续鼓励和支持，新税法又确定了对小型微利企业和高新技术企业的税率优惠。此外，对非居民企业和符合条件的软件企业也界定了税率优惠。

1. 小型微利企业税率优惠

为更好地发挥小企业在自主创新、吸纳就业等方面的优势，利用税收政策鼓励、支持和引导小企业的发展，参照国际通行做法，新税法沿袭了老的企业所得税制度给予中小型企业优惠税率的做法，在基本税率的基础上给予符合规定条件的小型微利企业以20%的优惠税率，比法定税率低5%。

小型微利企业是指从事国家非限制和禁止行业，并符合下列条件的企业：

(1) 工业企业，年度应纳税所得额不超过30万元，从业人数不超过100人，资产总额不超过3 000万元；

(2) 其他企业，年度应纳税所得额不超过30万元，从业人数不超过80人，资产总额不超过1 000万元。

要注意，小型微利企业并非一定终生。要享受小型微利企业的低税率优惠，当然得符合税法规定的上述条件；一旦上述条件不完全满足，则低税率优惠不再能够享受。仔细分析上述认定条件，发现其中企业盈利水平既是动态变化的，而且相对不容易受企业主动掌控，因此，欲利用小型微利企业低税率优惠的企业应该将盈利水平作为重点监控指标。

基本税率25%加上小型微利企业的低税率20%，实际上相当于两级全额累进税率，应纳税所得额在临界点30万元上下税赋差异很大。如果小型微利企业的其他条件均满足，某企业年应纳税所得额为30万元，适用20%的企业所得税税率，应纳所得税6万元(30×20%)，税后净利润24万元(30－6)。若应纳税所得额为30.5万元，适用25%的企业所得税税率，应纳所得税7.625万元(30.5×25%)，税后净利润22.375万元(30.5－7.625)，比应纳税所得额为30万元时的净利润反而少了1.625万元。这显然是不公平的、不中性的，因此，年度应纳税所得额在临界点上下的企业应重视此问题，提前做好计划安排。

另外，为应对国际金融危机，扶持中小企业发展，国家对盈利水平更小的企业制定了临时性的更进一步的税率优惠，具体内容是：自2010年1月1日至2010年12月31日，对年应纳税所得额低于3万元(含3万元)的小型微利企业，其所得减按50%计入应纳税所得额，按20%的税率缴纳企业所得税。

2. 高新技术企业税率优惠

新税法规定对国家需要重点扶持的高新技术企业实行15%的优惠税率。新政策不再作地域限制；同时，严格了高新技术企业的认定标准；并且，取消了两年定期减免所得税的优惠。

国家需要重点扶持的高新技术企业，是指拥有核心自主知识产权，并同时符合下列条件的企业。

(1) 产品(服务)属于《国家重点支持的高新技术领域》规定的范围。

(2) 研究开发费用占销售收入的比例不低于规定比例。近三个会计年度研究开发费用总额占销售收入总额的比例符合如下要求：最近一年销售收入小于5 000万元的企业，比例不低于6%；最近一年销售收入在5 000万元至20 000万元的企业，比例不低于4%；最近一年销售收入在20 000万元以上的企业，比例不低于3%。

(3) 高新技术产品(服务)收入占企业当年总收入的60%以上。

(4) 具有大学专科以上学历的科技人员占企业当年职工总数的30%以上，其中研发人员占企业当年职工总数的10%以上。

(5) 高新技术企业认定管理办法规定的其他条件，包括企业研究开发组织管理水平、科技成果转化能力、自主知识产权数量、销售与总资产成长性等指标符合

《高新技术企业认定管理工作指引》的要求。

3. 非居民企业税率优惠

非居民企业在中国境内未设立机构、场所的，或者虽设立机构、场所但取得的所得与其所设机构、场所没有实际联系的，可就其来源于中国境内的所得减按10%的所得税税率缴纳企业所得税。

非居民企业取得以上所得，按照下列方法计算其应纳税所得额。

(1) 股息、红利等权益性投资收益和利息、租金、特许权使用费所得，以收入全额为应纳税所得额。

(2) 转让财产所得，以收入全额减除财产净值后的余额为应纳税所得额。财产净值是指财产的计税基础减除已经按照规定扣除的折旧、折耗、摊销、准备金等后的余额。

(3) 其他所得，参照前两项规定的方法计算应纳税所得额。

此外，该类非居民企业取得下列所得免征企业所得税：

(1) 外国政府向中国政府提供贷款取得的利息所得；

(2) 国际金融组织向中国政府和居民企业提供优惠贷款取得的利息所得；

(3) 经国务院批准的其他所得。

4. 软件企业税率优惠

国家规划布局内的重点软件生产企业，如当年未享受免税优惠的，减按10%的税率征收企业所得税。

【例】 某高新企业是国家需要重点扶持的企业，2008年该企业取得的收入为转让技术所有权1 550万元，发生的相关成本、费用、税金合计600万元。请计算该企业应缴纳的企业所得税。

解 根据规定，居民企业转让技术所有权所得不超过500万元的部分，免征企业所得税；超过500万元的部分，减半征收企业所得税；国家需要重点扶持的高新技术企业减按15%的税率征收企业所得税。

应纳企业所得税＝(1 550－600－500)×15%×50%＝33.75(万元)

案例研究 7-1

“一举两得”的捐赠

大华服装厂是一家民营服装加工企业，全厂职工人数最多时为80人，全年资产总额均不超过3 000万元。某年年终决算，该厂实现销售600万元，年度会计利润和年度应纳税所得额均为31万元。财务经理在公司决策层会议上建议：年底结账前通过指定机构进行公益性捐赠1.1万元。

对此建议，服装厂决策层均表示不理解。财务经理解释说：“我们公司在社会上还没有知名度，需要树立一定的社会形象。”接着，财务经理进一步分析：“我们进行公益性捐赠，国家会加倍补偿我们，此时的捐赠能够名利双收。”为让大家理解他的用意，财务经理为大家进行了对比计算。

捐赠前：

应纳所得税额＝31×25％＝7.75(万元)

净所得＝31－7.75＝23.25(万元)

对外公益性捐赠1.1万元，符合税法规定的抵扣范围，准予扣除，捐赠后应纳税所得额降低到29.9万元。由于人数和资产总额条件符合税法规定，此时大华服装厂完全符合小型微利企业条件，可以按照20％税率计算缴纳企业所得税。故捐赠后：

应纳所得税额＝29.9×20％＝5.98(万元)

净所得＝29.9－5.98＝23.92(万元)

通过财务经理的对比计算，服装厂决策层明白了其中的奥妙：通过捐赠支出，使企业按照小型微利企业的低税率纳税，减轻了税负。比较这两种情况，决策层发现，企业发生捐赠支出1.1万元，使得所得税负担减少了1.77万元，而税后净所得反而增加了0.67万元。捐赠支出不仅为企业树立社会形象，增加知名度，还减少了应纳所得税额，增加了税后净所得，可谓“一举两得”。

类似地，当应纳税所得额处于税率变化的临界点与净所得增减平衡点之间时，企业还可以采取广告支出、购买办公用品列入管理费用等方法，既使企业增加开支，得到名义上和利益上的好处，又减少应纳所得税，增加净所得。这样的好事，何乐而不为？

三、税基优惠

企业所得税定期减免税优惠和税率优惠，是直接的优惠，也是我国企业所得税原制度中的主要优惠方式。新税法突出了税基式优惠，并非直接针对企业全部所得，而是针对企业特定项目的所得或收入、扣除、弥补以前年度亏损等可以影响税基的内容。也正因如此，企业同时从事适用不同企业所得税待遇的项目时，应注意划分不同项目的所得。例如，企业应区分国债利息收入与国债转让所得；对于经营性项目所得，应正确而又合理地配比不同项目收入与扣除之间的关系。

税基优惠既可以起到鼓励和照顾特定企业项目的作用，又不至于完全减免掉企业的所得税从而对国家税收产生影响。税基优惠在西方国家的所得税制度中非常普遍。根据应纳税所得额的内容，影响税基的因素包括收入、准予扣除项目和以前年度的亏损。税基优惠的内容主要包括以下几个方面。

1. 免税收入和不征税收入

第三节一小节曾经讨论过免税收入和不征税收入，在此不再赘述。客观上说，免税收入和不征税收入都要在收入总额中进行扣除，从而可以缩小税基。但实质上不征税收入不属于企业营利性活动带来的经济利益，因此不负有纳税义务，它虽可以缩小税基，但不属于税收优惠；免税收入是指企业负有纳税义务，而政府在一定时间免予征税、而在一定时期又有可能恢复征税的收入，免税收入属于税收优惠，可以直接缩小税基。

2. 减计收入

减计收入优惠是指按照税法规定准予纳税人对某些经营活动取得的应税收入，按一定比例减少计入收入总额，进而减少应纳税所得额的一种优惠方式。目前减计收入优惠主要包括：

企业以《资源综合利用企业所得税优惠目录》规定的资源作为主要原材料并符合规定比例，生产国家非限制和禁止并符合国家和行业相关标准的产品取得的收入，减按90%计入收入总额。

3. 加计扣除

加计扣除是指纳税人的某些支出项目按照税法规定在计算应纳税所得额时在全额扣除的基础上，还可以再按一定比例增加税前扣除的一种优惠方式。目前加计扣除的优惠主要包括企业研发费用加计扣除政策和安置特殊就业人员加计扣除政策，这两项税收优惠已经在第四节介绍过，此处不再赘述。

4. 加速折旧

固定资产加速折旧是指按照税法规定，允许纳税人在固定资产使用年限的初期提取并在税前扣除较多的折旧，以后年度相应减少折旧额，从而使纳税人的所得税负担得以递延的一种优惠方式。

企业固定资产由于技术进步等原因，确需加速折旧的，可以采取缩短折旧年限或者采取加速折旧的方法计算并税前扣除。需加速折旧的固定资产包括：由于技术进步，产品更新换代较快的固定资产；常年处于强震动、高腐蚀状态的固定资产。

采取缩短折旧年限方法的，最低折旧年限不得低于税法规定折旧年限的60%；采取加速折旧方法的，可以采取双倍余额递减法或者年数总和法。

5. 抵扣应纳税所得额

抵扣应纳税所得额是指按照税法规定在计算应纳税所得额时准予按照一定比例直接抵扣应纳税所得额从而缩小税基的一种优惠方式。新税法中抵扣应纳税所得额的优惠主要包括：

创业投资企业从事国家需要重点扶持和鼓励的创业投资，可以按投资额的一定比例抵扣应纳税所得额。即创业投资企业采取股权投资方式投资于未上市的中小高新技术企业2年以上的，可以按照其投资额的70%在股权持有满2年的当年抵扣该创业投资企业的应纳税所得额；当年不足抵扣的，可以在以后纳税年度结转抵扣。

6. 亏损弥补政策

亏损弥补是国家对纳税人的一种税收照顾。亏损，是指企业依照企业所得税法和本条例的规定将每一纳税年度的收入总额减除不征税收入、免税收入和各项扣除后小于零的数额。

新税法仍然规定企业纳税年度发生的亏损，准予向以后年度结转，用以后年度的所得弥补，但结转年限最长不得超过5年。若到第五年仍未补完，则这笔亏损就自动失去弥补权。此外，亏损必须顺序递延弥补，不得累积亏损，也不得间隔弥补。因此，企业必须设置专门账户反映亏损结转和弥补情况。这是国家为保障企业均衡发展，获得更大的经济效益而实施的一项措施，是符合国际通行做法的。

另外，居民企业在汇总计算缴纳企业所得税时，其境外营业机构的亏损不得抵减境内营业机构的盈利。

对亏损弥补政策的理解应注意以下几点。

(1) 年度亏损应由以后年度的税前利润予以弥补。

(2) 弥补亏损必须自亏损年度的下年起连续不间断地计算。连续发生年度亏损，也必须从第一个亏损年度算起，先亏先补，按顺序连续计算亏损弥补期，不得将每个亏损年度的连续弥补期相加，更不得断开计算。

(3) 用税前利润弥补亏损，延续5年尚未弥补完的部分，从第六年起改用税后利润或盈余公积弥补。

四、税额抵免优惠

税额抵免是纳税人在计算缴纳税款时，准予在税法规定的限度内对应纳税款按照一定的标准进行冲抵，以减轻其税收负担。税额抵免是世界各国常用的刺激投资和经济增长的主要税收优惠政策之一，包括诸如投资抵免、研究开发抵免等，在西方发达国家已使用多年；此项税收优惠运用的是绝对节税原理，直接减少纳税人的税收额。总体来说，税收抵免一般计算简便，普遍适用于满足条件的所有纳税人。

我国在1999年曾经出台了鼓励企业进行技术改造购置国产设备的投资抵免优惠政策。随着新税法的实施，该政策走到了终点，其主要原因是对国产设备的普遍抵免有违国民待遇原则。新税法用特定抵免取代了普遍抵免，即企业购置并实际使用《环境保护专用设备企业所得税优惠目录》、《节能节水专用设备企业所得税优惠目录》和《安全生产专用设备企业所得税优惠目录》规定的环境保护、节能节水、安全生产等专用设备的，该专用设备的投资额的10%可以从企业当年的应纳税额中抵免；当年不足抵免的，可以在以后5个纳税年度结转抵免。

新税法这一规定，更加突出了产业政策导向，贯彻了国家可持续发展战略，符合构建和谐社会的总体要求。新的投资抵免政策的变化：一是将投资抵免企业所得税的设备范围规范为环境保护、节能节水、安全生产等专用设备；二是按照WTO原则不再限于国产设备；三是投资抵免的比例将在原40%的基础上降低到10%；四是明确规定企业享受税额抵免优惠的专用设备应是企业实际购置并自身实际投入使用的，对企业购置后又转让、出租或没有使用的，则不享受税额抵免优惠。

五、企业所得税过渡性优惠政策

上述四小节讨论了企业所得税的四种税收优惠形式。企业所得税还有一种税收优惠，它不归属于前面任何一种优惠形式，但它是现阶段实际存在的，即新旧税制交接时期的过渡性优惠政策。

为了新、旧企业所得税法规的顺利衔接，新政策明确规定：新税法公布前（2007年3月16日）已经批准设立（已经完成工商登记注册）的企业，依照当时的税收法律、行政法规规定，享受低税率优惠的，按照国务院规定，可以在新税法施行后5年内，逐步过渡到新税法规定的25%税率；享受定期减免税优惠的，按照国务院规定，可以在企业所得税法施行后继续享受到期满为止，但因未获利而尚未享受优惠的，优惠期限从新税法施行年度起计算。具体规定如下。

1. 低税率优惠过渡政策

自2008年1月1日起，原享受低税率优惠政策的企业，在新税法施行后5年内逐步过渡到法定税率。其中：享受企业所得税15%税率的企业，2008年按18%税率执行；2009年按20%税率执行；2010年按22%税率执行；2011年按24%税率执行；2012年按25%税率执行。原执行24%税率的企业，2008年起按25%税率执行。

2. 定期减免税过渡政策

自2008年1月1日起，原享受企业所得税“两免三减半”、“五免五减半”等定期减免税优惠的企业，新税法施行后继续按原税收法律、行政法规及相关文件规定的优惠办法及年限享受至期满为止。但因未获利而尚未享受税收优惠的，其优惠期限从2008年度起计算。

3. 其他事项

（1）享受企业所得税过渡优惠政策的企业，应按照新税法和实施条例中有关收入和扣除的规定计算应纳税所得额。

(2) 企业所得税过渡优惠政策与新税法及实施条例规定的税收政策存在交叉的,由企业选择最优惠的政策执行,不得叠加享受,且一经选择,不得改变。

专栏 7-3

企业所得税法获通过,外资超国民待遇走向终结[①]

新华网北京消息,将给内资企业和外资企业带来同等税收待遇的企业所得税法于 2007 年 3 月 16 日上午在全国人大五次会议上获得高票通过。专家表示,这标志着中国利用外资政策进入了一个新的历史阶段,外资企业在华享受 20 多年的超国民待遇走向终结。

根据新的税法,外资企业将不再享有比国内企业低十几个百分点的优惠税率,与内资企业一样要缴纳统一的 25%所得税。此外,外资企业单独享受的税前扣除优惠、生产性企业再投资退税优惠、纳税义务发生时间上的优惠等今后也将与内资企业统一。

外资企业在城镇土地使用上的超国民待遇政策 2007 年初已经结束。根据 2006 年发布的有关规定,从 2007 年 1 月 1 日起,外资企业必须与内资企业一样缴纳城镇土地使用税。专家说,事实上,目前在国家层面上,外资在华享受的超国民待遇已经所剩无几。

自 20 世纪 70 年代末中国改革开放以来,给予外资企业超国民待遇的税收政策、土地使用政策等一直是吸引外资的重要手段。全国政协委员、经济学家林毅夫说,改革开放初期,中国资金、外汇短缺,市场体制不健全,给外资一定的超国民待遇是必要的。

中国采取的优惠措施,加上其他因素,在吸引外资方面取得了明显成效。截至 2006 年底,中国累计批准的外资企业达 59.4 万家,实际使用外资 6 919 亿美元,并连续 16 年成为世界上使用外资最多的发展中国家。但是,超国民待遇的外资政策也带来许多问题。除了国内企业抱怨不公平外,由于税收政策双轨制存在漏洞,一些内资企业采取将资金转移到境外再投资到境内的办法,以享受外资优惠待遇,造成国家税款的流失。此外,今天的中国与改革开放初期已经有很大不同,中国的外汇储备突破万亿美元大关,外汇与资本已经不再是中国经济发展的瓶颈,解决资金匮乏问题不再是吸引外资的主要目的。专家分析认为,中国终结外资在华超国民待遇,并不意味着中国对外资关上大门,而是希望提高吸引外资的质量,解决经济

---

① 资料来源:记者车玉明、王勉、周芙蓉,企业所得税法获通过,外资超国民待遇走向终结,新华网,2007-03-16,http://news.xinhuanet.com/legal/2007-03/16/content_5855210.htm。本专栏在原文基础上进行了适当改编。

发展的深层次问题。

国务院发展研究中心对外经济研究部部长张小济说，从法律上看，今后对高技术、环保型的产业仍然有优惠，这虽然对内外资都一样，但是这些方面跨国公司有明显的优势，竞争中他们更易受益。

来自商务部的消息说，吸收外资是中国对外开放基本国策的重要内容，商务部已对未来几年的外资进入作出规划，鼓励外资重点投向高新技术产业、先进制造业、服务业、农业和环保产业，同时严格限制高污染、高能耗的项目进入。

安永会计师事务所北京税务及商务咨询部主管合伙人李展伟说，统一内外资企业所得税不会熄灭外商来华投资的热情。已为跨国公司投资提供了 20 多年税务及相关业务问题咨询服务的李展伟说："他们看重的是中国巨大的市场潜力，而不仅仅局限于税收优惠政策。"

第七节　企业所得税应纳税额的计算

规范情况下，企业所得税纳税人应依照新税法规定根据应纳税所得额和适用税率即有关扣除项目计算应纳所得税。但是，企业所得税纳税人的情况比较复杂，不同的纳税人身份和不同的核算情况，其计算应纳税额也有不同的规定，本节将介绍几种特殊情况下应纳税额的计算。

一般情况下，企业在明确应纳税所得额的各项收入及扣除、弥补亏损项目，并正确计算应纳税所得额后，就应该根据适用税率计算应纳所得税额了。企业应纳所得税额为应纳税所得额乘以适用税率，减除税收优惠规定的减免项目和抵免项目后的余额，计算公式是

应纳税额＝应纳税所得额×适用税率－税收优惠减免税额－抵免税额

应纳税所得额和税收优惠的减免税已经在本章讨论过，下面将首先讨论抵免税额的计算扣除，以便为应纳所得税额的计算奠定基础。抵免税额指与境外所得相关的已纳税款的抵免。

一、企业境外所得已纳税款的税收抵免

根据新税法的规定，居民企业应当就其来源于中国境内、境外的所得缴纳企业所得税；非居民企业在中国境内设立机构、场所的，应当就其所设机构、场所取得的来源于中国境内的所得，以及发生在中国境外但与其所设机构、场所有实际联系的所得，缴纳企业所得税。这样，当企业有直接或间接来源于境外的所得时，对境外

所得征税就有可能造成国际间重复征税。为避免重复征税，需采取对已纳税款予以扣除的办法。

关于企业境外所得税收抵免的问题，新税法及实施条例和财税【2009】125号文件都进行了专门规定。

1. 可抵免境外所得的范围

下列境外所得可以按规定计算抵免境外已纳税款。

(1) 居民企业来源于中国境外的应税所得。

(2) 居民企业从其直接或者间接控制的外国企业分得的来源于中国境外的股息、红利等权益性投资收益。其中，直接控制是指居民企业直接持有外国企业20%以上股份；间接控制是指居民企业以间接持股方式持有外国企业20%以上股份。

(3) 非居民企业在中国境内设立机构、场所，取得发生在中国境外但与该机构、场所有实际联系的应税所得。

2. 抵免方法

企业取得上述范围所得，其已在境外缴纳的所得税税额，可以从其当期应纳税额中抵免，抵免限额为该项所得依照税法规定计算的应纳税额。境外已缴纳和间接负担的税款低于抵免限额的，应据实抵免；超过抵免限额的部分，可以在以后5个年度内，用每年度抵免限额抵免当年应抵税额后的余额进行抵补。

抵免限额应当分国(地区)不分项计算，即纳税人在境外已缴纳的所得税税款应按国别(地区)进行抵扣：对来源于境外某一国的各项所得不分项，汇总到一起作为来源于某国的所得额计算抵免限额；而来源于境外多国的所得，却要按每一个所得来源国的所得额，分国(地区)计算抵免限额。抵免限额计算公式为

某国(地区)抵免限额＝中国境内、境外所得按规定计算的应纳税总额
×来源于某国(地区)的应纳税所得额
÷中国境内、境外应纳税所得总额

其中，计算境内外应纳税总额的税率为25%。在境内外所得均大于零时，不难证明，上述公式实际上等价于用境外应税所得乘以我国适用税率，即

某国(地区)抵免限额＝来源于某国(地区)的应纳税所得额×25%

如果境内、境外应纳税所得总额小于零，应以零计算境内、境外应纳税所得总额，则抵免限额也为零。

3. 抵免涉及的相关概念

确定当期抵免限额需要准确计算下列项目：境内应纳税所得额、分国别(地区)的境外应纳税所得额、可抵免的境外所得税税额、境外所得税的抵免限额。如果企业不能准确计算上述项目实际可抵免分国别(地区)的境外所得税税额，则在相应

国家(地区)缴纳的税收不得抵免,也不得结转以后年度抵免。对上述项目的计算,新税法及相关文件都进行了明晰。

(1) 境外应纳税所得额的计算要分国别(地区)计算。居民企业在境外设立不具有独立纳税地位的分支机构取得的各项境外所得,无论是否汇回中国境内,均应计入该企业所属纳税年度的境外应纳税所得额。企业为取得境内外所得而在境内外发生的共同支出,应按境内外应税所得合理比例分国别(地区)进行分摊后扣除。在境外设立不具有独立纳税地位的分支机构发生的亏损,不得抵减其境内或他国(地区)的应纳税所得额,但可以用同一国家(地区)其他项目或以后年度的所得按规定弥补。

(2) 可抵免境外所得税税额,是指企业来源于中国境外的所得依照境外税收法律以及相关规定应当缴纳并已实际缴纳的企业所得税性质的税款。但不包括:属于错缴或错征的境外所得税税款;按规定不应征收的境外所得税税款;因少缴或迟缴境外所得税而追加的利息、滞纳金或罚款;按照我国税收制度规定,已经免征我国企业所得税的境外所得负担的境外所得税税款等。

另外,对境外已纳税款执行税收饶让规定。即如果我国政府与某国(地区)订立了税收饶让协定,来源于该国所得按照该国税收法律享受了免税或减税待遇,则该减免税数额应视同企业实际缴纳的境外所得税额进行抵免。

按规定抵免企业所得税税额时,企业应当提供境外税务机关出具的税款所属年度的有关纳税和减免税凭证。

4. 抵免税额的简易办法之一:定率12.5%计算抵免

对某些所得来源国实际税率不算太高的情况,如果企业无法确认或提供境外所得有关纳税信息,为方便征收管理,经主管税务机关核准,企业可以按境外应纳税所得额的12.5%作为抵免限额。其不超过抵免限额的部分,准予抵免;超过的部分不得抵免。采取这种方法必须符合以下条件:

(1) 经企业申请,主管税务机关核准;

(2) 因客观原因无法真实、准确地确认应当缴纳并已经实际缴纳的境外所得税税额;

(3) 其适用范围仅限于居民企业从境外取得营业利润以及符合境外税额间接抵免条件的股息所得两项;

(4) 所得来源国(地区)的实际有效税率高于12.5%以上;

(5) 需要有所得来源国政府机关核发具有纳税性质凭证或证明。

5. 抵免税额的简易办法之二:直接以25%税率计算抵免

对所得来源国实际有效税率明显高于我国的情况,很明显,境外已缴纳和间接负担的税款将长期高于按我国法定25%税率计算的抵免限额。为方便征收管理,对这种情况直接以25%税率计算抵免境外所得已纳税款。采取这种方法必须符合以下条件。

(1) 其适用范围仍然限于居民企业从境外取得营业利润以及符合境外税额间接抵免条件的股息所得两项。

(2) 所得来源国(地区)的法定税率和其实际有效税率明显高于我国的25%税率,具体国家(地区)名单由财政部、国家税务总局颁布,并可根据实际情况适时进行调整。目前颁布的名单包括:美国、阿根廷、布隆迪、喀麦隆、古巴、法国、日本、摩洛哥、巴基斯坦、赞比亚、科威特、孟加拉国、叙利亚、约旦、老挝。

属于上述两种简易办法规定以外的股息、利息、租金、特许权使用费、转让财产等投资性境外所得,均应按前述规范的方法计算抵免。

企业抵免境外所得税额后实际应纳所得税额的计算公式为

企业实际应纳所得税额＝企业境内外所得应纳税总额－企业所得税减免、抵免优惠税额－境外所得税抵免额

【例】 某企业2008年度境内应纳税所得额为100万元,适用25%的企业所得税税率。另外,该企业分别在A、B两国设有分支机构,我国与A、B两国已经缔结避免双重征税协定。在A国分支机构的应纳税所得额为50万元,A国税率为20%;在B国的分支机构的应纳税所得额为30万元,B国税率为30%。假设该企业在A、B两国所得按我国税法计算的应纳税所得额和按A、B两国税法计算的应纳税所得额一致,两个分支机构在A、B两国分别缴纳了10万元和9万元的企业所得税。请计算该企业汇总时在我国应缴纳的企业所得税税额。

解 该企业按我国税法计算的境内、境外所得的应纳税额:

应纳税额＝(100 ＋ 50＋ 30)×25 %＝ 45 (万元)

A国扣除限额＝ 45×50÷(100 ＋ 50 ＋ 30)＝50×25%＝12.5 (万元)

B国扣除限额＝ 45×30÷(100 ＋ 50 ＋ 30)＝30×25%＝7.5 (万元)

在A国缴纳的所得税为10万元,低于扣除限额12.5万元,可全额扣除。

在B国缴纳的所得税为9万元,高于扣除限额7.5万元,其超过限额的1.5万元当年不能扣除,但可在以后5年内扣除。

汇总时在我国应缴纳的所得税＝ 45－10－7.5＝ 27.5 (万元)

二、居民企业核定征收应纳税额的计算

企业所得税征收无论计算还是缴纳,都要以企业准确地进行财务核算为前提。在企业所得税实际征收管理中,常常有部分企业尤其是中小企业不能或有意识不愿意进行准确的财务核算,为了加强企业所得税征收管理,对这类企业应纳企业所得税进行核定征收。核定征收的法律依据除了新税法及其实施条例外,还有国税

发【2008】30 号文件。

1. 核定征收企业所得税的范围

居民企业纳税人具有下列情形之一的，核定征收企业所得税：

(1) 依照法律、行政法规的规定可以不设置账簿的；

(2) 依照法律、行政法规的规定应当设置但未设置账簿的；

(3) 擅自销毁账簿或者拒不提供纳税资料的；

(4) 虽设置账簿，但账目混乱或者成本资料、收入凭证、费用凭证残缺不全，难以查账的；

(5) 发生纳税义务，未按照规定的期限办理纳税申报，经税务机关责令限期申报，逾期仍不申报的；

(6) 申报的计税依据明显偏低，又无正当理由的。

特殊行业、特殊类型的纳税人和一定规模以上的纳税人不适用上述办法。

2. 核定征收的方法

税务机关应根据纳税人的具体情况，对核定征收企业所得税的纳税人，采取规定的方法核定应税所得率或者核定应纳所得税额。

1) 核定应税所得率

核定应税所得率是指税务机关按照一点的标准、程序和方法，预先核定纳税人的应税所得率，由纳税人根据纳税年度内的收入总额或成本费用等项目的实际发生额，按预先核定的应税所得率计算缴纳企业所得税的办法。

具有下列情形之一的，可以采取核定应税所得率的办法：能正确核算(查实)收入总额，但不能正确核算(查实)成本费用总额的；能正确核算(查实)成本费用总额，但不能正确核算(查实)收入总额的；通过合理方法，能计算和推定纳税人收入总额或成本费用总额的。

采取核定应税所得率征收办法的，应纳所得税额计算公式为

应纳税所得额＝应税收入额×应税所得率

或　应纳税所得额＝成本(费用)支出额/(1－应税所得率)×应税所得率

应纳所得税额＝应纳税所得额×适用税率

应税所得率应按以下规定的标准执行：农、林、牧、渔业，3%～10%；制造业5%～15%；批发和零售贸易业 4%～15%；交通运输业 7%～15%；建筑业 8%～20%；饮食业 8%～25%；娱乐业 15%～30%；其他行业 10%～30%。

纳税人经营多业的，无论其经营项目是否单独核算，均由税务机关根据其主营项目确定适用的应税所得率。主营项目应为纳税人所有经营项目中，收入总额或者成本(费用)支出额或者耗用原材料、燃料、动力数量所占比重最大的项目。

纳税人不属于以上情形的，直接核定其应纳所得税额。

2）直接核定其应纳所得税额

直接核定其应纳所得税额是指税务机关按照一定的标准、程序和方法，直接核定纳税人年度应纳企业所得税额，由纳税人按规定进行申报缴纳的办法。

直接核定应纳所得税额可以采用下列方法：参照当地同类行业或者类似行业中经营规模和收入水平相近的纳税人的税负水平核定；按照应税收入额或成本费用支出额定率核定；按照耗用的原材料、燃料、动力等推算或测算核定；按照其他合理方法核定。

如果采用上述一种方法不足以正确核定应纳税所得额或应纳税额的，可以同时采用两种以上的方法核定。采用两种以上方法测算的应纳税额不一致时，可按测算的应纳税额从高核定。

3. 核定征收企业所得税情况下享受税收优惠的限制

核定征收是对企业没有能力或者不主动采取措施规范财务核算情况下采取的一种临时计税措施，或者说在某种程度上应该带有惩罚性意图。税务机关应积极督促核定征收企业所得税的纳税人建账建制，改善经营管理，引导纳税人向查账征收方式过渡。纳税人一旦具备了查账征收的条件，要及时调整征收方式，实行查账征收。

在这种背景下，新税法规定的小型微利企业待遇，应适用于具备建账核算应纳税所得额条件的企业。在不具备准确核算应纳税所得额条件前，采取核定征收方法的企业，不适用小型微利企业的优惠税率(财税【2009】69号)。

第八节　企业所得税征收管理

一、纳税地点

除税收法律、行政法规另有规定外，居民企业以企业登记注册地为纳税地点；但登记注册地在境外的，以实际管理机构所在地为纳税地点。企业注册登记地是指企业依照国家有关规定登记注册的住所地。

如果居民企业在中国境内设立不具有法人资格的营业机构的，应当汇总计算并缴纳企业所得税。企业汇总计算并缴纳企业所得税时，应当统一核算应纳税所得额。

非居民企业在中国境内设立机构、场所的，应当就其所设机构、场所取得的来源于中国境内的所得，以及发生在中国境外但与其所设机构、场所有实际联系的所得，以机构、场所所在地为纳税地点。非居民企业在中国境内设立两个或者两个以上机构、场所的，经税务机关审核批准，可以选择由其主要机构、场所汇总缴纳企业所得税。非居民企业经批准汇总缴纳企业所得税后，需要增设、合并、迁移、关闭机构、场所或者停止机构、场所业务的，应当事先由负责汇总申报缴纳企业所得税的主要机构、场所向其所在地税务机关报告；需要变更汇总缴纳企业所得税的主要机构、场所的也依同等规定办理。

非居民企业在中国境内未设立机构、场所的，或者虽设立机构、场所但取得的所得与其所设机构、场所没有实际联系的，以扣缴义务人所在地为纳税地点。

除国务院另有规定外，企业之间不得合并缴纳企业所得税。

二、纳税期限

企业所得税按年计征，分月或者分季预缴，年终汇算清缴，多退少补。

所谓预缴，是指企业先采取对一个月或者一个季度内应纳税所得额的实际发生数计算缴纳所得税税款，或按上一年度应纳税所得额每月或每季度的平均数计算缴纳所得税税款。纳税人预缴所得税时，应当按纳税期限的实际利润额预缴；按实际利润额预缴有困难的，可以按上一纳税年度应纳税所得额的月度或者季度平均额预缴，或者按照经税务机关认可的其他方法预缴。预缴方法一经确定，该纳税年度内不得随意变更。

所谓汇算清缴，是指在年度终了后，对全年应纳税所得额进行结算。如果全年应纳所得税税款大于预缴总数，少缴的予以补缴；如果小于预缴总数，多缴的予以退还。因此，需要计算预缴税额、全年应纳税额和年终清缴应补(退)税额。

企业所得税的纳税年度，自公历1月1日起至12月31日止。企业在一个纳税年度的中间开业，或者由于合并、关闭等原因终止经营活动，使该纳税年度的实际经营期不足12个月的，应当以其实际经营期为一个纳税年度。企业清算时，应当以清算期间作为一个纳税年度。

自年度终了之日起5个月内，企业应该向税务机关报送年度企业所得税纳税申报表，并汇算清缴，结清应缴应退税款。

企业在年度中间终止经营活动的，应当自实际经营终止之日起60日内，向税务机关办理当期企业所得税汇算清缴。

三、纳税申报

按月或按季预缴的，应当自月份或者季度终了之日起15日内，向税务机关报送预缴企业所得税纳税申报表，预缴税款。

企业在报送企业所得税纳税申报表时，应当按照规定附送财务会计报告和其他有关资料。

企业应当在办理注销登记前就其清算所得向税务机关申报并依法缴纳企业所

得税。缴纳的企业所得税，以人民币计算；所得以人民币以外的货币计算的，应当折合成人民币计算并缴纳税款。

企业在纳税年度内无论盈利或者亏损，都应当依照新税法规定的期限，向税务机关报送预缴企业所得税纳税申报表、年度企业所得税纳税申报表、财务会计报告和税务机关规定应当报送的其他有关资料。

练习题

一、填空题

1. 企业所得税的征税对象是企业的＿＿＿＿＿＿＿＿＿＿。

2. 企业所得税法规定的亏损延续弥补期最长不得超过＿＿＿＿年。

3. 企业所得税的计税依据是＿＿＿＿，即纳税人每一纳税年度的＿＿＿＿减去＿＿＿＿、＿＿＿＿、＿＿＿＿以及＿＿＿＿后的余额。

4. 企业所得税准予扣除项目包括＿＿＿＿、＿＿＿＿、＿＿＿＿、＿＿＿＿和＿＿＿＿。

5. 外国企业未在中国境内设立生产经营机构，而有来源于我国境内的所得，其适用的税率是＿＿＿＿。

二、判断题

1. 外商投资企业的总机构设在中国境内，应就来源于中国境内、境外的所得缴纳企业所得税。（ ）

2. 外商投资企业来源于中国境外的所得已在境外交纳的所得税税款，准予在汇总纳税时，从其应纳税额中扣除，其扣除额是实际缴纳的税款。（ ）

3. 在计算企业所得税的应税所得时，凡是成本都能在税前扣除。（ ）

4. 企业在核算经营性费用开支时，投资资产的成本，准予扣除。（ ）

5. 中国境内的企业，都是企业所得税的纳税义务人。（ ）

6. 纳税人建造、购置固定资产，开发、购置无形资产发生的利息支出，不得从发生当期的收入总额中扣除。（ ）

7. 企业在计算应纳税所得额时，允许扣除企业以各种形式支付给职工的基本工资、浮动工资，各类补贴、津贴、奖金等。（ ）

8. 纳税人来源于境外所得在境外实际缴纳的所得税税款，超过扣除限额的，其超过部分不得在本年度的应纳税额中扣除，但可以列为费用支出。（ ）

9. 税法所指亏损，不是指企业财务报表中反映的亏损额，而是企业财务报表中的亏损额经主管税务机关按税法规定核实调整后的金额。（ ）

10. 通过捐赠、投资、非货币性资产交换、债务重组等方式取得的生产性生物资产，以该资产的公允价值和支付的相关税费为计税基础。（ ）

11. 依据企业所得税法的规定，企业已经作为损失处理的资产，在以后纳税年度又全部收回或部分收回时，应当计入当期收入。(　　)

12. 合伙企业生产经营所得和其他所得采取“先税后分”的原则，就合伙人的不同而缴纳个人所得税或企业所得税。(　　)

13. 企业已经确认销售收入的售出商品发生销售折让和销售退回，应当追溯冲减原销售期间销售商品收入。(　　)

14. 企业上一年度发生亏损，可以用当年所得予以弥补，但仍应按补亏损前的所得额来计算应纳所得税额。(　　)

15. 联营企业投资方从联营企业分回的股息、红利，应计入收入总额计算缴纳企业所得税。(　　)

16. 联营生产经营取得的所得，应当先就地缴纳企业所得税，然后再进行分配。(　　)

17. 甲企业 2007 年 12 月 30 日向乙企业(未上市的中小高新技术企业)投资 500 万元，股权持有到 2009 年 12 月 31 日，甲企业 2009 年度可抵扣的应纳税所得额为 350 万元。(　　)

18. 纳税人在纳税年度内有盈利，应当按照规定的期限，向当地主管税务机关报送所得税申报表和年度会计报表；若是亏损，则不用报送所得税申报表及年度会计报表。(　　)

19. 企业所得税法中规定的减免税优惠措施，对一个企业可能会有减免税政策交叉的情况，在具体执行时可两项或几项优惠政策累加执行。(　　)

20. 由于我国实行居民和收入来源相结合的税收管辖权制度，所以内资企业应就其境内的全部所得缴纳企业所得税。(　　)

21. 根据企业所得税法规定居民企业登记注册地在境外的，以实际经营地所在地为纳税地点。(　　)

22. 非居民企业技术转让所得不超过 500 万元的部分，免征企业所得税；超过 500 万元的部分，减半征收企业所得税。(　　)

23. 纳税人用于公益性捐赠支出的扣除比例，不得超过年度应纳税所得额的 12%。(　　)

三、不定项选择题

1. 纳税人用于公益、救济性的捐赠，在会计利润总额(　　)以内的部分准予扣除。

A. 10%　　B. 12%　　C. 15%　　D. 18%

2. 按企业所得税制度规定，在计算应纳税所得额时，(　　)不计入纳税人的收入总额。

A. 国库券的利息收入　　B. 工程价款结算收入
C. 固定资产盘盈收入　　D. 有价证券转让收入

3. 下列各项收入中，应计入纳税人收入总额予以征税的有(　　)。
A. 生产、经营收入　　B. 利息、租赁收入
C. 特许权使用费收入　　D. 接受的捐赠收入

4. 纳税人可以分期确定经营业务收入的事项是(　　)。
A. 为其他企业加工、制造大型机械设备、船舶等，持续时间超过一年的
B. 接受委托代销商品持续时间超过一年的
C. 建筑、安装、装配工程和提供劳务持续时间超过一年的
D. 委托代销商品持续时间超过一年的

5. 下列项目属于企业所得税准予税前扣除的是(　　)。
A. 增值税　　B. 营业税　　C. 消费税
D. 城市维护建设税　　E. 资源税　　F. 教育费附加

6. 在计算应纳税所得额时，不得扣除的项目是(　　)。
A. 被没收财物的损失　　B. 计提的固定资产减值准备
C. 迟纳税款的滞纳金　　D. 法院判处的罚金

7. 某国家重点扶持的高新技术企业 2008 年利润总额 150 万元，其中产品销售收入 1 800 万元，发生业务招待费支出 12 万元，假定不存在其他纳税调整事项，该企业 2008 年应缴纳企业所得税(　　)万元。
A. 23.22　　B. 38.7　　C. 25.41　　D. 25.79

8. 某生产性企业 2008 年全年销售额 1 600 万元，销售成本 600 万元，销售税金及附加 400 万元，各种费用 400 万元。已知上述成本费用中包括新产品研发且未形成无形资产的费用 40 万元、广告费支出 250 万元。该企业 2008 年应纳企业所得税(　　)。
A. 22.5 万元　　B. 30 万元　　C. 47.5 万元　　D. 35 万元

9. 某摩托车生产企业为增值税一般纳税人，其生产的摩托车气缸容量均高于 250 毫升。某年度购进原材料准予抵扣的进项税 510 万元；销售摩托车 1 200辆，其中开具增值税专用发票取得销售额 4 000 万元，开具普通发票取得的销售额 1 170 万元。在计算企业所得税应纳税所得额时，准予扣除的销售税金及附加为(　　)万元。
A. 584　　B. 558.8　　C. 525.2　　D. 914

10. 某企业 2008 年为本企业雇员支付工资 300 万元、奖金 40 万元、地区补贴 20 万元，国家规定标准的社会保险 10 万元，假定该企业工资薪金支出符合合理标准，实际发生职工教育经费 12 万元，当年职工教育经费可在所

得税前列支的金额是(　　)万元。

A. 10　　B. 12　　C. 9　　D. 8.5

11. 某企业按照统一会计政策计算出利润总额300万元，当年直接给受灾灾民发放慰问金10万元，通过政府机关对受灾地区捐赠30万元，则其当年公益性捐赠的调整金额是(　　)。

A. 10　　B. 15　　C. 15.15　　D. 18

12. 除税收法律、行政法规另有规定外，居民企业以(　　)为纳税地点。

A. 企业登记注册地　　B. 企业实际经营地

C. 企业会计核算地　　D. 企业管理机构所在地

13. 某企业2008年度取得生产经营收入总额4 000万元，发生销售成本2 700万元、财务费用150万元、管理费用400万元(其中含业务招待费用60万元)，上缴增值税100万元、消费税200万元、城市维护建设税14万元、教育费附加6万元，"营业外支出"账户中列支被工商行政管理部门罚款7万元，通过民政部门向贫困地区捐赠50万元，直接捐赠10万元。该企业在计算2008年度应纳税所得额时，准许扣除的公益、救济性捐赠的金额是(　　)万元。

A. 50　　B. 55.56　　C. 60　　D. 56.4

14. 企业资产的下列用途不属于应当确定收入，不缴纳所得税的是(　　)。

A. 用于市场推广　　B. 用于对外捐赠

C. 用于职工奖励　　D. 用于建造固定资产

15. 企业下列项目的所得免征收企业所得税的是(　　)。

A. 油料作物的种植　　B. 花卉的种植

C. 茶的种植　　D. 香料作物的种植

16. 某企业(一般纳税人)因意外事故损失外购材料50万元(不含税)。保险公司审理后同意赔付5万元，则该企业所得税前可以扣除的损失为(　　)万元。

A. 45　　B. 50　　C. 53.5　　D. 58.5

四、思考题

1. 企业所得税的纳税人、征税对象、税率是怎样规定的?
2. 企业所得税的计税依据是如何规定的?
3. 计算应纳税所得额时，收入总额如何确定?
4. 企业所得税的纳税义务人发生年度亏损，应如何处理?

五、计算题

1. 某企业2008年度会计利润300万元，纳税时经检查有以下项目可能出现会计处理与税务处理不一致：

(1) 国债利息收入 3 万元；

(2) 全年销售收入 2 000 万元，业务招待费支出 20 万元；

(3) "六一"对市属某小学赞助 5 万元；

(4) 支付税收罚款 2 万元。

请计算该企业当年应纳企业所得税额。

2. 某厂 2008 年度会计利润总额 25 万元，本年度用于公益性质以外的捐款 1.5万元，支付各种税收滞纳金和罚款 50 000 元，计算该厂应缴纳多少企业所得税？

3. 某企业 2008 年度，获得商品销售收入 92 万元，固定资产盘盈 4 万元，对外服务收入 2 万元，因债权人死亡无法支付款 2 万元，国库券取得利息 2 万元，原材料消耗 35 万元，折旧 8 万元，工资 10 万元，流转税及其他各税交纳 5 万元，赞助支出 1.5 万元，支付租金 2 万元，违反环保规定罚款 1 万元。请计算该企业应纳 2008 年企业所得税。

4. 北京市某外资企业 2007 年适用 15%的所得税率，已经享受完"免二减三"的优惠待遇。2009 年初委托壹佰会计师事务所代理其上一年度纳税审查事务，税务师发现，2008 年会计账面主营业务收入 2 000 万元；主营业务成本 1 000 万元；其他业务收入 500 万元；其他业务支出 200 万元；管理费用 200 万元，其中含招待费 12 万元；销售费用 300 万元，其中含广告费 40 万元；财务费用 20 万元；权益法核算投资损失 25 万元；营业外支出 30 万元，为通过政府部门向灾区的实物捐赠。进一步检查，发现账面对灾区的捐赠，是该企业用外购的账面成本 30 万元的建材通过政府部门对贫困地区进行捐赠，直接冲转了库存商品，未作其他涉税处理，同类商品销售价格 50 万元(不含增值税)。另外，企业当年接受友好企业捐赠的生产流水线一条，将其按公允价值 200 万元直接计入了应付账款，并未做任何涉税处理。请计算该企业的会计利润、应纳税所得额和应纳所得税额。

5. 某企业 2008 年实现产品销售利润 1 200 万元，其他业务利润 80 万元。按照税法规定，其成本、工资、费用等在计算所得税时有 480 万元不得在税前扣除。该企业在某国有一分支机构，其应纳税所得额为 300 万元，已在所在国缴纳所得税 81 万元。请计算该国有企业 2008 年度应缴纳多少企业所得税。

6. 某工业企业 2009 年取得产品销售收入 5 600 万元；产品销售成本 4 000 万元；其他业务收入 800 万元；其他业务成本 660 万元；购买国债利息收入 40 万元；缴纳增值税 230 万元，销售税金及附加 300 万元；管理费用 760 万元，其中新技术研究开发费用 60 万元，业务招待费 70 万元；财务费用 200 万元；联营企业分回利润 34 万元，此利润已在投资方所在地按 15%的税率缴纳了企业所得税；营业外收入 100 万元；发生营业外支出 250 万元，其中通过公益性社会团体捐赠 38 万元。请计算该企业当年应纳企业所得税。

7. 某企业 2008 年度生产经营情况如下：销售收入 5 500 万元；销售成本 3 800 万元，增值税 900 万元，销售税金及附加 100 万元；销售费用 800 万元，其中含广告费 500 万元；管理费用 600 万元，其中含业务招待费 100 万元，研究新产品费用 50 万元；财务费用 100 万元，其中含向非金融机构借款 500 万元的年利息支出 50 万元(按年利率 10%计，银行同期同类贷款利率 6%)；营业外支出 50 万元，其中含向供货商支付违约金 10 万元，向税务局支付税款滞纳金 2 万元，通过公益性社会团体向贫困地区捐款 10 万元。请计算该企业 2008 年应纳税所得额和应纳企业所得税。

8. 某合资企业在 A、B 两国均有分支机构，2008 年度，该企业在国内取得应纳税所得额为 150 万元；在 A 国取得应纳税所得额为 50 万元，A 国税率为 40%；在 B 国取得应纳税所得额为 40 万元，B 国税率为 20%。计算当期所得税。

9. 某企业 2007 年来自境外 A 国的已纳所得税因超过抵免限额尚未扣除的余额为 1 万元，2008 年在我国境内所得 160 万元，来自 A 国税后所得 20 万元，在 A 国已纳所得税额 5 万元。其在我国汇总缴纳多少所得税？

10. 某企业 2008 年境内经营应纳税所得额为 500 万元，并在甲、乙两国设有分支机构，其中在甲国的分支机构获得应纳税所得额为 150 万元，这 150 万元中有 130 万元是生产经营所得，甲国规定的所得税税率为 40%；剩余的 20 万元是利息所得，甲国规定税率为 20%，并且已在甲国缴纳了相应的税额 56 万元(130× 40%＋20×20%)。另外，在乙国的分支机构获得应纳税所得额为 100 万元，其中 80 万元是生产经营所得，乙国规定税率为 20%；20 万元是特许权使用费所得，乙国规定税率为 10%，且也已在乙国缴纳了 18 万元(80×20%＋20×10%)的税额。请计算该企业 2008 年度应缴纳多少所得税额？

11. 某外国企业在我国未设立分支机构。2008 年该企业从中国境内取得租金收入 20 万元，特许权使用费 30 万元，非优惠税率利息收入 50 万元，计算该企业应纳所得税。

12. 某市一家企业为增值税一般纳税人，主要生产销售彩色电视机，2008 年度有关经营业务如下。

(1) 销售彩电取得不含税收入 8 600 万元，与彩电配比的销售成本 5 660 万元。

(2) 转让技术所有权取得收入 700 万元，直接与技术所有权转让有关的成本和费用 100 万元。

(3) 出租设备取得租金收入 200 万元，接受原材料捐赠取得增值税专用发票注明材料金额50万元、增值税进项税金8.5万元，取得国债利息收入30万元。

(4) 购进原材料共计3 000万元，取得增值税专用发票注明进项税额510万元；另支付购料运输费用共计230万元，取得运输发票。

(5) 销售费用1 650万元，其中广告费1 400万元。

(6) 管理费用850万元，其中业务招待费90万元。

(7) 财务费用80万元，其中含向非金融企业借款500万元所支付的年利息40万元(当年金融企业贷款的年利率为5.8%)。

(8) 计入成本、费用中的实发工资540万元，发生的工会经费15万元、职工福利费82万元、职工教育经费18万元。

(9) 营业外支出300万元，其中包括通过公益性社会团体向贫困山区的捐款150万元。

请根据上述资料，按下列序号计算回答问题：

(1) 企业2008年应缴纳的增值税；

(2) 企业2008年应缴纳的营业税；

(3) 企业2008年应缴纳的城市维护建设税和教育费附加；

(4) 企业2008年实现的会计利润；

(5) 广告费用应调整的应纳税所得额；

(6) 业务招待费应调整的应纳税所得额；

(7) 财务费用应调整的应纳税所得额；

(8) 职工工会经费、职工福利费、职工教育经费应调整的应纳税所得额；

(9) 公益性捐赠应调整的应纳税所得额；

(10) 企业2008年度企业所得税的应纳税所得额；

(11) 企业2008年度应缴纳的企业所得税。

第八章

个人所得税

个人所得税是以个人(自然人)取得的各类应税所得为征税对象而征收的一种所得税,是政府利用税收对个人收入进行调节的一种手段,它体现了国家与个人之间的分配关系。个人所得税的征税范围不仅包括个人还包括具有自然人性质的企业。

我国现行的个人所得税基本法律规范是 1980 年 9 月第五届全国人民代表大会第三次会议通过并公布的《中华人民共和国个人所得税法》。后经数次修订,目前执行的是由中华人民共和国第十届全国人民代表大会常务委员会第三十一次会议于 2007 年 12 月 29 日通过修订的版本,该版本自 2008 年 3 月 1 日起施行。

第一节 个人所得税概述

个人所得税是世界各国普遍征收的一个税种,并且在经济发达国家是最重要的主体税种。在美国、加拿大、英国、丹麦、瑞典、澳大利亚、新西兰等国家,个人所得税占政府全部税收收入的 30%～50%,而公司所得税一般不超过 15%。

个人所得税在市场经济条件下是一种公平税。这个税种的主要作用是调整社会分配结构,维护社会公平。

一、个人所得税立法思想

所得税立法思想也就是认定应税所得的原则,从个人所得税的发展看,所得税的立法思想主要如下。

1. 所得源泉说

应税所得须具有循环出现、反复发生的源泉性质。很明显,基本上只有运用资本从事经营活动和提供劳务所取得的收益、利润和报酬等收入才具有这种源泉性质。

2. 净资产增加说

该立法思想认为"所得是指某人的经济力量在两个时点之间的净增加量的货币价值",即以一定期间内的财产增加减去同一期间内的财产减少后的余额视为所得。1892 年,此立法思想首次由德国财政学家夏恩兹(G. Vonanz)系统化地提出。美国 1913 年的联邦所得税制度基本上是以该观点为基础的。

3. 消费权力净增加说

应税所得是指在一个时期中个人消费权力净增加额的货币价值,它等于在一个时期中实际消费的数额加上财富的净增加额。这就是由著名的财政学者海格(Robert Haig)和西蒙斯(Henry Simons)在净资产增加说的基础上提出的所谓

H-S定义。

源泉所得概念具有便于征收管理、税收行政效率较高的优点。但是,转让所得、偶然所得等项收入同样能增加纳税人的纳税能力,对这些收入不征税,不符合公平负担的原则,还导致个人所得税税基的狭窄。另外,若以周期性作为构成所得的基本条件,则期间的长短并不确定。所以采用这种判断标准,不易于准确地判定所得,缺乏合理性。

净资产增加说的概念把能够增加人们负税能力的经济收益均视为课税所得,可以提高所得税的再分配机能,也有利于贯彻税收的公平原则。但它在执行上没有源泉所得概念便利。从定义上来看,这种概念过于抽象,并且不是十分准确。例如,某人在两个时点间的收支相抵为零的情况,用此概念就无法决定其应税所得。

H-S定义克服了净资产增加说的不足。而且,它是建立在权责发生制的基础上的,要求在所得中包括一切来源的收入增加,因而符合公平的要求。另外,对所有形式的收入同等对待,对个人经济行为干扰较小,具有中性的特点,因而还符合效率原则。由于这些原因,这一所得税立法思想得到了广泛的认同。

二、个人所得税的税制模式

世界各国实行的个人所得税制度,大体上可以分为以下三种模式。

1. 分类所得税制

分类所得税是对同一纳税人不同类别的所得,按不同的税率分别征税。分类所得税制的立论依据在于,勤劳所得要付出辛勤的劳动才能获得,应课以较轻的所得税,如对工资、薪金等。对投资所得,如利息、租金、股息等资本所得应课以较重的税。它可以广泛采用源泉课征法,从而既可以控制税源,又可减少汇算清缴的麻烦,节省稽征费用。而且它可以按所得性质的不同采取差别税率,有利于实现特定的政策目标。但它不能按纳税人全面的、真正的纳税能力征税,不太符合支付能力原则。

2. 综合所得税制

它是将纳税人在一定期间内的各种所得综合起来,减去各项法定减免和扣除项目的数额,就其余额按累进税率征收。美国等发达国家的个人所得税就属于这种类型。综合所得税制能够反映纳税人的综合负税能力,并考虑到个人经济情况和家庭负担等,给予减免照顾,对总的净所得采取累进税率,可以达到调节纳税人之间所得税负担的目的,并实现一定程度上的纵向再分配。但它的课征手续繁杂,征收费用较多,且容易出现偷税,要求纳税人有较高的纳税意识、较健全的财务会计制度和较先进的税收管理制度。

3. 分类综合所得税制

分类综合所得税制又称为混合所得税制或二元所得税制,即把分类所得税与综合所得税综合起来，采用并行征收制，先按纳税人的各项来源的所得分类课征，从来源扣缴，然后再综合纳税人全年各种所得额，如达到一定数额，再课以累进税率的综合所得税或附加税。它的特点是对同一所得进行两次独立的课税，瑞典、法国、日本、韩国等国家的现行个人所得税属于这种类型。这种所得税制最体现税收的公平原则，它既坚持了按支付能力课税的原则，对纳税人不同来源的收入实行综合计算征收，又坚持了对不同性质的收入实行区别对待的原则，对所列举的特定收入项目按特定办法和税率课征。除此之外，它还具有稽征方便，有利于减少偷漏税等方面的优点。因此，分类综合所得税制是一种适用性较强的所得税制模式。

三、我国个人所得税的特点

我国个人所得税主要有以下特点。

1. 实行分类征收

世界各国的个人所得税制大体可分为三种类型：分类所得税制、综合所得税制和混合所得税制。这三种税制各有所长，各国可根据本国具体情况选择、运用。我国现行个人所得税采用的是分类所得税制，即将个人取得的各种所得划分为11类，分别适用不同的费用减除规定、不同的税率和不同的计税方法。实行分类课征制度，可以广泛采用源泉扣缴办法，加强源泉控管，简化纳税手续，方便征纳双方。同时，还可以对不同所得实行不同的征税方法，便于体现国家的政策。

2. 累进税率与比例税率并用

分类所得税制一般采用比例税率，综合所得税制通常采用累进税率。比例税率计算简便，便于实行源泉扣缴；累进税率可以合理调节收入分配，体现公平。我国现行个人所得税根据各类个人所得的不同性质和特点，将这两种形式的税率综合运用于个人所得税制。其中，对工资、薪金所得，个体工商户的生产、经营所得，对企事业单位的承包、承租经营所得，采用累进税率，实行量能负担。对劳务报酬、作者稿酬等其他所得，采用比例税率，实行等比负担。

3. 费用扣除额较宽

各国的个人所得税均有费用扣除的规定，只是扣除的方法及额度不尽相同。我国本着费用扣除从宽、从简的原则，采用费用定额扣除和定率扣除两种方法。对工资、薪金所得，每月减除费用2 000元；对劳务报酬等所得，每次收入分别减除800元，或者20%的费用。按照这样的标准减除费用，实际上等于对部分工资、薪金所得予以免税或减税，也使得提供一般劳务、取得中低劳务报酬所得的个人承担较轻的个人所得税。

4. 计算简便

我国个人所得税的费用扣除采取总额扣除法，免去了对个人实际生活费用支出逐项计算的麻烦；各种所得项目实行分类计算，并且具有明确的费用扣除规定，费用扣除项目及方法易于掌握，计算比较简单，符合税制简便原则。

5. 采取课源制和申报制两种征纳方法

我国个人所得税法规定，对纳税人的应纳税额分别采取由支付单位源泉扣缴和纳税人自行申报两种方法。对凡是可以在应税所得的支付环节扣缴个人所得税的，均由扣缴义务人履行代扣代缴义务；对于没有扣缴义务人的，以及个人在两处以上取得工资、薪金所得的，由纳税人自行申报纳税。此外，对其他不便于扣缴税款的，亦规定由纳税人自行申报纳税。

专栏 8-1

个人所得税的建立与发展

个人所得税最早创立于1789年，当时英国正与拿破仑交战，为应付战费，英国首相皮特在发行巨额公债之余又首创个人所得税，但因经济力量不够而存在时间不长。到18世纪后期，英国发生了工业革命，国民收入猛增，为个人所得税的再次实行打下了基础，英国遂于1842年对所得税进行了立法。日后多次改革，到1909年英国开征了超额税，成为现代个人所得税制的开端。美国现行所得税制源于1913年10月颁布的所得税法。就个人所得税的发展来看，英国是个人所得税的发祥地，美国则是个人所得税制的集大成者。

到目前为止，世界上已有140多个国家和地区开征了个人所得税。第二次世界大战后，西方各国的个人所得税发展较快，长期稳居各税之首位，其收入数额占税收总额的比例大多在30％以上，甚至在某些国家的个别年份，还达到40％以上。相对来说，低收入国家的个人所得税所占比例较低，大多数国家在10％以下。

我国在中华民国时期，曾开征薪给报酬所得税、证券存款利息所得税。1950年7月，政务院公布的《税政实施要则》中，就曾列举有对个人所得课税的税种，当时定名为"薪给报酬所得税"。但由于我国生产力和人均收入水平低，实行低工资制，虽然设立了税种，却一直没有开征，并且于1959年停征。此后二十年间基本上无个人所得税性质的税收法律出台。直到1980年，为适应改革开放形势发展的需要，我国才相继制定了《中华人民共和国个人所得税法》、《中华人民共和国城乡个体工商业户所得税暂行条例》及《中华人民共和国个人收入调节税暂行条例》。上述三个税收法律法规发布实施以后，对于调节个人收入水平、增加国家财政收入、促进对外经济技术合作与交流起到了积极作用，但也暴露出一些问题，主要是按内外个人分设两套税制、税政不统一、税负不够合理。

为了统一税政、公平税负、规范税制，1993年10月31日全国人民代表大会常务委员会讨论通过并发布修改后的《中华人民共和国个人所得税法》，1994年1月

28日国务院配套发布了《中华人民共和国个人所得税法实施条例》,规定自1994年1月1日起施行。1999年8月30日全国人民代表大会常务委员会对个人所得税法进行第二次修正,规定"对储蓄存款利息所得征收个人所得税的开征时间和征收办法由国务院规定",恢复对储蓄存款利息所得征收个人所得税。2005年10月27日全国人民代表大会常务委员会对个人所得税法进行第三次修正,自2006年1月1日起施行。主要修改内容:一是将工资、薪金所得减除费用标准由800元/月提高至1 600元/月,二是进一步扩大了纳税人自行申报范围。2007年6月29日全国人民代表大会常务委员会对个人所得税法进行第四次修正,将原税法"对储蓄存款利息所得征收个人所得税的开征时间和征收办法由国务院规定"修改为"对储蓄存款利息所得开征、减征、停征个人所得税及其具体办法,由国务院规定",国务院据此作出了减征利息税的决定。2007年12月29日全国人民代表大会常务委员会第三十一次会议对个人所得税法进行第五次修正,将工资、薪金所得减除费用标准由1 600元/月提高到2 000元/月,自2008年3月1日起施行。现行个人所得税属于中央地方共享收入。

我国个人所得税无论规模还是占税收总收入的比重都不大,但近年来,随着国民收入的快速提高,以及税收征管手段不断改进,个人所得税总额增长幅度很大,占税收总收入的比重也保持一个稳定比例。1994年,个人所得税收入总额为72.67亿元,占税收总收入的1.52%;1997年为259.93亿元,占税收总收入的3.25%;2000年为660.37亿元,占税收总收入的6.90%;2002年为1211.04亿元,占税收总收入的7.12%;2005年为2 093.96亿元,占税收总收入的6.78%;到2008年个人所得税完成3 722.19亿元,占税收总收入的比重为6.87%。可以看出,2000年以后个人所得税总额增长是非常快的。

相对于其他税种而言,我国个人所得税税源零星分散,征管技术相对落后,个人纳税意识薄弱,因此,个人所得税被称为"中国税收第一难"。但随着我国经济的发展和个人收入水平的提高,个人纳税意识不断加强,征管手段不断改进,我国个人所得税的规模必定会不断增大,最终成为我国的主体税种之一。

第二节　个人所得税的纳税义务人

个人所得税的纳税义务人是指在中国境内有住所,或者虽无住所但在境内居住满1年,以及无住所又不居住或居住不满1年但有从中国境内取得所得的个人。包括中国公民、个体工商户,以及在中国有所得的外籍人员(包括无国籍人员)和香港、澳门、台湾同胞等。个人独资企业和合伙企业投资者也为个人所得税的纳税义务人。另外，为便于控制税源，保证税收收入，简化征纳手续，我国个人所得税实行源泉扣缴和个人申报相结合的征收管理制度。个人所得税以支付所得的单位或个人为扣缴义务人，扣缴义务人应当按照国家规定办理全员全额扣缴申报。

一、居民纳税人与非居民纳税人的判定标准

个人所得税的纳税人可以泛指取得所得的自然人，包括居民纳税人和非居民纳税人。

在实际生活中，自然人的情况比较复杂。一个自然人在一国有无住所，是否居住，居住多长时间，情况各异。根据什么样的标准确定其纳税人身份和应当承担的纳税义务，各国的税收立法和税收政策有所不同。为了有效地行使税收管辖权，我国根据国际惯例，对居民纳税人和非居民纳税人的划分，采用了国际上常用的住所标准和居住时间标准。

1. 住所标准

住所通常指公民长期生活和活动的主要场所。根据我国民法通则的规定，公民的住所就是其户籍所在地的居住地。但由于种种原因，公民经常居住地可能与户籍所在地不一致。

而我国税法将在中国境内有住所的个人界定为“因户籍、家庭、经济利益关系而在中国境内习惯性居住的个人。”采用这一习惯性住所标准，就把中、外籍人员，以及把港、澳、台同胞与在境内居住的中国公民区别开来。

所谓习惯性居住，是在税收上判断居民和非居民的一个法律意义上的标准，不是指实际居住或在某一特定时期内的居住地。例如，个人因学习、工作、探亲、旅游等而在中国境外居住的，在其在境外居住的原因消除之后，则必须回到中国境内居住。那么，即使该人并未居住在中国境内，仍应将其判定为在中国习惯性居住。

2. 居住时间标准

居住时间是指个人在一国境内实际居住的日数。在实际生活中有时个人在一国境内并无住所，又没有经常性居住地，但是却在该国内停留的时间较长，从该国取得了收入，应对其行使税收管辖权，甚至视为该国的居民征税。各国在对个人所得征税的实践中，逐渐形成以个人居住时间长短作为衡量居民与非居民的居住时间标准。我国个人所得税法也采用了这一标准。

各国判断居民身份的居住时间不尽一致。我国规定的时间是一个纳税年度内在中国境内住满 365 日，即以居住满一年为时间标准（公历 1 月 1 日至 12 月 31 日），达到这个标准的个人即为居民纳税人。在居住期间内临时离境的，即在一个纳税年度中一次离境不超过 30 日，或者多次离境累计不超过 90 日的，不扣减日

数。计算居住天数时应注意：居住天数按公历年度计算而不能跨年度计算；居住天数从入境之日算起，离境之日不计算。

我国税法规定的住所标准和居住时间标准，是判定居民身份的两个并列性标准，个人只要符合或达到其中任何一个标准，就可以被认定为居民纳税人。

二、居民纳税人和非居民纳税人的纳税义务范围

1. 居民纳税人的纳税义务范围

根据两个判定标准确定为中国居民纳税人的个人，应承担无限纳税义务，即就其来源于中国境内和境外的所得，向我国政府履行全面纳税义务，依法缴纳个人所得税。

为了便于人员的国际交流，本着从宽、从简的原则，对于在中国境内无住所，但居住满一年以上而未超过五年的个人，其来源于中国境内的所得应全部依法缴纳个人所得税。对于其来源于中国境外的各种所得，经主管税务机关批准，可以只就由中国境内公司、企业以及其他经济组织或个人支付的部分缴纳个人所得税。如果上述个人在居住期间临时离境，在临时离境工作期间的工资、薪金所得，仅就由中国境内企业或个人雇主支付的部分纳税。

对于居住满五年的个人，从第六年起，以后的各年度中，凡在境内居住满一年的，就其来源于中国境内、境外的全部所得缴纳个人所得税。

所谓个人在中国境内居住满五年，是指个人在中国境内连续居住满五年，即在连续五年中的每一个纳税年度内均居住满一年。个人从第六年起以后的各年度中，凡在境内居住满一年的，应当就其来源于境内、境外的所得申报纳税；凡在境内居住不满一年的，仅就其该年内来源于境内的所得申报纳税。如某一个纳税年度内在境内居住不足 90 日，其由境外雇主支付并且不由该雇主在中国境内的机构、场所负担的部分，免予缴纳个人所得税，并从再次居住满一年的年度起计算五年期限。

在中国境内有住所的居民纳税人不适用上述规定。

2. 非居民纳税人的纳税义务范围

被确定为非中国居民的个人，属于我国税法中的非居民纳税人，只就其来源于中国境内的所得向我国政府履行有限纳税义务，依法缴纳个人所得税。

非居民纳税人的情况比较复杂，涉及的所得来源及其支付形式也比较多。为了兼顾有关国家的财政利益，我国税法根据国际惯例，对于非居民纳税人的纳税义务范围作了规定。

(1) 对于在中国境内无住所而一个纳税年度内在中国境内连续或累计工作不超过 90 日，或者在税收协定规定的期间内，在中国境内连续或累计居住不超过 183

日的个人，其来源于中国境内的所得，由中国境外雇主支付并且不是由该雇主设在中国境内机构负担的工资、薪金所得，免予缴纳个人所得税，仅就其实际在中国境内工作期间由中国境内企业或个人雇主支付或者由中国境内机构负担的工资、薪金所得纳税。不过，如果该中国境内企业、机构属于采取核定利润方法计征企业所得税，在该企业、机构任职、受雇的个人实际在中国境内工作期间取得的工资、薪金，不论是否在该企业、机构会计账簿中记载，均应视为该中国境内企业、机构支付或负担的工资、薪金，应予以征税。

(2) 对于在中国境内无住所，但在一个纳税年度中在中国境内连续或累计工作超过 90 日，或在税收协定规定的期间内，在中国境内连续或累计居住超过 183 日但不满一年的个人，其来源于中国境内的所得，无论是由中国境内企业或个人雇主支付还是由境外企业或个人雇主支付，均应缴纳个人所得税。至于个人在中国境外取得的工资、薪金所得，除担任中国境内企业董事或高层管理人员，并在境外履行职务而由境内企业支付董事费或工资、薪金所得之外，不缴纳个人所得税。担任中国境内企业董事或高层管理人员取得的由中国境内企业支付的董事费或工资、薪金，不论个人是否在中国境外履行职务，均应申报缴纳个人所得税。

对于上述涉及的境外雇主支付并且不是由中国境内机构负担工资、薪金所得的个人，如事先可预定在一个纳税年度中连续或累计居住超过 90 日或 183 日的，其每月应纳税额按期申报缴纳。事先不能预定的，可以待达到 90 日或 183 日后的次月 7 日内，就以前月份应纳的税款一并申报缴纳。

三、所得来源的确定

在确定居民纳税人和非居民纳税人的纳税义务范围时，一个重要概念是“来源于中国境内”的所得。按照国际惯例，所谓来源于某国，并非一定是在该国境内支付的。我国个人所得税规定，下列所得，不论支付地点是否在中国境内，均为来源于中国境内的所得：

(1) 因任职、受雇、履约等而在中国境内提供劳务取得的所得；

(2) 将财产出租给承租人在中国境内使用而取得的所得；

(3) 转让中国境内的建筑物、土地使用权等财产，或者在中国境内转让其他财产取得的所得；

(4) 许可各种特许权如专利权、非专利技术、商标权、著作权，以及其他特许权在中国境内使用而取得的所得；

(5) 因持有中国的各种债券、股票、股权而从中国境内的公司、企业，以及其他经济组织或个人取得的利息、股息、红利所得。

【例】 因工作原因，Sam 上年 11 月 28 日来华，当年 1 月 31 日离华；3 月 1 日第二次来华，5 月 20 日离华；6 月 18 日第三次来华，6 月 30 日离华；7 月 15 日第四次来华，10 月 25 日离华。11 月 6 日第五次来华。请问 Sam 在该年度应按什么身份纳税？

解　Sam 四次离华天数分别为：

第一次，1 月 31 日～2 月 29 日，共 30 天；

第二次，5 月 20 日～6 月 17 日，共 29 天；

第三次，6 月 30 日～7 月 14 日，共 15 天；

第四次，10 月 25 日～11 月 5 日，共 12 天。

合计离华天数为：30＋29＋15＋12＝86(天)

由于 Sam 每次离华不超过 30 天，累计不超过 90 天，所以 Sam 为居民纳税人，应该按居民纳税人身份纳税。

第三节　个人所得税的征税对象与计税依据

一、征税对象与计税依据及其相互关系

个人所得税的征税对象为个人取得的各种项目的所得。由于个人的收入来源多种多样，个人所得的内容非常复杂，各国个人所得税都是通过列举项目来规定其征税对象的，我国个人所得税法列举的所得项目共 11 项。在个人所得税分类所得税模式下，对纳税人取得的不同来源的所得项目分项计算应纳税额。

个人所得税的计税依据不直接是个人取得的各种所得，而是个人的应纳税所得额。个人所得税的应纳税所得额是个人取得的各项收入减去税法规定的扣除项目或扣除金额之后的余额。正确计算应纳税所得额，是依法征收个人所得税的基础和前提。

在计算应纳税所得额时，除特殊项目外，一般允许从个人的应税收入中减去税法规定的扣除项目或扣除金额，包括为取得收入所支出的必要的成本或费用。因为个人在取得收入过程中，大多需要支付一些必要的成本或费用。从世界各国征收个人所得税的实践来看，一般都允许纳税人从其收入、所得总额中扣除必要的费用，仅就扣除费用后的余额征税。由于各国具体情况不同，其扣除项目、扣除标准及扣除方法也不尽一致。

我国现行的个人所得税采取分项确定、分类扣除的办法，根据其所得的不同情况分别实行定额、定率和会计核算三种扣除办法。

(1) 对工资、薪金所得涉及的个人生计费用，采取定额扣除的办法。

(2) 个体工商户的生产、经营所得和对企事业单位的承包经营、承租经营所得及财产转让所得，涉及生产、经营有关成本或费用的支出，采取会计核算办法扣除有关成本、费用或规定的必要费用。

(3) 对劳务报酬所得、稿酬所得、特许权使用费所得、财产租赁所得，因涉及既要按一定比例合理扣除费用，又要避免扩大征税范围等两个需同时兼顾的因素，故采取定额和定率两种扣除办法。

(4) 利息、股息、红利所得和偶然所得，因不涉及必要费用的支付，所以规定不得扣除任何费用。

二、各所得项目及其应纳税所得额

由于个人所得税采取分项计税的办法，每项个人收入的扣除范围和扣除标准不尽相同，应纳所得税额的计算方法存在差异，下面分别介绍应纳税所得额的确定和应纳所得税额的计算方法。

1. 工资薪金所得

工资薪金所得，是指个人因任职或受雇而取得的工资、薪金、奖金、年终加薪、劳动分红、津贴、补贴，以及与任职或受雇有关的其他所得。

此项所得按月计算纳税，以每月收入额减除生计费用 2 000 元后的余额作为应税所得额。其计算公式为

应税所得额＝每月工资、薪金所得－2 000 元

特别地，对在中国境内的外商投资企业和外国企业中工作的外籍人员；应聘在中国境内的企业事业单位、社会团体、国家机关中工作的外籍专家；在中国境内有住所而在中国境外任职或受雇取得工资、薪金所得的个人；以及财政部门确定的其他人员，其应税所得额还可扣除附加减除费用 2 800 元，即可采用如下计算公式：

应税所得额＝每月工资、薪金所得－4 800 元

对华侨和香港、澳门、台湾同胞征收个人所得税时，比照上述规定执行。

下列不属于工资、薪金性质的补贴、津贴，或者不属于纳税人本人工资、薪金所得项目的收入，不征税。

(1) 独生子女补贴。

(2) 执行公务员工资制度未纳入基本工资总额的补贴、津贴差额和家属成员的副食品补贴。

(3) 托儿补助费。

(4) 差旅费津贴、误餐补助。其中误餐补助是指按照财政部规定，个人因公在城区、郊区工作，不能在工作单位或返回就餐的，根据实际误餐顿数，按规定的标准领取的误餐费；单位以误餐补助名义发给职工的补助、津贴不包括在内。

按照国家规定，单位为个人缴付和个人缴付的基本养老保险费、基本医疗保险费、失业保险费、住房公积金，从纳税义务人的应纳税所得额中扣除。

单位为职工个人购买商业性补充养老保险等，在办理投保手续时应作为个人所得税的“工资薪金所得”项目，按税法规定缴纳个人所得税；因各种原因退保，个人未取得实际收入的，已缴纳的个人所得税应予以退回。

个人因公务用车和通讯制度改革而取得的公务用车、通讯补贴收入，扣除一定标准的公务费用后，按照“工资、薪金”所得项目计征个人所得税。按月发放的，并入当月“工资、薪金”所得计征个人所得税；不按月发放的，分解到所属月份并与该月份“工资、薪金”所得合并后计征个人所得税。公务费用的扣除标准，由省级地方税务局根据纳税人公务交通、通讯费用的实际发生情况调查测算，报经省级人民政府批准后确定，并报国家税务总局备案。

个人由于担任董事职务所取得的董事费收入，不属于工资薪金所得，属于劳务报酬所得性质，故不按照工资薪金所得项目征收个人所得税。

对商品营销活动中，企业和单位对营销业绩突出的雇员以培训班、研讨会、工作考察等名义组织旅游活动，通过免收差旅费、旅游费对个人实行的营销业绩奖励（包括实物、有价证券等），应根据所发生费用的全额并入营销人员当期的工资、薪金所得，按照“工资、薪金所得”项目征收个人所得税，并由提供上述费用的企业和单位代扣代缴。

2. 个体工商户的生产经营所得

个体工商户的生产、经营所得包括：

(1) 个体工商户从事工业、手工业、建筑业、交通运输业、商业、饮食业、服务业、修理业及其他行业生产、经营取得的所得；

(2) 个人经政府有关部门批准，取得执照，从事办学、医疗、咨询及其他有偿服务活动取得的所得；

(3) 其他个人从事个体工商业生产、经营取得的所得；

(4) 上述个体工商户和个人取得的与生产、经营有关的各项应纳税所得。

目前，我国对个人独资企业和合伙企业已停止征收企业所得税，只对其投资者的生产经营所得按“个体工商户的生产、经营所得”项目征收个人所得税。

个体工商户的生产经营所得按年计算个人所得税，相应的应税所得额的计算公式为

$$应税所得额=年收入总额-成本费用-损失$$

式中的成本费用，是指纳税人从事生产、经营所发生的各项直接支出和分项计入成本的间接费用，以及销售费用、管理费用、财务费用；损失是指纳税义务人在生产、经营过程中发生的各项营业外支出。

3. 企业事业单位的承包经营、承租经营所得

企业事业单位的承包经营、承租经营所得，是指个人承包经营、承租经营，以及转包、转租取得的所得，包括个人按月或按次取得的工资、薪金性质的所得。

此项所得按年计算个人所得税，以每一纳税年度的收入总额，减除每月 2 000 元的必要费用之后的余额为应税所得额。其收入总额是指纳税人按照承包经营、承租经营合同规定分得的经营利润和另外领取的工资、薪金所得的总和。其应税所得额的计算公式为

应税所得额＝年收入总额－2 000 元/月×12 月

4. 劳务报酬所得

劳务报酬所得，是指个人从事设计、装潢、安装、制图、化验、测试、医疗、法律、会计、咨询、讲学、新闻、广播、翻译、审稿、书画、雕刻、影视、录音、录像、演出、表演、广告、展览、技术服务、介绍服务、经纪服务、代办服务，以及其他劳务取得的所得。

个人由于担任董事、监事职务，且不在公司任职、受雇，所取得的董事费收入，属于劳务报酬所得性质，按照劳务报酬所得项目征收个人所得税。

工资、薪金所得与劳务报酬所得有时易发生混淆，应注意区分。工资、薪金所得是属于非独立个人劳务活动，即在机关、团体、学校、部队、企事业单位及其他组织中任职、受雇而得到的报酬；劳务报酬所得则是个人独立从事各种技艺、提供各项劳务取得的报酬。两者的主要区别在于，前者存在雇佣与被雇佣关系，后者则不存在这种关系。

在校学生因参与勤工俭学活动（包括参与学校组织的勤工俭学活动）而取得属于个人所得税法规定的应税项目的所得，应依法缴纳个人所得税；同时因为大学生没有工资、薪金收入，所以其勤工俭学收入应按照个人所得税的“劳务报酬”所得缴纳个人所得税。

对商品营销活动中，企业和单位对营销业绩突出的非雇员以培训班、研讨会、工作考察等名义组织旅游活动，通过免收差旅费、旅游费对个人实行的营销业绩奖励（包括实物、有价证券等），应根据所发生费用的全额作为该营销人员当期的劳务收入，按照“劳务报酬所得”项目征收个人所得税，并由提供上述费用的企业和单位代扣代缴。个人兼职取得的收入，应按照“劳务报酬所得”项目缴纳个人所得税。

5. 稿酬所得

稿酬所得，是指个人因其作品以图书、报刊形式出版、发表而取得的所得。这里所说的作品，包括文学作品、书画作品、摄影作品，以及其他作品。作者去世后财产继承人取得的遗作稿酬，亦应征收个人所得税。

稿酬所得具有特许权使用费、劳务报酬等的性质。之所以将稿酬所得单列为一个独立征税项目，不仅因为稿酬所得有着不完全等同于特许权使用费所得和一

般劳务报酬所得的特殊性，而且还考虑到我国稿酬相对偏低。因此，对稿酬所得征税时与一般劳务报酬相区别，并给予优惠照顾。

此外，任职、受雇于报纸、杂志等单位的记者、编辑等专业人员，因在本单位的报纸、杂志上发表作品取得的所得，属于因任职、受雇而取得的所得，应与其当月工资收入合并，按“工资、薪金所得”项目征收个人所得税。

除上述专业人员以外，其他人员在本单位的报纸、杂志上发表作品取得的所得，应按“稿酬所得”项目征收个人所得税。

出版社的专业作者撰写、编写或翻译的作品，由本社以图书形式出版而取得的稿费收入，应按“稿酬所得”项目计算缴纳个人所得税。

6. 特许权使用费所得

特许权使用费所得，是指个人提供专利权、商标权、著作权、非专利技术，以及其他特许权取得的所得，不包括稿酬所得。

上述权利由个人提供或转让给他人使用时，会取得相应的收入。这类收入不同于一般所得，所以单独列为一类征税项目。对特许权使用费所得的征税办法，各国不尽一致。如有的国家对转让专利权所得征收资本利得税，而我国是将提供和转让合在一起，一并列入个人所得税的征税范围。

根据税法规定，提供著作权的使用权取得的所得，不包括稿酬的所得；但对于作者将自己的文字作品手稿原件或复印件公开拍卖（竞价）取得的所得，属于提供著作权的使用所得，应按“特许权使用费所得”项目征收个人所得税。

个人取得特许权的经济赔偿收入，应按“特许权使用费所得”应税项目缴纳个人所得税，税款由支付赔款的单位或个人代扣代缴。编剧从电视剧的制作单位取得的剧本使用费，不区分剧本的使用方是否为其任职单位，统一按“特许权使用费所得”项目计征个人所得税。

对个人从事技术转让、提供劳务等过程中所支付的中介费，如能提供有效、合法凭证的，允许从其所得中扣除。

7. 财产租赁所得

财产租赁所得，是指个人出租建筑物、土地使用权、机器设备、车船，以及其他财产取得的所得。

个人取得的财产转租收入，属于“财产租赁所得”的征税范围。在确定纳税义务人时，应以产权凭证为依据，对无产权凭证的，由主管税务机关根据实际情况确定。产权所有人死亡，在未办理产权继承手续期间，该财产出租而有租金收入的，以领取租金的个人为纳税义务人。

个人出租财产取得的财产租赁所得，在计算缴纳个人所得税时，可以扣除以下费用。

(1) 财产租赁过程中缴纳的税费。

(2) 向出租方支付的租金。

(3) 由纳税人负担的租赁财产实际开支的修缮费用。允许扣除的修缮费用，以每次 800 元为限，一次扣除不完的，准予在下一次继续扣除，直至扣完为止。

(4) 税法规定的费用扣除标准。

房地产开发企业与商店购买者个人签订协议，以优惠价格出售其开发的商店给购买者个人，购买者个人在一定期限内必须将购买的商店无偿提供给房地产开发企业对外出租使用。对于个人购房者来说，在购房环节少支付的购房款，实质上是房地产开发企业向商店购买者租赁房屋而预支的房屋租赁费，个人购房者取得的房屋租赁费体现为少支付的购房款，是个人购房者取得的一种其他形式的经济利益。对购买者个人少支出的购房价款，应视同个人财产租赁所得，按照“财产租赁所得”项目征收个人所得税。由于房地产开发企业是在一定期限内免费使用商店，因此，虽然是一次性的少支付购房款，在计算个人所得税时，每次财产租赁所得的收入额，应按照少支出的购房价款和协议规定的租赁月份数平均计算确定。

对以上第 4 至第 7 项这四项所得均按“次”计算缴纳个人所得税，并且采取定额和定率两种方法扣除必要的费用。每次收入不超过 4 000 元的，定额减除费用 800 元，计算公式为

应税所得额＝每次收入额－800 元

每次收入超过 4 000 元的，定率减除 20%的费用，相应的计算公式为

应税所得额＝每次收入额×(1－20%)

8. 财产转让所得

财产转让所得，是指个人转让有价证券、股权、建筑物、土地使用权、机器设备、车船及其他财产取得的所得。

个人进行的财产转让主要是个人财产所有权的转让，其实质上是一种财产买卖行为。这种财产买卖的法律关系使出让财产的个人从对方取得收入或其他经济利益。此项所得按“次”计算缴纳个人所得税，其应税所得额的计算公式为

应税所得额＝转让财产收入额－财产原值－合理费用

关于财产转让所得的几种特殊情况规定如下。

(1) 对股票转让所得暂不征收个人所得税。这主要是由于我国证券市场发育还不成熟，股份制还处于试点阶段，对股票转让所得的计算、征税办法和纳税期限的确认等都须要作深入的调查研究。

(2) 集体所有制企业在改制为股份合作制企业时，对职工个人以股份形式取得的拥有所有权的企业量化资产，暂缓征收个人所得税；待个人将股份转让时，就其转让收入额，减除个人取得该股份时实际支付的费用支出和合理转让费用后的

余额按“财产转让所得”项目计征个人所得税。

(3) 个人出售已购公有住房，其应纳税所得额为个人出售已购公有住房的销售价，减除住房面积标准的经济适用房价款、原支付超过住房面积标准的房价款、向财政或原产权单位缴纳的所得收益及税法规定的合理费用后的余额。职工以成本价(或标准价)出资的集资合作建房、安居工程住房、经济适用住房及拆迁安置住房，比照已购公有住房确定应纳税所得额。

(4) 为鼓励个人换购住房，对出售自有住房并拟在现住房出售后1年内按市场价重新购房的纳税人，其出售现住房所应缴纳的个人所得税，视其重新购房的价值可全部或部分予以免税。具体办法为：个人出售现住房所应缴纳的个人所得税税款，应在办理产权过户手续前，以纳税保证金形式向当地主管税务机关缴纳；个人出售现住房后1年内重新购房的，按照购房金额大小相应退还纳税保证金；个人出售现住房后1年内未重新购房的，所缴纳的纳税保证金全部作为个人所得税缴入国库。

(5) 对个人转让自用5年以上、并且是家庭唯一生活用房取得的所得，继续免征个人所得税。

9. 个人拥有债权、股权而取得的利息、股息、红利所得

利息、股息、红利所得，是指个人拥有债权、股权而取得的利息、股息、红利所得。其中利息一般是指存款、贷款和债券的利息。股息、红利是指个人拥有股权取得的公司、企业分红，其中按照一定的比率派发的每股息金，称为股息；根据公司、企业应分配的、超过股息部分的利润，按股派发的红股，称为红利。

股份制企业在分配股息、红利时，以股票形式向股东个人支付应得的股息、红利(即派发红股)，应以派发红股的股票票面金额为收入额，按利息、股息、红利项目计征个人所得税。

对外籍居民个人的储蓄存款利息，外籍居民个人可凭其护照或其他有效证件及居民国税务主管当局为其签发的居民证明，直接向储蓄机构办理享受税收协定待遇手续。

10. 偶然所得

偶然所得，是指个人得奖、中奖、中彩，以及其他偶然性质的所得。

得奖是指参加各种有奖竞赛活动，取得名次得到的奖金；中奖、中彩是指参加各种有奖活动，如有奖销售、有奖储蓄，或者购买彩票，经过规定的程序，抽中、摇中号码而取得的奖金。

个人因参加企业的有奖销售活动而取得的赠品所得，应按“偶然所得”项目计征个人所得税。赠品所得为实物的，应按照取得的凭证上所注明的价格计算确定应纳税所得额；无凭证的实物，或者凭证上所注明的价格明显偏低的，由主管税务机关参照当地的市场价格核定应纳税所得额。

偶然所得应缴纳的个人所得税款，一律由发奖单位或机构代扣代缴。

11. 经国务院财政部门确定征税的其他所得

除上述列举的十项个人应税所得外，今后可能出现的其他确有必要征税的个人所得，以及个人取得的难以界定应税项目的个人所得，由国务院财政部门确定。如部分单位和部门在年终总结、各种庆典、业务往来及其他活动中，为其他单位和部门的有关人员发放现金、实物或有价证券，对个人取得该项所得，视同“其他所得”项目计算缴纳个人所得税。

上述第 9、10、11 项这三种所得与其余所得不同，属于间接性投资所得或消极所得，不涉及生产经营活动，不须要支付任何经营费用，因而我国个人所得税依照国际惯例，对上述项目直接以每次收入额为应税所得额，而不扣除任何费用。

三、关于应纳税所得额的几点说明

关于计税依据，除上述规定之外，还应注意以下几点。

(1) 对个人取得的所得难以界定其应税所得项目的，由主管税务机关确定。

(2) 在计算应税所得额时，若个人将其所得对教育事业和其他公益事业捐赠，其捐赠中未超过所申报的应税所得额 30%的部分允许从应税所得额中扣除。

(3) 对企事业单位、社会团体和个人等社会力量，通过非营利性的社会团体和政府部门向福利性、非营利性的老年服务机构的捐赠，在缴纳个人所得税前准予全额扣除。

(4) 个人所得的形式，包括现金、实物、有价证券和其他形式的经济利益。所得为实物的，应当按照取得的凭证上所注明的价格计算应税所得额；无凭证的实物或者凭证上所注明的价格明显偏低的，由主管税务机关参照当地的市场价格核定应税所得额。所得为有价证券的，由主管税务机关根据票面价格和市场价格核定应税所得额。所得为其他形式的经济利益的，参照市场价格核定应纳税所得额。

四、每次收入的确定

个人所得税法及其实施条例在确定各项所得的应纳税所得额时，有不少项目中出现了“每次收入”的概念，正确确定每次收入，是准确计算每项所得应纳税所得额的关键。为了避免纳税义务人和扣缴义务人履行纳税义务时发生错误，税法对各项所得的每次收入作了严格界定。

1. 劳务报酬所得

对劳务报酬所得，根据不同劳务项目的特点，分别规定如下。

(1) 只有一次性收入的，以取得该项收入为一次。例如从事设计、安装、装潢、制图等劳务，往往是接受客户的委托，按照客户的要求，完成一次劳务后取得收入，因此，是属于一次性的收入。

(2) 属于同一项目连续取得收入的，以一个月内取得的收入为一次。

(3) 在中国境内两地或两地以上取得的劳务报酬，应分别计算。考虑到属地管辖与时间划定等原因，统一规定以县、市(含县级市、区)为一地，其管辖内的一个月内的劳务服务为一次；当月跨县地域的，则应分别计算。

2. 稿酬所得

对稿酬所得，原则上以每次出版、发表取得的所得为一次。具体规定如下。

(1) 同一作品再版取得的所得，应视作另一次稿酬所得计征个人所得税。

(2) 同一作品先在报刊上连载，然后再出版，或者先出版，再在报刊上连载的，应视为两次稿酬所得征税。即连载作为一次，出版作为另一次。

(3) 同一作品在报刊上连载取得收入的，以连载完成后取得的所有收入合并为一次，计征个人所得税。

(4) 同一作品在出版和发表时，以预付稿酬或分次支付稿酬等形式取得的稿酬收入，应合并计算为一次。

(5) 同一作品出版、发表后，因添加印数而追加稿酬的，应与以前出版、发表时取得的稿酬合并计算为一次，计征个人所得税。

3. 特许权使用费所得

对特许权使用费所得，以一项特许权的一次许可使用取得的收入为一次。

4. 财产租赁所得

对财产租赁所得，以一个月内取得的收入为一次。

5. 利息、股息、红利所得

对利息、股息、红利所得，以支付利息、股息、红利时取得的收入为一次。

6. 偶然所得

对偶然所得，以每次收入为一次。

7. 其他所得

对其他所得，以每次收入为一次。

第四节　个人所得税的税率

一、个人所得税税率设计的原则

对个人所得征税涉及面广、政策性强，在设计税率时，需要全面衡量，通盘考虑，科学设计。我国个人所得税税率设计主要体现了以下原则。

1. 税负从轻

现阶段我国大多数个人的所得来源比较单一，主要依靠工资、薪金所得，而且总体收入水平不高，生活费用支出占个人收入的比重还比较大，因此，在设计税率时，应体现税负从轻原则。特别是工资、薪金所得适用的累进税率，其起点税率不能高，要保证中等收入水平的纳税人负担较少的税额。

2. 区别对待、分类调节

个人所得的形式多种多样，大体可以分为四类：第一类，工资或薪金类所得；第二类，生产经营和承租、承包类所得；第三类，劳务、特许权使用、财产租赁或转让类所得；第四类，利息、股息、红利类所得。

上述四类所得的收入性质和纳税能力各不相同。第一类所得属于非独立个人劳动所得，其中的相当部分须要用于生活支出，由于每人基本生计费用大体相同，因此收入越高，扣除基本生计费用后的余额也越多，应采用超额累进税率进行调节。第二类所得涉及生产经营规模及效益问题，本应比照对企业利润征税的办法处理，但由于个体业主的生产经营及获利情况相差悬殊，所以也采用了超额累进税率进行调节。第三类所得多为一次性所得，且涉及的成本、费用与净所得的比例较为均衡，故采取比例调节的办法。第四类所得属于纯投资性所得，除不应扣除任何费用外，还应实行超额累进调节的办法；但出于简化计税方法考虑，采取了按比例税率征收的办法。

3. 体现国家政策

征收个人所得税最重要的目的，是调节社会收入分配，尤其是要调节那些过高收入，鼓励劳动所得。这项原则不仅体现在分类设计税率、分项制定征税办法方面，还体现在对不同的所得项目或同一所得项目中不同来源的收入，分别采取减征和加成征税的办法，以体现国家税收的鼓励、调节政策。例如，对属于知识性勤劳所得的稿酬所得，规定按适用税率减征 30%的税额；对劳务报酬所得畸高的，实行加成征税办法。

二、个人所得税的适用税率

我国个人所得税采用的是分项所得税制，对不同的所得项目规定了三种适用税率，总的表现为超额累进税率和比例税率两种形式。

1. 九级超额累进税率

对工资、薪金所得按月征税，适用 5%到 45%的九级超额累进税率。具体适用税率见表 8-1。

表 8-1 工资、薪金所得适用税率

级 数	全月应纳税所得额	税率	速算扣除数
1	不超过 500 元的	5%	0
2	超过 500～2 000 元的部分	10%	25
3	超过 2 000～5 000 元的部分	15%	125
4	超过 5 000～20 000 元的部分	20%	375
5	超过 20 000～40 000 元的部分	25%	1 375
6	超过 40 000～60 000 元的部分	30%	3 375
7	超过 60 000～80 000 元的部分	35%	6 375
8	超过 80 000～100 000 元的部分	40%	10 375
9	超过 100 000 元的部分	45%	15 375

表 8-1 中任一级的速算扣除数，是指该级应税所得额按全额累进计算方法计算的应纳税额和按超额累进计算方法计算的应纳税额之差。也就是

本级速算扣除数＝本级全额累进税额－本级超额累进税额

【例】 对表 8-1 中的第 3 级，求该级相应的速算扣除数。

解 因为该级的最高应税所得额为 5 000 元，税率为 15%，所以

全额累进税额＝5 000×15%＝750

超额累进税额＝500×5%＋1 500×10%＋3 000×15%＝625

速算扣除数＝750－625＝125

显然，对于任一较大的应税所得额，计算其全额累进税额非常容易，而计算其超额累进税额则比较复杂，速算扣除数的作用就是将超额累进税的计算简化得几乎等同于全额累进税的计算。

2. 五级超额累进税率

对个体工商户的生产经营所得和对企业事业单位的承包经营、承租经营所得按年征税，适用 5% 到 35% 的五级超额累进税率。具体适用税率见表 8-2。

表 8-2 个体工商户等经营所得适用税率

级 数	全年应纳税所得额	税 率	速算扣除数
1	不超过 5 000 元的	5%	0
2	超过 5 000～10 000 元的部分	10%	250
3	超过 10 000～30 000 元的部分	20%	1 250
4	超过 30 000～50 000 元的部分	30%	4 250
5	超过 50 000 元的部分	35%	6 750

3. 比例税率

对其余各项应税所得按次征税，一律适用20%的比例税率。但是，为了体现国家的财政经济政策，对于稿酬和劳务报酬所得，要在适用这一税率计算应纳税额的基础上，再分别减征和加征，具体方法如下。

（1）对稿酬所得，按计算的应纳税额减征30%的税款，即实际执行14%的税率。这主要是考虑作者写作或制作一件作品往往须要投入较长时间和较多的精力，而目前此项收益并不高，有必要给予适当的税收照顾，体现对知识性勤劳所得的特殊政策。

（2）对个人取得的劳务报酬所得一次收入畸高，即一次劳务报酬的应税所得额超过20 000元的，实行加成征收，具体规定为：应税所得额超过20 000～50 000元的部分，依照税法规定计算应纳税额后再按照该部分应纳税额加征五成；超过50 000元的部分，加征十成。基于此，对劳务报酬所得实行的税率实际上是一种特殊的、延伸的三级超额累进税率，如表8-3所示。

表8-3　个人劳务报酬适用等价超额累进税率

级　数	每次应纳税所得额	税　率	速算扣除数
1	不超过20 000元	20%	0
2	超过20 000～50 000元的部分	30%	2 000
3	超过50 000元的部分	40%	7 000

专栏8-2

扫描世界各国个人所得税

在西方国家，个人所得税又被称为“罗宾汉税种”，担负调节社会财富分配、防止贫富差距过大的重任。由于各国基本上都实行累进式征收制度，防止贫富差距过大仍然是个税的重要功能。但与200多年前相比，现今各国个税制度无疑更“人性化”。

一、美国①

税收是美国政府赖以生存的财政基础，而个人所得税则是美国政府财政的重要来源。因此，上到美国总统，下到平民百姓，纳税成为每个人的义务和职责。

美国是根据个人收入情况逐步提高税率，从而以此来减少低收入者的负担和控制高收入者的收入过快增长。最基本的原则是多收入多交税，收入低的先交税后退税。

特别值得指出的是，一是美国缴纳个人所得税不仅考虑个人的收入，而且十分

① 资料来源：王振华，美国：财政来源主要是富人纳税，经济参考报，2005-08-24。

重视家庭其他成员尤其儿童的数量情况。同样收入的两对夫妇，有儿童和没有儿童所交纳的税收相差很大。而中国只根据个人收入而不考虑家庭儿童情况一律依照同一税率的纳税则明显存在很大的缺陷。二是高收入者是美国个人所得税纳税的主体。据统计，年收入在10万美元以上的群体所交纳的税款每年占美国全部个人税收总额的60%以上，是美国税收最重要的来源。也就是说，美国政府每年的巨大的财政来源主要是占人口少数的富人交纳的，而不是占纳税总人数绝大部分的普通工薪阶层。

美国人纳税采取的的个人报税制度。每年的4月15日是美国人申报上一年收入和纳税情况的最后截止日。此前，可以领取表格根据自己的实际收入情况向政府报税，也可以通过电脑网络向政府报税。如果没有特殊理由，过了截止日期还未申报收入和付税情况，就算犯法。这方面有污点的人，他的信用纪录就会受影响。

二、日本①

日本政府战后一直努力减轻国民税务负担，不仅相继提高了免税额的起点，而且还不断大幅降低最高税率和减少税率档次，减轻广大国民特别是高收入者的负担，对经济发展起到了促进作用。

日本《所得税法》规定，对于日本境内的居住者而言，除了固定的工资收入之外，稿费、投资分红、受赠、继承、土地和房屋的出租等所有收入都必须纳税。日本政府建立了一整套严格而科学、完善的税赋征收、稽查制度和稽查队伍，对偷税漏税者严惩不贷，而绝大多数国民都具有依法纳税的意识和自觉性。

日本的所得税一直实行累进制征收，收入越多税率就越高，最高税率曾达到过93%。后来，日本政府对《所得税法》进行了7次大规模修改和调整，不断降低最高税率，目前最高税率已降到50%；其税率也从最多时的19档简化到4档。

日本实施"所得税控除制度"，将一个家庭生活必需的最低费用（纳税者本人生活所需、抚养家属所需、社会保险费用）减去之后的那部分所得按照规定的税率纳税。许多日本家庭尽管年收入相同，但如果抚养的子女人数不一，须要赡养的老人数量不同，须交纳的所得税税款也就有很大不同。

日本的所得税问题十分复杂，很多人都须要在税理师的指导下，在税务年度结束后向税务当局提出纳税申告，对纳税情况进行清算。

三、新加坡②

新加坡拥有较为完善的个人所得税征收体系，新加坡国内税务局是该国最大的税收机构，负责评估、收取和实施在税收法令下的各种课税。

---

① 资料来源：记者乐绍延，日本不断降低个税负担，新华网东京2005-08-23电，http://news.xinhuanet.com/fortune/2005-08/23。

② 资料来源：记者张永兴，新加坡：个税税率最低国家之一，经济参考报，2005-08-24。

新加坡是个人所得税税率最低的国家之一，其实行的是13级超额累进税率，也就是以一年的收入扣除适当项目后，以累计式征税。每年的4月15日之前，所有应纳税者必须将前一年的各项收入如实填入税务申报登记表中，并及时上报国内税务局。

新加坡目前的税率为0%至22%，个人所得税的征税范围为应税雇佣所得和股息、利息等。在进行征税时，新加坡也会提供一些税务特殊减免，包括抚养父母、专业技术课程学费、人寿保险保费及生养第3个孩子等。

四、澳大利亚①

澳大利亚是联邦制国家，个人所得税由联邦政府征收。经过多年的发展，澳大利亚的所得税征收制度已经比较完善，有很多经验可供借鉴。

在澳大利亚，每个纳税人都有一个税号，纳税人在投资或受雇的时候都要向银行或雇主提交税号。如果纳税人交不出税号，雇主或银行在发工资或付利息时就要根据法律按照最高个人税率对其扣税。引入税号制度主要是为了防止纳税人漏报收入。

根据澳大利亚的法律，任何超过免税额的收入都要报税。从2000年7月1日开始，成年纳税人的年免税额为6 000澳元；采用分级累进税率，共有免税、17%、30%、42%和47%五个级别。政府根据经济发展和纳税人收入的情况不断对各级别税率的起征点和税率进行调整。

五、德国②

在德国实行累进个人所得税制度，收入越多的，缴税比例越高，而且个人所得税的比例每年都要调整。单是个人所得税中的工资税就占德国财政收入的三分之一。

近几年，德国个人所得税的缴纳比例呈下降趋势。1998年，个人所得税的最高比率税率为53%，但到2005年，其最高比率已经下降到42%，而最低税率也已经从1998年的25.9%下降到2005年的15%。

德国政府对不同家庭情况采取不同的个人所得税起征点。个人所得税的类别根据纳税人的家庭状况加以区分，如单身、已婚无孩子、已婚有孩子等。有些情形可以减少个人收入所得税，例如已婚家庭子女未满18岁，或者子女在27岁以下但仍在上学的或没有收入的；向德国机构捐助政治款项或者慈善款项；由于不可抗拒的特殊情况（如生病）造成高额开支等。

---

① 资料来源：记者米立公，澳大利亚完善的个税征收制度，新华网堪培拉2005-08-23电，http://news.xinhuanet.com/fortune/2005-08/23。

② 资料来源：记者袁炳忠，德国逐年减轻居民税收负担，新华网柏林2005-08-22日电，http://news.xinhuanet.com/fortune/2005-08/22。

六、法国[①]

法国法律规定，凡是家庭或主要居住地点在法国（即在法国连续居住6个月）和在法国进行主要职业活动或在法国有主要经济利益的人，不论其是否为法国籍，均须就其收入（包括在法收入和国外收入）申报个人所得税。

法国的个人所得税税率实行高额累进制，按家庭来征收。根据经济状况和子女多少不同，每个家庭所缴纳的所得税不同。法国法律规定，一位成年人的家庭参数为1，一个孩子的家庭参数为0.5，一对夫妇加一个孩子的家庭参数则为2.5。在计算纳税人所须缴纳的税金时，首先将家庭全部收入除以家庭参数，得出的数额参照征税标准得出征税率，再计算应缴税款。

一个法国家庭的年收入总额可在纳税前减去约30%作为工作支出而享受免税优惠，余额再减去可免税的种种开销（如赡养父母、慈善捐赠、装修旧房、缴纳人寿保险、投资出租房产业等），最终剩余的资金才算作净收入按统一税率纳税。

第五节　个人所得税应纳税额的计算

个人所得税的应税所得额是分项计算的，应纳税额当然也应该分项计算。根据该项所得是适用累进税率还是比例税率，分别采用不同的计算方法。

一、适用超额累进税率的应纳税额计算

对于适用超额累进税率的应税所得，其应纳税额可以直接根据超额累进税的概念逐级累加求得；也可利用速算扣除数简化计算，这时的适用税率是该应税所得额全额所对应的级数的税率，故简化计算的公式为

应纳税额＝应税所得额×全额适用税率－速算扣除数

必须注意，适用税率可能属于九级超额累进税率，也可能属于五级超额累进税率，应正确选择。

【例】 王先生每月工资为5 600元，试计算他每月应纳个人所得税税额。

解　因为其所得属于工资、薪金项，所以

应税所得额＝5 600－2 000＝3 600（元）

其适用税率应为表8-1中的第3级税率，所以

① 资料来源：记者陈俊侠，法国高收入者多交税，新华网巴黎2005-08-22日电，http://news.xinhuanet.com/fortune/2005-08/22。

应纳税额=3 600×15%-125=415(元)

另外,对于个体工商户的生产经营所得和对企业事业单位的承包经营、承租经营所得,规定按年计算,但征纳方式则是分月预缴,年终汇算清缴。为了保证税收收入均匀,且尽可能接近实际应纳税额,因而每月预缴税额的计算都与当月累计应税所得额有关,换算过程比较复杂。月预缴税额的换算公式如下:

年预计应税所得额=当月累计应税所得额÷当月月份×12

年预计应纳税额=年预计应税所得额×适用税率-速算扣除数

当月累计应纳税额=年预计应纳税额÷12×当月月份

当月应预缴税额=当月累计应纳税额-上月累计应纳税额

【例】 某个体工商户经营一服装店,已知其截止4月份的累计应税所得额为7 000元,5月份的应税所得额为2 000元,假定截止4月累计已预缴税款1 019元,试计算他5月份应预缴税额多少。

解 年预计应税所得额=(7 000+2 000)÷5×12=21 600(元)

年预计应纳税额=21 600×20%-1 250=3 070(元)

当月累计应纳税额=3 070÷12×5=1279(元)

当月应预缴税额=1 279-1 019=260(元)

【例】 某个体经营户经营一面包房,账证比较健全,2008年12月取得营业额为60 000元,购进面粉、奶油、白糖等原料费为25 000元,缴纳电费、水费、房租、煤气费等5 000元,缴纳其他税费合计为3 000元。当月支付给2名雇员工资共4 000元,业主个人费用扣除2 000元。1—11月累计应纳税所得额为114 400元,1—11月累计已预缴个人所得税为31 000元。计算该个体业户12月份应缴纳的个人所得税。

解 ① 12月份应纳税所得额=60 000-25 000-5 000-3 000-4 000-2 000=21 000(元)

② 全年累计应纳税所得额=21 000+114 400=135 400(元)

③ 12月份应缴纳个人所得税=135 400×35%-6 750-31 000=9 640(元)

二、适用比例税率的应纳税额计算

对劳务报酬、稿酬、特许权使用费、财产租赁、财产转让等所得,总的说来,是按20%的比例税率计征所得税,其计算公式应为

应纳税额=应税所得额×20%

但是,为体现税法的灵活性和国家税收对个人收入的调节作用,现行税收制度规定对于稿酬所得和劳务所得实行减征和加征。

1. 稿酬所得的应纳税额计算

因为要减征30%,故其应纳税额的计算公式为

应纳税额＝应税所得额×20%×(1－30%)＝应税所得额×14%

【例】 某教授出版了一部专著，一次获得稿酬 5 000 元，试计算其应纳税额。

解　　应税所得额＝5 000×(1－20%)＝4 000(元)

应纳税额＝4 000×20%×(1－30%)＝560(元)

【例】 某高校陈老师 2008 年 2 月出版了一本教材，获得稿酬 12 000 元，2008 年 12 月因教材加印又得到稿酬 7 000 元。计算陈老师稿酬应缴纳的个人所得税。

解　同一作品出版后，因添加印数而追加稿酬的，应与以前出版时的稿酬合并计算为一次计征个人所得税。因其所得是先后取得的，实际计税时应分两次缴纳税款。

第一次获稿酬缴纳税额＝12 000×(1－20%)×14%＝1 344(元)

两次稿酬合并应纳税额＝(12 000＋7 000)×(1－20%)×14% ＝2 128(元)

第二次获稿酬应补缴税额＝2 128－1 344＝784(元)

2. 劳务所得应纳税额的计算

当应税所得额超过 2～5 万元时，因为要加征，其计算公式为

应纳税额＝应税所得额×20%＋(应税所得额－20 000)×20%×50%

当应税所得额超过 5 万元时，其计算公式为

应纳税额＝应税所得额×20%＋3 000＋(应税所得额－50 000)×20%

或者也可以按照表 8-3 所列举的超额累进税率和速算扣除数进行计算。

【例】 某著名歌星一次应邀到外地演出，获得演出收入 10 万元，试计算她应纳税款为多少。

解　　应税所得额＝100 000×(1－20%)＝80 000(元)

应纳税额＝80 000×20%＋3 000＋(80 000－50 000)×20%＝25 000(元)

利用简化累进速算法，也可计算如下：

应纳税额＝80 000×40%－7 000＝25 000(元)

【例】 歌星赵小姐参加某单位举办的演唱会，取得出场费收入 80 000 元，她将其中 30 000 元通过当地政府捐赠给某希望小学。计算赵小姐取得的出场费收入应缴纳的个人所得税。

解　未扣除捐赠的应纳税所得额＝80 000×(1－20%) ＝64 000 (元)

捐赠的扣除限额＝64 000×30% ＝19 200(元)，由于实际捐赠额大于扣除限额，按扣除限额扣除。

扣除捐赠的应纳税所得额＝64 000－19 200＝44 800(元)

应缴纳的个人所得税＝44 800×20%＋(44 800－20 000)

×20%×50%＝11 440 (元)

三、关于应纳税额计算的补充规定

在计算个人所得税时，以下几点需要特别注意。

(1) 纳税人兼有两项或两项以上应税所得额时，应分项计算应税所得额，分项计算应纳税额。

(2) 纳税人在中国境内两处或两处以上取得的同项所得，应合并计算应税所得和应纳税额。

对于劳务报酬，其"同一项目"是指劳务报酬所得所列举具体劳务项目中某一单项，个人兼有不同的劳务报酬所得，应当分别减除费用，计算缴纳个人所得税。

【例】 张教授是A大学的教师，同时也是B公司的高级职员，在两处获取工资。某月，张教授在A大学获得工资3 000元，在B公司获得工资2 800元；为某企业进行机械设计获报酬8 000元；从事技术咨询获得10 000元。试计算他当月应缴纳多少个人所得税。

解 张教授的两处工资收入属于同项所得，应合并计算应税所得和应纳税额。而两项劳务报酬则应当分别减除费用，分别计税。

$$工资额合计=3\ 000+2\ 800=5\ 800(元)$$

$$工资所得应纳税额=(5\ 800-2\ 000)\times15\%-125=445(元)$$

$$机械设计报酬应纳税额=8\ 000\times(1-20\%)\times20\%=1\ 280(元)$$

$$技术咨询收入应纳税额=10\ 000\times(1-20\%)\times20\%=1\ 600(元)$$

$$当月应纳所得税额=445+1\ 280+1\ 600=3\ 325(元)$$

(3) 两个或两个以上的个人共同取得同一项目收入的，应当对每一个人取得的收入分别按照税法规定减除费用后计算应纳税额。

【例】 甲、乙、丙三人合作完成了一个设计项目，共获得设计费50 000元，根据各人在项目中的贡献，甲分得40 000元，乙分得7 000元，丙分得3 000元，试计算这三人各应缴纳多少个人所得税。

解 甲、乙、丙三人的收入为共同取得的劳务报酬，应该分别按各自取得的收入计税。

$$甲应纳税额=40\ 000\times(1-20\%)\times30\%-2\ 000=7\ 600(元)$$

$$乙应纳税额=7\ 000\times(1-20\%)\times20\%=1\ 120(元)$$

$$丙应纳税额=(3\ 000-800)\times20\%=440(元)$$

(4) 居民纳税人从中国境外取得的所得应单独计算应纳税额，准予其在应纳税额中抵免已在境外缴纳的个人所得税税额，但最高允许抵免额不得超过该纳税人境外所得按照我国税法计算的应纳税额。即有

$$抵免限额=\min[境外应税所得\times我国税率，境外已纳税额]$$

境外所得应纳税额＝境外应税所得×我国税率－抵免额

当国外税负较重，境外已纳税额大于抵免限额时，超过部分当年不得抵免，但可以在以后纳税年度相同国家或地区的抵免限额的余额内补扣，补扣期限最长不得超过5年。

(5) 各项所得应纳税额的计算，均须以人民币为单位。所得为外国货币的，应按照国家外汇管理机关规定的外汇牌价折合成人民币计算应税所得额，再计算应纳税额。

【例】 我国某公司聘用一外籍工程师，月薪为20 000元，已在该公司工作一年以上。他将原居住国的住所出租，月租金折合人民币15 000元，在该国他每月要就这笔租金收入交纳个人所得税2 000元，试计算他在我国每月应缴纳多少个人所得税。

解 境内所得应纳税额＝(20 000－4 800)×20% －375＝2 665(元)

抵免限额＝min{15 000×(1－20%)×20%，2 000}

＝min{2 400，2 000}＝2 000(元)

境外所得应纳税额＝2 400－2 000＝400(元)

每月应纳所得税额＝2 665＋400＝3 065(元)

【例】 中国居民王先生2008年1月至12月在中国取得中介收入30 000元，在A国取得工薪收入60 000元(折合为人民币，下同)，特许权使用费收入7 000元；同时，又在B国取得利息收入1 000元。该纳税人已分别按A国和B国税法规定，缴纳了个人所得税1 150元和250元。试计算他在我国每月应缴纳多少个人所得税。

解 ① 境内应纳税所得额＝30 000×(1－20%) ＝24 000(元)

境内所得应纳税额＝20 000×20%＋4 000×30%＝5 200(元)

② 在A国所得缴纳税款的抵扣：

工资、薪金所得按我国税法规定计算的应纳税额：

[(60 000/12－2 000)×15%－125]×12＝3 900(元)

特许权使用费所得按我国税法规定计算的应纳税额：

7 000×(1－20%)×20%＝1 120(元)

抵扣限额＝3 900＋1 120＝5 020(元)

该纳税人在A国所得缴纳个人所得税1 150元，低于抵扣限额，因此，可全额抵扣，并需在中国补缴税款3 870元(5 020－1 150)。

③ 在B国所得缴纳税款的抵扣：

其在B国取得的利息所得按我国税法规定计算的应纳税额，即抵扣限额为

1 000×20%＝200(元)

该纳税人在B国实际缴纳的税款超出了抵扣限额，因此，只能在限额内抵扣200元，不用补缴税款。但是，B国缴纳税款未抵扣完的50元，可在以后五年内该纳税人从B国取得的所得中的征税抵扣限额有余额时补扣。

④ 根据上述计算结果，该纳税人当年度应纳所得税额＝5 200＋3 870＝9 070（元）

【例】 A先生是某公司高级职员，月薪20 000元。其朋友B先生是某大学教师，也是歌星，本月收入如下：工资2 000元，去外地演出收入10 000元，稿酬收入3 000元，一套私房出租收入1 500元，专利权转让所得1 500元，获股息2 000元。求A、B两先生本月各自应纳多少个人所得税。

解 A先生的所得按工薪项目缴纳个人所得税。

A先生的个人所得税＝(20 000－2 000)×20％－375＝3 225(元)

B先生的所得应分项计算个人所得税。

① 工薪所得2 000元不纳税。

②演出劳务应税所得＝10 000×(1－20％)＝8 000(元)

演出收入应纳个人所得税＝8 000×20％＝1 600(元)

③ 稿酬收入应纳税＝(3 000－800)×14％＝308(元)

④ 私房出租应纳税＝(1 500－800)×10％＝70(元)

⑤ 专利权转让应纳税＝(1 500－800)×20％＝140(元)

⑥ 股息应纳税＝2 000×20％＝400(元)

B先生共应纳税＝1 600＋308＋70＋140＋400＝2 518(元)

从本例中我们可以得出如下启示：相同收入额，收入项目越集中，税收负担越重。

第六节 个人所得税几种特定情况的处理

一、一次性取得工资薪金性质收入的纳税

工资薪金是个人因任职或者受雇而获得的工资、薪金、奖金等。现在个人工资性收入的渠道越来越多。除了按月份发放工资外，有些单位在年终给职工发放奖金或年终加薪、劳动分红；还有的单位由于改革对于下岗或退职人员给予一次性补偿或补助；也有些单位、人员实行年薪制，年终结算全年的收入等。就一次性取得工资薪金性质的收入而言，其形式较多，个人所得税的计算办法也各不相同。

1. 取得全年一次性奖金

全年一次性奖金是指行政机关、企事业单位等扣缴义务人根据其全年经济效

益和对雇员全年工作业绩的综合考核情况，向雇员发放的一次性奖金。一次性奖金也包括年终加薪、实行年薪制和绩效工资办法的单位根据考核情况兑现的年薪和绩效工资。年终一次性奖金的计税方法如下。

个人取得全年一次性奖金且获取奖金当月个人的工资薪金所得高于（或等于）税法规定的费用扣除额的，用全年一次性奖金总额除以 12 个月，按其商数对照工薪所得项目税率表，确定适用税率和对应的速算扣除数，计算缴纳个人所得税。

如果个人取得全年一次性奖金且获取奖金当月个人的工资、薪金所得低于税法规定的费用扣除额，用全年一次性奖金减去“个人当月工薪与费用扣除额的差”后的余额除以 12 个月，按其商数对照工薪所得项目税率表，确定适用税率和对应的速算扣除数，计算缴纳个人所得税。

个人取得全年一次性奖金当月的工薪所得与全年一次性奖金应分别计算纳税。

【例】 李先生受雇于某电脑公司，某年 1 月从公司取得如下收入：上一年度全年一次性奖金 14 400 元，当月工资 2 100 元。试计算其当月应缴纳的个人所得税额。

解　14 400÷12＝1 200（元），全年一次性奖金适用税率 10％，速算扣除数为 25 元。

对全年一次性奖金应纳个人所得税＝14 400×10％－25＝1 415（元）

当月工薪应纳税＝（2 100－2 000）×5％＝5（元）

合计应纳个人所得税＝1 415＋5＝1 420（元）

【例】 王先生某年 1 月获得工资 1 900 元，获上一年度全年一次性奖金 14 400 元，试计算其当月应缴纳的个人所得税额。

解　王先生当月费用扣除额 2 000 元与工资的差额为 100 元。

（14 400－100）÷12＝1 191.67，全年一次性奖金适用税率 10％，速算扣除数为 25 元。

对全年一次性奖金应纳个人所得税＝（14 400－100）×10％－25＝1 405（元）

当月工资未达到免征额，不纳税。

故当月应纳个人所得税合计 1 405 元。

运用年终一次性奖金的计税政策时应注意：

(1) 由于上述计算纳税方法是一种优惠，在一个纳税年度内，对每一个纳税人，该计算纳税办法只允许采用一次；

(2) 实行年薪制和绩效工资的单位，个人取得年终兑现的年薪和绩效工资按上述规定执行；

(3) 雇员取得除此项目以外的其他各种名目奖金，如半年奖、季度奖、加班奖、先进奖、考勤奖等，一律与当月工薪合并计算缴纳个人所得税。

2. 解除劳动合同的一次性经济补偿金

职工个人因企业改组、改制或减员增效被解除劳动合同而取得的一次性经济补偿金是职工一种特殊的工资收入，它是职工支持企业改革、牺牲个人利益的表现，也是对未达劳动合同期限而被解聘取得的一种补偿性收入。从严格的税收政策讲，它应该在取得收入的当月全额计税。为支持企业改革，照顾职工利益，国家对此规定了优惠政策。

(1) 企业依照国家有关法律规定宣告破产，企业职工从该破产企业取得的一次性安置费收入，免征个人所得税。

(2) 职工因与用人单位解除劳动关系而取得的一次性补偿收入，其收入在当地上年职工平均工资 3 倍数额以内的部分，免征个人所得税；超过 3 倍数额部分的一次性补偿收入，可视为一次取得数月的工资、薪金收入，允许在一定期限内平均计算。方法为：以超过 3 倍数额部分的一次性补偿收入，除以个人在本企业的工作年限数(超过 12 年的按 12 年计算)，以其商数作为个人的月工资、薪金收入，按照税法规定计算缴纳个人所得税。如果商数小于工资薪金个人所得税的费用扣除标准，则无须纳税。个人在解除劳动合同后又再次任职、受雇的，已纳税的一次性补偿收入不再与再次任职、受雇的工资、薪金所得合并计算补缴个人所得税。

(3) 个人领取一次性补偿收入时按照国家和地方政府规定的比例实际缴纳的住房公积金、医疗保险费、基本养老保险费、失业保险费，可以在计征其一次性补偿收入的个人所得税时予以扣除。

二、特定行业职工取得的工资、薪金所得

1. 采掘业、远洋运输业、远洋捕捞业

为了照顾采掘业、远洋运输业、远洋捕捞业因季节、产量等因素的影响，职工的工资、薪金收入呈现较大幅度波动的实际情况，对这三个特定行业的职工取得的工资、薪金所得采取按年计算、分月预缴的方式计征个人所得税。年度终了后 30 日内，合计其全年工资、薪金所得，再按 12 个月平均并计算实际应纳的税款，多退少补。用公式表示为

$$\text{年应纳所得税额}=[(\text{全年工资、薪金收入}\div 12-\text{费用扣除标准})\times\text{税率}-\text{速算扣除数}]\times 12$$

考虑到远洋运输具有跨国流动的特性，因此，对远洋运输船员每月的工资、薪金收入在统一扣除 2 000 元费用的基础上，准予再扣除税法规定的附加减除费用标准。由于船员的伙食费统一用于集体用餐，不发给个人，故特案允许该项补贴不计入船员个人的应纳税工资、薪金收入。

2. 建筑业

凡建筑安装业各项工程作业实行承包经营，对承包人取得的所得，分两种情况处理：对经营成果归承包人个人所有的所得，或者按合同（协议）规定，将一部分经营成果留归承包人个人的所得，按对企事业单位的承包经营、承租经营所得项目征税；对承包人以其他方式取得的所得，按“工资、薪金所得”项目征税。

3. 广告业

在广告经营中提供名义、形象或在广告设计、制作、发布过程中提供劳务并取得所得的个人，是个人所得税的纳税人。

直接向上述个人支付所得的广告主、广告经营者、受托从事广告制作的单位和发布者，是个人所得税的扣缴义务人。

纳税人在广告设计、制作、发布过程中提供名义、形象而取得的所得，应按劳务报酬所得项目计算纳税。

纳税人在广告设计、制作、发布过程中提供其他劳务取得的所得，视其情况分别按照税法规定的劳务报酬所得、稿酬所得、特许权使用费所得等应税项目计算纳税。

扣缴义务人的本单位人员在广告设计、制作、发布过程中取得的由本单位支付的所得，按工资、薪金所得项目计算纳税。

以上个人所得项目，除工资、薪金所得以外，均实行按次征收或按次扣缴。其中，劳务报酬所得是以纳税人每参与一项广告的设计、制作、发布所取得的所得为一次；稿酬所得以在图书、报刊上发布一项广告时使用其作品而取得的所得为一次；特许权使用费所得是以提供一项特许权在一项广告的设计、制作、发布过程中使用而取得的所得为一次。上述取得采取分笔支付的，应合并为一次所得计算纳税。

4. 演出业

凡参加演出（包括舞台演出、录音、录像、拍摄影视等，下同）而取得报酬的演职员，是个人所得税的纳税义务人；所取得的所得，为个人所得税的应纳税项目。

向演职员支付报酬的单位或个人，是个人所得税的扣缴义务人。

演职员参加非任职单位组织的演出取得的报酬为劳务报酬所得，按次缴纳个人所得税。演职员参加任职单位组织的演出取得的报酬为工资、薪金所得，按月缴纳个人所得税。

参加组台（团）演出的演职员取得的报酬，由主办单位或承办单位通过银行转账支付给演职员所在单位或发放演职员演出许可证的文化行政部门或其授权单位的，经演出所在地主管税务机关确认后，由演职员所在单位或发放演职员许可证的文化行政部门或其授权单位，按实际支付给演职员个人的报酬代扣个人所得税，并在原单位所在地缴入金库。

组台(团)演出,不按上述方式支付演职员报酬,或者虽按上述方式支付但未经演出所在地主管税务机关确认的,由向演职员支付报酬的演出经纪机构或主办、承办单位扣缴个人所得税,税款在演出所在地缴纳。

三、由雇主负担个人所得税的计算问题

在实际工作中,有的雇主(单位或个人)常常为纳税人负担税款,即支付给纳税人的报酬(包括工资、薪金、劳务报酬等所得)是不含税的净所得。在纳税人的应纳税额由雇主代为缴纳这种情况下,就不能以纳税人实际取得的收入直接乘以适用税率计算应纳税额,否则,就会缩小税基,降低适用税率。此时应将纳税人的不含税收入换算为应纳税所得额,即含税收入,然后再计算应纳税额。具体分三种情况。

1. 雇主全额为其雇员负担税款的处理

对于雇主全额为其雇员负担税款的,应将雇员取得的不含税收入换算成应纳税所得额后,计算企业应代为缴纳的个人所得税税款。计算公式如下。

公式一:

应纳税所得额=(不含税收入额-费用扣除标准-速算扣除数)÷(1-税率)

公式二:

应纳税额=应纳税所得额×适用税率-速算扣除数

第一个公式中的税率,是指不含税所得按不含税级距(详见税率表8-4、税率表8-5、税率表8-6)对应的税率;第二个公式中的税率,是指应纳税所得额按含税级距对应的税率。对此,在计算过程中应特别注意,不能混淆。

表8-4 工资、薪金含税及不含税收入适用税率表

级数	含税级距	不含税级距	税率	速算扣除数
1	不超过500元的	不超过475元的	5%	0
2	超过500~2 000元的部分	超过475~1 825元的部分	10%	25
3	超过2 000~5 000元的部分	超过1 825元至4 375元的部分	15%	125
4	超过5 000~20 000元的部分	超过4 375元至16 375元的部分	20%	375
5	超过20 000~40 000元的部分	超过16 375元至31 375元的部分	25%	1 375
6	超过40 000~60 000元的部分	超过31 375元至45 375元的部分	30%	3 375
7	超过60 000~80 000元的部分	超过45 375元至58 375元的部分	35%	6 375
8	超过80 000~100 000元的部分	超过58 375元至70 375元的部分	40%	10 375
9	超过100 000元的部分	超过70 375元的部分	45%	15 375

注:(1)表中所列含税级距与不含税级距,均为按照税法规定减除有关费用后的所得额。

(2)含税级距适用于由纳税人负担税款的工资、薪金所得;不含税级距适用于由他人(单位)代付税款的工资、薪金所得。

表 8-5　个体工商户和企事业单位的承包经营、承租经营所得含税及不含税收入适用税率表

级数	含税级距	不含税级距	税率	速算扣除数
1	不超过 5 000 元的	4 750 元的	5%	0
2	超过 5 000～10 000 元的部分	超过 4 750～9 250 元的部分	10%	250
3	超过 10 000～30 000 元的部分	超过 9 250～25 250 元的部分	20%	1 250
4	超过 30 000～50 000 元的部分	超过 25 250～39 250 元的部分	30%	4 250
5	超过 50 000 元的部分	超过 39 250 元的部分	35%	6 750

注：(1) 表中所列含税级距与不含税级距，均为按照税法规定减除有关费用（成本、损失）后的所得额。

(2) 含税级距适用于个体工商户的生产、经营所得和由纳税人负担税款的承包经营、承租经营所得；不含税级距适用于由他人（单位）代付税款的承包经营、承租经营所得。

表 8-6　劳务报酬含税及不含税收入适用税率表

级数	含税级距	不含税级距	税率	速算扣除数
1	不超过 20 000 元	不超过 16 000 元	20%	0
2	超过 20 000～50 000 元的部分	超过 16 000～37 000 元的部分	30%	2 000
3	超过 50 000 元的部分	超过 37 000 元的部分	40%	7 000

注：(1) 表中的含税级距、不含税级距，均为按照税法规定减除有关费用后的所得额。

(2) 含税级距适用于由纳税人负担税款的劳务报酬所得；不含税级距适用于由他人（单位）代付税款的劳务报酬所得。

【例】 境内某公司代其雇员（中国居民）缴纳个人所得税。2008 年 10 月支付给陈某的不含税工资为 4 000 元人民币。计算该公司为陈某代扣代缴的个人所得税。

解 陈某的工资收入为不含税收入，应换算为含税的应纳税所得额后，再计算应代扣代缴的个人所得税。

应纳税所得额＝(4 000－2 000－125)÷(1－15%)＝2 205.88（元）

代扣代缴个人所得税＝2 205.88×15%－125＝205.88（元）

2. 雇主为其雇员负担部分税款的处理

其又可分为定额负担部分税款和定率负担部分税款两种情形。

(1) 雇主为其雇员定额负担税款的，应将雇员取得的工资薪金所得换算成应纳税所得额后，计算征收个人所得税。工资薪金收入换算成应纳税所得额的计算公式为

应纳税所得额＝雇员取得的工资＋雇主代雇员负担的税款－费用扣除标准

(2) 雇主为其雇员负担一定比例的工资应纳的税款，或者负担一定比例的实际应纳税款的，应将公式一中“不含税收入额”替换为“未含雇主负担的税款的收入额”，同时将公式二中速算扣除数和税率两项分别乘以雇主为雇员负担税款的比

例，从而将未含雇主负担的税款的收入额换算成应纳税所得额，计算单位应当代扣代缴的税款，即

应纳税所得额＝(未含雇主负担的税款的收入额－费用扣除标准
－速算扣除数×负担比例)÷(1－税率×负担比例)

应纳税额＝应纳税所得额×适用税率－速算扣除数

【例】 某外商投资企业雇员(外国居民)某月工资收入12 000元，雇主负担其工资所得30%部分的税款。计算该纳税人当月应纳的个人所得税。

解 ① 应纳税所得额＝(12 000－4 800－375×30%)÷(1－20%×30%)
＝7 539.89(元)

② 应缴纳个人所得税＝7 539.89×20%－375＝1 132.98(元)

3. 雇主为其雇员负担超过原居住国的税款的税务处理

有些外商投资企业和外国企业在华的机构场所，为其受派到中国境内工作的雇员负担超过原居住国的税款。例如：雇员在华应纳税额中相当于原居住国税额的部分，仍由雇员负担并由雇主在支付雇员工资时从工资中扣除，代为缴税；若按中国税法计算的税款超过雇员原居住国税额的，超过部分另外由其雇主负担。对此类情况，应按下列原则处理：

将雇员取得的不含税工资(扣除了原居住国税额的工资)，按本小节第一种情况的公式，换算成应纳税所得额，计算征收个人所得税；如果计算出的应纳税所得额小于按该雇员的实际工资、薪金收入(未扣除原居住国税额的工资)计算的应纳税所得额的，应按其雇员的实际工资薪金收入计算征收个人所得税。

案例研究8-1

年终一次性奖金应如何发放？

2008年，某公司人力资源主管肖先生和营销主管王先生月工资均为5 000元。年底，根据工作业绩，公司给予肖先生全年一次性年终奖24 000元，给予王先生全年一次性年终奖24 100元。公司财务部门据以计算应纳个人所得税额，发现了令人困惑的现象。

一、肖先生的年终奖应缴纳个人所得税情况

24 000÷12＝2 000元

应纳个人所得税＝24 000×10%－25＝2 375(元)

税后净额＝2 4000－2 375＝21 625(元)

二、王先生的年终奖应缴纳个人所得税情况

24 100÷12＝2 008.33

应纳个人所得税＝24 100×15%－125＝3 490(元)

税后净额＝24 100－3 490＝20 610(元)

王先生由于业绩略好于肖先生而多获得年终奖100元,由此带来多缴纳个人所得税1 115元,净所得反而少于肖先生1 015元。这是如何造成的呢?企业到底应该如何给员工发放奖金才能使企业和个人都受益呢?这里面的问题值得研究。

出现上述状况的原因主要是由于年终一次性奖金计算方法是一种临时计税方法,它以年终奖除以12的商寻求适用税率和速算扣除数,虽然比照的是工资薪金的九级超额累进税率表,但计税依据却不是以年终奖除以12的商数而是年终奖。在这里,计税依据和适用税率及速算扣除数是不匹配的,由此导致这种计算方法介于全额累进税率和超额累进税率之间。在税率跳档的临界点附近,会出现税额增长高于收入增长的不正常现象;随着收入的继续增长,应纳税额逐步以该档税率平稳增长,逐步净所得与临界点净所得相等然后再继续增加。那么在24 000元年终奖临界点之上,必然存在一个净所得平衡点。同理,在任何一个年终奖临界点之上,都存在一个这样的净所得平衡点,临界点和净所得平衡点之间的区域是各等级年终奖发放时应避免的区域,这些区域分别是:

6 000～6 306元

24 000～25 294元

60 000～63 438元

240 000～254 667元

480 000～511 429元

720 000～770 769元

960 000～1 033 333元

1 200 000～1 300 000元

可见,企业在发放年终一次性奖金时要注意筹划,事先通过测算确定适当的年终奖发放额,让员工充分享受到企业为其增加的福利。

第七节　个人所得税的税收优惠与征收

一、个人所得税的税收优惠

我国个人所得税法及其实施条例,以及财政部、国家税务总局的若干规定等,都对个人所得项目给予了减税免税的优惠,主要包括以下几个方面。

1. 免征个人所得税

根据我国的有关政策,参照国际税收惯例,我国税法对下列各项所得免征个人所得税。

（1）省级人民政府、国务院部委和中国人民解放军军以上单位，以及外国组织、国际组织颁发的科学、教育、技术、文化、卫生、体育、环境保护等方面的奖金。

（2）个人持有国家债券或国务院批准发行的金融债券的利息。

（3）国家统一规定发给的补贴、津贴、福利费、抚恤金、救济金。指按照国务院规定发给的政府特殊津贴和国务院规定免纳个人所得税的补贴、津贴，免予征收个人所得税。其他各种补贴、津贴均应计入工资、薪金所得项目征税。

国务院规定免纳个人所得税的补贴、津贴包括：独生子女补贴；执行公务员工资制度未纳入基本工资总额的补贴、津贴差额和家属成员的副食品补贴；托儿补助费；差旅费津贴、误餐补助。

以上补贴、津贴不属于工资、薪金性质的所得，或者不属于纳税人本人工资、薪金所得项目，不计入工资、薪金所得项目征税。免征个人所得税的误餐补助，是指按财政部门规定，个人因公在城区、郊区工作，不能在工作单位或返回就餐，确定需要在外就餐的，根据实际误餐顿数，按规定的标准领取的误餐费。一些单位以误餐补助名义发给职工的补贴、津贴，应当并入当月工资、薪金所得计征个人所得税。

（4）保险赔款。对于个人自己缴纳有关商业保险费（保费全部返还个人的保险除外）而取得的无赔款优待收入，也不作为个人的应纳税收入，不征收个人所得税；但对于个人因任职单位缴纳有关保险费用而取得的无赔款优待收入，要按照“其他所得”应税项目计征个人所得税。

（5）军人转业费、复员费；按照国家统一规定发给干部、职工的安家、退职、退休工资、离休工资、离休生活补助费。对于达到离休、退休年龄，但确因工作需要，适当延长离休退休年龄的高级专家（指享受国家发放的政府特殊津贴的专家、学者），其在延长离退休期间的工资、薪金所得，视同退休工资、离休工资免征个人所得税。

（6）按照我国外交、领事特权与豁免条例规定免税的各国驻华使领馆外交代表、官员和其他人员的所得。

（7）我国参加的国际公约、协议中规定免税的所得。

（8）个人开设教育储蓄存款专户，并享受利率优惠的存款，其所取得的利息免征储蓄存款利息所得个人所得税。有关储蓄机构应对教育储蓄情况进行详细记录，以备税务机关查核。

（9）发给见义勇为者的奖金。对乡、镇（含乡、镇）以上人民政府或经县（含县）以上人民政府主管部门批准成立的有机构、有章程的见义勇为基金或类似性质的组织，奖励见义勇为者的奖金或奖品，经主管税务机关批准，免征个人所得税。

（10）个人和企业按照国家或省级地方人民政府规定的比例提取并向指定金

融机构实际缴付的住房公积金、医疗保险金、基本养老保险金和失业保险基金，不计入个人当期的工资、薪金收入，免予征收个人所得税；超过规定的比例缴付的部分应计入职工个人当期的工资、薪金收入，依法计征个人所得税。

个人领取原提存的住房公积金、医疗保险金、基本养老保险金和失业保险基金时，免予征收个人所得税；具备《失业保险条例》规定条件的失业人员，领取的失业保险金，免予征收个人所得税。对于存入银行个人账户的以上基金所取得的利息收入，也免予征收个人所得税。这样规定的目的是为了保证和支持社会保障制度和住房制度改革的顺利实施。

（11）经国务院财政部门批准的所得。

2. 暂免征收个人所得税

现行税收制度又对以下个人收入制定了暂免征收个人所得税的优惠。

（1）个人举报、协查各种违法、犯罪行为而获得的奖金，暂免征收个人所得税。

（2）个人办理代扣代缴税款手续，按规定取得的扣缴手续费，暂免征收个人所得税。

（3）个人转让自用达5年以上，并且是唯一的家庭生活用房取得的所得，暂免征收个人所得税。

（4）为了有利于动员全社会力量资助社会民政事业发展，对个人购买社会福利有奖募捐奖券，凡一次中奖收入不超过1万元的，暂免征收个人所得税；超过1万元的，应按税法规定全额征收个人所得税。

（5）外籍个人从外商投资企业取得的股息、红利所得，暂免征收个人所得税。

（6）储蓄存款利息暂免征收个人所得税。为配合国家宏观调控政策需要，自2008年10月9日起，对储蓄存款利息所得暂免征收个人所得税。即储蓄存款在1999年10月31日前孳生的利息所得，不征收个人所得税；储蓄存款在1999年11月1日至2007年8月14日孳生的利息所得，按照20%的比例税率征收个人所得税；储蓄存款在2007年8月15日至2008年10月8日孳生的利息所得，按照5%的比例税率征收个人所得税；储蓄存款在2008年10月9日后（含10月9日）孳生的利息所得，暂免征收个人所得税。

3. 减征个人所得税

为了帮助纳税人克服困难，度过灾情造成的疾苦，确保人民的生活安定，税法规定，有下列情形之一的，由主管税务机关审核，报上一级税务机关批准，可以减征个人所得税。

（1）残疾、孤老人员和烈属的所得。对于可减征个人所得税的残疾孤老人员和烈属的所得仅限于劳动所得。具体所得项目为：工资、薪金所得；个体工商户的生产经营所得；对企事业单位的承包经营、承租经营所得；劳务报酬所得；稿酬所得;特许权使用费所得。其他各项所得,不属减征照顾的范围。

(2) 因严重自然灾害造成重大损失的。

(3) 其他经国务院财政部门批准减税的。

上述个人所得税减征的幅度和期限由省、自治区、直辖市人民政府确定。

二、个人所得税的纳税申报

我国个人所得税采取源泉扣缴和纳税人自行申报纳税两种方法,以源泉扣缴为主。

1. 源泉扣缴

所谓源泉扣缴,是指各项应税所得虽然以所得人为纳税人,但以支付所得的单位或个人为扣缴义务人。凡支付个人应纳税所得的企业、事业单位、机关、社团组织、军队、驻华机构、个体户等单位或个人,均为个人所得税的扣缴义务人。扣缴义务人在向个人支付应税款项时,应当依照税法规定代扣税款,按时缴库,并专项记载备查,同时向税务机关报送扣缴个人所得税报告表。这种方法,有利于控制税源,防止漏税和逃税。例如我国工资薪金所得、利息收入等个人收入项目就实行源泉扣缴的缴纳方法。

扣缴义务人向个人支付应纳税所得时,不论纳税人是否属于本单位人员,均应代扣代缴其应纳的个人所得税税款。为了鼓励扣缴义务人,可按照所扣缴的税款付给2%的手续费。但扣缴义务人应扣未扣税款的,由扣缴义务人缴纳应扣未扣税款以及相应的滞纳金或罚款。

2. 自行申报纳税

自行申报纳税,是由纳税人自行在税法规定的纳税期限内,向税务机关申报取得的应税所得项目和数额,并按照税法规定计算应纳税额,据此缴纳个人所得税的一种方法。自行申报的纳税人包括:

(1) 年所得12万元以上的;

(2) 在中国境内两处或两处以上取得工资薪金所得的;

(3) 取得应纳税所得,没有扣缴义务人的;

(4) 从中国境外取得所得的;

(5) 国务院规定的其他情形。

以上纳税人可以由本人或委托他人或采用邮寄方式在规定的申报期限内申报纳税。邮寄申报纳税的,以邮出地的邮戳日期为实际申报日期。自行申报的纳税人,在申报纳税时,其在中国境内已经扣缴的税款,准予按照规定从应纳税额中扣除。

自行申报纳税的地点一般应为收入来源地的主管税务机关。纳税人从两处或两处以上取得工资、薪金所得的，可选择并固定在其中一地税务机关申报纳税；从境外取得所得的，向中国境内户籍所在地主管税务机关申报。在中国境内有户籍，但户籍所在地与中国境内经常居住地不一致的，选择并固定向其中一地主管税务机关申报。在中国境内没有户籍的，向中国境内经常居住地主管税务机关申报。纳税人要求变更申报地点的，须经原主管税务机关批准。

三、个人所得税的纳税期限

扣缴义务人每月所扣的税款，自行申报纳税人每月应纳的税款，都应当在次月7日内缴入国库，并向税务机关报送纳税申报表。对不同所得项目规定的具体纳税期限如下。

（1）年所得12万元以上的纳税人，在纳税年度终了后3个月内向主管税务机关办理纳税申报。

（2）工资、薪金所得应纳的税款，按月计征，由扣缴义务人或纳税义务人在次月7日内缴入国库，并向税务机关报送纳税申报表。特定行业的工资、薪金所得应纳的税款，可以实行按年计算、分月预缴的方式计征，具体办法由国务院规定。

（2）个体工商户和个人独资、合伙企业投资者取得的生产、经营所得应纳的税款，分月预缴的，纳税人在每月终了后7日内办理纳税申报；分季预缴的，纳税人在每个季度终了后7日内办理纳税申报；纳税年度终了后，纳税人在3个月内进行汇算清缴。

（3）对企事业单位的承包经营、承租经营所得应纳的税款，按年计算，由纳税义务人在年度终了后30日内缴入国库，并向税务机关报送纳税申报表。纳税义务人在一年内分次取得承包经营、承租经营所得的，应当在取得每次所得后的7日内预缴，年度终了后3个月内汇算清缴，多退少补。

（4）从中国境外取得所得的纳税义务人，应当在年度终了后30日内，将应纳的税款缴入国库，向税务机关报送纳税申报表。

案例研究8-2

足球记者李响涉嫌逃税①

2002夏季，有人向北京市地税局稽查举报中心举报曾供职于《足球报》、《体坛周报》的女记者李响涉嫌逃税。经过多方打探得知，举报人是一位记者，他自称其目的是要给7 000多足球记者讨一个公平。

---

① 资料来源：张夫，足球记者李响涉嫌逃税，21世纪体育报，2002-09-16。本案例在原文基础上进行了适当改编。

此前，记者获悉有人向北京市地税局稽查举报中心举报记者李响逃税。记者来到该举报中心希望得到一些具体的线索，但中心工作人员告诉记者，按照规定他们不可能泄露举报人的任何线索，关于被举报人的线索他们也不可能透露，但有一点可以肯定，“如果我们接到举报，肯定会记录在案，而且其调查的情况一定会给举报人一个明确的答复。”

经过多方联系，记者终于打探到这位举报人，原来此人也是一位记者。通过电话联系上了此人，他毫不讳言地告诉记者：他已经正式向北京市地税局稽查部门举报了记者李响有逃税嫌疑。“近一年来她的各种收入高达300万元左右，但是有很大一部分收入缺乏透明度，有逃税嫌疑。税务部门接到举报后非常重视，已经正式记录在案，并表示在一定期限内会认真调查，一定会给我一个明确的答复。”

根据举报信息，李响有三笔款项涉嫌逃税：第一，从广州《足球报》“转会”至湖南《体坛周报》，取得了一笔不菲的“转会费”，绝不低于150万元人民币；第二，李响2001年在北京知识出版社出版的《与米卢零距离》，单册售价22元，印数达13万册，从中提取了30余万元的版税；第三，2002年世界杯期间，李响为北京电视台体育部做节目，得到了15万元劳务收入。举报者还告诉记者，除了以上所说的三笔大头，还有一些小线索：李响曾为一些网站撰稿，弄一些关于国家队的独家消息，所得收益颇丰，但通过了解，有相当一部分收入未按规定申报所得税。

那么李响的行为是否构成偷税呢？记者特意咨询了律师。律师告诉记者，就目前掌握的情况来看，李响的收入涉及了不同税率。其工资和奖金按工资收入税率，“转会费”按偶然所得税率，劳务收入一部分按稿费、一部分按劳务所得，税率不同缴的税也就不一样。如果李响现在有收入而未交税属于应交未交，只要补税即可。偷税的要件应当是有意隐瞒的收入，多列支出，主观行为表现为故意。就目前的情况来看，李响的表现不构成故意。但是，税务机关开始调查后，如果李响有意隐瞒，则构成偷税，情节严重的将要被追究刑事责任。

面对多种形式的收入，李响应如何主动申报纳税，并按照什么项目申报纳税？不同的举措所引起的后果是存在差异的。这里面有许多值得研究的问题，须引起纳税人关注。

练习题

一、填空题

1. 国际上的个人所得税制有综合所得税制、________和________三种。

2. 居民承担无限纳税义务必须就其来源于________交纳个人所得税；而非居民承担________，只就其来源于________交纳个人所得税。

3. 对外籍人员附加减除费用的标准为________元。

4. 个人所得税中有些项目所得如劳务报酬所得、稿酬所得等，每次收入不超过4 000元的，减除费用________，每次收入在4 000元以上的，定率扣除________的费用。

5. 根据税法规定，稿酬所得应缴纳的个人所得税的实际税率为________。

6. 属于同一事项连续取得收入的，以________取得的收入为一次计征个人所得税。

7. 对个人所得税扣缴义务人按照税法规定代扣代缴税款的，可以按照所扣缴的税款的________付给手续费。

8. 个人所得税的征纳办法有代扣代缴纳税和________，其中以________为主。

9. 个人由于担任董事职务所取得的董事费收入，应划归到________项目中征收个人所得税。

二、判断题

1. 个人所得税的特点之一是实行分项课征制。(　　)

2. 个人所得税的纳税人包括居民，也包括非居民。(　　)

3. 利息、股息、红利所得，偶然所得和其他所得，以每次收入额为应纳税所得额。(　　)

4. 适用累进税率应纳税额的计算，既可采用速算法，也可按累进税率的原理分步计税，二者结果是一样的。(　　)

5. 退休工资也属于工资薪金所得，也应缴纳个人所得税。(　　)

6. 在我国境内无住所而且在我国境内居住不满90天的个人，其来源于我国的所得免征个人所得税。(　　)

7. 对工薪所得征税，允许扣除的2 000元生计费属于起征点性质的减免税。(　　)

8. 对个人所得的股息、红利，均可免征个人所得税。(　　)

9. 纳税义务人从中国境外取得的所得，已在境外缴纳个人所得税的，只要有正式凭据，无论多少，均可在其应纳税额中扣除。(　　)

10. 某畅销书出版后添加印数，则其因添加印数追加的稿酬应与以前出版发表时的稿酬合并为一次计算个人所得税。(　　)

三、思考题

1. 个人所得税附加减除费用的适用范围有哪些？

2. 个人所得税的减免有哪些规定？

3. 个人所得税的纳税义务人有哪些？怎样判断居民纳税人和非居民纳税人？

4. 个人所得税的缴纳方法有哪几种？

5. 简述我国个人所得税的征收采用的是哪种模式，该模式现在是否适应我国国情。

6. 简述完善我国个人所得税的必要性。

7. 简述你对完善个人所得税的设想。

四、选择题

1. 下列项目中，可以免征个人所得税的有（　　）。

A. 购物时获得的中奖收入　　B. 单位自己规定发给的补贴、津贴

C. 个人获得保险赔款　　D. 民间借贷利息

2. 财产转让所得中，可以扣除（　　）来计算应纳税所得额。

A. 20%　　B. 800 元

C. 财产原值及合理费用　　D. 财产原值

3. 下列项目中，应计入工资、薪金所得纳税的有（　　）。

A. 职工加班费补贴　　B. 误餐补助

C. 托儿费补贴　　D. 独生子女补贴

4. 股息、红利、利息所得应以（　　）为应纳税所得额。

A. 每月收入额　　B. 每年收入额

C. 每次收入额　　D. 每季收入额

5. 个人所得税法将纳税义务人区分为居民和非居民所依据的标准有（　　）。

A. 意愿标准　　B. 国籍标准

C. 居住时间标准　　D. 住所标准

6. 我国个人所得税采用的税率有（　　）。

A. 超额累进税率　　B. 全额累进税率

C. 比例税率　　D. 定额税率

7. 我国个人所得税以支付所得的单位或者个人为（　　）。

A. 纳税人　　B. 代征人　　C. 负税人　　D. 扣缴义务人

8. 国内某作家的一篇小说在一家日报上连载两个月，第一个月月末报社支付稿酬 2 000 元；第二个月月末报社支付稿酬 5 000 元。该作家两个月所获稿酬应缴纳的个人所得税为（　　）元。

A. 728　　B. 784　　C. 812　　D. 868

9. 法国某公司派其雇员塞米尔来我国某企业安装、调试电器生产线，塞米尔于 2008 年 2 月 1 日来华，工作时间为 9 个月，但其中 7 月份仅在我国居住 18 天。其工资由法方企业支付，月工资合人民币 30 000 元。塞米尔 7 月份在我国应缴纳的个人所得税为（　　）。

A. 5 925 元　　B. 2 859.68 元　　C. 2 975.81 元　　D. 2 750.63 元

10. 某职员 2009 年 5 月月薪 2 400 元，单位向社保基金管理中心为其扣缴基本养老保险 160 元、基本医疗保险 40 元、失业保险 10 元；并代扣其供暖费 500 元，则其当月个人所得税为（　　）。

A. 95 元　　B. 74 元　　C. 9.5 元　　D. 0

五、计算题

1. 某歌星参加外单位组织的一次演出后，一次性取得演出收入 70 000 元，计算该歌星应纳个人所得税为多少。

2. 甲、乙、丙三位大学讲师合译一本书，出版发行后，共取得稿酬 8 200 元，假定按字数付稿酬，甲得 5 000 元，乙得 2 500 元，丙得 700 元；另外甲取得国库券利息 300 元，丙取得红利 200 元。问三位讲师应如何纳税？

3. 某大学周教授 2009 年 6 月份收入情况如下：

(1) 工资收入 3 200 元；

(2) 学校发上半年奖金 3 600 元；

(3) 担任兼职律师取得收入 80 000 元，从中捐给“希望工程”教育基金会 40 000元。

要求：请按上述条件分别计算周教授 6 月份应缴纳的个人所得税。

4. 某中国居民分别在中国境内甲、乙两地任职，当月在甲地取得工资 2 000 元，在乙地取得工资 3 000 元，一次性取得劳务报酬 60 000 元，问该公民应纳个人所得税多少？

5. 中国公民孙某系自由职业者，2008 年收入情况如下：

(1) 出版中篇小说一部，取得稿酬 50 000 元，后因小说加印和报刊连载，分别取得出版社稿酬 10 000 元和报社稿酬 3 800 元；

(2) 受托对一电影剧本进行审核，取得审稿收入 15 000 元；

(3) 临时担任会议翻译，取得收入 3 000 元；

(4) 在 A 国讲学取得收入 30 000 元，在 B 国进行书画展卖，现场作画取得收入 70 000 元，已分别按收入来源国税法规定缴纳了个人所得税 5 000 元和 18 000元。

要求计算：

(1) 2008 年孙某小说稿酬应缴纳的个人所得税；

(2) 2008 年孙某审核剧本应缴纳的个人所得税；

(3) 2008 年孙某翻译收入应缴纳的个人所得税；

(4) 2008 年孙某境外所得应在我国补交的个人所得税；

(5) 2008 年孙某应缴纳的个人所得税合计数。

6. 我国公民张先生为国内某企业高级技术人员，2008 年 3—12 月收入情况如下。

(1) 每月取得工薪收入 8 400 元。

(2) 3 月转让 2006 年购买的三居室精装修房屋一套，售价 230 万元，转让过程中支付的相关税费 13.8 万元。该套房屋的购进价为 100 万元，购房过程中支付的相关税费为 3 万元。所有税费支出均取得合法凭证。

(3) 6 月因提供重要线索，协助公安部门侦破某重大经济案件，获得公安部门奖金 2 万元，已取得公安部门提供的获奖证明材料。

(4) 9 月在参加某商场组织的有奖销售活动中，中奖所得共计价值 30 000 元。将其中的 10 000 元通过市教育局用于公益性捐赠。

(5) 10 月将自有的一项非职务专利技术提供给境外某公司使用，一次性取得特许权使用费收入 60 000 元，该项收入已在境外缴纳个人所得税 7 800 元。

根据上述资料，请计算：

(1) 张先生 3—12 月工薪收入应缴纳的个人所得税；

(2) 张先生转让房屋所得应缴纳的个人所得税；

(3) 张先生从公安部门获得的奖金应缴纳的个人所得税；

(4) 张先生中奖所得应缴纳的个人所得税；

(5) 张先生从境外取得的特许权使用费在我国缴纳个人所得税时可以扣除的税收限额；

(6) 张先生从境外取得的特许权使用费在我国实际应缴纳的个人所得税。

7. 陈某为某有限责任公司技术总监，2008 年收入情况如下。

(1) 每月取得工资 8 000 元，其中 5 月通过红十字会向汶川地震灾区捐款 5 000元；12 月取得年终奖工资 48 000 元。

(2) 业余为某单位搞一项创新设计，取得不含税设计收入 50 000 元。

(3) 根据自己的生活经历，与夫人合写的小说《我们的爱情》，根据两人付出的工作量，向出版单位要求按照 60%:40%分配稿酬。该书由出版社出版，出版社向陈某及夫人预付稿酬 5 000 元，作品出版后再付稿酬 30 000 元；当年某晚报连续 4 个月连载该小说，每个月支付稿酬 2 000 元，陈某及夫人共获得连载稿酬 8 000 元。

(4) 与李某共同投资的一家合伙企业，平均分配该企业年度经营所得 50 000 万元。

(5) 取得从上市公司分配的股息、红利所得 20 000 元。

(6) 3 月份购入一批债券，买入价 20 000 元，支付相关税费共计 300 元。年底将该批债券一次性卖出，卖出价 25 000 元，另支付卖出债券的税费共计 200 元。

(7) 在 A 国演讲取得收入 3 000 元，在 B 国转让专利取得收入 70 000 元，已分别按收入来源国税法规定缴纳了个人所得税 300 元和 12 000 元。

根据上述资料，请计算：

(1) 陈某2008年全年工资薪金和年终奖应缴纳的个人所得税；

(2) 陈某业余设计应缴纳的个人所得税；

(3) 陈某及夫人出版小说应缴纳的个人所得税；

(4) 陈某的合伙企业所得应纳的个人所得税；

(5) 陈某取得上市公司股息应纳的个人所得税；

(6) 陈某转让债券应缴纳的个人所得税；

(7) 陈某境外所得应补缴的个人所得税。

8. 2008年度中国公民赵某有如下所得。

(1) 每月工资3 000元，已按照所在省规定的办法和比例扣除了住房公积金和各项社会保险费720元，12月份取得除当月工资外的年度绩效工资30 000元。

(2) 2007年5月赵某出售自有住房，取得转让收入100万元，并以纳税保证金形式向当地主管税务机关缴纳了个人所得税5万元，该住房于2006年购入。2008年4月赵某以80万元的价格购买另一处住房。

(3) 1月份购入甲种债券20 000份，每份买入价5元，支付相关税费共计1 000元。6月份卖出债券10 000份，每份卖出价7元，支付税费共计700元。

(4) 利用业余时间兼职，1—12月份每月从兼职单位取得报酬3 000元并从中拿出500元通过国家机关捐给希望工程。

(5) 通过拍卖行将一幅珍藏多年的字画拍卖，取得收入500 000元，主管税务机关核定王某收藏该字画发生的费用为100 000元，拍卖时支付相关税费50 000元。

(6) 从A国取得特许权使用费收入折合人民币40 000元，在A国缴纳了个人所得税8 000元；从B国取得股息折合人民币10 000元，在B国缴纳了个人所得税1 000元。

根据上述资料，请计算：

(1) 赵某12月份工资和年终奖所得共应缴纳的个人所得税；

(2) 赵某转让住房应纳的营业税；

(3) 赵某因转让住房应退回的纳税保证金；

(4) 赵某转让债券所得应缴纳的个人所得税；

(5) 赵某2008年全年兼职所得应缴纳的个人所得税；

(6) 赵某拍卖字画所得应缴纳的个人所得税；

(7) 赵某来源于境外的所得在我国应缴纳的个人所得税。

9. 2009年3月，某企业当月发生下列与个人收入有关的事项。

(1) 对总经理赵某(中国公民)采用年薪制，年薪600 000元，平时每月支付其工资10 000元，每年视其履职状况支付其其余薪金。3月，赵总经理任期到期，董事会决定不再聘用，当月支付其薪金10 000元，并根据考核状况支付其其余年薪450 000元。

(2) 新任总经理丹尼尔为法国公民，任期三年，于 3 月来华与赵某交接工作，当月在企业工作 22 天，企业按日工资(含节假日)2 000 元计算其在华工资。

(3) 支付退休人员钱某再任职收入 4 000 元，当月钱某还从有关方面领取退休金 1 500 元。

(4) 支付兼职设计人员孙某不含税兼职收入 5 000 元。

(5) 承诺给新员工李某(中国公民)股票期权，2 年后将以每股 1 元的价格给李某本企业(境内上市)股票 20 000 股，李某本月工资 6 000 元。

(6) 已在公司工作 2 年的员工周某(港澳同胞)的股票期权到期，行权按每股 1 元取得市价每股 3 元的本公司股票 30 000 股，周某本月工资 9 000 元。

根据上述资料，请计算：

(1) 赵某当月应纳的个人所得税合计数；

(2) 丹尼尔当月应纳的个人所得税合计数；

(3) 钱某当月应纳的个人所得税；

(4) 孙某当月应纳的个人所得税；

(5) 李某当月应纳的个人所得税；

(6) 周某当月应纳的个人所得税。

10. 中国公民张某为某大学教授，2009 年 1—6 月除了从所在大学取得工资薪金收入外，还取得以下几项收入。

(1) 2 月 10 日受邀到境内某企业作演讲，主办方支付报酬 5 000 元。

(2) 3 月份有两篇论文在相关专业期刊上发表，分别取得稿酬 3 200 元和4 500 元。

(3) 4 月份，将自己某著作的外文翻译出版权转让给境外某出版社，取得收入折合人民币 62 000 元，已向该境外出版社所在国缴纳个人所得税税款折合人民币 5 600 元。

(4) 6 月 6 日因购物取得一张发票，中奖 1 000 元；6 月 8 日又因购物取得发票，中奖 200 元。

根据上述资料，请计算：

(1) 张某 2 月 10 日演讲取得的报酬应缴纳的个人所得税；

(2) 张某 3 月份发表的两篇论文取得的稿酬应缴纳的个人所得税；

(3) 张某 4 月份转让著作外文翻译出版权取得收入应缴纳的个人所得税；

(4) 张某 6 月份因发票中奖所得应缴纳的个人所得税。

第九章

资源类税

资源类税是对开发、利用和占有国有自然资源的单位和个人征收的一类税。征收这类税一般有两个目的：一是为了取得资源消耗的补偿基金，保护国有资源的合理开发利用；二是为了调节资源级差收入，以利于企业在平等的基础上开展竞争。本章将主要介绍几种与资源相关的税收，包括对矿产资源等征收的资源税、对土地资源征收的土地增值税、城镇土地使用税和耕地占用税。

第一节 资 源 税

资源税是为了体现国家的权益，促进合理开发利用资源，调节资源级差收入，对在中华人民共和国境内从事资源开采的单位和个人征收的一种税。我国自然资源归国家所有。由于各地自然资源禀赋差异很大，开采资源的企业因资源禀赋差异而利润相差悬殊，造成了分配上的不合理，并出现了滥采滥挖、掠夺性开采等严重破坏和浪费国有资源的问题。为保护国有资源，促进国有资源合理开发和有效利用，调节级差收入，1984 年 9 月 18 日国务院颁布了《中华人民共和国资源税条例(草案)》，从当年 10 月 1 日起对原油、天然气和煤炭三种矿产品征收资源税，同时国务院发布了《中华人民共和国盐税条例(草案)》，将盐税从原工商税中分离出来，重新成为一个独立的税种。随着我国市场经济的不断发展，资源税在征收范围等诸多方面已不能满足新形势的需要，为此，本着“普遍征收、级差调节”等原则，国务院于 1993 年 12 月 25 日重新修订颁布了《中华人民共和国资源税暂行条例》，财政部于 1993 年 12 月 30 日发布了《中华人民共和国资源税暂行条例实施细则》，同时取消了盐税，将盐纳入资源税的征收范围，修订后的资源税暂行条例于 1994 年 1 月 1 日起施行。

我国现行资源税有以下几个特点。

1. 只对特定资源征税

我国现行资源税的征税对象不是所有的自然资源，而是主要选择对矿产资源进行征税。在矿产资源中，还采取了根据矿产品交割和采掘业的实际状况选择品目，分批分步实施征收资源税的办法。未列举品目的矿种主要是资源不大，不具有代表性的矿种，对这部分品目征收资源税或缓征资源税的权限适当下放到地方。

2. 具有受益税性质

在我国，国家是自然资源的所有者，又是政治权利的行使者。单位和个人开发经营国有自然资源，既应当为拥有开发权而付出一定的“代价”，又因享有国有自然资源而有义务支付一定的“费用”。所以，国家征收资源税是表明对资源的所有权。它一方面体现了税收的强制性、固定性的特征，另一方面主要体现了对国有资源的有偿占用性。所以说，我国资源税具有受益税的性质。

3. 从量征收，级差调节

资源税的税负是根据应税资源的不同品种以及同一品种的不同资源条件和开采条件按其资源产地和等级分别确定的，并根据各种资源的计量单位确定其单位税额。资源条件有好有坏，而且存储状况、开采条件、地理位置都有很大的差异，因此资源税施行高低不同的差别税额来调节因资源条件不同产生的级差收入。资源税实行从量定额征收，税负不受企业资本有机构成、经营管理水平等多种因素的影响，使资源税能真正调节企业因客观开采条件差异形成的级差收入，且采用从量定额征收计算简便，便于征管。

一、资源税的纳税人和征税范围

1. 纳税人

资源税的纳税人是指在中华人民共和国境内开采应税资源的矿产品，或者生产盐的单位和个人。上述单位是指国有企业、集体企业、私有企业、股份制企业、其他企业和行政单位、事业单位、军事单位、社会团体及其他单位。个人，是指个体经营者及其他个人；其他单位和其他个人包括外商投资企业、外国企业及外籍人员。

中外合作开采石油、天然气，按照现行规定只征收矿区使用费，暂不征收资源税。因此，中外合作开采石油、天然气的企业不是资源税的纳税义务人。

2. 扣缴义务人

为加强对资源税的征管和保证税款及时安全入库，在资源税暂行条例和细则中规定，以收购未税矿产品的单位作为资源税的扣缴义务人。扣缴义务人主要是对那些税源小、零散、不定期开采，税务机关难以控制，容易发生漏税的单位和个人，在收购其未税矿产品时代扣代缴其应纳的税款。具体来讲，扣缴义务人包括独立矿山、联合企业和其他收购未税矿产品的单位。其中，独立矿山是指只有采矿或只有采矿和选矿并实行独立核算、自负盈亏的单位，作为独立矿山可以对外直接销售原矿和精矿。联合企业是指采、选、冶（或加工）连续生产的企业或采、冶（或加工）连续生产的企业，采矿单位一般是该企业的二级或二级以下的核算单位。其他单位也包括收购未税矿产品的个体户在内。

资源税规定仅对在中国境内开采或生产应税产品的单位和个人征收，进口的矿产品和盐不征收资源税。对于进口应税产品不征收资源税，相应地对出口应税产品也不免征或者退还已纳资源税。

3. 征税范围

我国自然资源十分丰富，但现行的资源税征税范围只是包括了具有商品属性的资源，并不包括一切国有资源。水资源等由于价格及征管经验等因素，暂未列入征税范围。这样，属于资源税征税范围的资源主要是矿产品和盐两大类。

矿产品包括：原油、天然气、煤炭、其他非金属矿原矿、黑色金属矿原矿和有色金属矿原矿。盐包括固体盐和液体盐（卤水）。

二、资源税的税目和税额

根据资源税的征税范围是针对矿产品和盐，实施“普遍征收、级差调节”的原则，即对所有的应税资源产品一律征收，同时根据资源贮存、开采等条件差别税额处理。具体设置了7大类税目，并根据《资源税税目税额明细表》和《几个主要品种的矿山资源等级表》，对各品种各等级的税额做了规定。

(1) 原油，是指开采的天然原油，不包括人造石油。税额为8～30元/吨。

(2) 天然气，是指专门开采或与原油同时开采的天然气，暂不包括煤矿生产的天然气。税额为2～15元/千立方米。

(3) 煤炭，是指原煤，不包括洗煤、选煤及其他煤炭制品。税额为0.3～8元/吨。

(4) 其他非金属矿原矿，是指上列产品和井矿盐以外的非金属矿原矿。包括宝石、金刚石、大理石、花岗石等。税额为0.5～20元/吨、克拉或立方米。

(5) 黑色金属矿原矿，是指纳税人开采后自用、销售的，用于直接入炉冶炼，或者作为主产品先入选精矿、制造人工矿，再最终入炉冶炼的黑色金属矿石原矿。包括铁矿石、锰矿石和铬矿石。税额为2～30元/吨。

(6) 有色金属矿原矿，包括铜矿石、铅锌矿石、铝土矿石、钨矿石、锡矿石、锑矿石、铝矿石、钼矿石、镍矿石、黄金矿石、钒矿石（含石煤钒）等。税额为0.4～30元/吨或立方米。

(7) 盐，一是固体盐，包括海盐原盐、湖盐原盐和井矿盐，税率为10～60元/吨；二是液体盐（卤水），是指氯化钠含量达到一定浓度的溶液，是用于生产碱和其他产品的原料，税额为2～10元/吨。

对于划分资源等级的应税产品，其在《几个主要品种的矿山资源等级表》中未列举名称的纳税人适用的税额，由省、自治区、直辖市人民政府根据纳税人的资源状况，参照《资源税税目税额明细表》和《几个主要品种的矿山资源等级表》中确定的邻近矿山的税额标准，在浮动30%的幅度内核定，并报财政部和国家税务总局备案。

扣缴义务人适用的税额按如下规定执行。

(1) 独立矿山、联合企业收购未税矿产品的单位，按照本单位应税产品税额标准，依据收购的数量代扣代缴资源税。

(2) 其他收购单位收购的未税矿产品，按税务机关核定的应税产品税额标准，依据收购的数量代扣代缴资源税。

三、资源税的计税依据

我国现行的资源税采用的是从量定额征收，以课税数量作为计税依据。资源税应税产品的课税数量规定如下：

(1) 纳税人开采或生产应税产品销售的，以销售数量为课税数量；

(2) 纳税人开采或生产应税产品自用的，以自用数量为课税数量。

实际生产经营活动中，有些情况是比较特殊的。有些具体情况的课税数量按如下办法执行。

(1) 纳税人不能准确提供应税产品销售数量或移送使用数量的，以应税产品的产量或主管税务机关确定的折算比例换算成的数量为课税数量。

(2) 原油中的稠油、高凝油与稀油划分不清或不易划分的，一律按原油的数量课税。

(3) 煤炭，对于连续加工前无法正确计算原煤移送使用量的，可按加工产品的综合回收率，将加工产品实际销量和自用量折算成原煤数量作为课税数量。

(4) 金属和非金属矿产品原矿，因无法准确掌握纳税人移送使用原矿数量的，可将其精矿按选矿比折算成原矿数量作为课税数量，其计算公式为

$$选矿比=精矿数量\div耗用原矿数量$$

(5) 纳税人以自产的液体盐加工固体盐，按固体盐税额征税，以加工的固体盐数量为课税数量。纳税人以外购的液体盐加工固体盐，其加工固体盐所耗用液体盐的已纳税额准予抵扣。

(6) 纳税人开采或生产不同税目应税产品的，应当分别核算不同税目应税产品的课税数量；未分别核算，或者不能准确提供不同税目应税产品的课税数量的，从高适用税额。

四、资源税应纳税额的计算

资源税的应纳税额，按照应税产品的课税数量和规定的单位税额计算。资源税应纳税额的计算公式为

$$应纳税额=课税数量\times单位税额$$

$$代扣代缴资源税额=收购未税矿产品数量\times适用单位税额$$

由公式可以看出，应纳税额的计算关键要确定课税数量和适用的单位税额。

【例】 某铜矿山某月销售铜矿石 20 000 吨，移送入选精矿 4 000 吨，选矿比为 20%，该矿山铜矿适用 1.2 元/吨的单位税额。计算该矿山本月应纳税额。

解 应纳税额＝外销铜矿石应纳税额＋移送原矿应纳税额

＝课税数量×单位税额＋入选精矿÷选矿比×单位税额

＝20 000×1.2＋4 000÷20%×1.2

＝48 000(元)

【例】 某联合企业为增值税一般纳税人，2008年12月生产经营情况如下。

(1) 专门开采的天然气50 000千立方米，开采原煤600万吨，采煤过程中生产天然气45 000千立方米。

(2) 销售原煤300万吨，取得不含税销售额23 000万元。

(3) 以原煤直接加工洗煤150万吨，对外销售120万吨，取得不含税销售额21 500万元。

(4) 企业职工食堂和供热等用原煤3 500吨。

(5) 销售天然气45 000千立方米(含采煤生产过程中生产的5 000千立方米)，取得不含税销售额7 800万元。

(6) 购入采煤用原材料和低值易耗品，取得增值税专用发票，注明支付货款7 500元，增值税税额1 275元。支付购原材料运输费240元，取得运输公司开具的普通发票，原材料和低值易耗品验收入库。

(7) 购进采煤机械设备12台，取得增值税专用发票，注明每台设备支付货款28万元，增值税4.76万元，已全部投入使用。(其中资源税单位税额，原煤3元/吨，天然气8元/千立方米，洗煤与原煤的选矿比为60%)

请计算该联合企业2008年12月应缴纳的资源税。

解 外销原煤应纳资源税＝300×3＝900(万元)

外销洗煤应纳资源税＝120÷60%×3＝600(万元)

食堂用煤应纳资源税＝0.35×3＝1.05(万元)

外销天然气应纳资源税＝(45 000－5 000)×8＝32(万元)

应缴纳资源税合计＝900＋600＋1.05＋32＝1 533.05(万元)

五、资源税的减免税规定

资源税贯彻普遍征收、级差调节的原则思想，因此规定的减免税项目较少。

资源税的纳税人基本是矿山和盐场，容易受自然界因素和意外事故的影响；此外，原油开采企业生产中有一部分必不可少的自用油。资源税主要对这些情况给予减免照顾。资源税的具体减免项目包括以下几项。

(1) 开采原油过程中用于加热、修井的原油免税。

(2) 纳税人在开采或者生产应税产品过程中，因意外事故或自然灾害等原因遭受到重大损失的，由省、自治区、直辖市人民政府酌情决定减税或免税。

(3) 自 2007 年 2 月 1 日起,北方海盐资源税暂减按每吨 15 元征收;南方海盐、湖盐、井矿盐资源税暂减按每吨 10 元征收;液体盐资源税暂减按每吨 2 元征收。

(4) 从 2007 年 1 月 1 日起,对地面抽采煤层气暂不征收资源税。煤层气是指储存于煤层及其围岩中与煤炭资料伴生的非常规天然气,也称煤矿瓦斯。

(5) 国务院规定的其他减税、免税项目。

纳税人的减税、免税项目,应当单独核算课税数量;未单独核算,或者不能准确提供课税数量的不予减税或免税。

资源税规定仅对在中国境内开采或生产应税产品的单位和个人征收,进口的矿产品和盐不征收资源税。对于进口应税产品不征收资源税,相应地对出口应税产品也不免征或退还已纳资源税。

六、资源税的申报与缴纳

1. 纳税义务发生时间

纳税人销售应税产品的纳税义务发生时间根据其结算方式的不同分为几种情况:采取分期收款结算方式的,为销售合同规定的收款日期的当天;采取预收货款结算方式的,为发出应税产品的当天;采取其他结算方式的,为收讫销售款或者取得索取销售款凭据的当天。

纳税人自产自用应税产品的纳税义务发生时间,为移送使用应税产品的当天。

扣缴义务人代扣代缴税款的纳税义务发生时间,为支付首笔货款或开具应支付货款凭据的当天。

2. 纳税期限

资源税的纳税期限为 1 日、3 日、5 日、10 日、15 日或 1 个月,纳税人的纳税期限由主管税务机关根据实际情况具体核定。这里指的实际情况是纳税人或是扣缴义务人应纳或应缴税额的多少,一般情况下,应纳数额越大,纳税期限越短,反之则越长。

纳税人不能按固定期限计算纳税的,可以按次计算纳税。纳税人以 1 个月为一期纳税的,自期满之日起 10 日内申报纳税;以 1 日、3 日、5 日、10 日或 15 日为一期纳税的,自期满之日起 5 日内预缴税款,于次月 1 日起 10 日内申报纳税并结清上月税款。

扣缴人的解缴税款期限,比照上述规定执行。

3. 纳税地点

凡是缴纳资源税的纳税人,都应当向应税产品的开采或生产所在地主管税务机关缴纳税款。

如果纳税人在本省、自治区、直辖市范围内开采或生产应税产品,其纳税地点需要调整的，由所在地省、自治区、直辖市税务机关决定。

如果纳税人应纳的资源税属于跨省开采，其下属生产单位与核算单位不在同一省、自治区、直辖市的，对其开采的矿产品一律在开采地纳税，其应纳税款由独立核算、自负盈亏的单位，按照开采地的实际销售量（或者自用量）及适用的单位税额计算划拨。

扣缴义务人代扣代缴的资源税，也应当向收购地主管税务机关缴纳。

专栏 9-1

论资源税改革①

以扩大资源税征收范围和提高资源税税负为中心内容的资源税改革呼之欲出。资源税改革已被赋予促进经济发展方式转变的重任。

自 1984 年成为一个独立的税种以来，资源税所提供的税收收入规模相当有限。几经改革，资源税税收收入占税收总收入的比例仍然很低，2008 年仅为 0.56%，2009 年上半年略有提高，也只占 0.61%。资源税征收范围偏窄，只对原油、天然气、煤炭等少数资源征收。其他一些重要的资源，如水资源等就与资源税暂时无缘。

资源税开征的初衷是为了调节贫富矿之间的级差收入，但是，近年来，资源价格暴涨，较低的税额导致资源价高税低，过低的资源税和基本上可以忽略的资源补偿费必然导致资源的掠夺性开采，不利于资源的节约利用。不仅私人小煤矿的回采率较低，平均回采率不到 20%，而且国有煤矿的平均回采率也不到 40%，大量资源被浪费掉了。较低的资源税和基本上可以忽略的资源补偿费对节能减排来说是非常不利的。

现行资源税制不能适应国有企业上市，以及民营企业大量介入资源开采和生产的现实。过低的资源税和资源补偿费加剧了收入分配的不均。矿产资源的大量开采，给矿主带来大量收入，造就了一批暴富的"煤老板"、"油老板"，造就了垄断性国有经济的所谓"业绩"，与此同时，资源开采区居民收入并没有得到多大的提高，这进一步拉大了收入差距，导致收入分配不公。

资源税改革之后，资源商品价格必然随之水涨船高。当然，短期内，资源商品价格能否上涨，在当下的中国，还受到政府规制的影响。可以预期的是，如果没有对应的资源商品价格上涨作为配套措施，那么，又好又快的目标不仅无法实现，而且资源企业最终将无法承受因此所带来的亏损。如果要维持低价位，政府财政只能给予补贴，但这违背了资源税改革促进经济发展方式转变的目标要求。因此，资

① 资料来源：杨志勇，资源税改革的弊与利，21 世纪经济报道，2009-08-06。

源税改革之后的结果必然是最终导致资源商品价格的上涨。

资源税改革还有利于增强地方政府基本公共服务的保障能力，推动中国财政体制的合理化。资源税除了海洋石油资源税是中央税外，其余均为地方税。过低水平的资源税，不利于资源开发补偿和生态补偿，影响资源的可持续利用，不能满足其为地方政府筹集财政收入的功能。中国矿产资源分布不均，西部地区经济相对落后，但矿产资源相对丰富。资源税改革有利于保障这些财力相对落后但资源相对丰富地区的利益，有助于这些地区经济和社会发展的激励机制的形成。

总之，从中长期来看，资源税改革的确能够促进中国经济又好又快发展，有助于经济发展方式的转变。

第二节　土地增值税

土地增值税是我国 1994 年开征的税种，是对转让国有土地使用权、地上建筑物及其附着物并取得收入的单位和个人，就其转让房地产的增值额征收的一种税。它与出售不动产的营业税不同，营业税是就出售不动产的营业额征税，并且起征点很低；而土地增值税是在纳税人有转让房地产的行为，并且取得了一定比例的增值额时才征收的。现行《中华人民共和国土地增值税暂行条例》是国务院于 1993 年 12 月 31 日发布，自 1994 年 1 月 1 日开始实施的。

一、土地增值税概述

土地增值税是对有偿转让国有土地使用权、地上建筑物和其附着物产权，取得增值性收入的单位和个人所征收的一种税。

1. 土地增值税的开征目的

我国开征土地增值税的主要目的如下。

第一，规范房地产交易市场秩序。开征土地增值税的一个主要目的是规范土地、房地产交易市场秩序，抑制炒买炒卖房地产获取暴利的投机行为。我国自 1987 年起逐步对土地使用制度进行改革，从无偿使用国有土地转变为有偿出让和有偿转让国有土地，使得房地产业迅速地发展起来，但随之也出现了一些比较严重的问题。其中之一就是房地产开发过热，开发公司增加过快。房地产交易市场缺乏竞争机制和透明度，一些单位和个人以协议价买进、高价卖出，获取暴利，使得炒买炒卖房地产的投机行为进入狂热状态，严重冲击了房地产交易市场的正常秩序，并由此加剧了我国资金市场的紧张，扰乱了金融秩序，加剧了我国产业结构的失衡。

第二，合理调节土地增值收益。开征土地增值税的另一个主要目的，是为了调节炒买炒卖土地获取的过高的增值收益，保护房地产正当开发者的合法权益。为此，土地增值税对这二者从三个方面予以区别对待。第一，在税率上规定实行四级超率累进税率，根据增值额超过扣除项目金额的情况，分别适用30%、40%、50%、60%的税率。一般来说，炒买炒卖房地产的，扣除项目少，适用税率高；正当房地产开发，成本费用高，扣除多，适用税率低。第二，对从事房地产开发的纳税人，可以按取得土地使用权所支付的金额和房地产开发成本之和加计20%给予扣除，而其他纳税人不能够享受这项政策。第三，在减免税政策上规定，对于建造普通居民住宅的，如果其增值额低于20%，免征其土地增值税。

第三，维护国家权益。由于房地产交易的失控，造成了国家在国有土地上的权益损失，开征土地增值税对于国家权益的维护可以从以下四个方面来看。

(1) 1987年以后，土地使用中的另一个严重问题是土地供给计划性不强，成片批租量过大，批地不与建设项目相结合，以至于土地批出后，常常不能及时开发，造成土地资源的浪费和资金的占用，而且批地价格偏低，国有土地收益大量流失。

(2) 我国房地产涨价的收益，主要是来自土地资源的增值收益而不是房屋本身有多大的增值。土地增值收益，包括了自然增值收益和投资增值收益在内。土地自然增值是随着社会经济的发展和城镇建设对稀缺的土地资源的需要而产生和日益上升的，其中既有因对土地需求的普遍增加而产生的绝对地租性质的自然增值收益，也有因土地所处地理位置、地质条件及交通等方面的差异而形成的相当于级差地租性质的自然增值收益。在我国，城市土地是属于国家所有的；农村和城市郊区的土地，除由法律规定属于国家所有的以外，其余属于集体所有，但按照现行规定，集体所有的土地须先由国家征用，改变成国家所有以后才能转让使用权。因而无论是绝对地租性质的还是级差地租性质的自然增值收益，理所当然地都应当归属于国家。

(3) 房地产业是高附加值产业，其支柱产业的地位日益明显。随着我国社会主义市场经济的发展和繁荣，土地增值特别是城市土地的自然增值将越来越大，所占比重也会越来越高，开征土地增值税可以保证国家从土地转让和房地产交易中取得越来越多的财政收入。

(4) 对涉外企业和外国公民来源于我国境内的土地增值收益，我国有优先征税权，如果这部分收入我国不征税，在由外国公民汇回本国后就会被它国所征，造成我国税收权益外溢。开征土地增值税，可以维护我国的这部分税收权益，同时也可以对等解决国家之间的税收问题。

2. 土地增值税的特点

土地增值税有以下几个特点。

1）以转让房地产取得的增值额为征税对象

我国的土地增值税属于“土地转移增值税”的类型，将土地、房屋的转让收入合并征收。作为征税对象的增值额，是纳税人转让房地产的收入减除税法规定准予扣除项目金额后的余额。

2）征税面比较广

凡在我国境内转让房地产并取得收入的单位和个人，除税法规定免税的外，均应依照税法规定缴纳土地增值税。换言之，凡发生应税行为的单位和个人，不论其经济性质，也不分内、外资企业或中、外籍人员，无论专营或兼营房地产业务，均有缴纳土地增值税的义务。

3）采用扣除法和评估法计算增值额

土地增值税在计算方法上考虑我国的实际情况，以纳税人转让房地产的收入，减除法定扣除项目金额后的余额作为计税依据。对旧房及建筑物的转让，以及对纳税人转让房地产申报不实、成交价偏低的，采用评估价格法确定增值额，计征土地增值税。

4）实行超率累进税率

土地增值税的税率是以转让房地产的增值率高低为依据，按照累进原则设计的，实行分级计税。增值率高的，税率高、多纳税；增值率低的，税率低、少纳税。税收负担较为合理，便于体现国家政策。

5）实行按次征收

土地增值税在房地产发生转让的环节，实行按次征收，每发生一次转让行为，就应根据这次取得的增值额征一次税。

二、土地增值税的纳税人和征税范围

1. 土地增值税的纳税人

现行土地增值税制度规定，凡转让国有土地使用权、地上建筑物及其附着物（以下简称转让房地产）并取得收入的单位和个人，都是土地增值税的纳税义务人。包括各类企业、事业单位、国家机关、部队、社会团体、个体工商户及国内其他单位和个人，还包括外商投资企业、外国企业及外国机构、华侨、港澳台同胞及外国公民等。

2. 土地增值税征税范围的一般规定

土地增值税的征税对象是出售或以其他方式有偿转让国有土地使用权、地上的建筑物及其附着物取得增值额。其征税范围包括以下几项。

（1）土地增值税只对转让国有土地使用权的行为课税，转让非国有土地和出让国有土地的行为均不征税。

所谓国有土地使用权，是指土地使用人根据国家法律、合同等规定，对国家所有的土地享有的使用的权利。土地增值税只对企业、单位和个人等经济主体转让国有土地使用权的行为征税，对属于集体所有的土地，按现行规定必须先由国家征用之后才能转让。未经国家征用的集体土地不得转让，自行转让集体土地是一种违法行为。

国有土地出让是指国家以土地所有者的身份将土地使用权在一定年限内让与土地使用者，并由土地使用者向国家支付土地出让金的行为。政府出让土地的行为及取得的收入也不在土地增值税的征税范围之列。

(2) 土地增值税既对转让国有土地使用权的行为征税，也对转让地上建筑物及其附着物的产权征税。

所谓地上建筑物，是指建筑于土地上的一切建筑物，包括地上地下的各种附属设施。所谓附着物是指附着于土地上不能移动，一经移动即遭破坏的物品。由于土地使用权和房屋建筑物的产权是难以截然分开的，特别是在我国目前地价和房价制度尚未建立健全的情况下，就更是如此，所以土地增值税要将转让地上建筑物及其附着物的行为列入征税对象。换言之，纳入土地增值税课征范围的增值额，是纳税人转让房地产所取得的全部增值额，而非仅仅是土地使用权转让的收入。

(3) 土地增值税只对有偿转让的房地产征税，对以继承、赠与等方式无偿转让的房地产，则不予征税。所称的“赠与”是指如下情况。

第一，房产所有人、土地使用权所有人将房屋产权、土地使用权赠与直系亲属或承担直接赡养义务人的。

第二，房产所有人、土地使用权所有人通过中国境内非营利的社会团体、国家机关将房屋产权、土地使用权赠与教育、民政和其他社会福利、公益事业的。上述社会团体是指中国青少年发展基金会、希望工程基金会、宋庆龄基金会、减灾委员会、中国红十字会、中国残疾人联合会、全国老年基金会、老区促进会，以及经民政部门批准成立的其他非营利的公益性组织。

只有符合上述规定的赠与情况不征土地增值税，其他形式的赠与应按有关规定征收土地增值税。

3. 土地增值税征税范围的若干具体规定

土地和房地产交易形式多种多样。土地增值税征税范围的一般规定界定了传统意义上土地和房地产出售和有偿转让属于土地增值税的征税范围；但在市场经济活动中产生了许多非传统意义上以有偿转让为特征的土地和房地产交易、经营方式。对于这些经营活动如何征收土地增值税，是税收制度必须解决的问题。

(1) 以房地产进行投资、联营。对于投资、联营的一方以土地、房地产投在联营企业时，暂免征收土地增值税。对以房地产作价入股，凡所投资、联营的企业从事房地产开发的，或者房地产企业以其建造的商品房进行投资联营的，或者投资、联营企业再次转让的，纳入土地增值税的征收范围。

(2) 合作建房。对于一方出地，一方出资金，双方合作建房的，建成后分房自用，暂免征土地增值税。但是建成后转让的，属于征收土地增值税的范围。

(3) 企业兼并转让房地产。在企业兼并中，对被兼并企业将房地产转让到兼并企业中的，暂免征收土地增值税。

(4) 房地产抵押。房地产抵押期间不征收土地增值税。待抵押期满后，视该房地产是否转移产权来确定是否征收土地增值税。以房地产抵债而发生房地产产权转让的，属于征收土地增值税范围。

(5) 交换房地产。交换房地产行为既发生了房产产权、土地使用权的转移，交换双方又取得了实物形态的收入，按照规定属于征收土地增值税的范围。但对个人之间互换自有居住用房地产的，经当地税务机关核实，可以免征土地增值税。

(6) 房地产出租。房地产出租，出租人取得了收入，但没有发生房地产产权转让，不属于征税土地增值税的范围。

(7) 房地产评估增值。房地产评估增值，没有发生房地产权属的转让，不属于征收土地增值税的范围。

(8) 国家收回国有土地使用权、征用地上建筑物及附着物，虽然发生了权属的变更，原房地产所有人也取得了收入，但按照《土地增值税暂行条例》的有关规定，可以免征土地增值税。

三、土地增值税的计税依据

土地增值税的计税依据是纳税人转让房地产所取得的增值额。转让房地产的增值额，是纳税人转让房地产所取得的收入减除税法规定的扣除项目金额后的余额，即

土地增值额＝转让房地产收入－法定扣除项目金额

因此，土地增值额的大小，取决于转让房地产的收入额和扣除项目金额两个因素。对这两个因素的内涵、范围和确定方法等，土地增值税制度做了较为明确的规定。

1. 转让房地产收入的确定

纳税人转让房地产取得的收入，是指包括货币收入、实物收入和其他收入在内的全部价款及有关经济利益。土地增值税以人民币为计算单位，纳税人如果取得实物收入和其他收入，则应按市场价格折合成人民币计税。所取得的收入为外国货币时，以转让房地产合同签订当日国家外汇管理局公布的外汇牌价中买入价或中间价折合人民币收入计税。

2. 准予扣除项目的规定

在计算土地增值额时，土地增值税制度允许的扣除项目如下。

1）取得土地使用权所支付的金额

它是指纳税人受让土地使用权已支付的出让金；凡通过行政划拨方式无偿取得土地使用权的，是指在转让土地使用权时按规定补交的出让金；以转让方式取得土地使用权的，为支付的地价款。

2）房地产开发成本

这是指纳税人在开发土地、建造房屋及配套设施过程中实际发生的成本，包括土地征用及拆迁补偿费、前期工程费、建筑安装工程费、基础设施费、公共配套设施费、开发间接费用等。

土地征用及拆迁补偿费，是指土地征用费、耕地占用税、劳动力安置费及有关地上、地下附着物拆迁补偿的净支出、安置动迁用房支出等。

前期工程费，是指规划、设计、项目可行性研究、水文、地质、勘察、测绘、“三通一平”等支出。

建筑安装工程费，是指以出包方式支付给承包单位的建筑安装工程费和以自营方式发生的建筑安装工程费。

基础设施费，是指开发小区内道路、供水、供电、供气、排污、排洪、通讯、照明、环卫、绿化等工程发生的支出。

公共配套设施费，是指不能有偿转让的开发小区内公共配套设施发生的支出。

开发间接费用，是指直接组织、管理开发项目发生的费用，包括工资、职工福利费、折旧费、办公费、水电费、劳动保护费、周转房摊销等。

3）房地产开发费用

它是指与房地产开发项目有关的销售费用、管理费用、财务费用。根据有关会计制度的规定，与房地产开发有关的费用直接计入当年损益，不按房地产项目进行归集或分摊。为了便于计算操作，《土地增值税实施细则》对有关费用的扣除，尤其是财务费用中的数额较大的利息支出扣除，作了较为详细的规定。

对于利息支出以外的其他房地产开发费用，按取得土地使用权支付的金额和房地产开发成本金额之和，在5%以内计算扣除。

对于利息支出，分两种情况确定扣除。其一，凡能按转让房地产项目计算分摊利息并提供金融机构证明的，允许据实扣除，但最高不能超过按商业银行间期贷款利率计算的金额。超过贷款期限的利息和加罚的利息均不允许扣除。其二，凡不能按转让房地产项目计算分摊利息支出，或不能提供金融机构证明的，利息支出不得单独计算，而应并入房地产开发费用中一并计算扣除。在这种情况下，“房地产开发费用”计算方法是，按取得土地使用权支付的金额和房地产开发成本金额之和，在10%以内计算扣除。计算扣除的具体比例，由省、自治区、直辖市人民政府规定。

上述规定的具体含义如下。

纳税人能够按转让房地产项目计算分摊利息支出，并能提供金融机构的贷款证明的，其允许扣除的房地产开发费用为：利息＋（取得土地使用权所支付的金额＋房地产开发成本）×5％以内（注：利息最高不能超过按商业银行同类同期贷款利率计算的金额）。

纳税人不能按转让房地产项目计算分摊利息支出或不能提供金融机构贷款证明的，其允许扣除的房地产开发费用为：（取得土地使用权所支付的金额＋房地产开发成本）×10％以内。

此外，财政部、国家税务总局还对扣除项目金额中利息支出的计算问题作了两点专门规定：一是利息的上浮幅度按国家的有关规定执行，超过上浮幅度的部分不允许扣除；二是对于超过贷款期限的利息部分和加罚的利息不允许扣除。

【例】 房地产开发公司，转让一栋商品房，其取得土地使用权金额和开发成本价值6 000万元，期间发生销售费用40万元，管理费用20万元，财务费用20万元，其中，该栋商品房按照金融机构证明应负担利息360万元（未超过规定标准），当地规定扣除比例为5％。计算其应扣除的房地产开发费用。

解 *应扣除的房地产开发费用＝360万元＋6 000万元×5％＝660万元*

4）与转让房地产有关的税金

这是指在出售房地产时已缴纳的营业税、印花税、城乡维护建设税和教育费附加。

允许扣除的印花税，是指在转让房地产时缴纳的印花税。房地产开发企业按照《施工、房地产开发企业财务制度》的有关规定，其缴纳的印花税列入管理费用，已相应作了扣除。房地产开发企业以外的其他纳税人在计算土地增值税时，允许扣除在转让房地产环节缴纳的印花税。

对于个人购入房地产再转让的，其在购入环节缴纳的契税，由于已经包含在旧房及建筑物的评估价格之中，故计征土地增值税时，不另作为与转让房地产有关的税金予以扣除。

5）财政部规定的其他扣除项目

其中规定的一项重要扣除项目是，对从事房地产开发的纳税人允许按取得土地使用权时所支付的金额和房地产开发成本之和，加计20％的扣除。

这是因为，由于纳税人取得土地使用权后投入资金开发房地产，将生地变为熟地后转让，属于国家鼓励的投资行为。这样，就可以保证从事房地产开发的纳税人取得基本的投资回报，以调动其从事房地产开发的积极性。

但是，对取得土地使用权后，未进行开发即转让的，在计算应纳增值税时，只允许扣除取得土地使用权时支付的地价款、缴纳的有关费用，以及在转让环节缴纳的税金，不得加计扣除。这样规定的目的，主要是抑制炒买炒卖地皮的投机行为。

此外，对于县级及县级以上的人民政府要求房地产开发企业在售房时代收的各项费用，可以根据代收费用是否计入房价和是否作为转让收入，确定能否扣除：如果代收费用计入房价向购买方一并收取的，则可作为转让房地产所取得的收入计税。相应地，在计算扣除项目金额时，代收费用可以扣除，但不得作为加计20%扣除的基数；如果代收费用未计入房价中，而是在房价之外单独收取的，可以不作为转让房地产的收入征税。相应地，在计算扣除项目金额时，代收费用就不得在收入中扣除。

3. 旧房及建筑物的评估价格

土地增值税一般是由纳税人申报转让房地产所取得的收入额和法定扣除项目金额，经税务机关审核同意，按规定计算税额的。但是，如果纳税人有下列情形之一的，则要按照房地产评估价格计算征收土地增值税：出售旧房及建筑物的；隐瞒、虚报房地产成交价格的；提供扣除项目金额不实的；转让房地产成交价格低于房地产评估价格，又无正当理由的。

所谓评估价格，是指由政府批准设立的房地产评估机构根据相同地段、同类房地产进行综合评定，并经当地税务机关确认的价格。旧房及建筑物的评估价格，这是指已使用的房屋及建筑物在出售时，由政府指定的评估部门评定的重置价乘以成新度折扣率后的价值。重置成本价的含义是：对旧房及建筑物，按转让时的建材价格及人工费用计算，建造同样面积、同样层次、同样结构、同样建设标准的新房及建筑物所须花费的成本费用。成新度折扣率的含义是：按旧房的新旧程度作一定比例的折扣。

须要注意的是，其支付的评估费用允许在计算土地增值税时予以扣除。但是，对纳税人因隐瞒、虚报房地产成交价格等情形而按房地产评估价格计算征收土地增值税时所发生的费用，不允许在计算土地增值税时予以扣除。

四、土地增值税的税率

土地增值税实行四级超率累进税率。所谓超率累进税率，是指将计税依据的相对数划分为若干等级，对每级分别规定不同税率，当征税对象相对数增加到超过较低一级而达到较高一个等级时，只就超过部分的征税对象数额按较高等级的税率计税，未超过部分仍按较低等级的税率计税的一种累进税率。土地增值税所使用的相对数是土地增值率，即土地增值额与扣除项目金额之比。其具体规定如下：

（1）增值额未超过扣除项目金额50%的部分，税率为30%；

（2）增值额超过扣除项目金额50%，未超过扣除项目金额100%的部分，税率为40%；

（3）增值额超过扣除项目金额100%，未超过扣除项目金额200%的部分，税率为50%；

（4）增值额超过扣除项目金额200%的部分，税率为60%。

采取这种差别较大的超率累进税率，对于利润率不太高的正常的房地产开发经营是比较优惠的，而对于炒买炒卖房地产获取暴利的，则可起到一定的限制调节作用。

在超率累进税制度下，直接采用税法规定的税率计算土地增值税时，计算相当麻烦。

根据土地增值税的税率规定，在计算应纳增值税额时也可采用速算法，不过要注意，因为土地增值税实行的是超率累进税率，因而速算法使用的是速算扣除系数，而不是速算扣除数。速算扣除系数的计算公式如下：

本级系数＝前级增值率上限×（本级税率－前级税率）＋前级系数

利用上式和规定的税率，土地增值税各级速算扣除系数可计算如下：

第一级速算扣除系数为：0

第二级速算扣除系数为：50％×（40％－30％）＋0＝5％

第三级速算扣除系数为：100％×（50％－40％）＋5％＝15％

第四级速算扣除系数为：200％×（60％－50％）＋15％＝35％

对应各档的速算扣除系数如表 9-1 所示。

表 9-1　土地增值税速算扣除系数

档次	土地增值率范围	税率	速算扣除系数
1	不超过 50％	30％	0
2	超过 50％～100％的部分	40％	5％
3	超过 100％～200％的部分	50％	15％
4	超过 200％的部分	60％	35％

五、土地增值税的计算

1. 土地增值税的一般计算方法

土地增值税应纳税额的计算方法，一般情况下按纳税人转让房地产所取得的增值额和四级超率累进税率计算，利用速算扣除系数，其计算公式如下：

应纳税额＝增值额×适用税率－扣除项目金额×速算扣除系数

【例】 某公司出售一处房地产，收入为 5 500 万元，按规定计算的扣除项为 3 000万元。试计算该公司应该缴纳的土地增值税税额。

解　因为 2 500÷3 000＝83％，即增值额占扣除项目金额的 83％，超过了 50％，但没有超过 100％，采用速算方法，应取第二档税率 40％和速算扣除系数 5％，并用下式计算其应纳增值税额：

应纳税额＝2 500×40％－3 000×5％＝850（万元）

2. 出售旧房应纳税额的计算方法

对于出售旧房及建筑物，首先按评估价格及有关因素计算、确定扣除项目金额，再计算应纳税额。

【例】 某工业企业转让一幢2002年建造的厂房，当时造价200万元 无偿取得土地使用权。如果按现行市场价的材料、人工费计算，建造同样的房子需700万元，该房子为7成新，按600万元出售，支付有关税费计27.5万元。计算企业转让旧房子应缴纳的土地增值税。

解 评估价格＝700×70％＝490(万元)

允许扣除的税金27.5万元

扣除金额合计＝490＋27.5＝517.5(万元)

增值额＝600－517.5＝82.5(万元)

增值率＝(82.5÷517.5)×100％＝15.94％

应纳税额＝82.5×30％＝24.75(万元)

【例】 A公司为了感谢B公司的长期支持，决定将一处房产无偿捐赠给B公司。该房产账面原值为80万元，已提折旧30万元，双方认定的公允价值为100万元。房地产评估机构评定该房屋重置成本价为110万元，成新率6成，A公司为此发生评估费用1万元。A公司和B公司均为盈利企业，A公司和B公司之间无关联关系。请计算A公司和B公司在此项捐赠行为中涉及的税收负担。

解 A公司对B公司捐赠房地产不属于免征土地增值税的范畴，应该视同有偿转让房地产缴纳土地增值税。营业税条例规定，单位将不动产无偿赠与他人，视同销售不动产，应缴纳营业税。而企业所得税制度规定：企业将自产、委托加工和外购的原材料、固定资产、无形资产和有价证券(商业企业包括外购商品)用于捐赠，应分解为按公允价值视同对外销售和捐赠两项业务进行所得税处理。企业对外捐赠，除符合税收法律法规规定的公益救济性捐赠按一定比例扣除外，一律不得在所得税前扣除。企业接受捐赠的非货币性资产，须按接受捐赠时资产的入账价值确认捐赠收入，并入当期应纳税所得，依法计算缴纳企业所得税。

故此项捐赠行为A公司应缴纳营业税及附加、印花税、土地增值税和企业所得税；B公司获得捐赠收入应缴纳企业所得税。

A公司税收负担：

营业税及附加＝100×5.5％＝5.5(万元)

印花税(产权转移书据)＝100×0.5‰＝0.05(万元)

土地增值税扣除项目合计＝110×60％＋5.5＋0.05＋1＝72.55(万元)

土地增值额＝100－72.55＝27.45(万元)

土地增值率＝27.45÷72.55×100％＝37.83％，适用30％的税率。

土地增值税＝27.45×30％＝8.235(万元)

企业所得税＝[100－(80－30)－5.55－8.235－1]×25％＝8.803 75(万元)

B公司税收负担：

企业所得税＝100×25％＝25（万元）

3. 分批分块转让时应纳税额的计算

纳税人成片受让土地使用权后，分期分批开发，分块转让的，对允许扣除项目的金额应按转让土地使用权的面积占总面积的比例计算分摊。若按此办法难以计算，则可先按建筑面积预算成本计算，等项目完工后再按实际发生成本进行清算，多退少补。其计算公式为

分次转让扣除额＝扣除项目总金额×分次转让面积（建筑面积）÷总面积

分次转让应纳税额＝分次转让土地增值额×适用税率

－分次转让扣除额×速算扣除系数

【例】 某公司花 200 万元，买得土地一块，计 1 000 平方米。然后分块转让，第一次转让计 600 平方米，取得收入 190 万元，假定缴纳销售税金 5 万元，请计算其应纳土地增值税为多少。

解 分次转让扣除额＝205×600/1 000＝123（万元）

分次转让增值额＝190－123＝67（万元）

分次转让的增值率＝67/123×100％＝54.47％

分次转让应纳税额＝67×40％－123×5％＝20.65（万元）

4. 预售方式下的应纳税额计算

纳税人采取预售方式出售商品房，在计算缴纳土地增值税时，可按买卖双方签订预售合同所载金额计算出应纳土地增值税额，再根据每笔预收款占总销售价款的比例计算每次所需缴纳的土地增值税额，在每次预收款时计征土地增值税。其计算公式为

每次应纳税额＝土地增值税总额×每笔预收款÷总销售价款

六、土地增值税的减免税优惠与申报缴纳

1. 减免税优惠

现行土地增值税的减税免税优惠规定有以下几项。

（1）纳税人建造普通标准住宅出售，增值额未超过扣除项目金额 20％的，免征税。增值额超过允许扣除额 20％的，应就其全部增值额按规定计税。

所谓“普通标准住宅”，是指按所在地一般民用住宅标准建造的居住用住宅。高级公寓、别墅、小洋楼、度假村，以及超面积、超建造标准、超低容积率的住宅，均不属于普通标准住宅。普通标准住宅与其他住宅的具体划分界限，2005 年 5 月 31 日以前由各省、自治区、直辖市人民政府规定。2005 年 6 月 1 日起，普通标准住宅应同时满足：住宅小区建筑容积率在 1.0 以上；单套建筑面积在 120 平方米以下；实际成交价格低于同级别土地上住房平均交易价格 1.2 倍以下。各省、自治区、直辖市要根据实际情况，制定本地区享受优惠政策普通住房的具体标准。

对于纳税人既建造普通标准住宅销售又开发其他房地产项目的，应分别核算土地增值额。不分别核算增值额或不能准确核算增值额的，其建造的普通标准住宅不能适用免税规定。

(2) 因国家建设需要依法征用、收回的房地产免征税。这里所说的"因国家建设需要依法征用、收回的房地产"，是指因城市实施规划、国家建设的需要而被政府批准征用的房产或收回的土地使用权。因城市实施规划、国家建设的需要而搬迁，由纳税人自行转让原房地产的，比照有关规定免征土地增值税。

(3) 从 2008 年 11 月 1 日起，对个人销售住房暂免征收土地增值税。

2. 土地增值税缴纳与管理

纳税人应当自转让房地产合同签约之日起，7 日内向房地产所在地主管税务机关办理纳税申报，并在税务机关核定的期限内缴纳土地增值税。纳税人因经常发生房地产转让而难以在每次转让后申报的，经税务机关审核同意后，可以定期进行纳税申报，具体期限由税务机关根据情况确定。

纳税人在项目全部竣工结算前转让房地产取得的收入，由于涉及成本确定或其他原因而无法据以计算土地增值税的，可以预征土地增值税。凡当地税务机关规定预征土地增值税的，纳税人应当到主管税务机关办理纳税申报，并按规定比例预交，待办理决算后，多退少补；凡当地税务机关规定不预征土地增值税的，也应在取得收入时先到税务机关登记或备案。具体办法由各省、自治区、直辖市地方税务局根据当地情况制定。

土地增值税由税务机关征收。土地管理部门、房地产管理部门应当向税务机关提供有关资料，并协助税务机关依法征收土地增值税。纳税人未按税法规定缴纳土地增值税的，土地管理部门、房地产管理部门不得办理有关的权属变更手续。

土地增值税属于地方税，但立法权在中央。而且，由于土地增值税是要调控全国房地产的交易，因而全国土地增值税必须基本上统一，有关的减免税政策，只能以国务院发布的法则为准，任何地方都无权变更或自行给予减免。但是，在土地增值税的征收管理制度、征收规程、具体征收办法，以及房地产开发费用的具体比例等属于具体操作的问题上，地方政府则有权自行决定。

专栏 9-2

土地增值税为何征收不力？[①]

国家税务总局有关官员近日表示，作为房地产税收"一体化"进程中的一部分，土地增值税可能会在"十二五"期间被取消。

① 资料来源：《中国经济周刊》评论员，土地增值税为何征收不力，中国经济周刊，2009(34)。

上述动议之所以被提出的浅层原因是，土地增值税自1993年开征以来，始终面对房地产商或明或暗的激烈反对。因为这一税基宽、税率高的“主力”税种征收情况严重背离房地产业高速发展的宏观背景，即便是在强令要求全面清算后的2008年，这一税种全年收入不过区区537亿元，相比当年全国税收收入5.42万亿元及增值税收入1.80万亿元，前一数字几乎可以忽略不计。

由于征收不力，土地增值税调控楼市、抑制炒卖等功能基本丧失。某份调查报告指出，2003年至今，全国40家知名开发商总共获取的270幅住宅土地中，目前仅有43%“在售”和“售完”，剩余57%均未形成实际供应。很难想象，如果开发商通过囤地、捂盘获得的增值收益果真按照30%～60%的税率缴纳税款，此类行为岂能因为区区薄利风行全国、屡禁不绝？

面对税款流失，一味斥责房地产商几近迂腐。市场经济理论奠基人亚当·斯密曾经指出，“不要期望从屠夫、酿酒商或者面包商的善举中获得我们的晚餐，而要从他们自身对于利益的关注中来获得”。因此，问题的实质并不在于个体贪婪的本性应否受到批判，而在于如何造就合理的机制，以保障我们能够从屠夫、酿酒商或者面包商对于自身利益的关注中获得晚餐。

土地增值税征收不力的根本原因是税种设计存在偏差。作为一种从价税，土地增值税的特殊性在于，其所针对的课税对象价格构成极为复杂，房地产商为此拥有极为显著的信息优势，这就要求所执行税制比其他税制更注重激励相容。具体来说就是，要使纳税人、征税人的预期成本与收益比基本匹配。

基于现行税制，增值税中归属地方政府的部分仅有25%，由此，即便再加上其他税种，我国房地产税收占地方财政收入的比重也只有7%左右，远远低于发达国家50%～80%的比重，很难产生足够的激励驱动地方政府积极投入成本极高的房地产税收征管活动，而这对于房地产商来说，却又恰好构成了不断降低其逃税成本的反向激励。

正税征收不力，并不意味着增收乏术的地方政府就会坐视房地产商一家独肥。事实上，作为理性经济人，地方政府极为“自然”地对成本与收益比进行分析，额外创设出大量“简便易行”的收费项目。有些地方，其名目甚至多达180多种，金额高达销售总价的15%左右，更不用说，除此之外还有最高可达当地预算外财政收入60%的土地出让净收益。

税费倒挂不仅严重损害到国家税法的严肃性、权威性，更有甚者，这种怪相必然伴生着不透明、不公平、不规范，房地产企业乘机浑水摸鱼、火中取栗，以至今日，面对各地一路飙升的虚高房价，宏观调控赖以生效的基础数据依然空缺。譬如说，房地产开发成本构成究竟如何，监管部门、房地产商乃至专家学者各有说辞，而其原委，最显要者莫过于税费征缴杂乱无章。

简税制、宽税基、低税率、严征管，这是早就明确的我国税收制度改革的基本原则。对此，我们认为，房地产税收因其特殊性，尤其须要在合理分税的基础上尽快推行正税清费。只有这样，关涉重大的房地产业方有可能迷途知返，并且最终成为中国经济健康、有序、平稳发展的坚强柱石。

第三节　城镇土地使用税

城镇土地使用税是对在城镇和工矿区使用土地的单位和个人按实际占用土地单位面积分等定额征收的一种税。开征城镇土地使用税，有利于进一步增加地方财政收入，完善地方税体系，巩固分税制财政体制；有利于合理利用城镇土地，调节土地级差收入，提高土地使用效益，加强土地管理。

现行城镇土地使用税的基本规范是 1988 年 9 月 27 日中华人民共和国国务院令第 17 号发布的《中华人民共和国城镇土地使用税暂行条例》。近年来，随着土地有偿使用制度的实施和经济的快速发展，土地需求逐渐增加，土地价值不断攀升，1988 年规定的税额标准明显偏低。此外，仅对内资纳税人征收城镇土地使用税也不符合公平税负、鼓励竞争的原则。根据上述情况，国务院于 2006 年 12 月 31 日重新修订、公布了《中华人民共和国城镇土地使用税暂行条例》，并自 2007 年 1 月 1 日起执行。修订后的城镇土地使用税制度主要变化在于：一是将税额幅度提高两倍；二是将征税范围扩大到外商投资企业、外国企业、外籍个人。

一、城镇土地使用税的特点

现行城镇土地使用税具有以下特点。

1. 属于准财产税

城镇土地使用税对占用或使用土地的行为征税。广义上，土地是一种财产，对土地课税在国外属于财产税。但是，根据我国宪法规定，城镇土地的所有权属于国家，单位和个人对占用的土地只有使用权而无所有权。因此，现行的城镇土地使用税虽属于对资源项目征税，但在实质上是对占用或使用土地的行为课税，属于准财产税。

2. 征税对象是国有土地

我国宪法明确规定，城镇土地的所有权归国家，单位和个人对占用的土地只有使用权而无所有权。国家既可以凭借财产权利对土地使用人获取的收益进行分配，又可以凭借政治权利对土地使用者进行征税。开征城镇土地使用税，实质上是运用国家政治权力，将纳税人获取的本应属于国家的土地收益集中到国家手中。

农业土地因属于集体所有，故未纳入征税范围。

3. 征税范围广泛

现行城镇土地使用税对在我国城市、县城、建制镇、工矿区开征范围使用土地的单位和个人征收。征收范围较广的城镇土地使用税，在筹集地方财政资金、调节土地使用和收益分配方面，发挥着积极作用。

4. 实行差别幅度税额

开征城镇土地使用税的目的之一，在于调节土地的级差收入，而级差收入的产生主要取决于土地的位置。占有土地位置优越的纳税人可以节约运输和流通费用，扩大销售和经营规模，取得额外经济收益。为了有利于体现国家政策，城镇土地使用税实行差别幅度税额。对不同城镇适用不同税额，对同一城镇的不同地段，根据市政建设状况和经济繁荣程度也确定不等的负担水平。

二、城镇土地使用税的纳税人和征税范围

城镇土地使用税的征税范围，包括在城市、县城、建制镇和工矿区内的国家所有的土地。上述城镇土地使用税的征税范围中，城市包括市区和郊区，县城是指县人民政府所在的城镇，建制镇为镇人民政府所在地。建立在城市、县城、建制镇和工矿区以外的工矿企业则不须缴纳城镇土地使用税。

凡在城市、县城、建制镇、工矿区范围内使用国有土地的单位和个人，为城镇土地使用税的纳税人。单位包括国有企业、集体企业、私营企业、股份制企业、外商投资企业、外国企业，以及其他企业和事业单位、社会团体、国家机关、军队及其他单位；个人包括工商户及其他个人。

城镇土地使用税由拥有土地使用权的单位或个人缴纳；拥有土地使用权的纳税人不在土地所在地的，由代管人或实际使用人纳税；土地使用权未确定或权属纠纷未解决的，由实际使用人纳税；土地使用权共有的，由共有各方按其实际使用土地面积占总面积的比例，分别计算缴纳土地使用税。

其中，城市是指经国务院批准设立的市；县城是指县人民政府所在地；建制镇是指经省、自治区、直辖市人民政府批准设立的建制镇；工矿区是指工商业比较发达，人口比较集中，符合国务院规定的建制镇标准，但尚未设立建制镇的大中型工矿企业所在地，工矿区须经省级人民政府批准认可。

三、城镇土地使用税的计税依据、税率及应纳税额的计算

1. 计税依据

城镇土地使用税以纳税人实际占用的土地面积为计税依据，土地面积计量单

位为平方米。即税务机关根据纳税人实际占用的土地面积，按照规定的税额计算应纳税额，向纳税人征收土地使用税。

纳税人实际占用的土地面积按下列办法确定：

(1) 由省、自治区、直辖市人民政府确定的单位组织测定土地面积的，以测定的面积为准；

(2) 尚未组织测量，但纳税人持有政府部门核发的土地使用证书的，以证书确认的土地面积为准；

(3) 尚未核发土地使用证书的，应由纳税人申报土地面积，据以纳税，待核发土地使用证以后再作调整。

2. 税率

城镇土地使用税的税率采用的是有幅度的差别税额，按大、中、小城市和县城、建制镇、工矿区分别规定每平方米城镇土地使用税年应纳税额。具体税额情况见表 9-2。

表 9-2 城镇土地使用税税额表

级　别	人　口	每平方米税额/元
大城市	50 万以上	1.5～30
中等城市	20 万～50 万	1.2～24
小城市	20 万以下	0.9～18
县城、建制镇、工矿区		0.6～12

各省、自治区、直辖市人民政府可根据市政建设状况、经济繁荣程度，在上列税额幅度内，具体确定所辖地区的适用税额幅度。经济落后地区，土地使用税的适用税额标准可适当降低，但降低额不得超过上述规定的最低税额的 30%。经济发达地区的适用税额标准可以适当提高，但须报财政部批准。

土地使用税规定幅度税额主要考虑到我国各地区存在着悬殊的土地级差收益，同一地区内不同地段的市政建设情况和经济繁荣程度也有较大的差别。把土地使用税税额定为幅度税额，拉开档次，而且每个幅度税额的差距规定为 20 倍。这样，各地政府在划分本辖区不同地段的等级，确定适用税额时，有选择余地，便于具体划分和确定。幅度税额还可以调节不同地区、不同地段之间的土地级差收益，尽可能地平衡税负。

3. 应纳税额的计算

城镇土地使用税的应纳税额可以通过纳税人实际占用的土地面积乘以该土地所在地段的适用税额求得。其计算公式为

年应纳税额＝实际占用的应税土地面积(平方米)×适用税额

【例】 某市是一个中等城市，一商场坐落在该市繁华地段，企业土地使用证书记载占用土地的面积为5 000平方米，经确定属一等地段。该商场另设两个统一核算的分店均坐落在市区三等地段，共占地4 000平方米。一座仓库位于市郊，属五等地段，占地面积为2 000平方米。一等地段年税额12元/平方米；三等地段年税额6元/平方米；五等地段年税额2元/平方米。计算该商场全年应纳城镇土地使用税税额。

解 商场占地应纳税额＝5 000×12＝60 000(元)

分店占地应纳税额＝4 000×6＝24 000(元)

仓库占地应纳税额＝2 000×2＝4 000(元)

商场全年应纳税额＝60 000＋24 000＋4 000＝88 000(元)

四、城镇土地使用税的减免税优惠

根据《城镇土地使用税暂行条例》及有关规定，下列土地免征城镇土地使用税。

(1) 国家机关、人民团体、军队自用的土地，即这些单位本身的办公用地和公务用地。

(2) 由国家财政部门拨付事业经费的单位本身的业务用地。

(3) 宗教寺庙、公园、名胜古迹自用的土地。宗教寺庙的自用土地是指举行宗教仪式等的用地和寺庙内的宗教人员生活用地；公园、名胜古迹的自用土地是指专供参观游览的用地及其管理单位的办公用地。

(4) 市政街道、广场、绿化地带等公共用地。

(5) 直接用于农、林、牧、渔业的生产用地。此项用地不包括农副产品加工场地和生活、办公用地。

(6) 经批准开山填海整治的土地和改造的废弃土地，从使用的月份起，免征土地使用税5～10年。

(7) 对非赢利性医疗机构、疾病控制机构和妇幼保健机构等卫生机构自用的土地，免征城镇土地使用税。对营利性医疗机构自用的土地自2000年起免征城镇土地使用税3年。

(8) 企业办的学校、医院、托儿所、幼儿园，其用地能与企业其他用地明确区分的，可以比照由国家财政部门拨付事业经费的单位自用的土地免税。

(9) 免税单位无偿使用纳税单位的土地(如公安、海关等单位使用铁路、民航等单位的土地)，免征城镇土地使用税。纳税单位无偿使用免税单位的土地，纳税单位应照章缴纳城镇土地使用税。纳税单位与免税单位共同使用、共有使用权的土地上的多层建筑，对纳税单位可按其占用的建筑面积占建筑总面积的比例计征城镇土地使用税。

(10) 对行使国家行政管理职能的中国人民银行总行(含国家外汇管理局)所属分支机构自用的土地，免征城镇土地使用税。

(11) 由财政部另行规定免税的能源、交通、水利设施用地和其他用地。

除以上各项外，纳税人缴纳土地使用税确有困难需要定期减免的，由省、自治区、直辖市税务局确定，减免税额超过10万元的，要报国家税务总局批准。省级税务局可以决定征或免征城镇土地使用税的土地主要有：

(1) 个人所有的居住房屋及院落用地；

(2) 房产管理部门在房租调整改革前经租的居民住房用地；

(3) 免税单位职工家属的宿舍用地；

(4) 民政部门举办的安置残疾人占一定比例的福利工厂用地；

(5) 集体和个人办的各类学校、医院、托儿所、幼儿园用地。

五、城镇土地使用税的缴纳

城镇土地使用税的纳税义务发生时间规定如下。

(1) 以出让或转让方式有偿取得土地使用权的，应由受让方从合同约定交付土地时间的次月起缴纳城镇土地使用税；合同未约定交付土地时间的，由受让方从合同签订的次月起缴纳城镇土地使用税。

(2) 购置新建商品房，自房屋交付使用之次月起计征城镇土地使用税。

(3) 购置存量房，自办理房屋权属转移、变更登记手续，房地产权属登记机关签发房屋权属证书之次月起计征城镇土地使用税。

(4) 出租、出借房产，自交付出租、出借房产之次月起计征城镇土地使用税。

(5) 新征用的耕地，自批准征用之日起满1年时开始缴纳城镇土地使用税。

(6) 新征用的非耕地，自批准征用次月起缴纳城镇土地使用税。

城镇土地使用税按年计算、分期缴纳。具体纳税期限由省级人民政府确定。

城镇土地使用税的纳税地点为土地所在地，由土地所在地的税务机关负责征收。城镇土地使用税征收工作涉及面广，政策性较强，在税务机关负责征收的同时，国地管理、测绘等有关部门应当向土地所在地税务机关提供土地使用权属资料。

纳税人使用的土地不属于同一省、自治区、直辖市管辖的，由纳税人分别向土地所在地的税务机关缴纳土地使用税；在同一省、自治区、直辖市管辖范围内，纳税人跨地区使用的土地，其纳税地点由各省、自治区、直辖市地方税务局确定。

案例研究 9-1

未“使用”的土地，该不该缴纳城镇土地使用税？[①]

南京市地税局建邺地税分局税务干部在对一企业进行纳税检查中发现，该企业2007年与村里签订4 300平方米的土地使用协议，该地段属市六等地，应按每平方米5元缴纳城镇土地使用税。由于企业开业初期受生产规模影响，2007年只使用了2 100平方米，有2 200平方米的土地面积闲置未用，企业在申报2007年城镇土地使用税时按照实际使用的2 100平方米的面积申报缴纳10 500元。另外未用的2 200平方米土地未申报缴纳此税。

根据《中华人民共和国城镇土地使用税暂行条例》的规定，城镇土地使用税以纳税人实际占用的土地面积为计税依据。上述情况，企业虽然投入生产经营的只有2 100平方米，但未投入生产经营的2 200平方米仍属于企业占有使用。因此企业应该按照4 300平方米的面积申报纳税。对此，检查人员依法对该企业做出补缴2007年土地使用税11 000元的处理，按规定对少缴的土地使用税加收了滞纳金1 815元，并对该单位少缴税收进行了0.5倍处罚5 500元。

鉴于此，税务部门提醒广大纳税人，在申报城镇土地使用税时要以实际占用面积和土地等级的单位税额如实申报，以免给企业造成不必要的损失。

第四节　耕地占用税

耕地占用税是国家对单位或个人占用耕地建房或从事非农业建设的行为征收的一种税，它属于对特定土地资源占用课税。开征耕地占用税的目的在于限制非农业建设占用耕地，建立发展农业专项资金，促进农业生产的全面协调发展。

耕地是土地资源中最重要的组成部分，是农业生产最基本的生产资料。我国是人均耕地少、农业后备资源严重不足的国家。目前，我国耕地只有18.27亿亩，人均仅有1.39亩，不到世界人均水平的40%。长期以来，我国城乡非农业建设乱占滥用耕地的情况相当严重，新增建设用地规模过度扩张。人多地少与土地粗放利用并存、用地结构不够合理等因素，进一步加剧了我国人与地的矛盾，极大地影响了农业，特别是粮食生产的发展。为了合理利用土地资源，加强土地管理，保护耕地，1987年4月1日，国务院发布了《中华人民共和国耕地占用税暂行条例》，决

① 资料来源：经波、金勇等，聚焦房产税土地使用税，南京日报，2008-11-04。

定对占用耕地建房或从事非农业建设的单位和个人征收耕地占用税。为了实施最严格的耕地保护制度，进一步加强土地管理，促进土地的节约集约利用，2007年12月1日，国务院发布了中华人民共和国国务院令第511号，对耕地占用税暂行条例进行了修订，并自2008年1月1日起施行。2008年2月26日，财政部、国家税务总局发布《中华人民共和国耕地占用税暂行条例实施细则》，与修订后的《中华人民共和国耕地占用税暂行条例》同步使用。新条例主要作了四个方面的修改：一是提高了税额标准；二是统一了内、外资企业耕地占用税税收负担；三是从严规定了减免税，取消了对铁路线路、公路线路、飞机场跑道、停机坪、炸药库占地免税的规定；四是加强征收管理，明确了耕地占用税的征收管理适用《中华人民共和国税收征收管理法》。

一、耕地占用税概述

耕地占用税是以占用耕地的行为为征税对象，向占用耕地建房和从事非农业建设的单位和个人，就其实际占用的耕地面积征收的一种税。

我国耕地数量在逐年减少，耕地质量在不断恶化，耕地占用税的征收是利用税收的经济杠杆作用来促使单位和个人尽量少占耕地、节约耕地的一项重要措施。通过开征耕地占用税，使那些占用耕地建房及从事其他非农业建设的单位和个人承担必要的经济责任，有利于政府运用税收经济杠杆调节他们的经济利益，引导他们节约、合理地使用耕地资源。这对于保护国土资源，促进农业可持续发展，以及强化耕地管理，保护农民的切身利益等，都具有十分重要的意义。

我国耕地占用税有以下几个特点。

（1）具有行为税的特点。只要（纳税人）发生征用耕地建房或从事其他非农业建设的行为就要进行纳税申报，同时它又可有效调节不同地区农业用地资源级差收入，兼具资源课税的性质。

（2）税款使用具有专项性特点。耕地占用税款，按照“取之于土，用之于土”的原则，用于开发农业，开垦宜耕土地和整理改良现有耕地。

（3）税率确定具有灵活性特点。耕地占用税是实行从量计征的地方差别定额税。国家在确定税额时，根据各地人均占有耕地数量和经济发展状况的差别，分别规定了不同的适用税额，即以县为单位，以人均耕地面积为标准，分别规定单位税额。

（4）课征税额具有一次性特点。耕地占用税是按纳税人实际占用耕地面积和适用税额标准计税，实行一次性征收的税收。纳税人完税后使用、转让和继承过程中不再缴纳耕地占用税。

二、耕地占用税的征税范围和纳税义务人

属于耕地占用税征收范围的占地行为包括占用耕地、林地、牧草地、农田水利用地、养殖水面及渔业水域滩涂等其他农用地建房或从事其他非农业建设的行为。具体的,不论是未批先占、边批边占或临时占地,只要占用了农用地从事非农业建设或因污染、取土、采矿塌陷等损毁了耕地的,就属于耕地占用税的征收范围。但是,农田水利占用耕地的,不征收耕地占用税;建设直接为农业生产服务的生产设施占用林地、牧草地、农田水利用地、养殖水面及渔业水域滩涂等其他农用地的,也不征收耕地占用税。

凡在我国境内占用耕地建房或从事其他非农业建设的单位和个人,为耕地占用税的纳税人,应当依照规定缴纳耕地占用税。所称单位,包括国有企业、集体企业、私营企业、股份制企业、外商投资企业、外国企业,以及其他企业和事业单位、社会团体、国家机关、部队及其他单位;所称个人,包括个体工商户及其他个人。

纳税人主要依据农用地转用审批文件认定。农用地转用审批文件中标明用地人的,用地人为纳税人;农用地转用审批文件中未标明用地人的,由申请用地人举证实际用地人,实际用地人为纳税人;实际用地人尚未确定的,申请用地人为纳税人。占用耕地尚未经批准的,实际用地人为纳税人。

三、耕地占用税的适用税额及应纳税额的计算

耕地占用税以纳税人实际占用的耕地面积为计税依据,以每平方米为计量单位。由于在我国的不同地区之间人口和耕地资源的分布极不均衡,有些地区人烟稠密,耕地资源相对匮乏;而有些地区则人烟稀少,耕地资源比较丰富;各地区之间的经济发展水平也有很大差异。考虑到不同地区之间客观条件的差别以及与此相关的税收调节力度和纳税人负担能力方面的差别,耕地占用税在税率设计上采用了地区差别定额税率,以县为单位,按人均占有耕地面积的多少,参照经济发展情况,将全国划分为四类不同地区,确定相应的税额幅度。具体规定如下:

(1) 人均耕地不超过 1 亩的地区,每平方米为 10～50 元;

(2) 人均耕地超过 1 亩但不超过 2 亩的地区,每平方米为 8～40 元;

(3) 人均耕地超过 2 亩但不超过 3 亩的地区,每平方米为 6～ 30 元;

(4) 人均耕地超过 3 亩以上的地区,每平方米为 5～25 元。

财政部和国家税务总局根据新条例的规定,下发了《财政部国家税务总局关于耕地占用税平均税额和纳税义务发生时间问题的通知》(财税[2007]176 号),根据各省、自治区、直辖市人均耕地面积和经济发展情况确定了各省、自治区、直辖市每平方米的平均税额,具体情况见表 9-3。

表 9-3 各省、自治区、直辖市耕地占用税平均税额表

地　区	每平方米平均税额/元
上海	45
北京	40
天津	35
江苏、浙江、福建、广东	30
辽宁、湖北、湖南	25
河北、安徽、江西、山东、河南、重庆、四川	22.5
广西、海南、贵州、云南、陕西	20
山西、吉林、黑龙江	17.5
内蒙古、西藏、甘肃、青海、宁夏、新疆	12.5

经济特区、经济技术开发区和经济发达且人均耕地特别少的地区，适用税额可以适当提高，但是提高的部分最高不得超过上述规定的当地适用税额的50%。占用基本农田的，适用税额应当在当地适用税额的基础上提高50%。

耕地占用税以纳税人实际占用的耕地面积为计税依据，按照规定的适用税额标准计算应纳税额，实行一次从量定额征收。其应纳税额的计算公式为

应纳税额＝实际占用的耕地面积×适用税额

应注意耕地面积以平方米为单位，如果是以亩为单位的占地面积，应先进行换算：1 亩＝666.67 平方米。

如果纳税人获准征用的耕地超过两年仍未适用的，主管征收机关将按照规定的耕地占用税适用税额标准加征两倍以下的税款。

【例】 某房屋开发公司占用郊区土地 50 亩，用于建商品房。其中：占用耕地 15 亩、果园 10 亩、林地 18 亩、荒地 7 亩。当地适用税率为每平方米 20 元。计算其应纳耕地占用税额。

解 荒地不属于耕地占用税征税范围，不对其计算耕地占用税。

应纳耕地占用税＝(15＋10＋18)×666.67×20＝573 336.2(元)

【例】 某市一家企业新占用 19 800 平方米耕地用于工业建设，所占耕地适用的定额税率为 30 元/平方米。计算该企业应纳的耕地占用税。

解 应纳耕地占用税＝19 800×30 ＝594 000(元)

四、耕地占用税的减免税优惠

新修订的《耕地占用税暂行条例》从严规定了减免税项目，在原条例的基础上保留了如下减免税规定。

1. 免征耕地占用税

(1) 军事设施占用耕地。

(2) 学校、幼儿园、养老院、医院占用耕地。

2. 减征耕地占用税

(1) 铁路线路、公路线路、飞机场跑道、停机坪、港口、航道占用耕地,减按每平方米 2 元的税额征收耕地占用税。

根据实际需要,国务院财政、税务主管部门商国务院有关部门并报国务院批准后,可以对上述规定的情形免征或减征耕地占用税。

(2) 农村居民占用耕地新建住宅,按照当地适用税额减半征收耕地占用税。

(3) 农村烈士家属、残疾军人、鳏寡孤独,以及革命老根据地、少数民族聚居区和边远贫困山区生活困难的农村居民,在规定用地标准以内新建住宅缴纳耕地占用税确有困难的,经所在地乡(镇)人民政府审核,报经县级人民政府批准后,可以免征或减征耕地占用税。

3. 减免耕地占用税的其他规定

(1) 免征或减征耕地占用税后,纳税人改变原占地用途,不再属于免征或减征耕地占用税情形的,应当按照当地适用税额补缴耕地占用税。

(2) 纳税人临时占用耕地,或者因污染、取土、采矿塌陷等损毁耕地,2 年内恢复耕地原状的,全额退还已经缴纳的耕地占用税;超过 2 年未恢复耕地原状的,已征税款不予退还。

(3) 同一用地中,既有免征或减征部分,又有应纳税部分的,由主管地方税务机关参照其所占用耕地面积或建筑面积比例确定免征、减征税额和计征税额。

五、耕地占用税的纳税申报

耕地占用税由地方税务机关负责征收;纳税人占用耕地或其他农用地,应当在耕地或其他农用地所在地申报纳税。土地管理部门在通知单位或个人办理占用耕地手续时,应当同时通知耕地所在地同级地方税务机关。获准占用耕地的单位或个人应当在收到土地管理部门的通知之日起 30 日内缴纳耕地占用税。土地管理部门凭耕地占用税完税凭证,或者免税凭证和其他有关文件发放建设用地批准书。

纳税人临时占用耕地,应当依照规定缴纳耕地占用税。纳税人在批准临时占用耕地的期限内恢复所占用耕地原状的,全额退还已经缴纳的耕地占用税。

专栏 9-3

房地产税制成为调控房地产市场的重要手段①

改革开放 30 年来,我国的房地产税收政策经历了多次变革,在变革的过程中

① 资料来源:石坚,房地产税制成为调控房地产市场的重要手段,中国税务报,2008-12-10。

呈现出三个基本规律:一是与改革开放的进程同步;二是与税制改革同步,税种设置不断优化,征收范围更加合理,成为参与房地产收益分配、调控房地产市场、促进土地资源优化配置的重要经济手段;三是与房地产市场的改革同步,促进了房地产市场的发展与规范。

新中国成立以后,中央人民政府政务院于1950年1月颁布了《全国税政实施要则》,规定全国统一征收14种税,其中涉及房地产的税种有房产税、地产税、工商业税、印花税和遗产税。同时决定,考虑到经济恢复中工商业遇到的困难,中央政府决定遗产税暂不开征,将房产税和地产税合并为房地产税。1950—1978年,国家又对房地产税进行了多次改革,其基本方向是简化税制。与房地产税制相关的税种只有工商税和房地产税,其中工商企业缴纳的房地产税并入工商税,对个人、外侨和房产管理部门征收房地产税。

党的十一届三中全会后,我国开始实行改革开放的国策,经济体制逐步由计划经济体制向市场经济体制转变。原有的片面追求简化的税制,已不能适应新经济形势的客观要求。为此我国进行了几次全面、深入的税制改革,房地产税制也伴随着我国经济的发展和经济体制的转变,逐步实行了改革。

1984年10月,国务院对国有企业进一步推行利改税政策,并正式将房地产税从城市房地产税中独立出来,更名为房产税和城镇土地使用税。

1986年9月,国务院颁布了《房产税暂行条例》,当年10月1日起施行。该暂行条例规定:房产税在城市、县城和建制镇征收,由产权所有人,或者承典人、代管人、使用人缴纳,以房产原值减除一定比例以后的余值或房产租金收入为计税依据,税率分别为1.2%和12%。国家机关、人民团体、军队自用的房产,由国家财政部门拨付事业经费的单位自用的房产,宗教寺庙、公园、名胜古迹自用的房产,个人所有非营业用的房产,经过有关部门鉴定停止使用的毁损房屋和危险房屋,可以免征房产税。条例仅适用于国内单位和个人,对外商投资企业、外国企业和外国居民仍然适用房地产税。

1987年4月1日,国务院发布《耕地占用税暂行条例》,开征了耕地占用税。1988年又颁布了《耕地占用税条例》。耕地占用税的纳税人为占用耕地建房或从事其他非农业建设的国内单位和个人,征税对象为被占用的种植农作物的土地,计税依据为纳税人实际占用的耕地面积,实行有地区差别的幅度税额标准。

1988年,国务院颁布《城镇土地使用税暂行条例》,从当年11月1日起施行。城镇土地使用税的纳税人为在城市、县城、建制镇、工矿区范围内使用土地的国内单位和个人,以纳税人实际占用的应税土地面积为计税依据,实行有地区差别的幅度税额标准。国家机关、人民团体、军队自用的土地,由国家财政部门拨付事业经费的单位自用的土地,宗教寺庙、公园、名胜古迹自用的土地,市政街道、广场、绿化地带等公共用地，直接用于农业、林业、牧业、渔业的生产用地，财政部规定免税的能源、交通、水利设施用地和其他用地，可以免征城镇土地使用税。

1991 年废止了《建筑税暂行条例》，同时颁布《固定资产投资方向调节税暂行条例》，城市维护建设费扩大到城乡并更名为城乡维护建设税。其中固定资产投资方向调节税在 2000 年度暂停征收。

1993 年 12 月 13 日，国务院发布《土地增值税暂行条例》，从 1994 年 1 月 1 日起施行。1995 年 1 月 27 日，财政部发布《土地增值税暂行条例实施细则》，对土地增值税的纳税人、征税对象、税率和减免税进行了规定。

1997 年 7 月 7 日，国务院发布《契税暂行条例》，当年 10 月 1 日起施行，政务院发布的《契税暂行条例》同时废止。当年 10 月 28 日，财政部发布《契税暂行条例实施细则》。契税以在中国境内转移土地、房屋权属的承受者为纳税人。计税依据分为 3 种情况：国有土地使用权出让、土地使用权出售、房屋买卖，为成交价格；土地使用权、房屋赠与，由征收机关参照土地使用权出售、房屋买卖的市场价格核定；土地使用权、房屋交换，为所交换的土地使用权、房屋价格的差额。税率采用 3%～5%的幅度比例税率。各省、自治区、直辖市的具体适用税率，由当地省级人民政府在上述幅度以内确定。

2006 年 12 月 31 日，国务院发布第 438 号国务院令，即《国务院关于修改〈城镇土地使用税暂行条例〉的决定》。征收的范围扩大到外商投资企业和外国企业，城镇土地使用税税额在过去的基础上提高 2 倍，新增建设用地土地有偿使用费征收标准在原有的基础上提高 1 倍，该政策从 2007 年 1 月 1 日起正式实施。

为了合理利用土地资源，加强土地管理，保护耕地，2007 年 12 月 1 日，国务院发布第 511 号国务院令，公布《耕地占用税暂行条例》。该条例于 2008 年 1 月 1 日正式实行，1987 年 4 月 1 日国务院公布的《耕地占用税暂行条例》同时废止。新条例提高了税额标准，将原先条例规定的税额标准的上限、下限提高了 4 倍左右。为重点保护基本农田，占用基本农田的适用税额在基准税额的基础上再提高 50%。此外，新条例在有关纳税人范围的规定中增加了外商投资企业和外国企业，并从严规定了减免税项目，取消了对铁路线路、飞机场跑道、停机坪、炸药库占地免税的规定。

至此，我国现行的房地产税收体系基本形成。

练习题

一、填空题

1. 中外合作开采________、________，按照现行规定只征收矿区使用费，暂不征收资源税。

2. 资源税是以________和________为课税数量计征税收。

3. 资源税中对进出口应税产品采取的原则是________、________。

4. 土地增值税的征税对象是纳税人转让房地产所取得的________。

5. 土地增值税实行________税率，最低税率为________，最高税率为________。

6. 纳税人应纳的资源税属于跨省开采，其下属生产单位与核算单位不在同一省、自治区、直辖市的，对其开采的矿产品一律在________纳税。

7. 纳税人不能按转让房地产项目计算分摊利息支出或不能提供金融机构贷款证明的，其允许扣除的房地产开发费用为取得土地使用权所支付的金额、房地产开发成本之和________以内。

8. 城镇土地使用税是对在我国境内________的单位和个人，按________征收的一种税。

9. 耕地占用税是对占用耕地________或________的单位和个人，按________征收的一种税。

10. 占用基本农田的，适用税额应当在当地适用税额的基础上提高________。

二、判断题

1. 对在中国境内开采煤炭的单位和个人，应按税法规定征收资源税，但对进口煤炭的单位和个人，则不征收资源税。（ ）

2. 根据《资源税暂行条例》的规定，资源税的纳税义务人暂不包括外商投资企业和外国企业。（ ）

3. 纳税人应纳的资源税，应当向应税产品的开采或生产所在地主管税务机关缴纳。（ ）

4. 城镇土地使用税中规定对所有非农用土地要征税。（ ）

5. 对于一方出土地，一方出资金，双方合作建房，建成后按比例分房自用或转让的，均暂免征收土地增值税。（ ）

6. 某单位支付土地出让金取得50年土地使用权，该支出不缴纳土地增值税。（ ）

7. 土地使用权未确定的土地暂不缴纳城镇土地使用税，待权属确定后再行缴纳。（ ）

8. 耕地占用税的“耕地”包括菜地、园地和荒地。（ ）

9. 纳税人免征或减征耕地占用税后，改变原占地用途而不再属于免征或减征耕地占用税情形，耕地占用税也不再补缴。（ ）

10. 耕地占用税和城镇土地使用税一样，都以实际占用土地面积计税，并按年

计征，分期缴纳。（　　）

三、不定项选择题

1. 按照资源税的规定，下列说法正确的是（　　）。

A. 纳税人跨省开采的资源税应税产品，一律在开采地纳税

B. 资源税应按各种应税产品的实际产量计征资源税

C. 扣缴义务人代扣代缴的资源税，应当向收购地主管税务机关缴纳

D. 扣缴义务人代扣代缴税款，其纳税义务发生时间为支付货款的当天

2. 下列选项中，符合资源税的有关规定的是（　　）。

A. 洗煤、选煤按照原煤计征资源税

B. 海盐原盐、井矿盐按照固体盐计征资源税

C. 独立矿山收购未税矿产品实行代扣代缴

D. 对以精矿形式伴选出的副产品不征收资源税

3. 下列占地行为中，应征收城镇土地使用税的是（　　）。

A. 企业内绿化占用的土地　　B. 公园自用土地

C. 国家机关自用土地　　D. 林业系统的育林道、运材道

4. 下列不属于耕地占用税免税范围的是（　　）。

A. 职工夜校用地　　B. 利用荒地建房

C. 企业职工医院用地　　D. 学校内经营场所用地和教职工用地

5. 某单位 2009 年经过批准临时占用农民基本耕地 50 平方米，当地适用税额每平方米 15 元，该单位 2009 年应缴纳耕地占用税为（　　）元。

A. 750　　B. 375　　C. 1 125　　D. 0

6. 城镇土地使用税制度明确规定的适用减免税优惠政策的土地有（　　）。

A. 公园办公用地

B. 市政街道绿化用地

C. 纳税单位无偿使用免税单位用地

D. 个人所有的居住房屋和院落用地

7. 下列项目中，免征土地增值税的有（　　）。

A. 以房地产抵债而发生的房地产权转让

B. 以房地产作价入股进行投资或联营

C. 国家收回国有土地使用权、征用地上建筑物及附着物

D. 被兼并企业将房地产转让到兼并企业中

8. 房地产开发企业在确定土地增值税的扣除项目时，允许单独扣除的税金是（　　）。

A. 营业税，印花税　　B. 房产税，城市维护建设税

C. 营业税，城市维护建设税　　D. 印花税，城市维护建设税

9. 纳税人应当自转让房地产合同签约之日起(　　)日内向房地产所在地主管税务机关办理纳税申报，并在税务机关核定的期限内缴纳土地增值税。

A. 7　　B. 10　　C. 15　　D. 30

10. 纳税人新征用的耕地应缴纳的城镇土地使用税，其纳税义务发生时间是(　　)。

A. 自批准征用之日起满 3 个月　　B. 自批准征用之日起满 6 个月

C. 自批准征用的次月　　D. 自批准征用之日起满 1 年

四、思考题

1. 征收资源税有什么意义?
2. 什么是超率累进税率?
3. 什么是土地的自然增值? 它包含哪两种性质的增值?
4. 土地增值税的特点是什么?
5. 城镇土地使用税开征的意义是什么?
6. 耕地占用税实行地区差别税率，原因何在?

五、计算题

1. 某盐场某年生产液体盐 50 万吨，其中 20 万吨直接对外销售，30 万吨用于继续加工固体盐 25 万吨，并销售 18 万吨，另有 7 万吨继续加工成精制食用盐 5.6 万吨全部销售。此外还有外购液体盐 6 万吨全部加工固体盐 5.5 万吨并销售。计算该盐场当年应纳资源税(当地固体盐单位税额为 12 元/吨，液体盐单位税额为 3 元/吨)。

2. 某铜矿开采企业，某年 9 月份生产经营情况如下：采用分期收款方式销售铜矿石 5 000 吨，不含税单价 40 元/吨，合同规定分两个月等额收回货款，9 月份实际收到货款的一半；将开采、收购的铜矿原矿各 1 000 吨加工成铜锭(铜矿资源税税额为 1.5 元/吨)。计算该企业 9 月份应纳资源税。

3. 某企业实际占地面积为 40 000 平方米，其中厂区外的绿化占地为 5 000 平方米，企业的学校占地 2 500 平方米。另外，该企业出租土地一块 5 000 平方米给其他单位使用，还借给部队 2 500 平方米作为训练场地，所处的城镇土地使用税为每平方米 3 元，计算该企业应缴纳的城镇土地使用税。

4. 某房地产开发公司出售一幢写字楼，收入总额为 3 500 万元，开发该写字楼的支出项目如下：支付土地出让金有关费用 100 万元，房地产开发成本 2 000 万元，管理费用与销售费用 100 万元，利息支出 200 万元(可按转让项目分摊并提供金融机构证明)，转让环节支付的营业税等税金共计 186.4 万元，其中含印花税 1.4 万元，该公司所在地政府规定的其他房地产开发费用的计算扣除比例为 5%。试

计算该单位应该缴纳的土地增值税。

5. 某县房地产开发公司占用耕地 13 000 平方米用于住宅小区建设，其中3 000平方米将建设一所全日制中学，已知该区县耕地占用税每平方米税额为 9元，计算该县区地方税务局对房地产公司应征收的耕地占用税。

6. 某房地产公司 2008 年预计商品房销售收入为 15 000 万元，其中普通住房的销售额为 10 000 元，豪华住宅的销售额为 5 000 元。根据税法规定，可扣除项目金额为 11 000 万元，其中普通住宅的可扣除项目金额为 8 000 万元，豪华住宅的可扣除项目金额为 3 000 万元。请从税收的角度分析，该公司如何操作才能实现土地增值税税负最小，并计算应缴纳的土地增值税。

第十章

财产类税

财产类税指以法人和自然人拥有的财产数量或者财产价值为征税对象的一类税收。财产类税的征税对象一般可以分为不动产和动产两大类,不动产包括土地和土地上的建筑物,动产包括有形资产(如耐用消费品、家具、车辆等)。目前世界各国对财产征收的税收主要有:房产税、土地税、固定资产税、流动资产税、遗产税和赠与税等。

财产税的主要特点是:第一,各种动产和不动产标志明显,作为征税对象具有收入的稳定性,税收不易逃漏。第二,征税可以调节财富的分配,抑制财产过于集中于少数人的趋势,体现社会分配的公正性。因此,许多国家都将财产税作为税制中的辅助税来开征,划入地方税。

我国现行的具有对财产课税性质的税种有房产税、契税、土地增值税、车船税、船舶吨税和车辆购置税等。不过,财产类税不同于任何流转税的本质特征在于,它是对财产的所有或保有持续地征税,而不特指在财产转让环节征税。从这个意义上说,契税、土地增值税和车辆购置税都不是严格意义上的财产税。契税是对不动产转移行为征税,故在特定目的与行为类税部分介绍;土地增值税更大程度上与土地联系紧密,所以将其放在资源类税部分介绍;只有车辆购置税放在本章,以便将现行税制中与车船相关的各种税集中介绍。另外,由于船舶吨税仅对进出中国港口的国际航船征收,征税范围较窄,故虽属于财产类税,但本章并不予以介绍。

第一节 房 产 税

一、房产税的概念和特点

房产税是以房产为征税对象,按照房屋的计税余值或出租房屋的租金收入,向房屋产权所有人征收的一种财产税。

由于房产税是以房屋形态表现的一种财产,它仅是社会各种财产中的一类,所以房产税是一种个别财产税。这种税的特点是税源比较稳定,因此目前许多国家都征收此税。从总体看,房产税是一种直接税,因为除了房屋出租情况外,产权所有人不能直接把税款转嫁给他人负担。

专栏 10-1

告别城市房地产税[①]

对房屋征税,我国自古有之。周朝的“廛布”,唐朝的“间架税”,清朝初期的

① 资料来源:记者刘威威,告别城市房地产税,中国税务,2009.02。

“市廛输钞”、“计檩输钞”，清末和民国时期的“房捐”等，都是对房屋征税。

中华人民共和国成立后，1950 年 1 月政务院公布了《全国税政实施要则》，规定全国统一征收房产税。1951 年 8 月 8 日，政务院公布《城市房地产税暂行条例》。1973 年简化税制，将试行工商税的企业缴纳的城市房地产税并入工商税，只对有房产的个人、外国侨民和房地产管理部门继续征收城市房地产税。

1984 年我国实行第二步利改税，国务院决定在改革工商税制时，对国内企业单位恢复征收房产税。当时考虑土地归国家所有，不容许买卖，原房地产税的税名征收范围已名不符实，故将城市房地产税分为房产税和城镇土地使用税。1986 年 9 月 15 日，国务院正式发布了《中华人民共和国房产税暂行条例》(以下简称《房产税暂行条例》)，从当年 10 月 1 日开始施行。由于六届全国人大常委会授权的有关决定中明确规定，国务院发布的税收条例草案不适用于中外合资经营企业和外国企业，因此，中外合资经营企业和外国企业依旧执行 1951 公布实施的《城市房地产税暂行条例》。此后 20 余年，国务院一直没有对房产税和城市房地产税进行过大的调整，内外两套税制并存的情况一直延续。

2008 年 12 月 31 日，温家宝总理签署中华人民共和国国务院第 546 号令，宣布《城市房地产税暂行条例》自 2009 年 1 月 1 日起废止，同时外商投资企业、外国企业和组织，以及外籍个人，依照《中华人民共和国房产税暂行条例》缴纳房产税。走过了 58 个年头的城市房地产税终于完成了自己的使命，退出了历史舞台。① 对此，国家税务总局相关人士指出，取消城市房地产税，将有利于深化税制改革，有利于公平税负，有利于依法治税。

首先是有利于深化税制改革。城市房地产税和房产税性质相同，课税对象都是保有环节的房产，纳税人同为房产的所有人，征收机关也一致，并且都是省以下地方政府财政收入的组成部分。取消城市房地产税，简化和规范了税制，有利于促进多种经济形式共同发展。

其次是有利于公平税负，创造和谐的税收环境。房产税和城市房地产税两个税种并存时，由于税收政策的差异，使内外资企业及个人在房产保有环节的税负不尽一致。取消城市房地产税，解决了税收待遇不一致的问题，更好地体现了税收公平性原则和 WTO 的国民待遇原则，有利于内外资企业按照市场经济规律开展公平竞争。

此外，取消城市房地产税，有利于税收征管，强化依法治税。《城市房地产税暂行条例》经历了半个多世纪经济社会情况的发展变化，税制老化的问题非常突出，部分政策规定已明显不适应当前的实际情况，在征管中难以操作和管理。对内外

① 资料来源：记者刘威威，告别城市房地产税，中国税务，2009.02。

资企业和个人统一征收房产税，税法的可操作性得到加强，有利于税收管理部门做好征管工作。[①]

二、房产税的特点

现行房产税是在原计划经济体制和财产所有结构的框架内恢复征收的，一方面继承了过去房产税的传统做法，同时又考虑了我国新旧体制转换过程中的某些特殊情况，因此，具有自身的特点。

1. 征税范围限于城镇的经营性房屋

房产税在城市、县城、建制镇和工矿区范围内征收，不涉及农村。农村的房屋，大部分是农民居住用房，为了不增加农民负担，对农村的房屋没有纳入征税范围。另外，对某些拥有房屋，但自身没有纳税能力的单位，如国家拨付行政经费、事业经费和国防经费的单位自用的房屋，税法也通过免税的方式将这类房屋排除在征税范围之外。因为这些单位本身没有经营收入，若对其征税，就要相应增加财政拨款，征税也就失去意义。

2. 区别房屋的经营使用方式规定征税办法

拥有房屋的单位和个人，既可以将房屋用于经营自用，又可以把房屋用于出租、出典。房产税根据纳税人经营形式不同，对前一类房屋按房产计税余值征收，对后一类房屋按租金收入计税，使征税办法符合纳税人的经营特点，便于平衡税收负担和征收管理。

三、房产税的征税范围

房产税的征税对象是房屋。所谓房屋，指的是有屋面和围护结构（有墙或两边有柱），能够遮风避雨，可供人们在其中生产、工作、学习、娱乐、居住或储藏物资的场所。由于房屋是一种不动财产，所以与房屋不可分割的各种附属设备或一般不单独计算价值的配套设施，也应作为房屋一并征税。至于那些独立于房屋之外的建筑物，如围墙、烟囱、水塔、变电塔、油池油柜、酒窖菜窖、酒精池、糖蜜池、室外游泳池、玻璃暖房、砖瓦石灰窑及各种油气罐等，则不属于房产，所以不征房产税。

房产税的征税范围是开征房产税的地区，即城市、县城、建制镇和工矿区。开征房产税的工矿区须经省、自治区、直辖市人民政府批准。

四、房产税的纳税义务人

房产税的纳税义务人是房屋的产权所有人。

---

① 资料来源：两部门就“取消城市房地产税，统一征收房产税”答问，新华网，2009-01-20，http://news.xinhuanet.com/house/2009-01/20/content_10687285.htm。

在房屋的管理和使用中，还有“出典”、“承典”和“租典纠纷”等现象。

所谓“出典”，就是产权所有人为了某种需要，将自己的房屋在一定的期限内转让给他人使用，以押金形式换取一定数额的现金（或实物），并立有某种契约或合同。这类产权所有人（房主），称为房屋的“出典人”；支付现金或实物的人，称为房屋的“承典人”。契约或合同到期后，双方各自收回自己的财产（钱物）。所谓“租典纠纷”，就是产权所有人在房产出典和租赁关系上，与承典人、租赁人发生种种争议，特别是权利义务的争议，并且悬而未决。此外，还有一些产权归属不清的问题等。这些是征收房产税必然会遇到的问题。为了便于征收管理，保证房产税的及时入库，房产税暂行条例规定，产权出典的，由承典人缴纳房产税。产权所有人、承典人不在房产所在地的，或者产权未确定及租典纠纷未解决的，由房产代管人或使用人缴纳房产税。

对于无租使用其他房产的，纳税单位和个人无租使用房产管理部门、免税单位及纳税单位的房产，应由使用人代为缴纳房产税。

综上所述，房产税的纳税义务人为产权所有人、经营管理单位、承典人、房产代管人或使用人。

五、房产税的税率

房产税采用比例税率。由于房产税的计税依据分为从价计征和从租计征两种形式，所以房产税的税率也有两种。一种是按房产原值一次减除 10%～30%后的余值计征的，税率为 1.2%；一种是按房产出租的租金收入计征的，税率为 12%。这两种税率之所以相差 10 倍，是因为一般地说，房产的计税余值大体上相当于房产标准租金的 10 倍。这样规定，有利于合理负担和贯彻房产政策。从 2001 年 1 月 1 日起，对个人居住用房出租仍用于居住的，其应缴纳的房产税暂减按 4%的税率征收。

六、房产税的计税依据

房产税属于财产税，应当以房产的价值为计税依据。可是房产的价值有三种表现形式：第一种是房产的原值，即房屋造价，包括房屋建造时所用的料、工、费价值等；第二种是房产的净值，即房屋的原值扣除折旧后的净剩值；第三种是房产的市价，即买卖房屋的市场价值（价格）。按房产原值计税比较稳定，但不够合理，因为随着时间的推移，房产的账面原值会随着折旧基金的提取而逐渐减少，最后形成一个“空壳”原值。在这种情况下仍按原值计税，显然是不合适的。而按净值计税，不仅麻烦，也不科学。从理论上讲，房产税的计税依据应当是房产的市价，因为市价是房屋的现实价值，它包括了土地开发利用等增值因素。可是房屋在不发生买卖行为时没有市价，而且在目前情况下，没有标准的市场价格。按市价计税，客观上存在不少困难和问题。

考虑到上述这些难点，现行房产税对经营自用的房屋以房产余值为计税依据，对出租的房屋按租金作为计税依据。这样，既可以将房屋的自然损耗因素和房屋后期的增值因素等综合考虑进去，同时也便于对不同房屋征税进行分类管理。

1. 经营自用房屋的计税依据

对经营自用的房屋，以房产余值计税。所谓计税余值，是指依照税法规定按房产原值一次减除10%至30%的损耗价值以后的余额。

房产原值，是指纳税人按照会计制度规定，在账簿“固定资产”科目中记载的房屋原价。对没有按会计制度规定记载的，在计征房产税时，应按规定调整房产原值；对房产原值明显不合理的，应重新予以评估；对没有房产原值的，应由房屋所在地的税务机关参考同类房屋的价值核定。

房产原值应包括与房屋不可分割的各种附属设备或一般不单独计算价值的配套设施。主要有：暖气、卫生、通风、照明、煤气、中央空调等设备；各种管线，如蒸汽、压缩空气、石油、给水排水等的管道及电力、电讯、电缆导线；电梯、升降机、过道、晒台等。

纳税人对原有房屋进行改建、扩建要相应地增加其房屋的原值，不应作为大修理费用处理。

在确定计税余值时，房产原值的具体减除比例由省、自治区、直辖市人民政府在税法规定的减除幅度内自行确定。这样规定，既有利于各地区根据本地情况，因地制宜地确定计税余值，又有利于平衡各地税收负担，简化计算手续，提高征管工作的效率。

2. 出租房屋的计税依据

对房产出租，应以房产租金收入为计税依据。所谓房产的租金收入，就是房屋产权所有人出租房产使用权所得的报酬，包括货币收入和实物收入。对以劳务或其他形式为报酬抵付房租收入的，应根据当地同类房屋的租金水平，确定一个租金标准，依率计征。

3. 投资联营及融资租赁房产的计税依据

对投资联营的房产，在计征房产税时应予以区别对待。对于以房产投资联营，投资者参与投资利润分红，共担风险的，按房产的余值作为计税依据计征房产税；对于房产投资，收取固定收入，不承担联营风险的，实际是以联营名义取得房产租金，由出租方按租金收入计算缴纳房产税。

对融资租赁房屋的情况，由于租赁费包括购进房屋的价款、手续费、借款利息等，与一般房屋出租的“租金”内涵不同，且租赁期满后，当承租方偿还最后一笔租赁费时，房屋产权一般都转移到承租方，实际上是一种变相的分期付款购买固定资产的形式，所以在计征房产税时应以房产余值计算征收。至于租赁期内房产税的纳税人，由当地税务机关根据实际情况确定。

七、房产税应纳税额的计算

因为房产税的计税依据有两种，所以房产税的税额计算也分为两种。

(1) 以房产余值为计税依据的税额计算，其计算公式为

$$年应纳税额=房产原值\times[1-(10\%\sim30\%)]\times1.2\%$$

(2) 按租金收入为计税依据的税额计算，其计算公式为

$$应纳税额=租金收入\times12\%$$

【例】 某市国棉二厂自有房屋120栋，会计账簿记载房产原值为1 500万元，其中生产用房产原值1 150万元，包括冷暖通风设备50万元，非生产用房产原值350万元。该省规定按房产原值一次扣除20%后的余值计税。据了解，该厂的非生产用房是本厂职工住房，尚未实行房改，基本上只收管理费，租金亦很低，因此该厂当年的房产税，应一律从价计征。请计算该厂当年应纳房产税。

解 $年应纳税额=1\ 500\times(1-20\%)\times1.2\%=14.4(万元)$

【例】 某居民自有旧楼房一栋，共15间，其中用于生活居住4间；用于开设餐馆5间(经核这5间房屋原值为80 000元)；另6间出租给某服装厂，每月租金1 100元。该省规定按房产原值一次扣除20%后的余值计税。请计算该居民当年应纳房产税。

解 该居民的房屋应分解计税。按规定，个人非营业用房免税，个人营业用房和出租房屋应征税。具体计算如下：

$$对于个人营业用的房屋，年应纳税额=80\ 000\times(1-20\%)\times1.2\%=768(元)$$

$$对于居民出租房屋，年应纳税额=1\ 100\times12\times12\%=1\ 584(元)$$

该居民当年应纳税额合计为2 352元。

【例】 某一大中型国有企业，用于生产经营的厂房原值为6000万元，该企业还创建了一座职工医院和一个托儿所，房产原值分别为300万元和200万元。另外该企业还有一个仓库出租出去，年租金4万元。按当地政府规定，允许以房产原值减去20%后的余值作为计税依据。求该企业当年应缴纳的房产税。

解 $厂房应纳税额=60\ 000\ 000\times(1-20\%)\times1.2\%=576\ 000(元)$

$$仓库应纳税额=40\ 000\times12\%=4\ 800(元)$$

企业开办的医院和托儿所免税。

该企业当年应纳房产税＝576 000＋4 800＝580 800(元)

案例研究 10-1

相同的房产不一样的税负①

在个人投资创业时期，既可以以企业的名义，也可以以自己的名义购入房产。因此，个人投资创业时期的税收筹划，显得特别重要。

王先生，1999 年夏毕业于北京某高校。与其他人不同，王先生选择了自主创业这条路。经过 5 年的奋斗，王先生在 2000 年初组建的独资企业，现已取得了不小业绩。该企业不仅在市场中立稳了脚跟，也开始有了一定的积累。为了进一步扩展业务，扩招员工，王先生决定购置房产，以解决企业职工的住所问题。

经过一番考查，王先生看中了离企业办公处较近的一处房产。该房产购入市场价为 100 万元。鉴于王先生的双重身份选择，他既可以以企业的名义，又可以以自己的名义，购入房产再出租给职工。

从税收角度来看，如果加入了自主创业的行列，个人创业者往往要缴纳流转税，同时又是企业所得税的纳税义务人(合伙企业、独资企业除外)。不仅如此，投资者个人还要就企业税后留利分配给个人的部分，缴纳个人所得税。因而，个人投资创业时期的税收筹划，显得特别重要。对于这两种不同的购入方式，王先生的税负情况是不一样的。

假定该房屋预计使用年限为 30 年(报废后不考虑残值)；该房产全部出租时，当地同类住房每月租金为 2 万元；贷款年利率为 5%。下面我们来看两种方案，如何影响王先生的税负。

方案一：王先生以独资企业的名义购入，企业每月向职工收取租金。

以这种方案购入房产时，独资企业除支付购房款外，每年还应缴纳房产税、营业税和个人所得税。

因提供出租服务，独资企业每年应纳营业税为 1.2 万元；应纳房产税为 2.88 万元。

根据《征收个人所得税若干问题的规定》，纳税义务人出租财产取得的财产租赁收入，在计算征税时，可依法减除规定费用和有关税、费。所以，计算租金收入应纳个人所得税时，可扣除有关的营业税、房产税。按此计算，财产租赁所得，应纳个人所得税为 3.12 万元。

所以，王先生和其独资企业纳税合计为 7.2 万元。

---

① 资料来源：私人业主购置房产巧节税，http://www.imoney.com.cn/INFOWEB/Article/Content.aspx? id=166565，2005-08-17。

方案二：王先生向独资企业贷款100万元，以自己个人的名义购入房产，并每月向使用房屋的职工收取租金。

根据规定，纳税年度内，个人投资者从其投资企业（个人独资企业、合伙企业除外）借款，在该纳税年度终了后，既不归还，又未用于企业生产经营的，其未归还的借款可视为企业对个人投资者的红利分配，依照"利息、股息、红利所得"项目计征个人所得税。

独资企业每年从王先生处收取利息为5万元。

独资企业利息所得应纳个人所得税为1万元。

此外，按规定，个人按市场价格出租的居民住房，房产税按4%征收，营业税按3%征收，个人所得税按10%征收。以此计算，应纳营业税为0.72万元；应纳房产税为0.96万元；个人租赁所得应纳个人所得税为1.39万元。

所以，王先生和其独资企业纳税合计为4.07万元。

显然，第二方案对王先生更有利。因而，考虑税收的因素，王先生选择了向企业贷款，并以个人名义购房的方式，不失为明智之举。

八、房产税的税收优惠

房产税的减税和免税，主要是根据国家政策需要和纳税人的负担能力考虑的。由于房产税属于地方税，为了便于地方因地制宜地处理问题，除税法规定的减免税外，其他房产税的减免项目，基本上由地方根据情况自行决定。

1. 房产税减免的一般规定

按《房产税暂行条例》规定，房产税的减免范围如下。

(1) 国家机关、人民团体、军队自用的房产免征房产税。但这些单位的出租房产以及非本身业务使用的生产、营业用房，不属免税范围，应按规定征收房产税。

(2) 由国家财政部门拨付事业经费的单位自用的房产免征房产税。企业所办的各类学校、医院、托儿所、幼儿园自用的房产可以比照该政策享受免税待遇。

(3) 宗教寺庙、公园、名胜古迹自用的房产免征房产税。但其中附设的营业单位，如影剧院、饮食部、茶社、照相馆等所使用的房产及出租的房产，不属于免税房产，应按规定缴纳房产税。

(4) 个人所有非营业用的房产免征房产税。但是，对个人所有的营业用房或出租等非自用的房产，应按照规定征收房产税。

2. 财政部批准免税的其他房产

(1) 经过有关部门鉴定停止使用的毁损房屋和危险房屋，在停止使用后，可免征房产税。

(2) 自2004年8月1日起，对军队空余房产租赁收入暂免征收房产税，此前已征税款不予退还，未征税款不再补征。

(3) 凡是在基建工地为基建工地服务的各种工棚、材料棚、休息棚和办公室、食堂、茶炉房、汽车房等临时性房屋，不论是施工企业自行建筑还是由基建单位出资建造，交施工企业使用的，在施工期间，一律免征房产税。但是，如果在基建工程结束以后，施工企业将这种临时性房屋交还或估价转让给基建单位的，应当从基建单位接收的次月起，依照规定征收房产税。

(4) 自2004年7月1日起，纳税人因房屋大修导致连续停用半年以上的，在房屋大修期间免征房产税，免征税额由纳税人在申报缴纳房产税时自行计算扣除，并在申报表附表或备注栏中作相应说明。

(5) 纳税单位与免税单位共同使用的房屋，按各自使用的部分划分，分别征收或免征房产税。

(6) 为鼓励利用地下人防设施，地下人防设施的房屋暂不征收房产税。

(7) 对政府部门和企事业单位、社会团体及个人等社会力量投资兴办的福利性、非营利性的老年服务机构，暂免征收其自用房产的房产税。

(8) 房地产开发企业开发的商品房在出售前，对房地产开发企业而言是一种产品，因此，对房地产开发企业建造的商品房，在出售前不征收房产税。但对出售前房地产开发企事业已使用或出租、出借的商品房应按规定征收房产税。

(9) 为鼓励住房制度改革，自2001年1月1日起，对按政府规定价格出租的公有住房和廉租住房，包括企业和自收自支事业单位向职工出租的单位自有住房，房管部门向居民出租的公有住房，落实私房政策中带户发还产权并以政府规定租金标准向居民出租的私有住房等，暂免征收房产税。

除了上述规定之外，纳税人纳税确有困难的，可以由省、自治区、直辖市人民政府确定，定期减征或免征房产税。

案例研究 10-2

房屋的附属配套设施宜单独核算[①]

随着经济的发展，现在的房屋越来越注重环境的舒适和功能的齐全及使用的方便，这样各种房产也就免不了拥有多种附属设备和配套设施，如汽车库、水塔、变电塔、发电设施、供暖设施等，而且这些附属设备和配套设施在房屋总造价中所占比例有不断提高的趋势。附属设备和配套设施的价值是否计入房产原值直接关系到房产税的计税依据大小和房产税税负的轻重。从上述规定可以看出，附属设备和配套设施的价值是否计入房产原值取决于它们与房屋的关联程度，如果与房屋

① 资料来源：王韬、刘芳，企业税收筹划(第一版)，科学出版社，2002.08。

不可分割，则要计入房屋价值一并征税；如果能够独立于房屋之外，则不计入房产原值。因此在建造房屋和核算房屋的原值或造价时，应尽量避免把附属设备和配套设施的价值同房屋价值混为一谈，就是说，附属设备和配套设施应与房屋分离，分别建造，单独核算，从而回避缴纳房产税。

沿海某企业欲兴建一座花园式工厂，计划除厂房、办公用房外，还包括厂区围墙、水塔、变电塔、停车场、凉亭、游泳池、喷泉设施、花坛等建筑物，总计造价为8 000万元。如果8 000万元都作为房产原值的话，该企业自工厂建成的次月起就应缴纳房产税，每年应纳房产税（设当地房产余值扣除比例为30%）为

$$8\,000\times(1-30\%)\times1.2\%=67.2(\text{万元})$$

这67.2万元的税负只要该工厂存在，每年都不可避免地要缴纳，对企业而言，也算是一笔不小的负担。那么怎样减轻企业的房产税负担呢？

该企业经过筹划，把停车场、水塔、变电塔、游泳池、凉亭、喷泉设施都建成露天的，这样就可以把这些独立建筑物的造价同厂房、办公用房的造价分开，在会计账簿中单独记载，则这部分建筑物的造价不用计入房产原值，不缴纳房产税。

该企业经过估算，这些附属设备和配套设施的造价为1000万元左右，独立出来后，每年可少缴房产税为

$$1\,000\times(1-30\%)\times1.2\%=8.4(\text{万元})$$

对于该企业而言，每年节约房产税8.4万元，长此以往，其累计数额将是一笔不小的资金。假设该企业法定注册经营期限为20年，20年内企业总共可以节约房产税为

$$8.4\times20=168(\text{万元})$$

由此可以得出结论：单独核算附属设备和配套设施可以有效降低房产税负担。

九、房产税的申报缴纳

1. 纳税义务发生时间

（1）将原有房产用于生产经营的，从生产经营之月起，计征房产税。

（2）自建的房屋用于生产经营的，自建成之日的次月起，计征房产税。

（3）委托施工企业建设的房屋，从办理验收手续之日的次月起，计征房产税。对于在办理验收手续前已使用或出租、出借的，从使用当月起按规定计征房产税。

（4）购置新建商品房，自房屋交付使用之次月起计征房产税。

（5）购置存量房，自办理房屋权属转移、变更登记手续，房地产权属登记机关签发房屋权属证书之次月起计征房产税。

（6）出租、出借房产，自交付出租、出借房产之次月起计征房产税。

(7) 房地产开发企业自用、出租、出借本企业建造的商品房，自房屋使用或交付之次月起计征房产税。

2. 纳税期限和纳税地点

房产税实行按年计征，分期缴纳。具体纳税期限由省、自治区、直辖市人民政府规定。纳税人应当依照当地税务机关的规定，将现有房屋的坐落地点、数量、价值或租金收入等情况，据实向税务机关纳税申报，并根据规定在房产所在地纳税。如果纳税人拥有多处房产，则应分别在房产所在地纳税。

第二节 车 船 税

对车、船课税是世界上许多国家普遍实行的一种征税制度，车船税在中国也有着悠久的历史。车船税，是对在中国境内依法应当到公安、交通、农业、渔业、军事等管理部门办理登记的车辆、船舶，根据其种类、吨位，按照规定的计税单位和年税额标准计算征收的一种财产税。车船税是一种兼有行为受益和财产两种性质的税。

征收车船税，可以通过税收手段为政府开辟财源，增加财政收入，用于改善公共道路条件，修建和保养航道，保障车船行驶安全；可以促使纳税人提高车船使用效率，有效利用资源；还可以调节财富分配，体现社会公平。

一、车船税概述

中华人民共和国成立后，中央人民政府政务院于 1951 年颁布了《车船使用牌照税暂行条例》，对车船征收车船使用牌照税。1986 年 9 月国务院在实施工商税制改革时，又发布了《中华人民共和国车船使用税暂行条例》。根据有关规定，该条例不适用于外商投资企业和外国企业及外籍个人。因此，对外商投资企业和外国企业及外籍个人仍征收车船使用牌照税。

车船使用牌照税和车船使用税自开征以来，在组织地方财政收入，调节和促进经济发展方面发挥了积极作用。但随着社会主义市场经济体制的建立和完善，尤其是中国加入 WTO 后，两个暂行条例在实施中遇到了一些问题。一是内外两个税种，不符合税政统一、简化税制的要求；二是缺乏必要的税源监控手段，不利于征收管理；三是车船使用牌照税税额 55 年没有调整，车船使用税税额也已 20 年没有调整，随着经济的发展，两个税种的税额标准已明显偏低。基于这种情况，国务院决定合并两个暂行条例，制定《中华人民共和国车船税暂行条例》(以下简称“车船税条例”)，开征车船税以取代原车船使用牌照税和车船使用税。《车船税条例》于 2006 年 12 月 27 日国务院第 162 次常务会议通过，自 2007 年 1 月 1 日起施行，对各类企业、行政事业单位和个人统一征收车船税。

二、车船税征收对象和纳税人

车船税的征税对象是依法应在公安、交通、农业等车船管理部门登记的车船，具体可分为车辆和船舶两大类。其中，车辆为机动车，包括载客汽车、载货汽车、三轮汽车、低速货车、摩托车、专项作业车和轮式专用机械车；船舶为机动船和非机动驳船。

车船税的纳税人是车辆、船舶的所有人或管理人，即在我国境内拥有车船的单位和个人。单位是指行政机关、事业单位、社会团体及中外各类企业。个人是指中国境内的居民和外籍个人。应税车船的所有人或管理人未缴纳车船税的，应由使用人代为缴纳车船税。

从事机动车交通事故责任强制保险业务的保险机构为机动车车船税的扣缴义务人，应当依法代收代缴车船税；为鼓励保险机构进行车船税的扣缴工作并适当补偿其成本，税务机关按照一定的标准付给扣缴义务人代收代缴手续费。

多年来，我国车船使用税征管难度一直较大。由于机动车的车船税具有涉及面广、税源流动性强的特点，且纳税人多为个人，征管难度较大。另外，纳税人直接到税务机关缴纳税款又存在道路不熟悉、停车困难、花费时间长等种种不便。而按照有关保险条例规定，在我国道路上行驶的机动车的所有人或管理人，都应当投保机动车交通事故责任强制保险。因此，由保险机构在办理机动车交通事故责任强制保险业务时代收代缴车船税，可以方便纳税人，提高税源控管水平，节约征纳双方的成本。

专栏 10-2

车船使用税的起源[1]

车船使用税是以车、船为课税对象，按其种类、大小和使用性质，实行定额征收的一种税。在我国，对车船征税由来已久。汉代“算缗钱”的课征对象，就包括车船在内。《史记·平准书》记载“西汉元光六年(公元前129年)初算商车；无狩四年(公元前119年)，初算缗钱。”当时规定：“平民车一辆，征税一算，商人加倍。船五丈以上，征税一算。”“算”是单位税额，每“算”为二十钱。明代也对船只征税，名曰“船料”，规定按船只载料多少和运途远近计算征税。后因丈量估料繁难，改以船只梁头的广狭为计税标准，从五尺到三丈六尺，分等定税，又叫“梁头税”。鸦片战争以后，我国沿海港口，常有外国船只出入。对这些外船，按吨位征税，称为“吨税”，

[1] 资料来源：车船使用税的由来，中国税收信息网，http://www.cn-tax.com/Article/ShowArticle.asp? ArticleID=3720，2009-08-27。

对内地船只仍征“船料”。但此后一度停征，至民国31年，才改征“使用牌照税”。新中国成立后，也征收此税，后因在执行中往往被误认为是对牌照征税，故删去牌照二字，叫做“车船使用税”。

三、车船税的适用税额

车船税实行幅度税额，车辆的具体适用税额由省、自治区、直辖市人民政府在规定的幅度内确定。具体税目税额如表10-1所示。

表10-1　车船税税目税额表

税　　目	子　　目	计税单位	每年税额	备　　注
载客汽车	大型客车	每辆	480～660元	包括电车
	中型客车		420～660元	
	小型客车		360～660元	
	微型客车		60～480元	
载货汽车		按自重每吨	16～120元	包括半挂牵引车、挂车
三轮汽车、低速货车		按自重每吨	24～120元	
摩托车		每辆	36～180元	
船舶	净吨位小于或等于200的	按净吨位每吨	3元	拖船和非机动驳船分别按船舶税额的50%计算
	净吨位201～2 000的		4元	
	净吨位2 001～10 000的		5元	
	净吨位10 001及以上的		6元	
专项作业车和轮式专用机械车		按自重每吨	16～120元	

表10-1中大型客车是指核定载客人数大于或等于20人的载客汽车；中型客车是指核定载客人数大于9人且小于20人的载客汽车；小型客车是指核定载客人数小于或等于9人的载客汽车；微型客车是指发动机气缸总排气量小于或等于1升的载客汽车。

客货两用汽车按照载货汽车的计税单位和税额标准计征车船税。

三轮汽车，是指在车辆管理部门登记为三轮汽车或三轮农用运输车的机动车。低速货车，是指在车辆管理部门登记为低速货车或者四轮农用运输车的机动车。

专项作业车，是指装置有专用设备或器具，用于专项作业的机动车；轮式专用机械车是指具有装卸、挖掘、平整等设备的轮式自行机械。

拖船，是指专门用于拖（推）动运输船舶的专业作业船舶。拖船按照发动机功率每2马力折合净吨位1吨计算征收车船税。

车船税按年计算缴纳。购置的新车船，购置当年的应纳税额自纳税义务发生的当月起按月计算。计算公式为

应纳税额＝(年应纳税额/12)×应纳税月份数

在一个纳税年度内，已完税的车船被盗抢、报废、灭失的，纳税人可以凭有关管理机关出具的证明和完税证明，向纳税所在地的主管地方税务机关申请退还自被盗抢、报废、灭失月份起至该纳税年度终了期间的税款。如果已办理退税的被盗抢车船失而复得的，纳税人应当从公安机关出具相关证明的当月起再如实计算缴纳车船税。

四、车船税的税收优惠

出于节约能源、保护环境，减轻低收入者负担，扶植农、渔业，以及政策延续性和国际惯例等方面的考虑，车船税对下列车船有减免措施。

(1) 非机动车船(不包括非机动驳船)　非机动车，是指以人力或畜力驱动的车辆，以及符合国家有关标准的残疾人机动轮椅车、电动自行车等车辆；非机动船是指自身没有动力装置，依靠外力驱动的船舶；非机动驳船是指在船舶管理部门登记为驳船的非机动船。

(2) 拖拉机　拖拉机是指在农业(农业机械)部门登记为拖拉机的车辆。

(3) 捕捞和养殖渔船　是指在渔业船舶管理部门登记为捕捞船或养殖船的渔业船舶。

(4) 军队、武警专用的车船　是指按照规定在军队、武警车船管理部门登记，并领取军用牌照、武警牌照的车船。

(5) 警用车船　是指公安机关、国家安全机关、监狱、劳动教养管理机关和人民法院、人民检察院领取警用牌照的车辆和执行警务的专用船舶。

(6) 按照有关规定已经缴纳船舶吨税的船舶。

(7) 依照我国有关法律和我国缔结或参加的国际条约的规定应当予以免税的外国驻华使馆、领事馆和国际组织驻华机构及其有关人员的车船。

另外，为了支持公共交通事业的发展，省级人民政府可根据当地实际情况对城乡公共交通车船给予定期减免税。

专栏10-3

我国数亿骑车人告别缴纳自行车税历史①

从2007年起，中国数亿骑车人将不再因骑自行车而交税。

---

① 资料来源：记者王宇、毛晓梅，我国数亿骑车人告别缴纳自行车税历史，新华网，http://news.xinhuanet.com/fortune/2007-06/11/content_6228831.htm，2007-6-11。

根据1951年颁布的《中华人民共和国车船使用牌照税暂行条例》和1986年颁布的《中华人民共和国车船使用税暂行条例》,中国自1951年起开征自行车车船使用牌照税,自1986年起开征自行车车船使用税,这两项税种当时的税额分别为0.5元至1元和2元至4元,至今已开征几十年。

2007年1月1日正式实施的《中华人民共和国车船税暂行条例》规定,机动车车船税随交强险一同缴纳,自行车、电动自行车等非机动车辆免交车船税。

就在几十年前,自行车曾被喻为中国人家庭财富的"三大件"之一。但时过境迁,随着国家经济的发展,以及百姓生活水平的不断提高,自行车这一昔日财富的象征已逐渐演变成帮助人们出行的普通交通工具,用税收杠杆调节社会财富的意义已逐渐弱化。同时,其占国家税收的比例也不断下降。即便以全额缴纳来估算,两税相加也不过十几亿元,占国家全年税收收入不到千分之一。

将自行车等非机动车辆纳入车船税免税范围,是国家以人为本,意在减轻低收入群体税收负担的体现。

中国是世界自行车第一大国。中国自行车协会数字显示,进入21世纪至少还有六成以上的中国人在骑自行车,目前全国自行车保有量达4.7亿辆,其中普通自行车4.2亿辆,电动自行车5 000万辆。自行车仍是我国大多数居民最主要的交通工具。

五、车船税的缴纳及逾期处理

纳税人逾期缴纳车船税的,将被加收每日万分之五的滞纳金。纳税人在保险机构缴纳车船税时,应向保险机构提供被保险车辆前次投保的保险单,以便保险机构查验被保险车辆以前年度的完税情况。

另外,对于临时上道路行驶、境外临时人境,以及临时上道路行驶、距规定的报废期限不足一年而购买短期"交强险"的机动车辆,车船税从"交强险"有效期起始日的当月至截止日的当月按月计算。

第三节 车辆购置税

车辆购置税是对在我国境内购置规定的车辆,在特定的环节向车辆购置者征收的一种税,它是在原交通部门收取的车辆购置附加费的基础上,通过"费改税"方式演变而来的。

现行的《中华人民共和国车辆购置税暂行条例》是国务院于2000年10月22日发布,从2001年1月1日起施行的。此税2005年以前委托交通部门比照车辆购置附加费的有关规定代为征收，从 2005 年 1 月 1 日起，车辆购置税由国家税务局负责征收。为规范其征收管理，国家税务总局正式出台《车辆购置税征收管理办法》，对车辆购置税实施以来财政部、国家税务总局制定并下发的有关此税征收管理的各项规章予以重申，对《车辆购置税暂行条例》的有关政策问题进行了细化和解释，提升了车辆购置税征收管理规章的法律级次。《车辆购置税征收管理办法》自 2006 年 1 月 1 日起施行。

一、车辆购置税的特点及作用

1. 车辆购置税的特点

车辆购置税作为一种特殊税，具有自身的特点。

(1) 征收范围单一。车辆购置税仅以购置的特定车辆为课税对象，范围窄，是一种特种财产税。

(2) 征收环节单一。车辆购置税实行一次性课征，仅在消费领域中的特定环节一次征收。

(3) 征税具有特定的目的用途。车辆购置税为中央税，它取之于应税车辆，用之于交通建设。

(4) 价外征收，税负不具有转嫁性。车辆购置税是附加在价格之外的，且税收的缴纳者为最终的税收负担者，税负难以转嫁，从这个意思上说，此税为直接税。

2. 开征车辆购置税的作用

(1) 有利于合理筹集建设资金，积累国家财政收入，促进交通基础设施建设事业的健康发展。首先，车辆购置税是在消费(使用)环节征税，具有固定性，只要纳税人发生了购置应税车辆的行为就要征税，这比对所得课税和商品课税具有及时性。其次，车辆购置税按统一比例税率课税，具有相对稳定性。因此，车辆购置税有利于依法合理地筹集交通基础设施建设和维护资金，从而促进交通基础设施建设事业的健康发展。

(2) 有利于调节收入差别，缓解社会分配不公的矛盾。在消费环节对消费应税车辆的使用者征收车辆购置税，能更好地体现两条原则:第一，兼顾公平的原则，就是保护合法收入，取缔非法收入，整顿不合理收入，调节过高收入;第二，兼顾纳税能力高低的原则，即高收入者多负税，低收入者少负税，具有较高消费需求能力的人比具有一般消费能力的人要多负税。

(3) 有利于配合打击走私，保护民族工业，维护国家权益。车辆购置税对于同一课税对象的应税车辆不论来源渠道如何，都按照同一比例税率征收，具有同一应税车辆税负相同的特性。因此，它可以平衡进口车辆与国产车辆的税收负担，体现国民待遇原则。车辆购置税在车辆上牌使用前征收，具有源泉控管的特点，可以配合有关部门在打击走私，惩治犯罪方面起到积极的作用。

二、车辆购置税的纳税义务人和征税范围

1. 纳税义务人

车辆购置税的纳税人为在中华人民共和国境内购置应税车辆的单位和个人，单位包括各类企业、事业单位、社会团体、国家机关、部队及其他单位；个人包括个体工商户及其他个人。车辆购置包括纳税人购买、进口、自产、受赠、获奖，或者以其他方式取得并自用应税车辆的行为。车辆购置税的适用区域是在中华人民共和国境内，即购置应税车辆的行为发生地在中华人民共和国境内的，都属于车辆购置税的征税区域。

相比较而言，车辆购置税与车船税、船舶吨税有着显著的差别。车辆购置税是对纳税人有购置行为，使车辆的所有权发生转移的行为征税；而其他的税种是对拥有和使用进行征税。

2. 征税范围

车辆购置税以列举产品为征税对象，征税范围包括汽车、摩托车、电车、挂车、农用运输车。车辆购置税征收范围见表 10-2。

表 10-2 车辆购置税征收范围

应税车辆	具体范围	注释
汽车	各类汽车	
摩托车	轻便摩托车	最高设计时速不大于 50 km/h，发动机汽缸总排量不大于 50 cm^3 的两个或者三个车轮的机动车
	二轮摩托车	最高设计车速大于 50 km/h，或者发动机汽缸总排量大于 50 cm^3 的两个车轮的机动车
	三轮摩托车	最高设计车速大于 50 km/h，或者发动机汽缸总排量大于 50 cm^3，空车重量不大于 400 kg 的三个车轮的机动车
电车	无轨电车	以电能为动力，由专用输电电缆线供电的轮式公共车辆
	有轨电车	以电能为动力，在轨道上行驶的公共车辆
挂车	全挂车	无动力设备，独立承载，由牵引车辆牵引行驶的车辆
	半挂车	无动力设备，与牵引车辆共同承载，由牵引车辆牵引行驶的车辆
农用运输车	三轮农用运输车	柴油发动机，功率不大于 7.4 kw，载重量不大于 500 kg，最高车速不大于40 km/h的三个车轮的机动车
	四轮农用运输车	柴油发动机，功率不大于 28 kw，载重量不大于 1500 kg，最高车速不大于50 km/h的四个车轮的机动车

三、车辆购置税的税率和应纳税额的计算

我国车辆购置税实行统一比例税率，税率为10%。车辆购置税计算比较简单，按照规定的应税车辆计税价格和适用税率计算应纳税额。应纳税额的计算公式为

$$应纳税额=计税价格\times税率$$

车辆购置税的计税价格根据应税车辆的所有权转移的方式不同，又有不同的具体确定方法。

1. 纳税人购买自用的应税车辆计税依据的确定

纳税人购买自用的应税车辆以计税价格为计税依据。计税价格的组成为纳税人购买应税车辆的时候支付给销售者的全部价款和价外费用。价外费用是指销售方在车价以外向购买方收取的基金、集资费、返还利润、补贴、违约金（延期付款利息）和手续费、包装费、储存费、优质费、运输装卸费、保管费、代收款项、代垫款项，以及其他各种性质的价外收费，但是不包括增值税税款。未扣除增值税税额的，应换算成不含增值税的销售价格。换算公式为

$$计税价格=含增值税的销售价格\div(1+17\%)$$

【例】 王先生在大众4S店准备购买一辆标价为14.2万元的2.0升的Polo汽车自用，经过讨价还价，最终以12.87万元成交并开具发票。请计算王先生应纳车辆购置税。

解 由于12.87万元的价格为零售价，则：

$$计税价格=12.87\div(1+17\%)=11(万元)$$

$$应纳税额=11\times10\%=1.1(万元)$$

假设同时李先生也在此店以同样的价格购买了一辆同型号的Polo汽车，但在支付12.87万元价格以外，李先生还购置工具件和零配件并支付价款1 053元，支付代收临时牌照费150元，代收保险费3 636元，车辆装饰费3 000元。支付的各项价款均由该4S店开具统一发票。购车者随购买车辆支付的购置工具件和零配件价款应作为购车价款的一部分，计入计税价格；车辆装饰费，应作为价外费用并入计税价格；对于代收款项，凡使用代收单位票据收取的款项，应视作代收单位价外费用，并入计税价格。则李先生缴纳车辆购置税情况为：

$$\begin{aligned}计税价格&=(12.87+0.105\,3+0.015+0.363\,6+0.3)\div(1+17\%)\\&=11.67\ (万元)\end{aligned}$$

$$应纳税额=11.67\times10\%=1.167(万元)$$

2. 纳税人进口自用的应税车辆计税依据的确定

纳税人进口自用的应税车辆以组成计税价格为计税依据。计税价格的计算公式为

组成计税价格＝关税完税价格＋关税＋消费税

根据上式，首先要计算出应税车辆的关税和消费税，其计算方法见相关对应章节。

【例】 某外贸进出口公司从外国进口 10 辆宝马小轿车。该公司报关进口时核定关税完税价格为 21.5 万元/辆，海关课征关税 6.02 万元/辆，并按消费税、增值税的相关规定分别代征进口消费税 6.88 万元/辆，增值税 5.848 万元/辆。由于本单位的需要，该公司将其中三辆小轿车用于本单位使用。请计算该公司应纳车辆购置税。

解 组成计税价格＝关税完税价格＋关税＋消费税

＝21.5＋6.02＋6.88＝34.4(万元)

应纳车辆购置税税额＝自用数量×组成计税价格×税率

＝3×34.4×10％＝10.32(万元)

3. 其他自用应税车辆计税依据的确定

纳税人自产、受赠、获奖，或者以其他方式取得并自用应税车辆的计税依据，按照购置该型号车辆的价格确定。不能取得购置价格的，则由主管税务机关参照国家税务总局规定的相同类型应税车辆的最低计税价格确定。

4. 最低计税价格为计税依据的确定

当纳税人购买自用或进口自用应税车辆，申报的计税价格低于同类型应税车辆的最低计税价格，又无正当理由的，应以最低计税价格征收车辆购置税。

所谓“低于同类型应税车辆的最低计税价格又无正当理由的”，是指纳税人申报的计税依据低于出厂价格或进口自用车辆的计税价格。最低计税价格是指国家税务总局依据车辆生产企业提供的车辆价格信息，参照市场平均交易价格核定的车辆购置税计税价格。

国家税务总局对几种特殊情况的最低计税价格做了规定。

(1) 对已缴纳车辆购置税并办理了登记注册手续的车辆，其底盘和发动机同时发生更换，纳税人应重新办理纳税申报。申报的最低计税价格按同类型新车最低计税价格的 70％计算。

(2) 免税、减税条件消失的车辆，纳税人也应重新办理纳税申报。此类车辆自初次办理纳税申报之日起，使用年限满 1 年但未满 10 年的，计税依据为最新

核发的同类型车辆最低计税价格按每满 1 年扣减 10%；使用年限未满 1 年的计税依据为最新核发的同类型车辆最低计税价格；使用年限 10 年（含）以上的，不再计税。

（3）对国家税务总局未核定最低计税价格的车辆，纳税人申报的计税价格低于同类型应税车辆最低计税价格，又无正当理由的，主管税务机关可比照已核定的同类型车辆最低计税价格征税。

【例】 某部队在更新武器装备过程中，将一辆装有雷达系统的东风车进行更换，该车使用年限为 10 年，已使用 6 年，属于军队武器装备计划的免税车辆。部队将其改装成后勤用车，只拆除了雷达系统和改变了车厢，其主要设备的技术性能与核定最低计税价格为 6.4 万元的另一类型东风车的性能数据相近。则对此车应重新办理车辆购置税的纳税申报。请计算该车应纳车辆购置税。

解 计税价格＝同类型新车最低计税价格×（1－已使用年限÷10）

＝6.4×（1－6÷10）＝2.56（万元）

应纳税额＝2.56×10%＝0.256（万元）

5. 车辆购置税计税依据使用统一货币单位计算

车辆购置税的计税依据和应纳税额应以人民币计算。纳税人以外汇结算应税车辆税款的，按照申报纳税之日中国人民银行公布的人民币基准汇价，折合成人民币计算应纳税额。

四、车辆购置税的税收优惠

1. 一般减免税优惠

按照《车辆购置税暂行条例》和《车辆购置税征收管理办法》的规定，符合以下条件的车辆可以享受免征车辆购置税的优惠：

（1）外国驻华使馆、领事馆和国际组织驻华机构及其外交人员自用的车辆；

（2）中国人民解放军和中国人民武装警察部队列入军队武器装备订货计划的车辆；

（3）设有固定装置的非运输车辆（如挖掘机装载车、起重机、推土机等）；

（4）防汛部门和森林消防等部门购置的由指定厂家生产的指定型号的用于指挥、检查、调度、防汛（警）、联络的专用车辆；

（5）在外留学人员（含中国香港、澳门地区）回国服务的（以下简称留学人员），购买自用国产小汽车免税（限 1 辆）；

（6）来华定居专家进口自用的小汽车免税（限 1 辆）；

（7）农用三轮车免税；

(8) 国务院规定免税、减税的其他情形。

“设有固定装置的非运输车辆”是指:列入国家税务总局印发的免税图册的车辆;或者未列入免税图册但经国家税务总局批准免税的车辆。纳税人购置的尚未列入免税图册的设有固定装置的非运输车辆,在规定的申报期限内,应先办理纳税申报,缴纳税款。

2. 特定减免税优惠

在全球金融危机背景下,为扩大内需,促进汽车产业发展,2009 年 1 月 16 日,财政部、国家税务总局联合发文规定,对 2009 年 1 月 20 日至 12 月 31 日购置 1.6 升及以下排量乘用车,暂减按 5%的税率征收车辆购置税。所称乘用车,是指在设计和技术特性上主要用于载运乘客及其随身行李和(或)临时物品、含驾驶员座位在内最多不超过 9 个座位的汽车。

2009 年底,我国再次出台政策,将小排量乘用车的车辆购置税优惠政策延续到 2010 年底,但优惠的幅度调整为按 7.5%征收。这显示了国家对小排量汽车消费仍有政策倾斜,仍然体现了国家引导国内环保型小排量汽车发展的目标,但扶持力度有所减弱。

五、车辆购置税的申报与缴纳

1. 车辆购置税的申报

纳税人购置应税车辆,应当向车辆登记注册地的税务机关申报缴纳车辆购置税。购置不须要办理车辆登记注册手续的应税车辆,应当向纳税人所在地的税务机关申报纳税。

车辆购置税实行一次征收制度。购置已征车辆购置税的车不再征收车辆购置税。但减税、免税车辆因转让、改制后改变了原减、免的前提条件,就不再属于免税、减税范围,应按规定缴纳车辆购置税。

2. 车辆购置税的纳税期限

纳税人应在购置应税车辆之后、办理车辆注册登记之前申报缴纳车辆购置税。车辆购置税税款于纳税人办理纳税申报时一次缴清。

纳税人购买自用应税车辆的,应当自购买之日起 60 日以内申报缴纳车辆购置税;进口自用应税车辆的,应当自进口之日起 60 日以内申报纳税;自产、受赠、获奖,或者以其他方式取得并自用应税车辆的,应当自取得之日起 60 日以内申报纳税。这里的“购买之日”是指纳税人购车发票上注明的销售日期。“进口之日”是指纳税人报关进口的当天。

纳税人应当在向公安机关车辆管理机构办理车辆登记注册前,缴纳车辆购置税。

3. 车辆购置税的退税制度

(1) 已经办理纳税申报的车辆，发生下列情形之一的，纳税人应到车购办申请退税：因质量原因，车辆被退回生产企业或经销商的；公安机关车辆管理机构不予办理车辆登记注册手续的。

(2) 纳税人在车购办申请办理退税手续时，应如实填写《车辆购置税退税申请表》，同时提供生产企业或经销商开具的退车证明和退车发票，以及完税证明。

(3) 退税款的计算分两种情况。第一，因质量原因，车辆被退回生产企业或经销商的，自纳税人办理纳税申报之日起，按已缴税款每满1年扣减10%计算退税额。未满1年的按已缴税款额退税。第二，对公安机关车辆管理机构不予办理车辆登记注册手续的车辆，退还全部已缴税款。

练习题

一、填空题

1. 房产税是以房产为征税对象，按房产________向房产所有者征收的一种税。

2. 房产税的征税范围是________、________、________、________。

3. 从2001年1月1日起，对个人居住用房出租仍用于居住的，其应缴纳的房产税暂减按________的税率征收。

4. 车船税的征收范围为依法在我国________部门登记的车辆。

5. 车船税和船舶吨税的不同在于________的不同。

6. 在车船税中，船舶净吨位尾数在0.5吨以下的，按________吨征税；超过0.5吨的按照________吨征税。

7. 船舶吨税实行________税率，纳税期限一般有________和________两种。

8. 车辆购置税征税范围包括________、________、________、________、________。

9. 车辆购置税实行________税率，税率一般为________。

10. 进口自用应税车辆缴纳车船购置税时的组成计税价格包括________、________、________。

二、判断题

1. 所有拥有城镇房屋产权的单位和个人，都是房产税的纳税人。(　　)

2. 承租人使用房产，以支付修理费抵交房产租金的，房产所有人可免纳房产

税。（　　）

3. 新建房屋交付使用时，如果中央空调设备是计算在房产原值之中，则房产原值不应包括中央空调设备，而旧房安装空调设备，应计入房产原值。（　　）

4. 听雨茶庄是公园中附设的对外营业性单位，不能享受房产税减免照顾。（　　）

5. 在基建工地为基建服务的各种材料棚、休息棚、工棚和办公室、食堂、汽车房等临时性房屋，在施工期间和工程结束后，应一律征收房产税。（　　）

6. 车船税属于财产税，只要拥有车船的应税单位和个人，应依法缴纳车船税。（　　）

7. 在我国缴纳船舶吨税的外籍轮船，不必在我国缴纳车船税；在外国缴纳船舶吨税的我国轮船，仍应在我国缴纳车船税。（　　）

8. 现行税法规定，新购置的车船如果暂不使用，可不申报缴纳车船税。（　　）

9. 船舶吨税采用定额税率，按船舶净吨位的大小分等级设置单位税额，分 90 天和 30 天两种不同的税率，并实行复式税率，具体分两栏：一般吨税率和优惠吨税率。（　　）

10. 以房产投资联营，投资者参与投资利润分红、共担风险的，按照房产原值作为计税依据计征房产税。（　　）

11. 单位将房地产转让给陈先生，陈先生又将房屋出租给李先生，此时李先生为房产税纳税人，应该按从租计征方法计算房产税。（　　）

三、不定项选择题

1. 符合房产税纳税人规定的是（　　）。

A. 在征税范围内拥有房屋权的国有企业

B. 所有拥有城镇房屋的单位和个人

C. 农村房屋所有者

D. 外资企业

2. 下列有关房产税纳税人的表述中，不正确的是（　　）。

A. 房屋产权出典的由承典人纳税

B. 房屋出租的由承租人纳税

C. 产权人不在房屋所在地的由房屋代管人或使用人纳税

D. 房屋产权未确定的由代管人或使用人纳税

3. 按房产税暂行条例的规定，下列各项属于房产税征税对象的有（　　）。

A. 工厂围墙
B. 宾馆的室外游泳池
C. 水塔
D. 企业职工宿舍
E. 房地产公司出租的写字楼

4. 下列各项，属于房产税免税范围的有(　　)。
A. 人民团体自用的房产
B. 事业单位的业务用房
C. 个人所有的非营业用房
D. 宗教寺庙出租的住房
E. 企业办的学校自用的房产

5. 下列应交车船税的是(　　)。
A. 在国外已缴纳船舶吨税的我国远洋运输船
B. 汽车贸易中心待售汽车
C. 铁路客运的火车
D. 外商投资企业运输汽车

6. 车船税的计税依据为(　　)。
A. 载人汽车以净吨位为计税依据
B. 载货汽车以净吨位为计税依据
C. 机动船以载重吨位为计税依据
D. 载货汽车以总吨位为计税依据

7. 下列车船可以免征车船税的有(　　)。
A. 1.2 吨渔船
B. 某企业职工学校专门用于接送师生的交通车辆
C. 专供上下客货及存货使用的浮桥用船
D. 某燃气公司的液化石油气罐车

8. 关于车辆购置税的计算，下列说法正确的有(　　)。
A. 进口自用应税车辆的计税依据中不包括消费税
B. 车辆购置税针对国产和进口车辆实行差别税率
C. 汽车销售公司使用本公司发票代收保险费并入计税依据计征车辆购置税
D. 购买者随车辆支付的代收款项，一律计入计税价格

9. 适用车船税优惠政策的有(　　)。
A. 在企业内部行驶，不领取行驶执照也不上路行驶的车辆
B. 主要用于农业生产的拖拉机
C. 残疾人专用的轮椅车

D. 营利性妇幼保健机构自用的车船

10. 船舶吨税的征税范围包括(   )。

A. 外商租用的中国籍船舶

B. 在我国港口行驶的外国籍船舶

C. 中外合营的海运企业使用的中国籍和外国籍船舶,以及租用的外国籍船舶

D. 中国籍船舶

11. 下列船舶中应征收船舶吨税的有(   )。

A. 在青岛港口行驶的日本油轮

B. 在厦门港口航行的台湾货轮

C. 航行于广州港口被马来西亚商人以期租的方式租用的中国籍船舶

D. 航行国外兼营国内沿海贸易的被中国商人租用的韩国籍船舶

四、思考题

1. 什么是房产税?开征房产税的意义是什么?

2. 房产税的纳税人包括哪些?它的违章处理是怎样规定的?

3. 什么是车船使用税?为什么要开征车船使用税?

4. 车船使用税的减免有哪些规定?

5. 车辆购置税的范围有哪些?

6. 船舶吨税的征税范围是什么?和车船使用税有什么区别?

五、计算题

1. 某政府机关与甲公司共同使用一幢办公用房,房产价值 6 000 万元,政府机关占用房产价值 5 000 万元,公司占用房产价值 1 000 万元。某年 3 月 1 日省政府机关将其使用房产的 40%对外出租,当年取得租金收入 150 万元。当年 8 月 1 日甲公司将其使用房产的 30%对外投资,不承担生产经营风险,投资期限 4 年,当年取得固定利润分红 8 万元。已知该省统一规定计算房产余值时的减除幅度为 20%。政府机关和该公司各应纳多少房产税?

2. 某企业拥有房产三幢,其中一幢用于本企业经营,房产原值 160 万元;另两幢出租给其他单位经营,取得年租金收入 90 万元。当地规定允许按减除 30%后的房产余值计税。请计算该企业每年应纳房产税税额。

3. 某运输公司有货车挂车 4 辆,每辆净吨位 5 吨,另有卡车 7 辆,每辆净吨位 2.6 吨,仅供内部行使的平板货车 3 辆,接送职工面包车一辆(18 人座),2 月份还新添 3 辆卡车,当月投入使用,每辆净吨位为 2 吨。当地政府规定载货汽车单位税

额为 60 元/吨,30 座以内乘人汽车单位税额为 500 元。该单位全年应纳车船税为多少?

4. 某公司 2006 年拥有六座客货两用汽车 5 辆,每辆载重净吨位为 4.7 吨。该地车船税税额为:载货汽车每吨 40 元,乘人汽车在 31 座以上每辆 400 元,9 座以下每辆 200 元。该公司当年客货两用车应缴纳的车船税是多少?

5. 某单位进口汽车自用,关税完税价格为 170 万元,关税税率为 20%,消费税税率为 10%,该单位应缴纳车辆购置税为多少?

第十一章

特定目的与行为类税

特定目的税是为了达到某种非财政收入的特殊目的、对特定的对象发挥调节作用而设置的税种。我国的特定目的税是在经济体制改革过程中，根据宏观经济调控的需要而陆续设立的。1979 年开始经济体制改革后，国民经济的各个方面都发生了深刻变化，得到了很大的发展；同时出现了基本建设规模过大，消费基金增长过快，国民收入分配不合理等问题。为了更好地发展国民经济，协调经济体制改革的各个方面，国家在采取各项措施的同时，开征若干特定目的税，以便运用税收工具，强化宏观调控。例如，为了合理使用能源，促进企业节约用油，并加速以煤炭代替烧用石油的进程，1982 年开征了烧油特别税。为调节奖金和工资的分配，1984—1985 年针对不同所有制类型的企业和单位开征了奖金税和工资调节税。为了有助于集中必要资金，保证国家重点建设，有利于加强基本建设管理，控制固定资产投资规模，1983 年对自筹基本建设投资和更新改造措施项目中的建筑工程投资开征了建筑税。1991 年国务院在总结经验的基础上以固定资产投资方向调节税取代了建筑税。为了加强城市的维护和建设，扩大和稳定城市维护建设资金的来源，1985 年开征了城市维护建设税。这样，就建立了中国的特定目的税系列。

特定目的税的特点主要有两点。

(1) 政策目的鲜明。可以说，特定目的税的政策目的超过财政目的，其实施成效不以收入多寡而论，而是主要考虑其政策调控效果。这是其不同于一般税种的一大特征。

(2) 灵活性较大。在税种设置、税率设计、减税免税、开征停征等方面，根据贯彻国家政策的需要适时调整，不是固定不变的。如固定资产投资方向调节税就因为我国宏观经济调控的需要而暂停征收。

随着我国国民经济的发展，经济形势发生了变化，特定目的税的税种结构也进行了调整。目前特定目的税主要有：固定资产投资方向调节税（暂停征收）、城市建设维护税、教育费附加等。城市建设维护税和教育费附加由于专款专用，其征收具有明显的目的性，因此这二者属于特定目的税。

行为税则是以纳税人的某种特定行为作为征税对象的税种。行为的解释极其广泛，人们的经济活动、社会活动，以及文化、体育、娱乐等活动都可以解释为行为。国家可以选择特定的行为来课税，既要增加财政收入，又要做到限制某些行为，达到对社会生活的税收调节。例如，针对一些奢侈性的社会消费行为，征收娱乐税、宴席税；针对牲畜交易和屠宰等行为，征收交易税、屠宰税；针对财产和商事凭证贴花行为，征收印花税，等等。行为税收入零星分散，一般作为地方政府筹集地方财政资金的一种手段。现行的印花税和契税属于行为税。

第一节　城市维护建设税

城市维护建设税是国家对缴纳增值税、消费税、营业税(简称“三税”)的单位和个人就其实际缴纳的“三税”税额为计税依据,按纳税人所在地适用的不同税率计算征收的一种税。此税是我国为了加强城市的维护建设,扩大和稳定城市维护建设资金的来源开征的一个税种。

现行的《中华人民共和国城市维护建设税暂行条例》是国务院于1985年2月8日发布,从1985年起施行的。

一、城市维护建设税的特点

城市维护建设税从其性质看,是一种以主税的税额为征税对象的附加税;从其收入用途看,属于特定目的税。它与其他税收比较,具有以下几个特点。

1. 没有特定的征税对象

城市维护建设税是以纳税人缴纳的“三税”税额为计税依据,随“三税”同时征收的。它本身没有特定的、独立的征税对象,因此它既不能独立征收,也不能独立减免,完全依附在“三税”上,属于“三税”的一种附加税。

2. 税款使用遵循专款专用原则

国家的一般税收,都直接纳入国家财政,根据社会经济、文教事业等发展需要,由中央和地方人民政府安排使用,税法不规定税款的具体使用范围和方向。城市维护建设税就不同了,税法明确规定,所收税款应当保证用于城市的公用事业和公共设施的维护建设。因为只有这样,才能达到扩大和稳定城市维护建设资金的来源,加强城市的维护建设。

3. 税率是根据受益程度确定的

城市维护建设税的税率,不是以计税依据的多寡或纳税人的经济性质确定的,而是根据纳税人所在地不同,其所享受的城镇设施也不同的情况设计的。一般来说,城市市区的设施好于县城和镇,而县城、镇的设施,又好于一般乡村。根据“受益多的多纳税、受益少的少纳税”原则,城市维护建设税的税率城市市区高于县城和镇,而县城和镇又高于一般农村。这样规定不仅税收负担合理,而且也能够使不同地区获得不同数量的城市建设资金,因地制宜地进行城市的维护和建设。

4. 征收管理工作不独立

因为城市维护建设税是增值税、消费税、营业税的附加税,并与“三税”同时征收,所以其纳税时间、纳税地点、纳税环节及违章处理等,均比照“三税”的有关规定办理。

二、城市维护建设税的纳税义务人

因为城市维护建设税是对从事工商经营活动的单位和个人，就其实际缴纳的“三税”的税额计征的，所以其征税范围很广，不仅包括城市、县城和建制镇，而且还包括广大农村。也就是说，只要缴纳消费税、增值税和营业税的地方，除税法另有规定者外，都属征收城市维护建设税的范围。

城市维护建设税的纳税人，是指负有缴纳“三税”义务的单位和个人。因此，不论是国有企业、集体企业、私营企业、股份制企业、其他企业和行政单位、事业单位、军事单位、社会团体、其他单位，以及个体工商户及其他个人等，只要缴纳了“三税”，就发生了缴纳城市维护建设税的义务，必须依照税法规定缴纳城市维护建设税。但是目前外商投资企业不属于城市维护建设税纳税人，这是一个不公平的非国民待遇，外商投资企业同样有城市维护建设的义务。

另外，海关对进口产品征收增值税、消费税时，不征收城市维护建设税。

三、城市维护建设税的计税依据和纳税环节

城市维护建设税的计税依据是纳税人实际缴纳的“三税”税额。以“三税”税额作为计税依据，指的仅是“三税”的正税，不包括非税款项。如对违反“三税”有关税法规定，而加收的滞纳金和罚款，是税务机关对纳税人采取的一种经济制裁，不是“三税”的正税，因此也就不能作为计税依据。但是纳税人在被查补“三税”和被处以罚款时要对其偷漏的“三税”补征城市维护建设税，征收滞纳金和罚款。

对出口产品退还消费税、增值税的，不退还已纳的城市维护建设税；对由于减免消费税、增值税、营业税而发生的退税，同时退还已纳的城市维护建设税。

城市维护建设税的纳税环节，确定在纳税人缴纳“三税”的环节。就是说，商品从生产到消费流转过程中，在哪个环节缴纳“三税”，就要在哪个环节缴纳城市维护建设税；“三税”发生一道，城市维护建设税就要征收一道。

四、城市维护建设税的税率与计算

城市维护建设税的税率，是根据纳税人受益与负担相一致的原则设计的，并贯彻了区别对待、合理负担的政策精神。

城市维护建设税实行的是地区差别税率，按照纳税人所在地的不同，税率分别规定为7%、5%、1%三个档次，不同地区的纳税人，实行不同档次的税率。具体适用范围是：

(1) 纳税人所在地在城市市区的，税率为7%；

(2) 纳税人所在地在县城、建制镇的，税率为5%；

(3) 纳税人所在地不在城市市区、县城、建制镇的，税率为1%。

城市维护建设税的适用税率，一般规定按纳税人所在地的适用税率执行，但是对下列两种情况，可按纳税人缴纳“三税”所在地的规定税率就地缴纳城市维护建设税：一是由受托方代收、代扣“三税”的单位和个人；二是流动经营等无固定纳税地点的单位和个人。

对铁道部应纳城市维护建设税的税率，由于铁道部统一向北京国家税务局缴纳营业税，其计税依据为铁道部实际集中缴纳的营业税税额，难以适用地区差别税率，所以国家税务总局特案规定适用税率5%，税款作为中央预算收入上缴中央财政。

综上所述，城市维护建设税应纳税额的计算公式如下：

应纳税额＝(实缴增值税额＋实缴消费税额＋实缴营业税额)
×地区适用税率

【例】 某企业位于县城，2008年10月份应缴纳增值税65万元，其中因符合有关政策规定而被退库15万元；缴纳营业税12万元；缴纳消费税30万元，因故被加收滞纳金0.3万元。求该企业当月应纳城市维护建设税。

解 应缴纳的城市维护建设税＝(65－15＋12＋30)×5%
＝4.6(万元)

五、城市维护建设税的税收优惠

城市维护建设税是以纳税人实际缴纳的增值税、消费税、营业税税额为计税依据同时同地征收的，故原则上不单独减税、免税，当“三税”发生减免时，城市维护建设税也随之减免。但是，针对逐渐遇到的一些特殊情况，财政部和国家税务总局陆续作出了一些特定税收优惠规定。

(1) 城市维护建设税按减免后实际缴纳的“三税”税额计征，即随“三税”的减免而减免。

(2) 对于因减免税而须进行“三税”退库的，城市维护建设税也可同时退库。

(3) 海关对进口产品代征的增值税、消费税，不征收城市维护建设税。

(4) 对出口产品退还增值税、消费税的，不退还已缴纳的城市维护建设税；生产企业出口货物实行免抵退税办法后，经国家税务局正式审核批准的当期免抵的增值税税额应纳入城市维护建设税和教育费附加的计征范围，分别按规定的税(费)率征收城市维护建设税和教育费附加。

(5) 对“三税”实行先征后返、先征后退、即征即退办法的，除另有规定外，对随“三税”附征的城市维护建设税和教育费附加，一律不予退(返)还。

六、城市维护建设税的征收管理

城市维护建设税应当与增值税、消费税和营业税同时缴纳，自然其纳税环节、纳税期限和纳税地点也与增值税、消费税、营业税相同。但是针对一些比较复杂并有特殊性的纳税地点，财政部和国家税务总局作了特殊规定。

(1) 纳税人直接缴纳"三税"的，在缴纳"三税"地缴纳城市维护建设税。

(2) 代征、代扣代缴增值税、消费税、营业税的企业单位，同时也要代征、代扣代缴城市维护建设税。没有代扣城市维护建设税的，应由纳税单位或个人回到其所在地申报纳税。

(3) 各银行缴纳的城市维护建设税，均由取得业务收入的核算单位在当地缴纳。

由于城市维护建设税是与增值税、消费税、营业税同时征收的，所以在一般情况下，城市维护建设税不单独加收滞纳金或罚款。但是，如果纳税人缴纳了"三税"之后，却不按规定缴纳城市维护建设税，则可以对其单独加收滞纳金，也可以单独进行罚款。

专栏 11-1

西藏自治区率先实行城市维护建设税改革①

经西藏自治区人民政府审议通过，西藏城市维护建设税税制改革政策于2009年1月1日正式施行。

据西藏自治区国税局税政处有关负责人介绍，此次城市维护建设税制改革是西藏地方税制建设工作贯彻落实科学发展观，实现内外税制统一，公平税收负担和优化税制结构的一项重要举措，旨在使税收制度适应当前自治区经济形势发展需要，加大筹集城乡建设资金力度，促进城市及县域经济发展。这次城市维护建设税改革的主要内容：一是扩大城市维护建设税的征税范围，实行普遍征收，即将西藏的城市维护建设税征税范围扩大到县及县以下的行政区域和外商投资企业、外国企业和外籍个人等涉外纳税群体；二是统一城市维护建设税税率，公平税收负担，即西藏自治区的城市维护建设税不再按行政区域划分7%、5%的两档差别税率，而统一执行7%的单一税率。

据了解，国务院曾于1994年决定在财税、金融、投资、价格和外贸等方面对西藏自治区实行特殊和灵活的政策措施，西藏可按照"体制衔接，框架一致，适当变通"的原则进行财税金融体制改革。多年来，西藏自治区人民政府在此基础上深入

① 资料来源：次央、杨新天，西藏自治区率先实行城建税改革，中国税务报，2009-2-11。

实际，不断对西藏的税收政策进行适度调整，使税收制度建设更符合西藏实际情况，符合西藏经济建设与发展的需要。

第二节　教育费附加

教育费附加是以单位和个人缴纳的增值税、消费税、营业税税额为计算依据征收的一种附加费。教育费附加是为了加快发展地方教育事业，扩大地方教育经费的资金而征收的一种专项资金，虽然名义上是一种专项资金，但实质上具有税的性质。现行的教育费附加是根据国务院于 1986 年 4 月 28 日颁布并在同年 7 月 1 日起施行的《征收教育费附加的暂行规定》在全国范围内进行征收的。

一、教育费附加的计征比率与费额计算

国务院《征收教育费附加的暂行规定》中明确，凡缴纳增值税、消费税、营业税的单位和个人，都应缴纳教育费附加，既凡是缴纳增值税、消费税、营业税的单位和个人，都是缴纳教育费附加的缴费人。

现行的教育费附加的费率为 3%，除国务院另有规定外，任何地区、部门不得擅自提高或减低教育费附加率。

综上所述，对于单位和个人，其应缴纳的教育费附加的计算公式如下：

应纳教育费附加=(实缴增值税额+实缴消费税额+实缴营业税额)×征收比率

【例】 某镇的卷烟厂，2008 年 2 月缴纳消费税 40 000 元，增值税30 000元，被查补消费税10 000元，增值税5 000元，处以罚款8 000元，加收滞纳金 600 元，计算城市维护建设税和教育费附加的数额。

解　应纳城市维护建设税=(40 000+30 000+10 000+50 00)×5%
=4 250(元)

应纳教育费附加=(40 000+30 000+10 000+5 000)×3%=2 550(元)

教育费附加作为增值税、消费税、营业税的附加费，其征收管理按照增值税、消费税、营业税的有关规定办理。

二、教育费附加的减免税规定

教育费附加作为附加费，一般随增值税、消费税、营业税的减免而减免。下列情况可进行减免。

(1) 对海关进口的产品征收的增值税、消费税，不征收教育费附加。

(2) 对于减免增值税、消费税和营业税而发生退税的，可同时退还已征收的教育费附加。但对出口产品退还增值税、消费税的，不退还已征的教育费附加。

第三节　印　花　税

印花税是对经济活动和经济交往中书立、领受的凭证征收的一种税，是一种兼有行为性质的凭证税。它具有征收面广、税负轻、由纳税人自行购买并粘贴印花税票完成纳税义务等特点。

我国早在1950年就曾开征过印花税，1958年简化税制时，将此税并入工商统一税，此后便未单独征收。党的十一届三中全会后，我国经济得到迅速发展，各种经济活动十分活跃，1988年8月6日国务院发布《中华人民共和国印花税暂行条例》，决定从1988年10月1日起恢复征收印花税。由于股票交易市场的出现，国务院决定从1992年1月1日起将股票交易纳入印花税的征收范围。印花税之所以现在受到大众的关注，和中国经济发展和资本市场的飞速发展是分不开的。

一、印花税的征税范围

印花税是凭证税，在社会经济生活中，各种凭证种类繁多，难以管理，对所有凭证全面征税既无必要，也不可能。因此，印花税只将界限比较清楚，税源易于控制，又容易征收管理的凭证列入征税范围，反之就暂不列入。印花税的征税范围采用正列举法，按列举税目征税。

对于印花税，不可因其小而轻之。因为，征收印花税可以积累建设资金，借以了解经济活动情况，并有利于培养纳税人的自觉纳税意识。

现行印花税正式列举的凭证分为五类，即经济合同、产权转移书据、营业账簿、权利许可证照，以及经财政部门确认的其他凭证。

1. 经济合同

合同是指当事人为实现一定目的，经协商一致，明确当事人各方权利、义务关系的协议。以经济业务活动作为内容的合同，通常称为经济合同。依法订立的经济合同的书面形式即经济合同书。我国印花税只对依法订立的经济合同书征收。

印花税在税目表中列举了10大类合同：购销合同；加工承揽合同；建设工程勘察设计合同；建筑安装工程承包合同；财产租赁合同；货物运输合同；仓储保管合同；借款合同；财产保险合同；技术合同。

电网与用户之间签订的供电合同不属于印花税列举征税的凭证，不征收印花税。

此外，在确定应税经济合同的范围时，特别须要注意以下三个问题：一是具有合同性质的凭证应视同合同征税；二是未按期兑现合同应贴花；三是办理一项业务如果既书立合同，又开具单据，只就合同贴花，凡不书立合同，只开具单据的，则对单据按规定贴花。

2. 产权转移书据

产权转移即财产权利关系的变更行为，表现为产权主体发生变更。产权转移书据是在产权的买卖、交换、继承、赠与、分割等产权主体变更过程中，由产权出让人与受让人之间订立的民事法律文件。

产权转移书据包括财产所有权、版权、商标专用权、专利权、专有技术使用权等转移书据。包括股份制企业向社会公开发行的股票，因购买、继承、赠与所书立的产权转移书据。

3. 营业账簿

印花税税目中的营业账簿归属于财务会计账簿，是按照财务会计制度的要求设置的，反映生产经营活动的账册。按照营业账簿反映的内容不同，分为记载资金的账簿（简称资金账簿）和其他营业账簿两类。

不过，金融系统的营业账簿有其一定的特殊性，如果不加区别，一律照章计缴印花税，不仅工作量大，不便于计征，税负也不太合理。鉴于这种情况，目前规定，金融系统中凡是用以反映资金存贷经营活动、记载经营资金增减变化和核算经营成果的账簿，如各种日记账、明细账和总账，列入营业账簿的范围，按规定缴纳印花税。对于银行根据业务管理需要设置的各种登记簿，其记载内容与资金活动无关或无直接关系，仅仅是作内部备查之用，则不列入营业账簿的范围，不征收印花税。

4. 权利、许可证照

权利、许可证照包括政府部门发给的房屋产权证、工商营业执照、商标注册证、专利证、土地使用证等证照。

5. 经财政部门确定征税的其他凭证

另外还要注意，印花税的征税范围，不仅限于在我国境内书立、领受印花税税目税率表所列举的凭证，还包括不在我国境内书立、领受，但在我国境内使用，在我国境内具有法律效力，受我国法律保护的凭证。

专栏 11-2

印花税起源①

印花税是一个很古老的税种，人们比较熟悉，但它的起源却鲜为人知。

---

① 资料来源：孟冬，听最少的鹅叫，深圳商报，2006-05-16。

从税史学理论上讲，任何一种税种的“出台”，都离不开当时的政治与经济的需要，印花税的产生也是如此。其间并有不少趣闻。

公元1624年，荷兰政府发生经济危机，财政困难。当时执掌政权的统治者摩里斯(Maurs)为了解决财政上的需要，拟提出要用增加税收的办法来解决支出的困难，但又怕人民反对，便要求政府的大臣们出谋献策。众大臣议来议去，就是想不出两全其美的妙法来。于是，荷兰的统治阶级就采用公开招标办法，以重赏来寻求新税设计方案，谋求敛财之妙策。印花税，就是从千万个应征者设计的方案中精选出来的“杰作”。可见，印花税的产生较之其他税种，更具有传奇色彩。

印花税的设计者可谓独具匠心。他观察到人们在日常生活中使用契约、借贷凭证之类的单据很多，连绵不断，所以，一旦征税，税源将很大；而且，人们还有一个心理，认为凭证单据上由政府盖个印，就成为合法凭证，在诉讼时可以有法律保障，因而对交纳印花税也乐于接受。正是这样，印花税被资产阶级经济学家誉为税负轻微、税源畅旺、手续简便、成本低廉的“良税”。税收是立国之本，因此，该不该征税不是问题，怎么个征法才是问题。英国的哥尔柏(Kolebe)说过：“税收这种技术，就是拔最多的鹅毛，听最少的鹅叫”。印花税就是具有“听最少鹅叫”的税种。

从1624年世界上第一次在荷兰出现印花税后，由于印花税“取微用宏”，简便易行，欧美各国竞相效法。丹麦在1660年、法国在1665年、美国在1671年、奥地利在1686年、英国在1694年先后开征了印花税。它在不长的时间内，就成为世界上普遍采用的一个税种，在国际上盛行。

我国自清代光绪年间已征收印花税，印制和使用印花税票的历史逾百年，迄今印花税票仍然在使用，如近年来房地产交易中的产权证即贴有印花税票，而工商营业商户的账簿也贴有各种不同面额的印花税票。实际上，印花税票与人们的接触是非常广泛的，且历史仅比邮票晚了14年。

二、印花税的纳税义务人

在中华人民共和国境内书立、领受本条例所列举凭证的单位和个人，都是印花税的纳税义务人。这里所说的单位，是指国内各类企业、事业、机关、团体、部队，以及中外合资企业、合作企业、外商独资企业、外国公司和其他经济组织及其在华机构等单位；个人是指除上述单位之外的中国公民和外国公民。

印花税的纳税义务人，根据不同纳税对象，分别称为立合同人、立账簿人、立据人、领受人和使用人。

(1) 各类合同的纳税义务人是立合同人。立合同人指合同的当事人。所谓当事人是指对凭证有直接权利义务关系的单位和个人，不包括保人、证人、鉴定人。当事人的代理人有代理纳税义务。如果一份合同是由两方或两方以上当事人共同签订的,签订合同的各方都是纳税义务人。

(2) 营业账簿的纳税义务人是立账簿人。立账簿人是指开立并使用营业账簿的单位和个人。如企业因生产需要,设立了若干营业账簿,这个企业就是印花税的纳税义务人。

(3) 产权转移书据的纳税义务人是立据人。所谓立据人,是指书立产权转移书据的单位和个人。如果该项凭证是两方或两方以上单位或个人共同书立的,各方都是纳税义务人。

(4) 权利、许可证照的纳税义务人是领受人。领受人是指领取并持有该项凭证的单位和个人。如某人持有政府有关部门发给的房屋产权证,该人就是印花税纳税义务人。

(5) 在国外书立或领受,在国内使用的应税凭证,使用人为纳税义务人。

(6) 以电子形式签订的各类应税凭证的纳税人为签订人。签订人即以电子形式签订的各类应税凭证的当事人。

印花税的纳税义务人之所以这样规定,是考虑到权利与义务相一致的原则。既然某一单位或个人书立、领受了应税凭证,就具有了该凭证所可以享受的权利,也就应该履行该凭证所应负的纳税义务。权利与义务相一致,既易于为纳税人所接受,也便于征收管理。

三、印花税的税率

印花税的税率是遵循税负从轻,共同负担的原则设计的。因此税率规定得较低 ,只有千分之几甚至万分之几;凭证的当事人,即对凭证有直接权利业务关系的单位和个人均应就其所持凭证依法纳税。这样规定,对纳税人来说,由于税收负担轻,比较容易接受,从而便于缴纳。对国家来说,由于共同负担,签订合同各方都要纳税,从而保证了印花税收入有一定规模。

印花税的税率采用比例税率和定额税率两种形式。

1. 比例税率

在印花税税目中,各类合同以及具有合同性质的凭证(含以电子形式签订的各类应税凭证)、产权转移书据、营业账簿中记载资金的账簿,这些凭证载有金额,容易按比例计算应纳税额,适用比例税率。

印花税的比例税率共分为 4 档,即 0.05‰、0.3‰、0.5‰、1‰。具体情况如下。

(1) 借款合同,银行及其他金融组织和借款人(不包括银行同业拆借)所签订的借款合同,按借款金额 0.05‰贴花。单据作为合同使用的,按合同贴花。

(2) 购销合同,包括供应、预购、采购、购销结合,以及协作、调剂、补偿、易货等合同,按购销金额 0.3‰贴花。

(3) 建筑安装工程承包合同,包括建筑、安装工程承包合同,按承包金额 0.3‰ 贴花。

(4) 技术合同,包括技术开发、转让、咨询、服务等合同,按所载金额 0.3‰贴花。

(5) 加工承揽合同,包括加工、定作、修缮、修理、印刷、广告、测绘、测试等合同,按加工或承揽收入 0.5‰贴花。

(6) 建设工程勘察设计合同,包括勘察、设计合同,按收取费用 0.5‰贴花。

(7) 货物运输合同,包括民用航空、铁路运输、海上运输、内河运输、公路运输和联运合同,按运输费用 0.5‰贴花。单据作为合同使用的,按合同贴花。

(8) 产权转移书据,包括财产所有权和版权、商标专用权、专利权、专有技术使用权等转移书据,按所载金额 0.5‰贴花。

(9) 营业账簿,生产经营用账册、记载资金的账簿,按实收资本和资本公积合计数的 0.5‰贴花。

(10) 财产租赁合同,包括租赁房屋、船舶、飞机、机动车辆、机械、器具、设备等,按租赁金额 1‰贴花。税额不足一元的按一元贴花。

(11) 仓储保管合同,包括仓储、保管合同,按仓储保管费用 1‰贴花。仓单或栈单作为合同使用的,按合同贴花。

(12) 财产保险合同,包括财产、责任、保证、信用等保险合同,按保险费收入的 1‰贴花。单据作为合同使用的,按合同贴花。

(13) 另外,经国务院批准,财政部决定从 2008 年 9 月 19 日起,对证券交易印花税政策进行调整,由现行双边征收改为单边征收,即只对卖出方(或继承、赠与 A 股、B 股股权的出让方)征收证券(股票)交易印花税,税率为 1‰,对买入方(受让方)不再征税。

2. 定额税率

定额税率的税额均为每件 5 元。定额税率适用于一些无法计算金额的凭证;或者虽开有金额,但作为计税依据明显不合理的凭证。这些凭证包括权利、许可证照,如政府部门发给的房屋产权证、工商营业执照、商标注册证、专利证、土地使用证;“营业账簿”税目中的其他账簿。

四、印花税的计税依据

根据应税凭证种类的不同,印花税分别规定了如下几种计税依据。

(1) 凭证所载的金额、收入或费用。一般适用于合同或具有合同性质的凭证。按合同的不同名称或用途,所载金额具体又分为购销金额、加工或承揽收入、收取费用、承包金额、租赁金额、运输费用、仓储保管费用、借款金额、保险费收入等项。

(2) 产权转移书据中所载的金额。

上述凭证以“金额”、“收入”、“费用”作为计税依据的,应当全额计税,不得做任何扣除。

(3) 实收资本和资本公积的两项合计金额。只适用于营业账簿中记载资金的账簿。

企业启用新账簿后,其实收资本和资本公积两项的合计金额大于原已贴花资金的,就增加部分补贴印花。凡“资金账簿”在次年度的实收资本和资本公积未增加的,对其不再计算贴花。

(4) 凭证或账簿的件数。有些凭证本身不反映经济内容,也不记载金额,如营业执照、专利证等权利许可证照,以及企业的日记账簿和各明细分类账簿等辅助性的核算内容各异的账簿,规定按凭证或账簿的件数纳税。

五、印花税应纳税额的计算

按比例税率计算应纳税额的方法:

$$应纳税额=计税金额\times适用税率$$

按定额税率计算应纳税额的方法:

$$应纳税额=凭证数量\times单位税额$$

计算印花税应纳税额时应注意如下问题。

(1) 同一凭证由两方或两方以上当事人签订并各执一份的,应当由各方就所执的一份全额贴花。

(2) 同一凭证,载有两个或两个以上经济事项而适用不同税目税率,如分别记载金额的,应分别计算应纳税额,相加后按合计税额贴花;如未分别记载金额的,按税率高的计算贴花。

(3) 按金额比例贴花的应税凭证,未标明金额的,应按照凭证所载数量及市场价格计算金额,依适用税率贴足印花。

(4) 在对外经济活动中,有些应税凭证的所载金额是外国货币,按照税法规定,应换算为人民币后,作为印花税的计税依据。换算的标准为凭证书立当日我国外汇管理局公布的外汇牌价。

(5) 已贴花的凭证,修改后所载金额增加的,其增加部分应当补贴印花税票。

(6) 印花税应纳税额不足 1 角的免纳印花税。应纳税额在 1 角以上的,其税额尾数不满 5 分的不计,满 5 分的按 1 角计算贴花。对财产租赁合同的应纳税额超过 1 角但不足 1 元的按 1 元贴花。

【例】 某企业某年 2 月开业,当年发生如下有关业务事项:领受房屋产权证、工商营业执照、土地使用证各一件;与其他企业订立转移专用技术使用权书据一份,所载金额 100 万元;与另一公司签订以货换货合同,以价值 300 万元商品交换同等价值的原材料;订立借款合同一份,所载金额 500 万元;企业记载资金的账簿,“实收资本”、“资本公积”合计为 800 万元;其他营业账簿 10 本。试计算该企业当年应缴纳的印花税税额。

解　① 领受权利、许可证照应纳税额＝3×5＝15(元)

② 订立产权转移书据应纳税额＝1 000 000×0.5‰＝500(元)

③ 订立购销合同应纳税额＝(3 000 000＋3 000 000)×0.3‰＝1 800(元)

④ 订立借款合同应纳税额＝5 000 000×0.05‰＝250(元)

⑤ 企业记载资金的账簿应纳税额＝8 000 000×0.5‰＝4 000(元)

⑥ 企业其他营业账簿应纳税额＝10×5＝50(元)

当年企业应纳印花税税额＝15＋500＋1 800＋250＋4 000＋50＝6 615(元)

六、印花税的减免税规定

按减免的内容划分，现行印花税的减免主要有这样几类。

(1) 为了鼓励社会各界支持和关心文化教育、社会福利事业等，对财产所有人将财产赠给政府、社会福利单位、学校所书立的书据，免征印花税。

(2) 为了支持农业生产的发展和减轻农牧业生产的负担，调动农民的积极性，对国家指定的收购部门与村民委员会、农民个人书立的农副产品收购合同等，免征印花税。

(3) 为了利用外资，加速我国的经济建设，对外国政府或国际金融组织向我国政府及国家金融组织提供优惠贷款所立的合同，免征印花税。

(4) 为了扶持某些行业的发展，有关部门根据国家政策需要发放无息贷款、贴息贷款所签订的合同，免征印花税。

(5) 已缴纳印花税的凭证的副本或抄本，免征印花税。

(6) 农牧业保险合同免征印花税。

(7) 对房地产管理部门与个人签订的用于生活居住的租赁合同免税。

(8) 出版合同、书报刊发行单位之间、发行单位与订阅单位或个人之间书立的凭证免征印花税。

(9) 对特殊货运凭证免税。这类凭证包括：军事物资运输凭证、抢险救灾物资运输凭证、新建铁路的工程临管线运输凭证。

(10) 从 2008 年 11 月 1 日起，对个人首次购买 90 平方米及以下普通住房的，对个人销售或购买住房暂免征收印花税。

(11) 为贯彻落实国务院关于支持企业改制的指示精神，对经县级以上人民政府及企业主管部门批准改制的企业，在改制过程中可享受以下印花税优惠政策。

关于资金账簿的印花税优惠：实行公司制改造的企业在改制过程中成立的新企业(重新办理法人登记的)，其新启用的资金账簿记载的资金或因企业建立资本纽带关系而增加的资金，凡原已贴花的部分可不再贴花，未贴花的部分和以后新增加的资金按规定贴花。

以合并或分立方式成立的新企业，其新启用的资金账簿记载的资金，凡原已贴花的部分可不再贴花，未贴花的部分和以后新增加的资金按规定贴花。合并包括吸收合并和新设合并。分立包括存续分立和新设分立。

企业债权转股权新增加的资金按规定贴花。企业改制中经评估增加的资金按规定贴花。企业其他会计科目记载的资金转为实收资本或资本公积的资金按规定贴花。

关于各类应税合同的印花税：企业改制前签订但尚未履行完的各类应税合同，改制后须要变更执行主体的，对仅改变执行主体、其余条款未作变动且改制前已贴花的，不再贴花。

关于产权转移书据的印花税：企业因改制签订的产权转移书据免予贴花。

股权分置试点改革转让的印花税：股权分置改革过程中因非流通股股东向流通股股东支付对价而发生的股权转让，暂免征收印花税。

(12) 除上述规定外，对按比例贴花的凭证还规定了起征点，即应纳税额不足1角，免纳印花税；应纳税额超过1角的，按规定纳税。

七、印花税的纳税环节

印花税暂行条例规定，印花税实行由纳税人根据规定自行计算应纳税额，购买并一次贴足印花税票的缴纳方法，因而印花税的纳税环节也就是贴花环节。在国内书立或领受的凭证，应当于书立或领受时贴花。具体说，合同是在签订时贴花，产权转让书据是在立据时贴花，营业账簿是在启用时贴花，权利许可证照是在领取时贴花。在国外签订、在我国境内履行的合同，应在使用时贴花。

为简化贴花手续，应纳税额较大或贴花次数频繁的，纳税人可向税务机关提出申请，采取以缴款书代替贴花或按期汇总缴纳的办法。

这样规定纳税环节的主要目的有三点：第一，促进合同的兑现率，使合同不签订则已，一旦签订就要尽量履行，否则会遭受一定损失；第二，保证国家财政收入的及时入库；第三，不易发生偷税漏税。

专栏 11-3

证券交易印花税的来龙去脉[①]

一、印花税的性质

印花税在税收法律定义中最基本的含义是对经济活动和经济交往中书立的凭证加贴印花而征收的税种。我国有关印花税所依据的法律，至今仍只是1988年8

① 资料来源：证券交易印花税的来龙去脉，中国经济网，2009-02-20，http://book.ce.cn/read/economy/xbzds/4/200902/20/t20090220_18273488_1.shtml。本专栏在原文基础上进行了节选。

月6日国务院颁布的《中华人民共和国印花税暂行条例》。

印花税是凭证税，凭证是一种纸质载体。目前我国长期用它来代替证券交易环节的行为税，无论名实关系、税率设置、法理依据，显然并不十分科学。

二、我国证券交易印花税的由来

证券交易印花税最先于1990年7月1日在深圳证券市场开始课征，由卖出股票者按成交金额的6‰单向交纳。同年11月，深圳市对股票买方也开征6‰的印花税，我国证券市场双边征收印花税的历史开始。但自此深圳股市开始9个月的长跌。为了救市，深圳市政府于1991年10月将证券交易印花税率下调到3‰。上海在深圳试征证券交易印花税经验的基础上，于1991年10月也开始对股票买卖实行双向征收，税率为3‰。

由于印花税属地方税种之一，属于凭证税而非行为税，所以地方政府可以自行决定征收与否。面对当时的市场过热气氛，深圳市政府手中可用的只有这一个"合法的"调控工具。因此证券交易印花税实际上是深圳市地方政府在经济体制改革以及股份制和证券市场发展过程中的发明创造，套用了印花税的书据印花而设立的一个实际上完全不同于印花税的新税目，中央政府当时只是默认了地方政府收取这个税目来医治市场的过热行为。

在1990年至1994年，所有的相关文件都将此项税目称为"印花税"；从1995年之后，才开始在相关文件中将此项税目称之为"证券交易印花税"。可见，当时设立证券交易印花税这个税目的最初出发点绝非仅仅为了财政收入，而更主要是地方政府为了调控初创伊始的证券市场上所出现的"过热的投机行为"。

1994年，我国开始进行税制改革，国务院发布了《关于实行分税制财政管理体制的决定》，提出了将证券市场上的印花税改造成证券交易税独立征收的设想，并规定买卖双方各征3‰，最高可上浮1%。

但在其后，鉴于当时条件不够成熟，中央政府和立法机构对有关改革方案做出"缓一步出台"的决定，"证券交易税"因此至今没有正式设立，而证券交易印花税却从此依照《关于实行分税制财政管理体制的决定》改成了中央地方共享税，并从此在官方文件中正式由"印花税"改称为"证券交易印花税"。此后，我国证券交易印花税税率几经变更，但这个套用印花税之名、实为证券交易税的特殊税目却一直延续到今天。

三、证券交易印花税税率的变化及分成比例的变化过程

由此可见，证券交易印花税是1990年为抑制股票交易过热而设立的，其实质是就交易行为课税，它实际上就是证券交易税。因此，在讨论和研究证券交易印花税的过程中应该将它归为证券交易税的范畴，并建议逐渐将它改革为证券交易税。

证券交易税的主要职能是调节市场交易，但是我国证券交易印花税的作用渐

渐异化，财政收入职能似乎体现得更为明显，市场收益逐渐成为政府业绩的财富效应。在这其中最为典型的就是中央政府和地方政府就证券印花税分成比例所进行的博弈安排，以及它的发展演变过程。

前已述及，深圳开始征收证券交易印花税时，我国税法中有关印花税的法规《中华人民共和国印花税暂行条例》，其中并无证券交易印花税这一税目。印花税在1988年10月1日实施起到当年年底，根据财政部的规定，除短暂执行过中央和地方政府对半分成外，从1989年至今一直属于地方税种。从1991年开始，地方政府套用印花税而设立了证券交易印花税，中央政府只是默认了地方收取这个税目来医治市场的过热行为；又因为当时的成交额很小、所产生的税额绝对值也很小，所以中央政府也就同时认可了1991年至1993年底上海和深圳两市地方政府所收的税额滞留地方。直到1992年，中国证监会成立之后，证券市场成交量大增、证券交易印花税的税额征收前景大好，中央政府于是开始酝酿调整印花税的分成比例。

1993年底，国务院制定《关于实行分税制财政管理体制的决定》，正式将“证券交易税”定为中央与地方共享税种，并明确“证券交易税，中央与地方各分享50%”。尽管因为种种原因，证券交易税的设置最终没有实现，但证券交易印花税却从1994年起实际成为中央和地方共享税种，变更执行地方和中央各50%的分配比例，一直到1996年底。

之后，国务院根据证券市场飞速发展的经济形势，多次调整了证券交易印花税的税率和中央与地方分享比例。分享比例从中央与地方各50%，调整为中央80%、地方20%；中央88%，地方为12%；最终稳定到中央97%、地方3%。根据证券市场的冷热行情，证券交易印花税税率也经过了从3‰至5‰、4‰、3‰、2‰、1‰等多次变迁，但在2008年9月18日以前此税对证券交易双方当事人同时征收。

从2008年9月19日起，财政部、国家税务总局决定调整证券交易印花税征收方式，将延续多年的对买卖、继承、赠与所书立的股权转让书据对双方当事人征收证券交易印花税，调整为单边征税，即只对出让方征税，对受让方不再征税；税率维持当时的1‰不变。这是自1991年以来中国股市首次单边征收证券交易印花税，其意图非常明显：作为政府调控股市的重要工具之一，在全球金融危机背景下，减轻证券交易印花税的目的即救市。

由上所述过程可见，我国的证券交易印花税的实质就是证券交易税，它的由来带有30年来计划经济体制因素与市场经济体制因素二元并存格局下经济转型过程中的浓厚色彩。

从一开始，证券交易印花税就没有立法机构的准许和授权，仅凭政府行政部门的政令而套用不同税种的法规执行；之后，中央政府用一个在税收法律意义上并没有完全付诸实施的行政决定改换了它的性质；同时又长期不更改它的名称和所依据的法律，并根据政府部门对市场冷热的判断而多次变动税率的高低。随着中国证券市场的逐渐发展壮大，中央政府逐渐加重对证券市场的行政统一管理和对证券交易印花税等市场收益的关注，在和地方政府的利益博弈中，逐步改变了证券交易印花税和地方政府的分成比例，使之成为中央政府财政税收收入的重要部分。

这也就使得证券交易印花税成为一个法律依据有所缺失的特殊税目。

第四节　契　　税

契税是以所有权发生转移的不动产为征税对象，在房屋、土地等不动产因买卖、典当或交换而发生产权转移订立契约时，向承受人征收的税。它属于对财产征税的性质。契税虽然属于财产税，但是它主要对财产转移行为征税，所以我们仍可将其视为行为税。

专栏 11-4

契税的历史沿革①

我国契税起源于东晋时期的"估税"，至今已有 1 600 多年的历史。当时封建经济已经发展到了一定的阶段，农业、手工业及商业和交通运输业都比较发达。当时对商品交换课征"估税"，凡买卖田宅、奴婢、牛马，立有契据者，每一万钱交易额官府征收四百钱即税率为 4%，其中卖方缴纳 3%，买方缴纳 1%。北宋开宝二年(公元 969 年)，开始征收印契钱(性质上是税，只是名称为钱)。这时不再由买卖双方分摊，而是由买方缴纳了。并规定缴纳期限为两个月。从此，开始以保障产权为由征收契税。以后历代封建王朝对土地、房屋的买卖、典当等产权变动都征收契税，但税率和征收范围不完全相同。如清初顺治四年(公元 1648 年)规定，民间买卖、典押土地和房屋登录于官时，由买主依买卖价格，每一两银纳三分(即 3%)。到清朝末年，土地、房屋的买卖契税税率提高到 9%，典当契税税率提高到 6%。

中华民国成立后，于 1914 年颁布契税条例。规定税率为：买契 9%，典契 6%。另外，还有一些免税规定：官方、自治团体和具有公益性的法人在买卖、典当土地房屋时免纳契税。1917 年，北洋政府将税率改为买契 6%，典契 3%，各省征收附加税，但以不超过正税的 1/3 为限。之后，1927 年国民政府也开征了契税，但当时契

① 资料来源：契税的历史沿革，中华会计网校，2009-09-13，首页＞税务网校＞税收史话，www.chinaacc.com/new/253_260/2009_9_13。

税管理混乱，税率高，而且还有附加税，给人民造成了沉重的负担。

由于契税是以保障产权的名义征收的，长期以来都是纳税人自觉向政府申报投税，请求验印或发给契证。因此，契税在群众中影响较深，素有“地凭文契官凭印”、“买地不税契，诉讼没凭据”的谚语。

新中国成立后于1950年颁布的第一个税收法规就是《契税暂行条例》。该条例规定凡土地、房屋之买卖、典当、赠与和交换，均应凭土地、房屋的产权证明，在当事人双方订立契约时，由产权承受人缴纳契税。1954年财政部经政务院批准，对《契税暂行条例》的个别条款进行了修改，规定对公有制单位承受土地、房屋权属转移免征契税。社会主义改造完成以后，土地禁止买卖和转让，征收土地契税也就自然停止了。这样使得契税征收范围大大缩小，收入额很小。到文化大革命后期，全国契税征收工作基本处于停顿状态。

为适应形势的要求，从1990年开始，全国契税征管工作全面恢复。改革开放后，我国城市兴建了大批居民住宅，农村也新建了不少房屋，以满足城乡居民的住房需要，契税的征收范围和征收数额随之增加。此时国家重新调整了土地、房屋管理方面的有关政策，房地产市场逐步得到了恢复和发展。恢复征收后，契税收入连年大幅度增加，从1990年的1.34亿元增加到1997年的36亿元，成为地方税收中最具增长潜力的税种。但由于《契税暂行条例》立法年代久远，很多规定与当前的实际情况相脱节，实际工作中难以操作和执行。为了适应建立和发展社会主义市场经济形势的需要，充分发挥契税筹集财政收入和调控房地产市场的功能，1997年7月7日，国务院发布了新的《中华人民共和国契税暂行条例》，并于同年10月1日起开始实施。新的条例更加适合住房商品化的趋势。

一、契税的特点

契税与其他税种相比，具有如下特点。

(1) 契税是在房地产的转让环节征收，每转让一次就征收一次契税。契税属于财产转移税，以发生转移的不动产即土地和房屋为征税对象，土地和房屋产权未发生转移的，不征契税。

(2) 契税由财产承受人缴纳。一般税种都确定销售者为纳税人，即卖方纳税。契税则属于土地、房屋产权发生交易过程中的财产行为税，由承受人纳税，即买方纳税。对买方征税的主要目的，在于承认不动产转移生效，承受人纳税以后，便可拥有转移过来的不动产产权或使用权，纳税人的合法权益受法律保护。

二、契税的立法原则

财产行为税是我国税制的薄弱环节，加强对财产征税在现阶段有着重要的财政、经济和社会意义。国家修订、开征契税，体现了以下三方面的立法精神。

(1) 广辟财源，增加地方财政收入。契税按财产转移价值征税，税源较为充足，它可以为地方政府增加一部分财政收入。随着市场经济的发展和房产交易的活跃，契税的财政作用将日益显著。

(2) 保护合法产权，避免产权纠纷。不动产所有权和使用权的转移，涉及转让者和承受者双方的利益。而且，由于产权转移形式多种多样，如果产权的合法性得不到确认，事后必然会出现产权纠纷。契税规定对承受人征税有利于通过法律形式确定产权关系，维护公民合法权益，避免产权纠纷。

(3) 调节财富分配，体现社会公平。土地、房屋交易本身就意味着财富的流动或分配。在土地、房屋的交易环节征收契税，可以适当调节财产所有者或财产的取得者的收入，缓解社会分配不公的矛盾。

三、契税的征收范围

契税的征税对象为发生土地使用权和房屋所有权权属转移的土地和房屋。其所称转移土地、房屋权属是指下列行为。

1. 国有土地使用权出让

指土地使用者向国家交付土地使用权出让费用，国家将国有土地使用权在一定年限内让与土地使用者的行为。

2. 土地使用权的转让

土地使用权的转让是指土地使用者以出售、赠与、交换或其他方式将土地使用权转移给其他单位和个人的行为。土地使用权的转让不包括农村集体土地承包经营权的转让。

3. 房屋买卖

即以货币为媒介，出卖者向购买者过渡房产所有权的交易行为。以下几种特殊情况，视同买卖房屋。

1) 以房产抵债或实物交换房屋

经当地政府和有关部门批准，以房抵债和实物交换房屋，均视同房屋买卖，应由产权承受人按房屋现值缴纳契税。

例如，甲某因无力偿还乙某债务，而以自有的房产折价抵偿债务。经双方同意，有关部门批准，乙某取得甲某的房屋产权，在办理产权过户手续时，按房产折价款缴纳契税。如以实物交换房屋，应视同以货币购买房屋。

2) 以房产作投资或作股权转让

这种交易业务属房屋产权转移，应根据国家房地产管理的有关规定，办理房屋产权交易和产权变更登记手续，视同房屋买卖，由产权承受方按契税税率计算缴纳契税。

以自有房产作股投入本人独资经营企业，免纳契税。因为以自有的房地产投入本人独资经营的企业，产权所有人和使用权使用人未发生变化，不须办理房产变更手续，也不办理契税手续。

3）买房拆料或翻建新房，应照章征收契税

例如，甲某购买乙某房产，不论其目的是取得该房产的建筑材料或是翻建新房，实际构成房屋买卖。甲某应首先办理房屋产权变更手续，并按买价缴纳契税。

4. 房屋赠与

房屋的赠与是指房屋产权所有人将房屋无偿转让给他人所有。由于房屋是不动产，价值较大，故法律要求赠与房屋应有书面合同（契约），并到房地产管理机关或农村基层政权机关办理登记过户手续，才能生效。如果房屋赠与行为涉及涉外关系，还需公证处证明和外事部门认证，才能有效。房屋的受赠人要按规定缴纳契税。

以获奖方式取得房屋产权的，其实质是接受赠与房产，应照章缴纳契税。

5. 房屋交换

房屋交换是指房屋所有者之间互相交换房屋的行为。房屋产权相互交换，双方交换价值相等，免纳契税，办理免征契税手续。其价值不相等的，按超出部分由支付差价方缴纳契税。

6. 企业改制中有关契税政策

企业改革中有关转制重组的契税政策规定如下。

（1）在公司制改革中，对不改变投资主体和出资比例改建成的公司制企业承受原企业土地、房屋权属的，不征契税；对独家发起、募集设立的股份有限公司承受发起人土地、房屋权属的，免征契税；对国有、集体企业经批准改建成全体职工持股的有限责任公司或股份有限公司承受原企业土地、房屋权属的，免征契税；对其余涉及土地、房屋权属转移的，征收契税。

（2）企业合并中，新设方或存续方承受被解散方土地、房屋权属，合并前各方为相同投资主体的，不征契税，其余征收契税。

（3）企业分立中，对派生方、新设方承受原企业土地、房屋权属的，不征契税。

（4）公司制企业在重组过程中，以名下土地、房屋权属对其全资子公司进行增资，属同一投资主体内部资产划转，对全资子公司承受母公司土地、房屋权属的行为，不征收契税。在股权转让中，单位、个人承受企业股权，企业的土地、房屋权属不属于转移，不征契税；在增资扩股中，对以土地、房屋权属作价入股或作为出资投入企业的，征收契税。

（5）企业破产清算期间，对债权人（包括破产企业职工）承受破产企业土地、房屋权属以抵偿债务的，免征契税；对非债权人承受破产企业土地、房屋归属的，征收契税。

7. 房屋附属设施有关契税政策

(1) 对于承受与房屋相关的附属设施(包括停车位、汽车库、自行车库、顶层阁楼及储藏室，下同)所有权或土地使用权的行为，按照契税法律、法规的规定征收契税；对于不涉及土地使用权和房屋所有权转移变动的，不征收契税。

(2) 采取分期付款方式购买房屋附属设施土地使用权、房屋所有权的，应按合同规定的总价款计征契税。

(3) 承受的房屋附属设施权属单独计价的，按照当地确定的适用税率征收契税；与房屋统一计价的，适用与房屋相同的契税税率。

四、契税的纳税义务人

契税的纳税人是指境内转移土地、房屋权属承受的单位和个人。现行契税暂行条例规定，凡是在中华人民共和国境内转移土地、房屋权属，承受的单位和个人为契税的纳税人。包括国有经济单位，城镇、乡村居民个人，私营组织和个体工商户，华侨、港澳台同胞，外商投资企业和外国企业，以及外国人等。

五、契税的计税依据

现行契税暂行条例对契税的计税依据规定如下。

(1) 国有土地使用权出让、土地使用权出售、房屋买卖，为成交价格；

(2) 土地使用权赠与、房屋赠与，由征收机关参照土地使用权出售、房屋买卖的市场价格核定；

(3) 土地使用权交换、房屋交换，为所交换的土地使用权、房屋的价格的差额。土地使用权交换、房屋交换，交换价格不相等的，由多交付货币、实物、无形资产或者其他经济利益的一方缴纳税款。交换价格相等的，免征契税。

如果成交价格明显低于市场价格并且无正当理由的，或者所交换土地使用权、房屋的价格的差额明显不合理并且无正当理由的，由征收机关参照市场价格核定。

六、契税的税率和应纳税额的计算

目前，我国契税实行比例税率，全国统一适用的税率为3%～5%。

契税的具体适用税率，由省、自治区、直辖市人民政府在国家规定的幅度内按照本地区的实际情况确定，并报财政部和国家税务总局备案。

契税应纳税额，依照条例规定的税率和规定的计税依据计算征收。应纳税额计算公式为

应纳税额＝计税依据×税率

应纳税额以人民币计算。转移土地、房屋权属以外汇结算的，按照纳税义务发生之日中国人民银行公布的人民币市场汇率中间价折合成人民币计算。

【例】 某运动员购买花园别墅一栋，价值80万元，该省契税税率为4%。计算其应缴的契税。

解 该运动员应纳契税＝80×4%＝3.2(万元)

【例】 甲企业与乙企业为了工作的方便，双方经过协商，同意将各自的办公大楼互相对换。经房产评估机构评定，甲企业的办公大楼折价为500万元，乙企业的办公大楼折价为600万元。为此，甲企业向乙企业补付100万元的价格差额，双方签定了交换契约。当地契税税率为4%，计算在该事项中，甲乙双方各自应缴纳的契税。

解 根据现行税法规定，房屋交换价格不等时，由多交付货币、实物、无形资产或其他经济利益的一方缴纳税款。因此由甲企业缴纳契税，乙企业免交契税。

甲企业应纳契税＝(600－500)×4%＝4(万元)

七、契税的减免税规定

根据纳税人的负担能力和国家宏观经济调控的需要，契税暂行条例规定，有下列情形之一的，减征或免征契税。

(1) 国家机关、事业单位、社会团体、军事单位承受土地、房屋用于办公、教学、医疗、科研和军事设施的，免征契税。

(2) 城镇职工按规定第一次购买公有住房的，免征契税。城镇职工按规定第一次购买公有住房是指经县以上人民政府批准，在国家规定标准面积以内购买的公有住房。城镇职工享受免征契税，仅限于第一次购买的公有住房；超过国家规定标准面积的部分，仍应按照规定缴纳契税。经批准减征、免征契税的纳税人如果改变有关土地、房屋的用途，不再属于上述规定的减征、免征契税范围的，应当补缴已经减征、免征的税款。

(3) 因不可抗力灭失住房而重新购买住房的，酌情准予减征或免征契税。

(4) 土地、房屋被县级以上人民政府征用、占用后，重新承受土地、房屋权属的，是否减征或免征契税，由省级人民政府确定。

(5) 纳税人承受荒山、荒沟、荒丘、荒滩土地使用权，用于农、林、牧、渔业生产的，免征契税。

(6) 依照我国有关法律规定，以及我国缔结或参加的双边和多边条约或协定的规定应当予以免税的外国驻华使馆、领事馆、联合国驻华机构及其外交代表、领事官员和其他外交人员承受土地、房屋权属的，经外交部确认，可以免征契税。

(7) 从 2008 年 11 月 1 日起，对个人首次购买 90 平方米及以下普通住房的，对个人销售或购买住房暂免征收印花税，契税税率暂统一下调到 1%。

(8) 财政部规定的其他减征、免征契税的项目。

经批准减征、免征契税的纳税人如果改变有关土地、房屋的用途，不再属于上述规定的减征、免征契税范围的，应当补缴已经减征、免征的税款。

八、契税纳税地点和纳税时间

契税的纳税义务发生时间，为纳税人签订土地、房屋权属转移合同的当天，或者纳税人取得其他具有土地、房屋权属转移合同性质凭证的当天。纳税人因改变土地、房屋用途应当补缴已经减征、免征契税的，其纳税义务发生时间为改变有关土地、房屋用途的当天。

纳税人应当自纳税义务发生之日起 10 日内，向土地、房屋所在地的契税征收机关办理纳税申报，并在契税征收机关核定的期限内缴纳税款。

纳税人办理纳税事宜后，契税征收机关应当向纳税人开具契税完税凭证。纳税人应当持契税完税凭证和其他规定的文件材料，依法向土地管理部门、房产管理部门办理有关土地、房屋的权属变更登记手续。纳税人未出具契税完税凭证的，土地管理部门、房产管理部门不予办理有关土地、房屋的权属变更登记手续。房地产管理部门应向契税征收机关提供有关资料，并协助契税征收机关依法征收契税。

练习题

一、填空题

1. 城市维护建设税是以________、________和________为计税依据，同时征收的。

2. 城市维护建设税实行地区差别税率，按纳税人所在地的不同，税率分别为________、________和________三个档次。

3. 对“三税”实行________、________、________办法的，除另有规定外，对随“三税”附征的城市维护建设税和教育费附加，一律不予退(返)还。

4. 与城市维护建设税一样，教育费附加对于进口产品征收或出口产品退还增值税、消费税时，采取的原则是________、________。

5. 印花税采用________税率和________税率。

6. 金融系统中凡是用以反映资金存贷经营活动、记载经营资金增减变化和核算经营成果的账簿的计税依据为________和________。

7. 印花税中，适用 1‰税率的合同是________、________、________。

8. 契税的纳税人是指境内转移________、________权属承受的单位和个人。

9. 纳税人应当自纳税义务发生之日起________内，向土地、房屋所在地的契税征收机关办理纳税申报，并在契税征收机关核定的期限内缴纳税款。

10. 转移土地、房屋权属以外汇结算的，计算契税时按照纳税义务发生之日中国人民银行公布的人民币市场汇率________折合成人民币来计算。

二、判断题

1. 凡是缴纳增值税、消费税、营业税的纳税人，须同时交纳城市维护建设税。(　　)

2. 纳税人违反"三税"有关规定而被征收的罚款，是税务机关对纳税人违法行为的经济制裁，须作为城市维护建设税的计税依据计征城市维护建设税。(　　)

3. 在某市区的外商投资企业销售产品取得收入50万元，当期缴纳了增值税8万元，按规定其应征城市维护建设税0.56万元。(　　)

4. 城市维护建设税的征税范围不包括农村。(　　)

5. 对于同一凭证，如果有两方或两方以上当事人签订并各执一份，其中一人为纳税人，其他各方不再缴纳。(　　)

6. 某企业签订一份以物易物的购销合同，该企业购买原材料的价值和换出产品的价值相等，都为100万元，则其应纳印花税额为600元。(　　)

7. 印花税应纳税额不足1角的四舍五入计算贴花。(　　)

8. 股权分置改革中，非流通股股东向流通股股东支付对价而发生的股权转让暂免征收印花税。(　　)

9. 纳税人缴纳契税应在变更土地房屋产权登记之前。(　　)

10. 土地、房屋被县级以上人民政府征用、占用后，重新承受土地、房屋权属的，免征契税。(　　)

三、不定项选择题

1. 可以作为城市维护建设税的依据是(　　)。

A. "三税"实纳税额

B. 纳税人滞纳"三税"而加收的滞纳金

C. 纳税人偷逃"三税"被处的罚款

D. 纳税人偷逃"三税"被查补的税款

2. 某县外贸公司2009年8月出口货物退还增值税15万元，退还消费税30万元；进口半成品缴纳进口环节增值税60万元，内销产品缴纳增值税200万元，该企业本月应纳城市维护建设税和教育费附加(　　)万元。

A. 16　　B. 19.6　　C. 20　　D. 17.2

3. 教育费附加的计算依据包括(　　)。

A. 增值税税额　　B. 消费税税额

C. 营业税税额　　　　　　　　　D. 城市维护建设税税额

4. 甲生产企业地处市区，某年5月委托位于县城的乙企业加工应税消费品，乙企业代收消费税15万元。以下说法正确的是(　　)。

A. 乙企业应代为缴纳城市维护建设税1.05万元

B. 乙企业应代为缴纳城市维护建设税0.75万元

C. 甲企业回所在地后自行缴纳城市维护建设税

D. 乙企业没有义务代收代缴城市维护建设税

5. 下列应税凭证中，可免纳印花税的有(　　)。

A. 无息、贴息贷款合同

B. 已缴纳印花税的凭证副本或抄本

C. 外国政府或国际金融组织向我国政府及国家金融机构提供的优惠贷款所书立的合同

D. 国家指定收购部门与村民委员会书立的农产品收购合同

6. 甲、乙签订一份商品购销合同，甲要求乙提供商品的鉴定，丙愿意为该种商品提供鉴定，丁为甲的业务代理人，并代表甲与乙签订了经济合同，这一事项中，属于印花税纳税人的是(　　)。

A. 甲、乙　　　　　　　　　B. 甲、乙、丁

C. 乙、丁　　　　　　　　　D. 甲、乙、丙、丁

7. 下面关于适用税率的表述中，正确的是(　　)。

A. 加工承揽合同适用税率0.5‰

B. 财产保险合同与技术合同都适用1‰的税率

C. 建筑安装工程承包合同与购销合同适用0.3‰的税率

D. 营业账簿中记载资金的账簿，单位税额每件5元

8. 下列行为不征收契税的是(　　)。

A. 以房抵债　　　　　　　　B. 以房产对外投资

C. 房屋赠与　　　　　　　　D. 房屋使用权交换

9. 下列有关契税的说法中正确的是(　　)。

A. 契税的纳税人是我国境内土地、房屋权属的承受者

B. 契税的征税对象是我国境内产权发生转移的不动产

C. 契税纳税人不包括国有经济单位

D. 契税纳税人不包括在我国境内承受土地权属的外国个人

E. 契税实行差别比例税率

10. 某外商投资企业某年接受甲企业以房产投资入股，房产市场价值为100万元，该企业还于当年以自由房产与另一企业交换一处房产，支付差价款

300万元，同年政府有关部门批准向该企业出让土地一块，该企业缴纳土地出让金150万元，该外商投资企业当年应缴契税金额为（　　）万元。（该地规定契税税率为5%）

A. 22.5　　B. 7.5　　C. 20　　D. 27.5

11. 下列各项免征契税的有（　　）。

A. 承受荒山、荒沟、荒丘土地使用权，并用于农、林、牧、渔业生产的

B. 在公司制改革中，对独家发起、募集设立的股份有限公司承受发起人土地、房屋权属的

C. 在增资扩股中，对以土地、房屋权属作价入股或作为出资投入企业的

D. 城镇职工购买商品房

E. 以自有房屋作股投入自己经营的企业

四、思考题

1. 城市维护建设税的特点是什么？
2. 城市维护建设税与"三税"有什么关系？
3. 教育费附加的征收有什么意义？
4. 印花税的征税范围有哪些？
5. 印花税的各类合同的税率有哪些？
6. 契税的纳税义务人与别的税种有何区别？

五、计算题

1. 某县城一生产企业，为增值税一般纳税人。本期进口生产设备，向海关缴纳进口环节增值税10万元；本期在国内销售甲产品，缴纳增值税50万元、消费税25万元、营业税15万元，被税务机关征收的滞纳金1万元和违反规定处以罚款5 000元；同时出口甲产品，免抵增值税10万元，收到退回增值税15万元。该企业本期应缴纳城市维护建设税和教育费附加各为多少？

2. 位于市区的某进出口公司某月进口小汽车（消费税税率为5%）一批，关税完税价格100万元，已纳关税90万元。进口后当月在国内全部销售，取得销售收入300万元（不含税），试计算该公司应缴纳的城市维护建设税。

3. 某企业某年2月开业，领受房产证、工商营业执照、土地使用证各一件；与其他企业订立转移专有技术使用权书据，所载金额80万元；订立产品购销合同，所载金额150万元；订立借款合同，所载金额40万元；企业设立营业账簿20本，"实收资本"科目载有资金600万元；当年12月该企业"实收资本"科目所载资金增加为800万元。计算该企业应纳的印花税。

4. 某电厂与某水运公司签订了两份运输保管合同：第一份合同载明的金额合计为70万元（运费和保管费为分别列明）；第二份运输合同注明运费50万元，保管

费 15 万元。根据资料，计算两份合同分别应缴纳多少印花税。

5. 某科研单位签订了两份合同：与甲企业签订一份技术开发合同，合同总金额为 800 万元（规定研究开发费与报酬的比例是 3∶2）；与乙签订一份技术转让合同，转让金额为 60 万元。根据所给资料，计算与甲企业签订的技术开发合同应缴纳的印花税，与乙签订技术转让合同应缴纳的印花税。

6. 某企业某年发生如下应税业务：

(1) 与 A 公司签订一项易货合同，约定用 50 万元的原材料换取 50 万元的产品；

(2) 接受 B 公司委托，加工一批产品，原材料由 B 公司提供，价值 80 万元，收加工费 35 万元，加工承揽合同分开记载，合计金额 115 万元；

(3) 与 C 企业签订一份建筑承包合同，金额 900 万元，施工期间，将价值 200 万元的工程转包于 D 施工企业，签订转包合同；

(4) 向 D 企业转让一项非专利技术，书立合同金额为 15 万元；

(5) 国外某金融机构向该企业提供某项优惠贷款，书立合同注明贷款金额 800 万元。

根据以上资料，分别计算该企业与 A、B、C、D 企业签订的各项合同应纳的印花税款。

7. 某外商投资企业某年接受某国有企业以房产投资入股，房产的市场价格为 40 万元，该企业还于当年以自有房产与另一企业交换一处房产，支付差价款 200 万元，同年政府有关部门批准向该企业出让土地一块，该企业缴纳土地出让金 80 万元，该外商投资企业当年共计应缴纳多少契税（契税税率为 5%）。

8. 赵某和钱某各拥有一套价值 100 万元的房屋，孙某意欲购买赵某的房屋，而赵某也想购买钱某的房屋后出售自己的房屋，假设契税税率为 5%。如果赵某购买钱某的住房，应缴纳契税 5 万元（100×5%）。同样，赵某向孙某出售自己的住宅，孙某也应该缴纳契税 5 万元。请分析根据我国现行契税暂行条例规定，如何做能使总体契税税负最小。

图书在版编目(CIP)数据

现代财政税收(第三版)/刘　芳　主编. —武汉: 华中科技大学出版社,2010.7
ISBN 978-7-5609-6446-1

Ⅰ.现…　Ⅱ.刘…　Ⅲ.①财政学　②税收理论　Ⅳ.F810

中国版本图书馆 CIP 数据核字(2010)第 144903 号

现代财政税收(第三版)　　　　　　　　　　　　　　　　**刘　芳　主编**

策划编辑: 陈培斌
责任编辑: 陈培斌
封面设计: 刘　卉
责任校对: 祝　菲
责任监印: 周治超
出版发行: 华中科技大学出版社(中国·武汉)
　　　　　武昌喻家山　邮编: 430074　电话: (027)87557437
录　　排: 武汉兴明图文信息有限公司
印　　刷: 武汉首壹印刷有限公司
开　　本: 710mm×1000mm　1/16
印　　张: 28　插页:1
字　　数: 548 千字
版　　次: 2014 年 9 月第 3 版第 19 次印刷
定　　价: 39.80 元

华中出版

本书若有印装质量问题,请向出版社营销中心调换
全国免费服务热线: 400-6679-118　竭诚为您服务
版权所有　侵权必究

教学支持说明

“普通高等学校管理类精品教材”之《现代财政税收》（第三版）系华中科技大学出版社“十一五”规划重点教材。

为了改善教学效果，提高教材的使用效率，满足高校授课教师的教学需求，本套教材备有与纸质教材配套的教学课件（PPT 电子教案）。

为保证本教学课件及相关教学资料仅为教师个人所得，我们将向使用本套教材的高校授课教师免费赠送教学课件或者相关教学资料，烦请授课教师填写如下授课证明并寄出（发送电子邮件或传真、邮寄）至下列地址。

地址：湖北省武汉市珞喻路 1037 号华中科技大学出版社营销中心

邮编：430074

电话：400-6679-118

传真：027-87542424

E-mail：yingxiaoke2007@163.com

证　　明

兹证明__________大学__________系/院第______学年开设的__________课程，采用华中科技大学出版社出版的____________编写的__________作为该课程教材，授课教师为______，学生共计______个班共计______人。

授课教师需要与本书配套的教学课件为：

授课教师的联系方式

联系地址：____________________

邮编：____________________

联系电话：____________________

E-mail：____________________

系主任/院长：______（签字）

（系/院办公室盖章）

______年______月______日